Knaurs
Kulturfüh
in Farbe
Schwarzwald

Ägypten

er
Belgien und
Luxemburg

Knaurs
Kulturführer
in Farbe
China

Knaurs
Kulturführer
in Farbe
Dänemark

Knaurs
Kulturführer
in Farbe
Deutsche
Demokratische
Republik

Knaurs
Kulturführer
in Farbe
Finnland

Knaurs
Kulturführer
in Farbe
Frankreich

Knaurs
Kulturführer
in Farbe
Bretagne

Knaurs
Kulturführer
in Farbe
Elsaß

Knaurs
Kulturführer
in Farbe
Paris
und Ile de France

Knaurs
Kulturführer
in Farbe
Provence
und die Côte d'Azur

Knaurs
Kulturführer
in Farbe
Tal der Loire

Knaurs
Kulturführer
in Farbe
Griechenland

Droemer Knaur

Marianne Mehling (Hg.)

KNAURS KULTURFÜHRER IN FARBE CHINA

Über 290 farbige Fotos und Grundrisse
sowie 3 Seiten Karten

Droemer Knaur

Autoren: Dr. Joachim Hildebrand,
Fotos: China Travel and Tourism Press, Beijing, Dr. Joachim Hildebrand, Joachim Schwerdhöfer

CIP-Titelaufnahme der Deutschen Bibliothek

Knaurs Kulturführer in Farbe China/
Marianne Mehling (Hg.). - München: Droemer Knaur, 1989
ISBN 3-426-26345-9
NE: Mehling, Marianne [Hrsg.]

Für Hinweise auf Veränderungen und Ergänzungen ist die Redaktion dankbar
Zuschriften an Droemer Knaur Verlag, Postfach 80 04 80, 8000 München 80
Idee: Redaktionsbüro Harenberg (Schwerte)
Gestaltung: von Delbrück, München
Karten: Herbert Winkler, München
Stadtplan: Kartographie Huber, München
Grundrisse: Karl Schneider, Solms
Reproduktion: Repro Ludwig, Zell am See
Einbandgestaltung: Franz Wöllzenmüller
Umschlagabbildung: Die Chinesische Mauer bei Badaling
(Foto: IFA-Bilderteam/Aberham)
Texterfassung: Fa. Appl, WordPerfect 4.2
Umbruch: Ventura Publisher im Verlag
Druck und Bindung: Neue Stalling, Oldenburg
Printed in Germany
ISBN 3-426-26345-9

5 4 3 2 1

Vorwort

Es freut mich sehr, daß ich als erster Chinese diesen Kulturführer China lesen durfte.
Die Europäer, besonders aber die Deutschen, interessieren sich seit einigen Jahren immer mehr für die chinesische Kultur, aber auch für die herrliche vielgestaltige Landschaft und für das Leben der Menschen in diesem riesigen, reichen Land mit seinen vielen Gesichtern.
Die Reisenden, die nach China kommen, sind nicht nur gut informiert und vorbereitet, sondern auch anspruchsvoll. Ein altes chinesisches Sprichwort sagt: »Zehntausend Bücher lesen und zehntausend Meilen reisen.« Reisen ist also Lernen, vermittelt Wissen über ein Land, seine Geschichte und seine Gegenwart, über seine vergangene und gegenwärtige Kultur und über den Alltag einer Bewohner.
China, das »Reich der Mitte«, ist einer der ältesten Staaten der Erde. Das Land blickt zurück auf über 5000 Jahre Geschichte. Während dieser langen Zeit haben sich Architektur, Kunst, Religion, Geistes- und Naturwissenschaften, Medizin und die Lebensart der Menschen entwickelt, geformt, beständig erneuert und weiterentwickelt. Die imposante Chinesische Mauer, ein vor unserer Zeitrechnung geschaffenes Weltwunder, der verbotene purpurrote Kaiserpalast aus der Ming-Zeit (1368–1644), die in Xi'an entdeckte Tonarmee aus der Qin-Zeit (221–206 v. Chr.), buddhistische Klöster, kaiserliche Mausoleen, Gedenkhallen, die weltberühmten Gärten Südchinas, selbst die Natur übertreffenden Steinskulpturen und Plastiken in Steingrotten sowie zahlreiche andere wertvolle und historisch bedeutende Bauwerke, die nach der Gründung der Volksrepublik entstanden, ziehen den Chinareisenden in ihren Bann. Kalligraphien, Skulpturen, Malereien, Gebrauchsgegenstände aller Art faszinieren durch Formenvielfalt und handwerkliche und künstlerische Vollendung. Verschiedene in unserem riesigen, volkreichen Land vereinte Nationalitäten haben gemeinsam eine Kultur geschaffen und gepflegt, die viele verschiedene und interessante Gesichter hat. Wie die leuchtenden Sterne der Milchstraße den Himmel, so schmücken große und kleine, berühmte und weniger bekannte Bauwerke unsere mächtigen Berge und die Ufer der Flüße und Ströme. Überall im Land trifft man auf Museen oder historisch und kulturell bedeutende Stätten. Die Funde haben immer wieder Wissenschaftler und interessierte Laien entzückt und in Erstaunen versetzt. Und wir wissen, daß noch viele Zeugnisse unserer langen und bewegten Vergangenheit auf ihre Entdeckung und Freilegung warten.
1988 kamen über 30 Millionen ausländische Besucher nach China. Das Land freut sich über jeden einzelnen Besucher und ist bereit und bemüht, ihn gastfreundlich zu begrüßen und aufzunehmen. Und China soll noch schöner, noch attraktiver und noch interessanter werden.
Jährlich investiert die Regierung eine bestimmte Summe in die Restaurierung alter Kulturdenkmäler. Die meisten wurden und werden originalgetreu erhalten oder wiederhergestellt. Denn eine Nation ohne Vergangenheit, die ihre Kultur und ihre Wurzeln vergessen hat, kann nicht hoffnungsvoll in die Zukunft blicken. So bemüht sich das chinesische Volk,

sein geistiges und kulturelles Erbe und seine Traditionen zu wahren, zu pflegen und weiterzuentwickeln. Und es ist bereit, jeden, der dies möchte, an seinem großen und kostbaren Erbe teilhaben zu lassen. Denn nur wer die Geschichte und die Kultur eines Landes kennt, wird dieses Land und seine Menschen wirklich verstehen.

Auch unser chinesischer Verlag hatte einen Kulturführer China geplant. In Deutschland ist uns Droemer Knaur jedoch zuvorgekommen. Wir sind erfreut und stolz darauf, daß wir durch Beratung und viele schöne Farbfotos zum Gelingen dieses Buches beitragen konnten, das interessierten Menschen und Reisenden unsere herrliche und faszinierende Heimat näherbringt.

Der »Kulturführer China« behandelt ausführlich alle Städte und Orte, die für ausländische Besucher zugänglich sind, und enthält eine Vielzahl von Bildern, Skizzen und Plänen, die von chinesischen Spezialisten geprüft wurden. Man kann das Buch als Nachschlagewerk nutzen, bei den Reisevorbereitungen verwenden, als Reisebegleiter mitführen oder nach der Heimkehr zur Vertiefung und Verarbeitung der vielfältigen, oft doch etwas fremden und somit vielleicht verwirrenden Eindrücke lesen, die man auf dem Weg durch China gesammelt hat.

宋端成

Professor Song Duancheng
Beijing, Mai 1989

Wie in den übrigen Bänden der Reihe stehen auch hier die Farbabbildungen gleichrangig neben dem Text. Von mehr als 280 beschriebenen Orten werden Burgen, Paläste, Kult- und Tempelstätten und andere Baudenkmäler vorgestellt. Über 290 farbige Fotos, Skizzen und Karten illustrieren den Text. Und analog zu den Vorgängerbänden sind die Artikel alphabetisch nach Orten geordnet. Die Brücke zwischen den Orten schlägt der Kartenteil auf den Seiten 386-387. Er führt alle behandelten Orte auf und bietet einen Überblick darüber, welche Orte in der Nachbarschaft eines Zielpunktes liegen und deshalb vielleicht zusätzlich in einen Reiseplan einbezogen werden können. Bei jedem Ort sind im Kopf des Artikels Einwohnerzahl und ein Hinweis auf die betreffende Karte (S. 386 □ A 2 = Seite 386, Planquadrat A 2) angegeben. Die einzelnen Sehenswürdigkeiten sind jeweils fett gedruckt. Im Anhang findet sich ein Register aller behandelten Orte, ein Überblick über die Kunst und Kultur sowie ein Überblick über die Geschichte Chinas dazu eine Übersicht Regenten und Staatsoberhäupter Chinas.

< *Die Große Mauer*

A

Anyang 安阳

Henan

Einw.: 557800 Höhe: 71 m S. 387 □ D 2

Anyang in Nord-Henan war vor über 3000 Jahren die Hauptstadt des Shang-Reiches in seiner Spätphase. Damals hießen Stadt und Dynastie Yin. Chinesische Archäologen haben in den letzten Jahrzehnten den Beweis erbracht, daß die Vermutungen über das Gebiet um das heutige Anyang richtig waren, denn schon längere Zeit trug es den Namen Yinxu, »Ruinen von Yin«. Dieser Begriff war schon seit der Han-Zeit bekannt, als Sima Quian ihn in seinem Geschichtswerk »Shiji« verwendete. Genau konnte man den Ort aber nicht lokalisieren.
Anfang dieses Jahrhunderts tauchten in chinesischen Apotheken sog. *Drachenknochen* auf, Schildkrötenpanzer und Knochen von Rindern, meist Schulterblätter, in die seltsame Zeichen eingeritzt waren. Sie wurden von den Apothekern zu »Medizin« zermahlen und verkauft. Chinesische Wissenschaftler versuchten die Herkunft der Gegenstände zu ergründen, denn sie erkannten bald, daß es sich bei den Zeichen um sehr frühe Formen der chinesischen Schrift handelte. Sie erhielt bald die Bezeichnung »Jiagu wen«, d.h. »Schrift auf Panzern und Knochen«. Man ermittelte als Herkunftsort ein Dorf im NW von Anyang, Xiaotun, wo die Bauern die angeblich so heilwirksamen »Drachenknochen« beim Pflügen fanden.

Xiaotun: Bei systematischen Ausgrabungen seit dem Ende der zwanziger Jahre wurden ganze »Bibliotheken« entdeckt, große Zahlen solcher Schildkrötenpanzer und Knochen: Es handelte sich um die Magazine der Orakelpriester der Shang-Zeit (ca. 1600–1100 v. Chr.), die auf den benutzten Orakelknochen die Frage, den Fragesteller, meist einen Angehörigen des Königshauses, und die Antwort des Orakels vermerkten. Obwohl die Inschriften meist sehr kurz sind und die Probleme aus heutiger Sicht manchmal etwas banal wirken, ist in ihnen dennoch der Ursprung der chinesischen Geschichtsschreibung zu sehen. In vielen chinesischen Museen sind heute Orakelutensilien zu besichtigen. In diesen Funden erschöpfte sich die Entdekkung der Shang-Hauptstadt jedoch keineswegs. Man stieß auch auf Reste einer großen *Palastanlage*, die heute allerdings zum Teil von einem Fluß, der seinen Lauf verlagerte, weggewaschen sind. Die Paläste, die in Yin wohl meist aus Holz bestanden, wurden auf einer Terrasse aus Stampferde errichtet, die in einer mühsamen Prozedur in vielen Schichten übereinandergelegt wurde. An den Säulengrundlagen, die meist aus Kies bestanden, kann man die Form der Gebäude annähernd rekonstruieren: Schon damals waren die Hallen rechteckig, bestanden aus einem oder mehreren nebeneinanderliegenden Räumen und waren mit einem einfachen Satteldach gedeckt. Die Dachform ließ sich anhand von Funden in einer anderen Shang-Metropole, in *Gaochang* (siehe Turfan) rekonstruieren. Die Wände der Hallen waren u. U. mit Steinplastik verziert, da einige der Menschen und Tiere darstellende Steinfiguren, die man bei Anyang fand, Zapfen auf der Rückseite trugen, mit denen sie vielleicht in die Wände eingelassen wurden. In den Fundamenten der Gebäude fand man zahlreiche Menschenopfer, die beim Bau der Paläste ihr Leben lassen mußten. Menschenopfer waren auch ein wichtiger Bestandteil der Bestattungsrituale. Adlige und Sklaven wurden Herrschern mit ins Grab gegeben, um ihnen auch im Jenseits als Gefolge zu dienen.

< *Terrakottarmee in Xi'an*

Xibeigang: Bei diesem ebenfalls in der Nähe von Anyang gelegenen Ort wurden 11 *große Fürstengräber* und ca. 1000 *kleinere Grabstätten* entdeckt. Die *Großgräber* bestanden aus einer fast quadratischen Grabkammer, in der sich ehemals Einbauten aus Holz befanden. Um die Kammer verlief eine Terrasse, auf der Menschenopfer mit zum Teil reichen Beigaben, also höchstwahrscheinlich hochgestellte Persönlichkeiten, niedergelegt wurden. Im Gegensatz dazu stehen Menschen, die nur auf dem Holzsarg lagen und keine Beigaben hatten. Zu Terrasse und Kammer führten lange Rampen, so daß die Gräber einen annähernd kreuzförmigen Grundriß haben. In der Grabkammer einer Fürstin, wahrscheinlich einer Frau des ersten Yin-Königs Wuding, wurden über 1000 kostbare Beigaben gefunden: Neben zahlreichen Jade- und Steingegenständen traten auch Bronzen mit Inschriften zutage, die den Anlaß des Gusses angeben. In der Nähe dieses Friedhofs wurden auch Werkstätten unterhalten, die zeigen, daß die Shang-Gesellschaft schon sehr starke Spezialisierung und Arbeitsteilung kannte. Das moderne Anyang hat ein interessantes buddhist. Bauwerk zu bieten.

Pagode des Tianning-Tempels: Das Wenfeng ta genannte Gebäude ist ca. 39 m hoch und entstand 952, d.h. in der Wudai-Zeit. Der Sockel trägt lotosblattartigen Schmuck. Die fünf Stockwerke sind achteckig und jedes wurde mit einem Zierdach versehen. Der Bau wirkt im Vergleich zu anderen ungefähr gleichzeitigen Bauten ziemlich gedrungen. Die Pagode wird von einem hohen Stupaaufsatz gekrönt.

Umgebung

Lingquan si (25 km sw): Hier wurden an den beiden Hängen des Baoshan-Massivs 170 *buddhist. Höhlenheiligtümer* aus dem Fels gearbeitet. Sie wurden von der Mitte des 6. Jh. an angelegt und bis in die Song-Zeit (960–1279) hinein benutzt. Sie gehören nicht zu den besonders frühen Höhlenkomplexen, sind aber dennoch von Interesse.

Xiuding-Tempel (35 km w): Beachtung verdient hier besonders die *Pagode* aus der Tang-Zeit. Sie ist annähernd würfelförmig und wird von einem spitzen Dach gedeckt. Feiner Ornamentschmuck, der aus der Ferne rein geometrisch wirkt, überzieht die gesamte Außenwand. Bei näherer Betrachtung zeigt sich, daß zwischen stereotyp wiederholten floralen Elementen buddhist.

Baotou; Wudang-zhao-Kloster

Gottheiten herabschweben und Gläubige stehen. Die Verzierungen sind wohl in der Song-Zeit entstanden.

B

Baotou	包头
Nei Monggol Zizhiqu/Innere Mongolei	
Einw.: 1,5 Mio. Höhe: 1045 m	S. 387 □ D 2

Baotou ist heute das größte Wirtschaftszentrum der Inneren Mongolei. Der Name der Stadt geht zurück auf ein mongolisches

Wort, das auf den Wildreichtum in der früher dicht bewaldeten Gegend hinwies. Innerhalb des Stadtgebiets wurden Reste der *Großen Mauer* (siehe auch Beijing und Badaling) und *Gräber* entdeckt. Diese Monumente stammen aus der Han-Zeit und sind ein Zeichen dafür, daß die Region schon damals für die Chinesen von strategischer Bedeutung war.

Kundulun zhao: Dieser im tibet. Stil errichtete Tempel mit zweistöckigen, von Flachdächern gedeckten Gebäuden entstand unter den Qing. Zum Komplex gehört auch eine kleine weiße *Pagode,* die sich auf einem dreistufigen Sockel erhebt. Die oberste Stufe ist an den Ecken gezahnt. Auf ihr erhebt sich ein *Stupa* in tibetischem Stil. Seine Wände sind mit zarten Reliefs überzogen, in den Ecken öffnen sich Nischen in die 4 Himmelsrichtungen.

Umgebung

Mausoleum des Djinghis-Khan (120 km s): Die Grabstätte des mongolischen Eroberers (1155–1227) liegt im Ein-Horo-Banner im Ordosgebiet. Die heutigen Bauten, drei Hallen mit einem Jurten-Dach, entstanden im Jahre 1954, als das Kenotaph aus dem Kloster Kumbum bei Xining in Ningxia an diese Stelle im Ordos verbracht wurde, wo sich angeblich tatsächlich das Grab des Fürsten befand. Die wahre Lage wurde aber von den Anhängern des Khans streng geheimgehalten und ist bis heute nicht entdeckt. In der mittleren Halle steht eine 5 m hohe Statue des Herrschers, in den beiden Seitenhallen sieht man Kleidung und Waffen der Mongolen.
In einem Schaudorf in der Nähe, das aus Jurten, den typischen Rundzelten, besteht, soll das Leben der Mongolen dokumentiert werden.

Shangdu (40 km ö des Zhenglan-Banners): Eingebettet in Hügel liegen hier die Reste der Sommerresidenz des Kubilai-Khan (1215–1294), deren Name von Marco Polo mißverstanden und als Xanadu umschrieben wurde. Kublai hatte sich zunächst diesen Ort für seine Residenz ausgewählt. Nach Fertigstellung der neuen Hauptstadt Dadu (Peking) verlegte er jedoch seinen

Hof dorthin. Shangdu blieb sein Sommersitz. Heute sind von der gewaltigen Anlage nur noch die Stadtmauern erhalten, die sich einst über 8 km hinzogen. Dennoch ist der Eindruck recht imposant. Innerhalb der Einfriedung, die ehemals von einem schachbrettartigen Straßennetz durchzogen war, sind noch einige Teiche der Parks und Fundamente von Palästen zu besichtigen. Grabungsfunde wie wertvolle Porzellane und Seladone sowie kostbare Steinmetzarbeiten mit dichten floralen Mustern zeugen noch heute von der reichen Ausstattung der Paläste.

Wudang zhao (70 km nö): Die Tempel- und Wohnbauten des größten Klosters der Inneren Mongolei wurden unter der Regierungsperiode Kangxi der Qing errichtet und 1740 erneuert. Die Anlage folgt keinem strengen Konzept.
Die verschiedenen Gebäudegruppen liegen weit verstreut, aber dennoch bildet der hohe *Hauptbau* eindeutig das Zentrum des Klosters. Die *Haupthalle* ist nach dem Vorbild des berühmten Labrang-Tempels entworfen, aber wesentlich kleiner. Künstlich wurde der Eindruck erzeugt, das Gebäude habe viel mehr Stockwerke, als tatsächlich vorhanden: Zusätzlich zu den echten Fensteröffnungen fügte man Reihen von Blendfenstern ein. Das Kloster umfaßt mehrere tausend Räume und beherbergte zu seinen Glanzzeiten weit über tausend Mönche. Alle Baulichkeiten sind im tibetischen Stil gehalten und hell gestrichen. Die Wände zieren vielfach Gemälde in leuchtenden Farben, die Buddhas und Gottheiten des lamaistischen Pantheons, in manchen Fällen auch Landschaftselemente zeigen.

Beijing/Peking 北京

Beijing

Einw.: ca. 10 Mio. Höhe: 44 m S. 387 ☐ E 2

STADTGESCHICHTE

Die Siedlungsgeschichte des Gebiets um Beijing läßt sich bis ins dritte vorchristliche Jh. verfolgen. Die Hauptstadt des Feudalstaates Yan lag in der Zhanguo-Zeit (Zeit der streitenden Reiche) etwas n vom heutigen Stadtgebiet und war wahrscheinlich von einem Erdwall umgeben. Da die Region wichtig für die Sicherung der Hauptanbaugebiete war, wurde die Stadt auch unter den Qin, die im 3. Jh. das gesamte Reichsgebiet vereinigten, als Bastion gegen die Völker der Mongolei gehalten. Bereits zur Han-Zeit war der Juyong-Paß, den man auch heute noch auf dem Weg zur Großen Mauer überqueren muß, für den Verkehr zwischen dem Zentralgebiet und der Steppenregion von großer Bedeutung.
Die Region um Beijing war ständig von den Einfällen der Fremdvölker bedroht. Das zeigte sich besonders während der Nanbeichao- und der Song-Zeit (960–1279). Die Stadt gehörte zum Reich der Tuoba-Wei (4.–5. Jh.). Die Khitan, welche die Song-Herrscher Anfang des 12. Jh. aus ihrem Regierungssitz im heutigen Kaifeng vertrieben hatten, hielten hier im Fayuan-Tempel den letzten Kaiser der Nord-Song, Hui-zong, gefangen. Die Khitan wurden vor der Unterwerfung des gesamten Reiches durch die Mongolen im 13. Jh. durch die Jurcen vertrieben, die unter dem Dynastienamen Jin herrschten. Die Jurcen erbauten einen Regierungssitz im SW des heutigen Stadtgebietes. Teile von Parks, die außerhalb der Stadtmauer lagen, wurden in die Residenz Kublai-Khans, Dadu, integriert. In ihrer Struktur war die Stadt der Jin dem Beijing der Ming- und Qing-Zeit nicht unähnlich. Eine große Außenmauer mit Wachtürmen und Toren an allen Seiten umgab sie. Annähernd im Zentrum, etwas nach Westen verlagert, befand sich die Palaststadt. Außerhalb des Mauergevierts wurden, wie schon angedeutet, aufwendig ausgestattete Parks angelegt, in denen man sich auf künstlichen Bergen und an Wasserläufen ergehen konnte. Die Gärten waren so berühmt, daß sie sogar in chin. Quellen der Yuan-Zeit (1271–1368) beschrieben wurden. Der 1263 vollendete Kaiserpalast der Yuan wurde an diese Parkanlagen angeschlossen. Die Stadt der Yuan entwickelte sich etwas

Tiantan (Himmelstempel), Halle des Ruhegebets >

weiter n als die Anlage aus der späteren Ming- und Quing-Zeit. Wie in Shangdu (vgl. Baotou) lagen auch hier die ummauerten Paläste im SO der Stadt. Der mongolische Name der Stadt lautete Khanbaliq. Die Architektur unterschied sich wohl nicht wesentlich von der der späteren Stadtanlagen, die zum Teil auch heute noch zu besichtigen sind. Im Kaiserpalast wurde aber wohl mehr Fläche unbebaut gelassen. Die Mauern waren um einiges dicker als die heute bestehenden. Dies ergaben Ausgrabungen im Stadtgebiet, bei denen auch kostbares Blauweiß-Porzellan zutage kam. Von der Anlage aus der Yuan-Zeit ist heute kaum noch etwas erhalten, da die Stadt unter den Ming (1368-1644) vollkommen neu gestaltet wurde. Das Beijing der Qing-Periode (1644-1911) entsprach an ihrem Ende in bezug auf Stadtbild und -anlage wohl noch ungefähr dem der Ming-Zeit.

Seit dem Beginn der Ming-Periode war Beijing, abgesehen von einigen wenigen Unterbrechungen, Hauptstadt Chinas. Das Stadtgebiet der Yuan wurde nach S erweitert und im neuen Teil nach W und O leicht verbreitert. Der Kaiserpalast blieb ungefähr an der gleichen Stelle, die er auch unter den Yuan eingenommen hatte. Er war von einer gewaltigen Mauer geschützt und zusätzlich von einem Wassergraben umgeben. 1429 etablierte sich hier die Regierung. Während die Bauarbeiten an der neuen Hauptstadt im Gange waren, hatten die Ming vorher einige Jahre in Nanjing residiert.

Während der Qing-Periode etablierten sich die Manjuren, die China 1644 von den Ming übernommen hatten, in der N-Stadt, wo auch der Palast liegt, während die Chinesen, durch eine Mauer von ihren neuen Beherrschern getrennt, in den S-Teil verbannt waren. Die Wohnbauten bestanden gewöhnlich aus einstöckigen Häusergruppen, die kleine Innenhöfe mit Bäumen umschlossen. Nur der Kaiserpalast mit seinen Parks und die prächtigen Tempel überragten das Meer von Flachdächern. Die Mauern und Bastionen der Ming- und Qing-Zeit wurden während der Zeit der Republik (1912-1949) und nach der Revolution aus verkehrstechnischen Gründen großenteils abgetragen. Einen eher bescheidenen Eindruck von den gewaltigen Dimensionen der mächtigen Befestigung, von der nur Photographien blieben, vermitteln heute nur noch die wenigen erhaltenen Torbauten und die Kaiserstadt mit ihren Mauern. Die Stadttore und die Eckturmbauten sind ziemlich schmucklos und rein zweckorientiert: Auf ungegliederten, hohen Mauerfundamenten erheben sich mehrstöckige Aufbauten mit in dichten Reihen angeordneten quadratischen Fenstern. Die imposanten aber unschönen Tortürme werden von einfachen oder doppelten Sattelwalmdächern gekrönt.

Erhalten blieben auch der Glocken- und Trommelturm, von denen aus durch Anschlagen der Instrumente der Wechsel der Nachtwachen und die Doppelstunden angezeigt wurden (Gulou Dongdajie, Gulou). Auch in diesem Fall ist der Unterbau schmucklos und nur von einem rundbogigen Tor durchbrochen. Auf diesem Sockel erhebt sich ein etwas schmalerer Pavillon mit Rundbogentor und Fenstern, ebenfalls mit Rundbogen. Die doppelten Sattelwalmdächer sind mit Keramikaufsätzen in Fisch- oder Ungeheuerform verziert.

Heute wird der Charakter der Stadt mehr und mehr verändert. Bis vor kurzem vermittelten manche Viertel noch den Eindruck, man befinde sich in einem Dorf - obwohl Beijing zu den größten Städten der Welt zählt. In den letzten Jahren wurden jedoch ganze Stadtviertel niedergerissen, um so Raum für moderne Hochhäuser und Verwaltungsgebäude zu gewinnen.

DER KAISERPALAST (GUGONG)

In der Ming- und Qing-Zeit wurde das gesamte Stadtbild vom Kaiserpalast und den zum Staatskult gehörenden Altären geprägt. Die Hauptstadt galt den Chinesen als religiöses Zentrum des Reiches, wenn nicht sogar der ganzen Welt. Von diesem Zentrum und besonders vom Wohlverhalten des Kaisers hingen nach konfuzianischer Vorstellung die Geschicke des Reiches ab. Die nach dem Jahresablauf genau festgelegten Besuche und Opfer des Herrschers an den großen Altären der Stadt symbolisierten nicht nur den Wechsel der Jahreszeiten, sie sollten ihn auch fördern, da man glaubte, auch der jahreszeitliche Wechsel sei von der korrekten Einhaltung

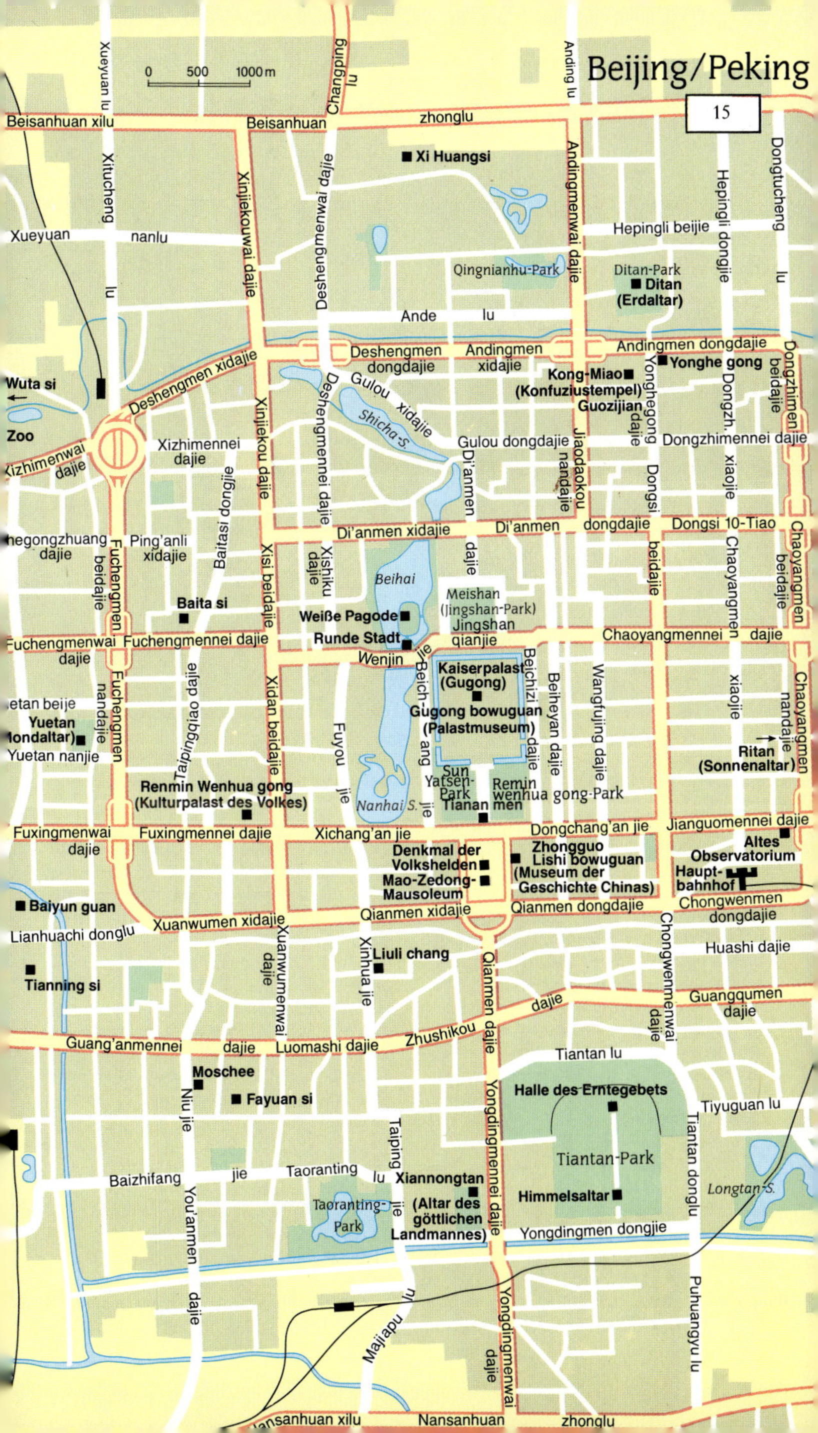
Beijing/Peking
15
0 500 1000 m
Beisanhuan xilu
Beisanhuan
zhonglu
Xueyuan lu
Changping lu
Anding lu
Xi Huangsi
Xitucheng lu
Xinjiekouwai dajie
Deshengmenwai dajie
Andingmenwai dajie
Hepingli dongjie
Dongtucheng lu
Xueyuan
nanlu
Hepingli beijie
Qingnianhu-Park
Ditan-Park
Ditan (Erdaltar)
Ande
lu
Deshengmen dongdajie
Andingmen xidajie
Andingmen dongdajie
Wuta si
Zoo
Deshengmen xidajie
Gulou xidajie
Shicha-S.
Kong-Miao (Konfuziustempel)
Guozijian
Yonghe gong
Yonghegong dajie
Dongzhimen beidajie
Xizhimenwai dajie
Xizhimennei dajie
Xinjiekou dajie
Deshengmennei dajie
Gulou dongdajie
Di'anmen
Jiaodaokou nandajie
Dongzhimennei dajie
Dongsi
Dongzh. xiaojie
Baitasi dongjie
Di'anmen xidajie
Di'anmen dongdajie
Dongsi 10-Tiao
Chegongzhuang dajie
Fuchengmen beidajie
Ping'anli xidajie
Xisi beidajie
Xishiku dajie
dajie
Beihai
Meishan (Jingshan-Park)
Jingshan qianjie
beidajie
Chaoyangmen beidajie
Baita si
Weiße Pagode
Runde Stadt
Fuchengmenwai dajie
Fuchengmennei dajie
Wenjin jie
Chaoyangmennei dajie
Kaiserpalast (Gugong)
Gugong bowuguan (Palastmuseum)
Beichizi dajie
Beiheyan dajie
Wangfujing dajie
Chaoyangmen xiaojie
Chaoyangmen nandajie
Yuetan beijie
Yuetan (Mondaltar)
Yuetan nanjie
Fuchengmen nandajie
Taipingqiao dajie
Xidan beidajie
Fuyou jie
Beichang jie
Nanchang jie
Ritan (Sonnenaltar)
Renmin Wenhua gong (Kulturpalast des Volkes)
Nanhai S.
Sun Yatsen-Park
Tianan men
Remin wenhua gong-Park
Fuxingmenwai dajie
Fuxingmennei dajie
Xichang'an jie
Dongchang'an jie
Jianguomennei dajie
Denkmal der Volkshelden
Mao-Zedong-Mausoleum
Zhongguo Lishi bowuguan (Museum der Geschichte Chinas)
Altes Observatorium
Hauptbahnhof
Baiyun guan
Xuanwumen xidajie
Qianmen xidajie
Qianmen dongdajie
Chongwenmen dongdajie
Lianhuachi donglu
Xuanwumenwai dajie
Xinhua jie
Liuli chang
Qianmen dajie
Chongwenmenwai dajie
Huashi dajie
Tianning si
Guangqumen dajie
Guang'anmennei dajie
Luomashi dajie
Zhushikou dajie
Tiantan lu
Moschee
Fayuan si
Niu jie
Halle des Erntegebets
Tiyuguan lu
Yongdingmennei dajie
Taiping lu
Tiantan-Park
Tiantan donglu
Baizhifang jie
Taoranting lu
Xiannongtan (Altar des göttlichen Landmannes)
Himmelsaltar
Longtan-S.
Taoranting-Park
You'anmen dajie
Yongdingmen dongjie
Majiapu lu
Yongdingmenwai dajie
Puhuangyu lu
Nansanhuan xilu
Nansanhuan
zhonglu

Radfahrer in Beijing

der Riten abhängig. Der Weg des Kaisers zu den Altären, die in allen Teilen der Stadt lagen, stellte zugleich auch eine symbolische Reise durch die vier Weltgegenden dar, die durch die Anwesenheit des Sohnes des Himmels zu beglücken waren.

Die Gesamtanlage des Palastes ist wiederum auf ein rituelles Zentrum ausgerichtet, die drei großen Hallen auf der Zentralachse der Anlage, in der alle wichtigen Zeremonien stattfanden. Der Weg der Beamten und ausländischen Gesandten zu den kaiserlichen Audienzen führte durch geradezu furchterregend mächtige Torbauten geradewegs in dieses Zentrum der Macht.

Der Palast entstand ungefähr in seiner heutigen Form unter der Devise Yongle der Ming. Die Bauarbeiten dauerten von 1406 bis 1420. Unter den Qing kam es zu einigen Veränderungen, im wesentlichen ist die Architektur jedoch Ming-zeitlich.

Während der Qing-Zeit gelangte man durch das sog. *Qianmen* (Vordertor=1) in die Manju-Stadt. Über den schon damals riesigen *Tiananmen-Platz* mußte man bis

Beijing, Kaiserpalast **1** Qianmen (Daqing men) **2** Tiananmen **3** Duanmen **4** Wumen (Mittagstor) **5** Jinshui **6** Taihemen **7** Wuy-ingdian **8** Wenhuadian **9** Taihedian **10** Zonghedian **11** Baohedian **12** Qianqing men **13** Qianqinggong **14** Jiaotaidian **15** Kunninggong **16** Yangindian **17** Chang-chun gong **18** Chuxiu gong **19** Jingyun -men **20** Xiqingmen **21** Neun-Drachen-Mauer (Jiulongbi) **22** Yuhua yuan **23** w Garten **24** Zhaigong (Bronzen) **25** Cheng-qian gong und Yonghe gong **26** Fengxian -dian (Skulptur) **27** Pfeilpavillon (Jian ting; Steintrommeln) **28** Huangjimen **29** Huangji -dian (Malerei) **30** Yangxingdian (Schatzkammer)

zum *Tor des Himmlischen Friedens* (Tiananmen=2) gehen, um die »Verbotene« oder »Purpurrote Stadt« zu erreichen. Das *Tiananmen* trägt einen roten Anstrich und wurde, wie alle Hallen des Palastes, mit gelben Ziegeln gedeckt. (Gelb war die kaiserliche Farbe). Der Torpavillon ist zwei-

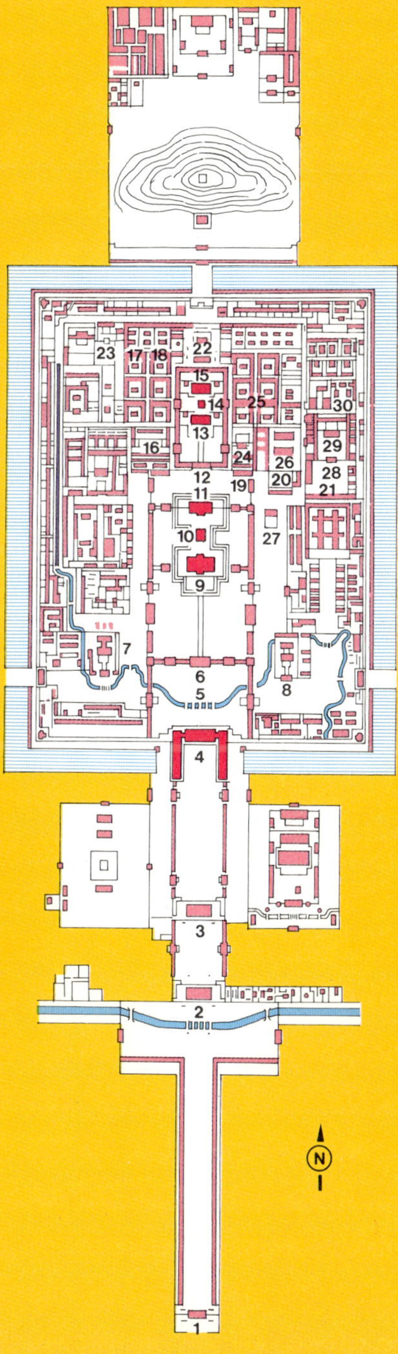

23
17
18
22
15
14
25
30
13
16
24
26
29
28
12
19
20
21
11
27
10
9
7
6
5
8
4
3
2
N
1

stöckig. Die Traufe des Zierdaches im ersten Stock wird von Säulen mit flügelartigen Ansätzen am oberen Ende getragen. Das zweite Stockwerk besitzt, wie das *Qianmen,* ein Sattelwalmdach, dessen Seitenteile reiche, vergoldete Schnitzereien zieren. Die 3,4 km lange Umfassungsmauer, zu der das Tiananmen gehört, wird an ihren Ecken von Wachtürmen geschützt. Diese tragen komplizierte Dachkonstruktionen aus einer Kombination aus Sattel-, Zelt- und Walmdächern, gekrönt von einem stupaartigen Aufsatz. Ein 52 m breiter Graben umläuft die Mauer an 3 Seiten.
Die Kaiserstadt erstreckt sich über eine Gesamtfläche von 720000 qm, von denen 150000 qm bebaut sind. Nach Durchschreiten des Tiananmen und des kleineren Duanmen (3) kommt man zum sog. *Mittagstor* (Wumen = 4), das drei Durchgänge besitzt. Neben dem eigentlichen Tor laufen zwei vollkommen ungegliederte Anbauten hufeisenförmig auf das Tiananmen zu. Dadurch wirkt der gesamte Bau imposant, aber auch etwas bedrückend. Neben der ähnlich wie das Qianmen gestalteten Haupthalle, die über den Toren steht, und an den Enden der Vorbauten befinden sich insgesamt vier Pavillons mit Zeltdächern.
Hinter dem Tor öffnet sich ein weiter Hof, der symmetrisch von einem in Marmor gefaßten Wasserlauf durchzogen wird. Dieses sog. *Goldwasser* (Jinshui = 5) überspannen fünf Brücken als Symbole der fünf konfuzianischen Tugenden. Das *Taihemen* (6), das man nach Überschreiten des Flüßchens durchquert, wirkt nicht so wuchtig wie die übrigen Tore, da hier der massive und schlichte Unterbau fehlt. Es steht wie auch das rituelle Zentrum des Palastes, die drei Haupthallen, auf einer Marmorterrasse, zu beiden Seiten des Taihemen liegen außerhalb der Zentralachse zwei weitere Gebäudekomplexe: die *Halle des Krieges* (7) im Westen und die *Halle der Kultur* (8) im Osten. Sie werden ebenfalls vom Goldwasser um- oder durchflossen.

Die Drei Hallen: Das Taihemen bildet den Eingang zum wichtigsten Teil der Anlage, zu den *Sandadian,* den *Drei Hallen,* die auf einer riesigen, dreistufigen, ca. 2 m hohen Marmorterrasse stehen. Die drei Stufen des Sockels werden von reichverzierten, ebenfalls aus Marmor gefertigten Geländern umgeben.
Die wichtigste Halle ist die erste, die *Taihedian (Halle der höchsten Harmonie = 9).* Die Eingänge liegen in einer durch Säulen gestützten Vorhalle. Das doppelte Walmdach wirkt fast übergewichtig. Im Innern ist man überwältigt vom Reichtum der Goldverzierungen, die Säulen, Decke und den alles beherrschenden Thron, der vor einem siebenteiligen, ebenfalls vergoldeten Stellschirm steht, überziehen. Vorherrschendes Zierelement in der Taihedian ist, wie in vielen kaiserlichen Bauten, der Drache. Auch wenn der Dekor der drei Hallen manchmal fast überladen wirkt, sind die Details doch fein und sehr sorgfältig ausgeführt. Der *Thron* steht auf einem Podest, zu dem fünf Treppchen hinaufführen.
In der Taihedian fanden früher die Thronbesteigungs- und Geburtstagsfeierlichkeiten statt. Außerdem versteckte man hier die Dokumente, auf denen der Name des Thronfolgers verzeichnet war. Heute werden in der Halle besonders kostbare Funde aus Grabungen der letzten Jahre aufbewahrt. Auf dem schmaleren Teil der Marmorterrasse steht die wesentlich kleinere *Zhonghedian (Halle der Mittleren Harmonie = 10),* die ein einfaches Zeltdach trägt. Sie wurde, wie die Taihedian, 1420 unter Yongle errichtet. Hier ruhte der Kaiser vor den großen Zeremonien und empfing die Beamten zur Audienz, die meist schon bei Morgengrauen stattfand.
Die letzte der großen Hallen, *Baohedian (Halle zur Bewahrung der Harmonie = 11),* steht wiederum auf einem breiteren Terrassenteil, ähnelt in ihrem Aufbau stark der Taihedian und wird von einem Sattelwalmdach gedeckt. Unter den Ming fanden hier die großen Neujahrsaudienzen für die ausländischen Botschafter statt. Ende des 18. Jh. nahm man hier die Prüfungen zur Erlangung des Grades Jinshi ab, wobei zuweilen der Kaiser selbst die Aufsicht übernahm.
Hinter der Halle führen zwei Marmortreppen in den Hof. Sie flankieren ein bedeutendes Kunstwerk, einen großen Marmormonolithen von 16,6 Metern Länge, 3,10 Metern Breite und 1,7 Metern Durchmesser, den reicher Reliefschmuck verziert. Zwischen Wolken und über Wellen tummeln sich Drachen, die mit feurigen

Perlen spielen. Die gesamte Fläche wurde von einem Rankenornament umgeben.

Die kaiserlichen Privatgemächer: Hinter den Haupthallen und zu ihren beiden Seiten befinden sich die *Privatgemächer* des Kaisers und der Kaiserin, d.h. die Räumlichkeiten, die nicht rituellen Zwecken dienten. Sie sind durch Mauern vom zentralen Bereich getrennt. Durch das *Qianqingmen* (12) gelangt man zu den offiziellen Wohnräumen des Kaisers (die letzten Qing-Kaiser bevorzugten den wesentlich wohnlicheren Yangxindian = 16). Die Wände der Durchgänge zu den kleinen hinteren und seitlichen Hallen sind mit buntglasiertem Ziegelmosaik geschmückt, wobei wärmere Farben als in den Haupthallen vorherrschen. Die Ecken und Mittelfelder der Wände und die Türfassungen verschönern florale Ornamente (grüne Blätter mit roten Blüten). Sie werden umgeben von Zierleisten, die z.T. noch aus der Ming-Zeit stammen.

Das Qianqingmen durften normalerweise nur Hofdamen und Eunuchen durchschreiten, bei ganz besonderen Anlässen jedoch auch Beamte. Der *Qianqinggong* (13), der in seinem Aufbau in etwa den großen Hallen entspricht, war allein dem Kaiser vorbehalten. An die Haupthalle mit reicher Deckenverzierung gliederten sich die eigentlichen Wohnräume, die dem jeweiligen Kaiser etwas mehr Möglichkeiten ließen, seinen persönlichen Geschmack zu entfalten. Zwischen dem Palast des Kaisers und dem der Kaiserin, dessen Raumaufteilung ähnlich ist, liegt eine wesentlich kleinere quadratische Halle, die *Jiaotaidian* (14), mit einer kostbaren Kassettendecke, von der eine riesige Kugel herabhängt. Zunächst war diese Halle der Kaiserin vorbehalten, und sie feierte hier ihre Geburtstage. Seit dem 18. Jh. wurden hier die kaiserlichen Siegel aufbewahrt, die zu den Reichsinsignien gehörten und deshalb von

Beijing, Kaiserpalast, Taihe dian, eine der drei Haupthallen großer Bedeutung waren. Hierbei handelte es sich um riesige, meist quadratische Petschafte mit einem Griff in Löwen- oder Drachenform, in die Inschriften in Chinesisch und Manjurisch eingraviert waren. (Auch Inschriftentafeln über den Eingängen zu vielen der Hallen wurden in beiden Sprachen ausgeführt.)

In der *Kunninggong* (15), der letzten Halle auf der Zentralachse, lebte die Kaiserin. Im westlichen Raum neben der Haupthalle wurden Opfer gebracht, während im östlichen die Heiratsriten ausgeführt wurden.

Die bereits erwähnte *Yangxindian* liegt außerhalb der zentralen Umfriedung im W der Achse. Hier wohnten die letzten drei Qing-Herrscher. Der Kangxi-Kaiser richtete sie 1722 als Studio ein. Hier pflegten die Herrscher in ihren Mußestunden ihre Hobbies. In den im W gelegenen Räumen schmiedeten sie mit hohen Beamten Kriegspläne. Im äußersten w Raum bewahrte man berühmte Kalligraphien auf. Dazu zählten angeblich auch Autographen von Wang Xizhi, der während der Jin-Periode (265–421) lebte und als berühmtester Kalligraph Chinas galt.

Der Palast wurde in neuerer Zeit stark restauriert und wirkt im Vergleich zu den eben beschriebenen Großbauten angenehm klein. Er wird von Bäumen umstanden und besitzt eine weite Vorhalle. Den Thronsaal überspannt eine feine Kassettendecke. Ihr Zentrum nimmt eine Laternendecke ein, an deren Spitze sich Drachen winden. An den Wänden hängen Inschriften auf blauem und goldfarbenem Grund. Symmetrisch zu den westlichen Studierzimmern liegen im Osten die Schlafgemächer. Am Ende der Qing-Zeit pflegte der Kaiser in einem Gebäude hinter dem Palast zu ruhen.

Im N der Yangxin-Halle liegen in zwei weiteren Höfen jeweils drei Palasthallen: In den beiden nördlichsten, dem *Changchun-* (17) und dem *Chuxiu-Palast* (18), die noch Teile der Originaleinrichtung behalten haben, lebten die kaiserlichen Konkubinen, die auch im Ostteil Wohnungen besaßen. In diesen Räumlichkeiten im Osten befindet sich heute die Sammlung.

Die Neun-Drachen-Mauer: Im Osttrakt, den man durch das Jingyunmen (19) und das Xiqingmen (20) im O der Baohedian erreicht, steht auf einem Marmorsockel vor einer Flucht von Palästen, unter denen auch der *Ningshougong* ist, den sich Qianlong zum Alterssitz gewählt hatte, die berühmte *Neun-Drachen-Mauer* (Jiulongbi = 21). Wie alles im Palast ist auch sie ein Symbol der kaiserlichen Macht. Darauf weisen sowohl die Zahl neun (Yang) als auch die Drachen, die kaiserlichen Tiere, hin. Im übrigen verbinden sich auf diesem Bauwerk, wie auch auf der großen Marmorplatte hinter der Baohedian, die verschiedenen Teile der Welt zu einem harmonischen Ganzen: Erde (Berge), Wolken, (Luft) und Wasser. Die Drachen, die über den Wellen mit der feurigen Perle spielen, gelten auch als glückverheißendes Zeichen. Die Mauer ist 31 m lang und 6 m hoch, wurde 1773 gebaut und mit buntglasierten Ziegeln verkleidet. Die Drachen und die anderen Ornamente sind aus Ziegelmosaiksteinen zusammengesetzt. Die mythischen Wesen erscheinen in Weiß, Gold und Dunkelblau vor in Türkistönen stilisierter Landschaft. Mit erhobenen Vorderpranken scheinen sie vor Bergen und Wolken auf Wellen zu tanzen. Ein stilisiertes Konsolgebälk schließt als Zierleiste die Mauer nach oben hin ab. Auf diesem Gebälk sitzt, wie bei größeren Bauten in China üblich, ein Dach aus goldgelben Ziegeln. Ähnliche Mauern stehen auch im Beihai-Park und in Datong in der Provinz Shanxi (siehe dort).

DIE PALASTGÄRTEN

Am Ende der 3 Palastachsen gelangt der Besucher in mehrere kleine Gärten. Mit ihren reizvollen Häuschen, bizarr geformten Felsen und exotischen Pflanzen stellen sie innerhalb der streng rechtwinkligen Gesamtanlage eine willkommene Abwechslung für das Auge dar.

Im Zentrum liegt der **Kaiserliche Blumengarten** (22). Hier steht der höchste Baum des Palastes, ein 16 m hohes Gewächs mit ineinander verflochtenen Ästen. Diese Krone wurde höchstwahrscheinlich von den Händen eines geschickten Gärtners geformt. Trat dieses Phänomen jedoch früher in der freien Natur auf, so galt es als

Portrait einer Kaiserin der Qing-Dynastie>

< *Hochzeitsfeierlichkeiten des Kaisers, Detail.* - *Oben: Festliche Kleidung der Kaiserin*

Zeichen dafür, daß der Kaiser seine kosmischen Funktionen zum Wohlgefallen der Götter erfüllt hatte. Schon aus der Han-Zeit (206 v. Chr. - 220 n. Chr.) sind Abbildungen überliefert, auf denen man 2 Bäume mit ineinander verwobenen Astkronen erkennen kann. In einem winzigen *Park am Ende der W-Achse* (23) ist eine weitere Besonderheit zu bestaunen: ein Flüßchen, das sich spiralenförmig durch die Anlage windet. An jedem 3.3. des Mondkalenders kam man hier zusammen und ließ mit Wein gefüllte Schalen auf dem Wasser treiben. Wer in den Genuß des edlen Getränks kommen wollte, mußte sich eine Schale erhaschen und aus dem Stegreif ein Gedicht rezitieren oder verfassen. Wem dieses Kunststück mißlang, der mußte - welch' schreckliche Strafe! - einen weiteren Becher Wein leeren. Auch dieser Zeitvertreib hatte Tradition: Seit dem 3. nachchristlichen Jh. war es in Literatenkreisen üblich, sich an diesem Tag in Privatgärten oder an Flußläufen zu treffen, um Gedichte zu rezitieren. Auch an die ö Palasthallen schließt sich ein kleiner Garten an..

PARKANLAGEN AUSSERHALB DES KAISERPALASTES

Beihai: Der Teil der Stadt, in dem sich heute der Nord- und der Südsee (Beihai und Nanhai) ausbreiten, ist einer der ältesten. Wahrscheinlich befand sich hier schon unter den Liao und den Jin (265-421) eine Parkanlage. Die Jin-Kaiser ließen zunächst einen See ausheben. Von den Yuan wurde das außerhalb der Jin-Stadt gelegene Parkgebiet in die Stadt integriert.
In der Ming-Zeit wurde der See aufgeteilt und während der folgenden Jahrhunderte besonders im N-Teil kostbar ausgestattet.
Man erreicht den Park entweder vom Kaiserpalast aus durch das Xuanwumen oder

Kriegspanzer des Kaisers Qianlong >

mit dem Bus (Haltestelle Beihai). Hat man den S-Eingang passiert, steht man vor der sog. *Runden Stadt (Duancheng),* einem Gebäudekomplex, der von einer fast kreisrunden Mauer von 5 m Höhe umgeben ist. In einem *Pavillon* vor der Haupthalle wird eine Schale aus schwarzer Jade aufbewahrt, die eine Höhe von 0,6 m und einen Durchmesser von 1,5 m hat. Sie soll Kublai-Khan zum Geschenk gemacht worden sein und ist an der Außenseite mit bizarren Meerungeheuern verziert. Im Zentrum der *Haupthalle,* an die sich mehrere Nebengebäude anschließen, steht eine ca. 1,5 m hohe Jade-Statue des Buddha, die im 19. Jh. aus Burma hierher gebracht wurde.

Über eine Brücke im N erreicht man die *Qionghua-Insel.* Vor der Brücke erhebt sich ein prachtvolles Ehrentor. Die Insel, die großenteils von einem künstlichen Hügel eingenommen wird, ist mit ihren abwechslungsreich gebauten Pavillons und Tempeln die Hauptattraktion des Parks. Als Wahrzeichen steht auf dem Gipfel eine leuchtendweiße Pagode. Der Tempel, zu dem die Pagode gehört, ist, wie viele andere Sehenswürdigkeiten der Hauptstadt, ein Hinweis auf das Bestreben der Qing-Kaiser, sich den tibetischen Machthabern gegenüber konziliant zu zeigen: Er entstand zu Ehren des Dalai-Lama, der Peking 1651 einen Besuch abstattete. Die Hallen des Heiligtums wurden am Hang hochgezogen und tragen grün glasierte Dächer. Durch mehrere dieser Bauten und über Treppen erreicht man die *weiße Pagode.* Vor dem 36 m hohen Bauwerk steht ein Miniaturtempel aus buntglasierten Ziegeln. Die Pagode selbst steht auf einem mehrstufigen Sockel, der einen Grundriß in Form eines komplizierten Kreuzes hat und sich auf einer quadratischen Plattform erhebt. Der Stupa ist flaschenförmig und wird von einem Bronzeschirm bekrönt, an dem Glöckchen hängen. Auf der S-Seite liegt an seiner weitesten Stelle eine mit schönen Reliefs umgebene Nische, in deren Rückwand ein tibetisches Zeichen eingemeißelt ist.

Vorbei an weiteren kleinen Gebäuden führen steile Stufen hinunter zur *Yilan tang,* in der heute ein Restaurant unterhalten wird. Die vielfältig gegliederten und mit Türmchen geschmückten Bauten wurden dem Jinshan-Tempel der Stadt Zhenjiang nachempfunden. Im W davon erhebt sich ein kurioser Bau mit halbmondförmigem Grundriß, der sog. *Yuegulou,* in dem die Kaiser ehemals kostbare alte Kalligraphien aufbewahren ließen. Diese Tradition wird bis heute aufrechterhalten: In einem benachbarten Gebäude sind moderne Kalligraphien ausgestellt.

Von der Yilan-Halle aus kann man mit einer Fähre zum N-Ufer des Sees übersetzen. N der Anlegestelle steht die *»Eisenmauer«* eine 3,56 m lange und 1,89 m hohe Mauer aus schwarzem Vulkangestein, das aussieht wie Eisen. Die Reliefs auf beiden Seiten zeigen seltsame Mischwesen, die sich zwischen Wolken tummeln.

Weiter im W stehen auf einer Mauer im See die fünf durch einen schmalen Weg verbundenen *Drachen-Pavillons.* N davon erheben sich Tempelbauten, die aber nur noch zum Teil zu besichtigen sind. Ganz im Westen liegt inmitten eines Kanals der *Xiao xitian* (Kleiner Westhimmel), ein quadratischer Bau, der von Dachreitern bekrönt wird und ehemals als Tempel diente. Dahinter liegt der botanische Garten. Er gehörte wohl zum Tempelgebiet der *Wanfo tang,* der »Halle der Zehntausend Buddhas«. Der Qianlong-Kaiser (reg. 1736 bis 1795) schenkte den dreistöckigen Tempel seiner Mutter zu ihrem 80. Geburtstag. In den Außenmauern liegen zahllose Nischen, in denen früher die Götterstatuen standen, denen das Bauwerk seinen Namen verdankt. Sie wurden allerdings im Jahre 1900 geraubt.

Geht man auf dem gleichen Weg zurück und wendet sich an der Eisenmauer nach N, so gelangt man zur *Neun-Drachen-Mauer* von 1756. Sie ist 26 m lang, 6,65 m hoch und ähnelt der Neun-Drachen-Mauer im Kaiserpalast. Man kann sie jedoch von beiden Seiten betrachten. Die Ziegelreliefs zeigen jeweils 9 Drachen zwischen Hügeln und türkisfarbenen Wellen.

Weiter w errichteten die Ming *Da xitian (Der Große Westhimmel),* eine weite Tempelanlage, die von Qianlong 1759 renoviert wurde. Vor dem Haupteingang steht ein *Ehrentor* aus feinen glasierten Ziegeln. In der *Halle der Himmelskönige,* die man als erste durchschreitet, sieht man auf beiden Seiten Inschriften (Diamant-Sutra und Sutra des Medizinbuddha Baishyajaguru,

Tor des Himmlischen Friedens

Kaiserpalast

Yaoshi jing). Durch die *Haupthalle* gelangt man in einen *Hof*, in dem eine Pagode und eine Halle mit reichem Schmuck aus glasierten Ziegeln (Buddhas zwischen Blumen) stehen. Wendet man sich nach O, so gelangt man zum *Altar der Seidenraupenzucht*, der früher von Maulbeerbäumen umgeben war, den Nahrungsspendern der Raupen. Hier mußte die Kaiserin alljährlich im Frühjahr bestimmte Riten durchführen, die Aufzucht und Wachstum der Seidenraupen fördern sollten. Sie entsprachen in ihrer Bedeutung dem rituellen Pflügen, mit dem der Kaiser die Erde am Altar des Ackerbaugottes fruchtbar zu machen hatte. Weiter im S liegt versteckt hinter künstlichen Bergen und zwischen Bäumen das *Huafang-zhai (Studio des bemalten Bootes)*. Die Anlage ist in südchinesischem Stil entworfen, daher wirkt die Architektur ziemlich kleinteilig. Das *Huapu jian*, das ebenfalls an einem Teich liegt, wurde ähnlich gestaltet.

Meishan (Jingshan): Der Aussichtsberg besitzt Gipfel und verdankt seinen Spitznamen »Kohlenhügel« einer Legende: Angeblich hatten die Kaiser der Qing-Dynastie unter dem im Zentrum befindlichen höchsten Hügel einen beträchtlichen Vorrat an Kohle anhäufen lassen. Heute steht hier ein *Aussichtsturm*, von dem aus sich ein herrlicher Blick auf Beijing bietet. Die Obstbäume, die früher an den Berghängen wuchsen, sind heute Kiefern und Zypressen gewichen. Im Laufe der Zeit wurden auch einige der alten Bauwerke wiederhergestellt.

Renmin Wenhua gong (Kulturpalast des Volkes): Das Gelände, auf dem diese Parkanlage entstand, gehörte früher zum Kaiserpalast und kann durch ein ö des Tiananmen gelegenes Tor betreten werden. Hinter den Grünflächen erheben sich auf Marmorterrassen die Hallen des *Taimiao*, des Ahnentempels der Kaiser. Er wurde 1420 unter der Devise Yongle der Ming in Auftrag gegeben und 1544 erneuert. Die vordere und mittlere Halle stehen auf einer dreistufigen Terrasse, die ein Marmorgeländer umläuft. In der vorderen Halle, die ein doppeltes Walmdach mit gelben Ziegeln trägt, fanden einst die Opfer zu Ehren der kaiserlichen Ahnen statt. In der mittleren Halle bewahrte man die Ahnentafeln verstorbener Herrscher auf. Einige der angrenzenden Gebäude werden heute für Ausstellungen genutzt.

Zhongshan gongyuan (Sun-Yatsen-Park): Der Park bildet das ö Gegenstück zum Renmin Wenhua gong, liegt also ebenfalls auf ehem. Palastgebiet. Der Name erinnert an den Arzt und Politiker Sun Yatsen (1866–1925), der am 1.1. 1912 Präsident der neuen Republik China wurde und im Nordchinesischen Sun Zhongshan hieß. Während der Kaiserzeit opferte der Herrscher alljährlich am *Ernte- und Erdaltar* Tudi shen, dem örtlichen Erdgott und Houji, dem Gott des Getreides. Der Altar stand auf der obersten Stufe einer dreistufigen Plattform von 1,30 m Höhe und 17,8 m unterer Seitenlänge. Die Oberfläche ist mit fünffarbiger Erde belegt: Gelb für die Mitte der Welt, Grün für den Osten, Weiß für den Westen, Schwarz für den Norden und Rot für den Süden. Die Kombination dieser Symbolfarben sollte den Anspruch des »Sohnes des Himmels« und Beherrschers des »Reiches der Mitte“ auf die gesamte Welt ausdrücken. Es gab aber auch eine Verbindung mit den 5 Elementen, Metall, Holz, Wasser, Feuer, Erde, denen man Einfluß auf die verschiedenen Jahreszeiten nachsagte. Die Haupthalle des zugehörigen Tempels ist die älteste erhaltene Holzkonstruktion der Stadt (Ming, Yongle 1421). Der Kaiser brachte in diesem Bau Opfer dar. Nach der Revolution richtete man hier eine *Gedenkstätte für Sun Yatsen* ein.

MUSEEN

Gugong bowuyuan (Palastmuseum): Spätestens seit der Han-Zeit (206 v. Chr. bis 202 n. Chr.) war es üblich, daß die chin. Kaiser riesige Kunstsammlungen anlegten. Dabei gingen sie keineswegs sehr zimperlich vor: Sie konfiszierten berühmte Kunstwerke bei Sammlern oder übten auf die Besitzer begehrter Objekte so lange Druck aus, bis diese den Herrscher durch eine »Schenkung« beglückten. Zusätzlich waren ständig kaiserliche Aufkäufer unterwegs,

Goldstickerei in der Kunningdian des Kaiserpalastes >

正大光明

Thron in einer der Haupthallen des Kaiserpalastes

die Gemälde, kostbare Bronzen und Steinbildwerke aller Art erwarben. Seit der Song-Periode (960–1280) gehörte zum Kaiserhof auch eine Akademie, die einen eigenen Beamtenapparat von Künstlern unterhielt, in dem es verschiedene Ränge gab. Dieser Akademie gehörten vielfach bedeutende Künstler an. Oft wurden jedoch Spontaneität und Originalität behindert oder sogar unterdrückt, da der Herrscher massiven Einfluß auf die jeweilige Stilrichtung und die Arbeit der Akademie ausübte. Diese Einmischung konnte durchaus positive Ergebnisse bringen, wie das Beispiel des großen Vogelmalers und Kalligraphen Huizong von den N-Song zeigt. In den meisten Fällen führte die kaiserliche Einflußnahme jedoch zu negativen Resultaten. So wurde die kaiserliche Kunstsammlung unter dem Qianlong-Kaiser erheblich erweitert. Da der Monarch jedoch weder

< Thron des Kaisers in der Taihedian, der Halle der Höchsten Harmonie im Kaiserpalast

großen Kunstverstand noch guten Geschmack besaß, gelangten viele Fälschungen in die Magazine. Zudem hatte er die unangenehme Angewohnheit, Bilder mit schier endlosen Inschriften, gefälligen Gedichtlein oder seinen überdimensionalen Siegeln zu versehen, was Optik und Qualität nicht unbedingt förderte.

An dieser Stelle muß bemerkt werden, daß es in China durchaus üblich war, Bilder mit Gedichten und Bemerkungen zu versehen. Auch der Stempel des Malers oder des Sammlers gehörte zu einem Bild. In den meisten Fällen paßte man jedoch diese Zusätze dem Charakter des jeweiligen Bildes an und integrierte sie soweit wie möglich in die Gesamtkomposition.

Neben den drei Haupthallen, die heute u.a. zu Ausstellungszwecken benutzt werden, dient besonders der Osttrakt des Palastes als Museum. Hier sind die Reste der alten kaiserlichen Sammlung untergebracht. Ein großer Teil der Kunstschätze wurde jedoch von der flüchtenden Guomindang-Regierung zunächst nach Nan-

Oben: Hochzeitsgemach in der Kunningdian des Kaiserpalastes

Links: Jiaotaidian im Kaiserpalast

Unten: Hochzeitsgemach des Kaisers in der Kunningdian des Kaiserpalastes

jing, später dann nach Taiwan gebracht, wo er heute noch zu sehen ist.
Nach 1949 ergänzte man die Bestände durch neue archäologische Funde. So stellt das Palastmuseum auch heute wieder die bedeutendste Sammlung Chinas dar. Um zur Ausstellung zu kommen, muß man durch das ö von der Baohedian gelegene Jingyunmen (19) gehen. Außerhalb der Mauern der Privatgemächer im O erhebt sich der *ehem. Fastenpalast (Zhaigong = 24).* In diesem Bau und in den dahinterliegenden Hallen kann man sich über Shang- und Zhou-zeitliche Bronzen informieren. Man erhält einen guten Überblick über die Entwicklung der *Bronzekunst.* Deutlich erkennbar sind die Veränderungen in der Ornamentik von den gewaltigen Tierformen auf Shang-Bronzen zu den etwas verspielten, manchmal sogar überladen wirkenden Gefäßen der späten Zhou- und frühen Han-Zeit. Im N dieser Hallen wird im *Chengqian-* (25) und im *Yonghe-Palast* die *Keramiksammlung* gezeigt. Sie umfaßt Gefäße aus Ton und Porzellan von der Han- bis zur Qing-Zeit. In den Hallen, die noch weiter n liegen, werden *Erzeugnisse des Ming- und Qing-zeitlichen Kunsthandwerks* aufbewahrt. Utensilien für die Tätigkeiten von Gelehrten, Tuschreibsteine, Pinsel, kostbare und mit vielfältigen Ornamenten verzierte Tuschen, stehen hier im Mittelpunkt. Wenn man das zentrale Geviert hinter der Baohedian durch das Jingyun-Tor verläßt und sich l hält, kommt man zur *Fengxian-Halle* (26). *Grabplastik* von der Han- bis zur Tang-Zeit und Abgüsse von *Steinplastik* aus den buddh. Höhlen von Yungang und Longmen haben hier eine Bleibe gefunden. Die Han-zeitlichen Grabfiguren sind sehr schlicht und wirken dennoch elegant. In der Nanbeichao- und Tang-Zeit wurden sie immer aufwendiger, zum Teil aber auch realistischer. Man produzierte immer vielfältigere Formen: Wächter, Dienerinnen und Diener, Grabwächtertiere, Händler werden dargestellt. In der Tang-Zeit (618–907) treten in der Grabplastik besonders viele fremdländische Gesichter und Gestalten auf, da intensive Handelsbeziehungen mit dem Iran und mit Arabien bestanden.
Man kehrt zum Jingyunmen zurück und geht am *»Pfeilpavillon«* (27) vorbei, in dem 10 Steintrommeln mit Jagdgedichten aus der Qin-Zeit stehen, die während der Tang-Periode bei Fengxian entdeckt wurden (Kopien befinden sich im Guozijian). Die Steininschriften, die ältesten in China überhaupt, die auf walzenartig geformte Steinblöcke graviert wurden, sind berühmt für ihr ausgewogenes Schriftbild. Man erfand für diese Schriftform sogar einen Terminus technicus »Shiguwen« (Steintrommelschrift).
Durch das Xiqingmen (20) und das Huangjimen (l bei der Drachenmauer = 28) gelangt man zur *Gemäldesammlung.* Diese Kollektion ist immer noch bedeutend, obwohl viele der berühmten Gemälde heute in Taiwan hängen. Die ältesten Bildrollen, zu denen während der Tangzeit angefertigte Kopien von Gemälden des Liu-Song-zeitlichen Malers Gu Kaizhi oder Song-Kopien von bekannten Tang-Bildern gehören, werden jedoch fast nie gezeigt, da ihnen Klima und Licht zu stark zusetzen würden. Meist können gute Hänge- und Quer-Rollen aus der Ming- und Qing-Zeit besichtigt werden.
In den Hallen hinter der Malereiabteilung ist eine Art *Schatzkammer* (30) untergebracht: Man sieht Gold- und Silberschmuck sowie Jadeblöcke, aus denen ganze Miniaturlandschaften mit Tempeln und Weilern herausgearbeitet wurden.

Zhongguo Lishi bowuguan (Museum der Geschichte Chinas): Das Lishi bowuguan ist eines der wenigen Museen der Volksrepublik, in dem die Exponate so gut präsentiert werden, daß der Besucher einen systematischen Überblick über die Geschichte Chinas erhält.
Die Originale und Repliken berühmter Kunstwerke und Modelle technischer Errungenschaften werden durch Erklärungen und Zeittafeln ergänzt. Das Museum befindet sich auf der O-Seite des Tiananmen-Platzes gegenüber der Großen Halle des Volkes und ist in ähnlichem Stil errichtet wie diese. Im N-Flügel befindet sich ein Revolutionsmuseum, im S-Flügel liegt das Geschichtsmuseum. Die *Räume des Untergeschosses* bergen Bilder und Gegenstände aus der Frühzeit der chin. Kultur vom Paläolithikum bis zur Nanbeichao-Zeit. Es sind Abgüsse von Schädelresten des sog. Pekingmenschen ausgestellt, einer Vorform des Homo sapiens (siehe dazu auch Umge-

Polychrome Schale der Ming-Dynastie

Krone einer Kaiserin aus Perlen, Jade und Golddraht, Kaiserpalast

Schultertopf aus Blauweißporzellan mit Emailledekor

Vergoldete lamaistische Zeremonialgegenstände

bung, Zhoukoudian). Aus der Siedlung Banpocun beim heutigen Xi'an stammen neolithische Stein- und Knochenwerkzeuge sowie bemalte Keramik. Ein Modell dieses Ortes, von dem man einen Teil ausgegraben hat, zeigt, wie neolithische Siedlungen aussahen (siehe auch Xi'an, Banpocun).

Neben prächtigen Shang-zeitlichen Bronzen, deren Guß aus tönernen Teilformen erklärt wird, und deren Tierornamente auch im Palast zu bewundern sind, werden Orakelknochen ausgestellt, die erste Form historischer Texte (siehe auch Anyang).

An den Zhou-Formen erkennt man ornamentalen Schmuck, der sich immer stärker von den kraftvollen Tierbildern der Shang-Zeit entfernt. Man begegnet auch ersten Lackgegenständen, z. B. einem kleinen Stellschirm mit Hirsch und Vogeldekor.

Auf die weitgehende Vereinheitlichung von Maßeinheiten und Schrift weisen Qin-zeitliche Maße und Gewichte hin. Unter den Ausstellungsstücken aus der Han-Zeit fallen die besonders gut erhaltenen Lackgegenstände aus Changsha auf, die mit schwarzen, meist geometrischen Ornamenten auf leuchtendrotem Grund dekoriert sind. Auf die Entwicklung der Weberei wird durch Reliefs, auf denen die neuartigen Webstühle dargestellt sind, und zum Teil schon sehr komplizierte Gewebe hingewiesen, die in verschiedenen Gräbern zutage traten. Überhaupt vermitteln die Han-Reliefs einen anschaulichen Eindruck vom Alltagsleben während der Han-Zeit und gewähren einen interessanten Einblick in die mythologischen Vorstellungen dieser Epoche.

Von den technischen Neuerungen der Han sind, abgesehen von den erwähnten Webstühlen, Rekonstruktionen eines Erdbebenwarngerätes des Zhang Heng und eines sog. Kompaßwagens zu sehen, dessen aufrecht stehende Holzfigur mit ihrem ausgestreckten Arm angeblich immer nach S deutete. Han-zeitliche Architektur wird anhand von Hausmodellen aus Gräbern erläutert (zu beachten ist in diesem Zusammenhang ein hoher Turmbau aus Ton).

Neuheiten aus der keramischen Produktion, die vor allem aus der Jin- und der Nanbei-chao-Zeit stammen, stehen in Vitrinen. Unterschiede zur Han-zeitlichen Keramik werden durch die Thematik und durch die Veränderungen der Glasur deutlich. Aus dem S Chinas stammen besonders viele hell glasierte Stücke, z. B. Hausaufbauten und zahlreiche Menschenfigürchen an Tonkrügen. Die Gefäße aus N-China verdeutlichen eine Tendenz, die auch für die gesellschaftliche Entwicklung relevant ist: Die Formen erinnern häufig an westliche Bronze- und Keramikvorbilder, besonders aus dem Iran. Unter den Grabfiguren treten immer häufiger Abbilder von Ausländern auf, die zu dieser Zeit als Händler, Tänzer und Diener in großer Zahl nach China strömten. An diesen Beispielen zeigt sich besonders gut, welch starker Einfluß von den Fremdvölkern ausging, die zu dieser Zeit den N Chinas beherrschten. Diese Tendenz setzte sich, wie man im ersten Stock des Museums sehen kann, auch während der Zeit der Sui und Tang fort. Die weltoffenen Metropolen der Tang zogen immer mehr Menschen aus allen Teilen Zentral- und Westasiens an. Münzen aus dem Iran und aus Byzanz weisen auf die weitreichenden Handelsbeziehungen der Chinesen hin. Rekonstruktionen Tang-zeitlicher Städte und Paläste runden das Bild ab.

Die Song-Zeit war die Hochzeit der chin. Stadtentwicklung. Dies verdeutlichen Gemälde und Gegenstände der verschiedensten Art aus dieser Epoche. Auf die Neuerungen in der Keramikherstellung und auf die Entwicklung der Porzellanmanufaktur wird ebenfalls hingewiesen. Holzdruckplatten zeigen, daß die Druckkunst unter den Song einen ersten Höhepunkt erreichte.

Durch eine intensive Schiffbau- und Flottenpolitik erweiterten die Ming die Kenntnisse ihres Reiches von der Welt. Dies zeigen vor allem die im Lishi bowuguan ausgestellten verbesserten Karten. Die Ming-Zeit war auch die große Zeit der Porzellanmaler, die in der Lage waren, hervorragendes Porzellan mit Unterglasurblaumalerei zu erzeugen.

Dieser kurze Überblick über die wichtigsten Abteilungen und Exponate des Geschichtsmuseums von Beijing macht deutlich, daß es nicht nur für den Historiker von Interesse ist, sondern auch eine beachtliche Sammlung wertvoller und für die Erforschung vergangener Epochen aufschlußreiche Kunstwerke zu bieten hat.

Nasenuhr im Palastmuseum

TEMPEL

Staatskult: Die Altäre und Tempel, also die Stätten, an denen der Kaiser die verschiedenen Opferrituale zu vollziehen hatte, sind an allen vier Ecken der Stadt zu finden. Das Zentrum dieses riesigen Geviertes bildete der Kaiserpalast. Diese Anordnung hatte natürlich auch symbolische Bedeutung, da der Kaiser auch Hauptperson und das wichtigste Element des Staatskultes war.

Die Altäre wurden den 4 Himmelsrichtungen zugeordnet, mit denen man sie gemäß der chin. kosmischen Ordnung verband. Der Kaiser durchschritt auf seinem Weg zu den verschiedenen Opferstätten alle vier Himmelsrichtungen, die zugleich auch den gesamten Erdkreis symbolisierten.

Ditan (Erdaltar, HS Ditan an der Andingmen waidajie): Die Erde wurde nach chin. Vorstellung mit der Kraft Yin verbunden und liegt daher am dem Himmelsaltar entgegengesetzten Ende der Stadt (der Himmel stand in Verbindung mit dem Yang). Der Kaiser mußte hier nach einer Nacht des Fastens an der Sommersonnenwende opfern, um das Yin zu stärken. Das Symbol für die Erde ist das Quadrat, daher hat der Altar eine quadratische Form.
Er besteht aus einer zweistufigen Plattform, deren untere Seitenlänge 33,9 m beträgt. Die obere Stufe mißt 19,2 m. Am Ende der Kaiserzeit wurde der Altar so schwer zerstört, daß nur noch Reste erhalten blieben. Einst gruppierten sich um den Hauptaltar kleinere Altäre, die Meeren und heiligen Bergen geweiht waren.

Kong-miao (Konfuziustempel, HS Guozijian an der Yonghegong dajie): Die Konfuziusverehrung nahm eine wichtige Stelle im Staatskult ein, denn Kongzi galt als Begründer der philosophischen Richtung, die dem chin. Staatswesen zugrunde lag. Der Ursprung des Tempels liegt in der Yuan-Zeit, aus der noch einige der alten Zypressen stammen sollen, die im Hof stehen und denen sogar wundertätige Kräfte zugeschrieben wurden. Der erste Bau entstand in der Zeit von 1302 bis 1306. Anläßlich der Einweihung wurden Kongzi ein Ehrentitel verliehen und eine Stele geweiht. Während der Wirren am Ende der Mongolenzeit mußte der Bau Verwüstungen hinnehmen, wurde aber 1411 unter Yongle wieder aufgebaut und später mehrmals erweitert. Die ehemals grünen Ziegel der Dächer ersetzte man durch gelbe, also »kaiserliche« Ziegel. Zu beiden Seiten des Torwegs stehen Stelenpavillons, auf denen die Namen erfolgreicher Absolventen der Jinshi-Prüfung vermerkt wurden. Durch ein Tor mit mehreren solcher Stelen gelangt man zur *Haupthalle,* der Dachengdian. Im Durchgang befinden sich Kopien der berühmten »Steintrommeln« mit Jagdgedichten aus der Zhanguo-Zeit (die Originale stehen im sog. Pfeil-Pavillon des Palastmuseums). Die Dachengdian wurde 1411 erbaut und unter Qianlong 1737 mit gelben Ziegeln gedeckt. Im Zentrum sieht man die Ahnentafel des Konfuzius, in den Seitenhallen sind die Ahnentafeln seiner 72 Schüler untergebracht. In der anschließenden Halle (aus dem Jahre 1530) stehen Ahnentafeln von fünf Vorfahren des Philosophen.
Guozijian, die *kaiserliche* Akademie, ist mit dem Komplex des Kongmiao verbunden und war von der Yuan- bis zur Qingzeit die größte Schule der Stadt. Sie entstand 1306 als private Lehranstalt und wurde später in eine staatliche Schule für die Abkömmlinge adliger Familien umgewandelt. Unter Qianlong fand 1783 eine Renovierung statt.
Der Kaiser ließ die konfuzianischen Klassiker in Stein meißeln und in der Akademie aufbewahren. Die *Haupthalle,* Piyong genannt, wurde für Vorträge des Kaisers über die Klassiker erbaut. Das schwere Dach krönt ein großer, perlenartiger Aufsatz. In der Akademie befindet sich heute die viel besuchte *Stadtbibliothek* (Shoudu tushuguan).

Ritan und Yuetan (Sonnen- und Mondaltar, HS Yuetan in der Yuetanbeijie, HS Ritan yiyuan in der Ritanlu): Von den beiden Altären blieben nur spärliche Reste erhalten. Auf dem Gelände entstanden Parkanlagen.

Tiantan (Himmelsaltar, HS Tiantan an der Qianmen dajie im SO der Stadt): Den Opfern an den Himmel kam besondere Bedeutung zu, da man glaubte, der Himmel stehe in besondererer Verbindung mit dem Kaiser, der als »Sohn des Himmels« galt.
Der Altar nimmt eine gewaltige, fast quadratische Fläche ein. Von W nach O mißt das Areal 1700 m, von S nach N 1600 m. Die NO- und NW-Ecken sind abgerundet, und der gesamte Komplex wird von einer Mauer umgeben. Etwas exzentrisch, nach SO verlagert ist in das äußere Quadrat ein zweites eingebaut, in dem der Altar selbst liegt. Diese Verlagerungen haben natürlich ebenfalls symbolische Bedeutung: Der Himmel wurde mit dem Yang, dem aktiven Prinzip der Natur, in Verbindung gesehen. Yang erreichte im Jahresverlauf im S seinen Höhepunkt und wuchs im Frühjahr im O. Deshalb liegt der Altar auch im SO der Stadt. Da man sich den Himmel kreisrund vorstellte, dominierten an den Gebäuden runde Formen. Die Hauptgebäude sind, wie bei öffentlichen Bauten in

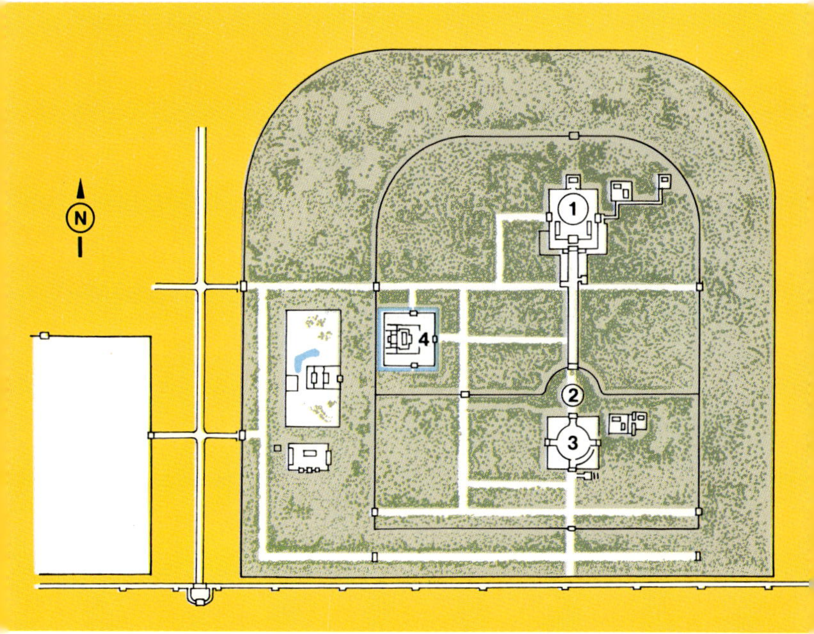

Beijing, Himmelsaltar (Tiantan) **1** Halle des Erntegebets **2** Halle des Himmelszeltes **3** Himmelsaltar **4** Fastenhalle

China allgemein üblich, auf einer Achse angelegt.

Im N-Teil der Umfriedung liegt die *Halle des Erntegebetes,* das in seinen Ursprüngen älteste Bauwerk des Tempels. Sie wurde unter der Devise Yongle der Ming erbaut, mehrmals erneuert und 1889 nach einem Brand originalgetreu wiederhergestellt. Der Bau ist rund, 38 m hoch und hat an der Basis einen Durchmesser von 30 m. 8 Treppen, Symbole für die vier Haupt- und Nebenrichtungen, führen auf die dreistufige Plattform aus Marmor. 28 große Säulen tragen das dreistufige, spitze Dach. Die 4 mittleren erreichen eine Höhe von 20 m und sind jeweils aus einem Stamm geschlagen. Der Bau besteht vollständig aus Holz und wurde ohne Nägel zusammengesetzt. Das Dach ist mit blauglasierten Ziegeln gedeckt, da die Farbe Blau als Symbol des Himmels galt. Die mittleren Säulen werden mit den 4 Jahreszeiten identifiziert. Die zwei Reihen mit je 12 Säulen weiter außen stehen für die 12 Monate und die 12 Doppelstunden des Tages. Kassettendecke und Gebälk sind in leuchtenden Farben bemalt, wobei wiederum Blau dominiert. Die Säulen sind in Rot und Gold gehalten. Den Deckenabschluß bilden neun sich windende Drachen.

Der Kaiser hatte in dieser Tempelhalle um eine gute Ernte zu bitten. Durch 2 dreitorige Bauten kommt man auf den Weg zum Altar. Um ihn zu erreichen, muß man eine kleine Halle passieren, die sog. *Halle des Himmelszeltes,* die, wie der Altar, durch eine kleine Mauer von den übrigen Bauten getrennt wird. Eine weitere, die Halle umschließende Mauer ist so gebaut, daß besondere Echowirkungen entstehen, wenn man vor der Halle auf einer der drei großen Steinplatten steht und in die Hände klatscht oder ruft. Der kleine Tempel ist ebenfalls rund und trägt ein einfaches, spitzes Dach aus blauen Ziegeln. Man

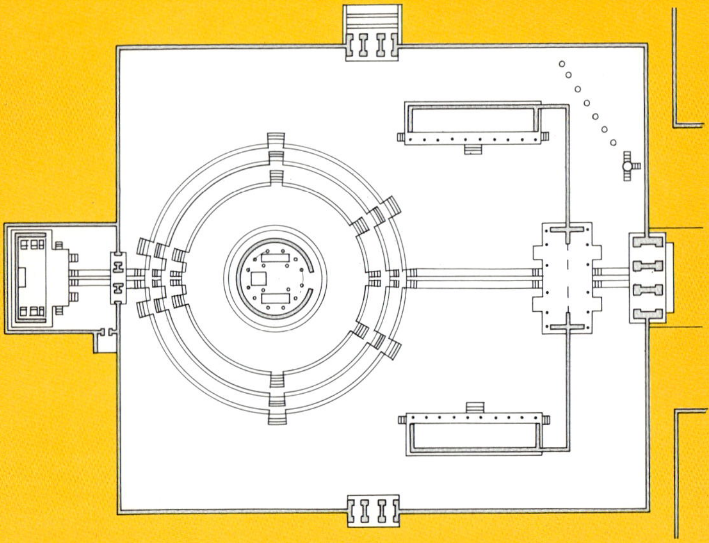

Beijing, Himmelsaltar (Tiantan) Halle des Erntegebets

brachte dort die Tafeln unter, die man für das alljährliche Opfer an den Himmel benötigte.

Der *Himmelsaltar* wurde 1530 erbaut und 1749 erneuert. Er wird als »Runder Berg« bezeichnet und steht auf einer quadratischen Grundlage. Treppen führen zur oberen Plattform des dreistufigen Marmorsockels hinauf. Abgesehen von der äußeren Einfriedung ist alles am Altar rund. Man kann den gesamten Altar als kosmisches Symbol betrachten, das Erde (Quadrat) und Himmel (Kreis) darstellt. Alle Bauteile folgen einer Zahlensymbolik, bei der die Neun im Zentrum steht. Die Zahl Neun, das Zeichen des Yang, und ihr Vielfaches manifestieren sich in der Anzahl der Marmorbodenplatten, der Pfeiler der Balustraden und der Zwischenräume. Der Kaiser mußte sich bereits drei Tage vor der Wintersonnenwende in den Bereich des Altars begeben und in einer *Fastenhalle (Zhaigong)* im W des Areals bleiben, bis er am Tag der Sonnenwende am Altar opfern konnte.

Die Konstruktion der Anlage und ihre dominierende Lage innerhalb der Stadt sind ein Zeichen für die außerordentlich wichtige Rolle, die sie im religiösen Leben des Kaisers spielte.

Xiannongtan (Altar des göttlichen Landmannes, HS Xiannongtan an der Yongdingmen waidajie): Xiannong oder Shennong wurde als Gott und Kulturheros verehrt und soll den Ackerbau erfunden haben.

Das Gelände, auf dem der Altar liegt, wird von einer doppelten Mauer umgeben. Die Opferplattform ist 16 m lang und 1,5 m hoch. Das Heiligtum wurde in der Ming-Zeit unter Jiajing entworfen und 1754 renoviert.

In der *Haupthalle* im N standen ehemals die Tafeln, die bei den Opfern an Shennong benutzt wurden. Im SW sieht man die *Taisuidian (Halle des Neuen Jahres)*, in der zur Zeit des Mondneujahrs Opferriten stattfanden, und die *Plattform zur Beobachtung des Pflügens*. Von hier aus überwachte der Kaiser den Ritus des Pflügens. Er selbst leitete die Zeremonie ein, indem er die ersten Stiche mit dem Grabstock tat. Mit dieser symbolischen Handlung sollte der Boden fruchtbar gemacht werden. Im Anschluß daran beackerten Beamte den Rest des hl. Feldes.

BUDDHISTISCHE HEILIGTÜMER

Baita si (Tempel der weißen Pagode, im W der Stadt, HS Baita si an der Fucheng men nei dajie): Das Bauwerk heißt eigentlich Miaoying si und wurde 1271 unter den Yuan gegründet. Am Entwurf war ein berühmter nepalesischer Künstler, Arniko, beteiligt. Die Pagode vom Typ lamaist. Flaschenstupas erhebt sich mit einer Höhe von 50,9 m weit über die Häuser der Umgebung. Wie bei dieser Bauform üblich, bilden Sockel und Pagode, von oben betrachtet, ein kosmisches Diagramm (Mandala). Auf einem äußerst kompliziert gestalteten Sockel, der von der Kreuzform abgeleitet wurde, thront der gewaltige, annähernd flaschenförmige weiße *Stupa*. Die Spitze bildet ein Schirm aus vergoldeter Bronze, der während der letzten Jahre wegen Erdbebenschäden ausgebessert werden mußte. Bei diesen Arbeiten fand man zahlreiche Sutrenrollen und buddhist. Plastiken aus der Yuan-Zeit, die zum Teil in einer der Hallen zu besichtigen sind. Beachtenswert ist außerdem der Yuan-zeitliche *Trias* in der Haupthalle.

Fayuan si (HS Fayuan si in der Fayuan si houjie): Der Tempel wurde in der Tang-Zeit unter Taizong (reg. 627-650) gegründet und ist somit der älteste Sakralbau der Stadt. Er lag im SW der Tang-Stadt und sollte an die Gefallenen eines mißlungenen Feldzugs gegen Korea erinnern - die Tang versuchten nämlich mehrmals erfolglos, dieses Land zu erobern.
Das Bauwerk bestand zunächst nur aus einer kleinen Pagode und einem Pavillon, der 882 noch während der Herrschaft der Tang niederbrannte.

Beijing, Miaoying si. Der mandalaartige Aufbau des Stupa wird besonders im Grundriß deutlich. Das kosmische Diagramm besteht aus einer komplizierten Kombination aus Kreuz-, Quadrat- und Kreisformen.

Im Fayuan si hielt in der Zeit nach 1126 der Herrscher der Jurcen, die die Song aus Kaifeng vertrieben hatten, den letzten Kaiser der Nordsong gefangen.
Seit 1956 hat hier die chines. buddhist. Gesellschaft ihren Sitz und bildet buddhist. Mönche aus. In einem Vorhof stehen *Glocken- und Trommelturm*. Durch eine *Halle*, die von 4 furchterregenden Himmelskönigen bewacht wird, gelangt man in ein großes Mauergeviert, in dem die *Haupthalle* des Tempels steht. Sie birgt Figuren der Buddhas der 3 Weltalter und 18 Luohan. Im angrenzenden *Hof* ist ein Reliquienschrein zu besichtigen. In einer *Halle* verehrt man den Tang-zeitl. Mönch und Reisenden Xuanzang, von dem hier

Himmelstempel, Halle des Erntegebets

angeblich auch ein Schädelknochen aufbewahrt wird.

Außerdem sind ein Cloisonné-Reliquiar aus der Qianlong-Epoche, eine Statue des Adhibuddha Vairochana und Grabplastik aus der ö Han-Zeit zu sehen. Im hintersten Teil des Tempels befindet sich ein zweistöckiger Bau mit Klassenräumen und Ausstellungssälen mit buddhist. Schriften und Plastiken.

Tianning si (im SW der Stadt, in der Lianhuachi donglu, HS Tianning si): Das erste Bauwerk entstand in der Sui-Zeit. Die urspr. Anlage wurde in der Yuan-Zeit zerstört. Von den alten Bauten blieb nur eine 58 m hohe Ziegelpagode aus der Liao-Zeit erhalten. Über einem quadratischen Sockel erhebt sich über mehreren Ornamentleisten ein *achteckiges Erdgeschoß* mit künstlichen Gitterfenstern und Türen, flankiert von muskulösen Wächterfiguren. Darüber befinden sich 13 falsche Stockwerke mit kleinen Zwischendächern. Diese Dächer werden von stilisiertem Konsolgebälk voneinander getrennt. Die Spitze ist mehrstufig und vom Wunschjuwel bekrönt.

Wuta si (eigtl. Zhenjue si, HS Baishi qiao beim Tierpark, zu erreichen durch den Tierpark): Der Pagodenbau, auf den sich der Name bezieht (»Fünf-Pagoden-Tempel«), wurde 1473 unter der Devise Yongle der Ming errichtet und in der Qing-Zeit renoviert. Anlaß des Baus war der Besuch eines indischen Mönchs, der eine chines. Expedition aus Indien zurückbegleitete und wertvolle Geschenke mitbrachte, für die eine würdige Bleibe geschaffen werden mußte. Der Pagodenbau wurde einem indischen Vorbild nachempfunden, dem Tempel am Ort der Erleuchtung Buddhas in Bodhgaya, und in späterer Zeit mehrmals kopiert (siehe auch Umgebung, Biyun si). 1927 mußte der Tempel schwere Zerstörungen hinnehmen, die nur die Pagode überdauerte. Der rechteckige Sockel mißt 18,5 x 16 m. Die Wände des hohen Unterbaus bedecken Reihen

von Nischen, in denen kleine Buddhafiguren sitzen.
Das im Sockel befindliche Südtor führt in eine Cella. Das Zentrum bildet eine Andachtssäule, die ehemals verziert war und rituell umschritten wurde. Im S führt eine Treppe zu den 5 kleinen quadratischen *Pagoden* auf der oberen Plattform. Die mittlere von ihnen hat 13, die anderen haben 11 Stufen. Die Sockel der kleinen Bauten (Höhe 7 bzw. 8m) sind mit buddhist. Symbolen, aber auch mit Elementen aus der chines. Mythologie geschmückt (Roter Vogel, Phoenix). Die Inschriften wurden in Sanskrit und Tibetisch ausgeführt. Auf der S-Seite der mittleren Pagode hat man »Fußabdrücke« Buddhas eingemeißelt.

Xi Huangsi (Ande li beijie, Hs Huangsi): Der Tempel geht auf das Jahr 1652 zurück. 1780 starb der Panchen-Lama, der gerade in Beijing weilte, um eine Audienz des Kaisers zu besuchen. In einem *Stupa* im Hinterhof des Tempels wurde der tibetische Würdenträger beigesetzt. Durch mehrere Hallen mit schön bemaltem Gebälk erreicht man den in lamaist. Stil errichteten Stupa. Auf einem 3,4 m hohen Sockel erhebt sich der 20 m hohe flaschenförmige Pagodenbau. An den Ecken des Sockels stehen vier kleinere Pagoden in chines. Stil. Der Bau besteht hauptsächlich aus weißem Marmor. Der Stupa ist mit feinen Reliefs geschmückt, die Szenen aus dem Leben Buddhas zeigen. Anfang dieses Jh. wurden sie allerdings von marodierenden europäischen Soldaten stark zerstört; deshalb fehlen den meisten Figuren die Gesichter. Neben den Stufen, die zur Pagode führen, stehen zwei Wächtertiere, Mischwesen vom Typ Pixie.

Yonghe gong (Andingmen dongdajie, HS Yonghegong): Das lamaist. Heiligtum ist eine der größten Tempelanlagen der Hauptstadt. Es wurde an der Stelle errichtet, an der sich in der Ming-Zeit das Amt des Obereunuchen befand. In der Qing-Zeit trat an die Stelle dieses Baus ein Palast für den Thronfolger des Kangxi-Kaisers, der unter der Devise Yongzheng 1722-35 regierte. 1735 wurde die Hälfte der Anlage zerstört. In der erhaltenen Yongyou-Halle richtete man einen kaiserlichen Ahnentem-

Ehrenpforte von Yonghe gong

pel ein, während die übrigen Gebäude von dieser Zeit an lamaist. Kloster wurden. Im Zuge der freizügigen Religionspolitik der Qing entwickelte sich der Tempel zu einer Hochburg des Lamaismus und wurde von Dalai- und Panchen-Lamas besucht. Von den Visiten hoher lamaist. Würdenträger zeugen die farbigen Seidenbänder, die um die Hände mancher der Heiligenfiguren gewunden wurden. Der Aufbau ist streng nach einer von S nach N verlaufenden Achse ausgerichtet. Den S-Eingang schmücken an der S-, W- und O-Seite unterschiedliche Ehrentore (Pailou). Vor dem s steht eine Geistermauer. Man betritt die Tempelanlage heute durch ein Seitentor weiter im N, das in den Hof des Glocken- und Trommelturms führt. Die beiden Türme stehen vor dem Tor des im S angeschlossenen Vorhofs. Der Eingang zur *Halle der Himmelskönige* (Tianwang dian) wird von zwei Stelenpavillons flankiert. Die Statuen der Himmelskönige in der Halle wirken sehr wuchtig und sind mit den Attributen zorniger lamaist. Gottheiten

Xi Huangsi, Detail

ausgestattet. Der *große Stelenpavillon* befindet sich im N der Tianwangdian. Die Texte auf der Stele erzählen in mongolischer, manjurischer, tibetischer und chinesischer Sprache die Geschichte des Lamaismus. In einem Bassin erhebt sich ein stilisierter Berg, der den Weltberg Sumeru der indischen Mythologie darstellen soll (Ende 16. Jh.).

Der Hof, in dem sich Pavillon und Bassin befinden, wird im O und W von Hallen begrenzt, in denen die Klosterschüler Mathematik, Medizin und die buddhist. Schriften studierten. An der N-Seite schließt die *Haupthalle* den Hof ab. Sie birgt Figuren der Buddhas der drei Weltalter, Dizangs (Kshithigrabha) und Guanyins - Bodhisattvas, die von den Höllenqualen erlösen können - und der 18 Luohan. Hinter der Haupthalle liegt die *Yongyou-Halle,* der ehemalige Ahnentempel. Sie wird von einem Sattelwalmdach gedeckt, das relativ flach und leicht wirkt. Die drei mittleren Tore fassen Fenster mit Gitterwerk ein. Dadurch wirkt der Bau architektonisch aufgelockert. Im Innern befinden sich Statuen der Buddhas Amithabha, Bayshyajaguru und Simhanda.

Im Zentrum eines der wichtigsten Gebäude, der *Falundian,* befindet sich eine 6 m hohe *Figur des Tsongkhapa,* des Begründers der Gelbmützensekte (Gelugpa), der auch heute noch der Dalai-Lama vorsteht. Der lamaist. Reformator ist sitzend dargestellt und trägt die typische, spitze, leicht nach vorn gebogene gelbe Mütze. Die Figur wird von einer aufwendigen Aureole umgeben. Die Wände der Halle überziehen stilisierte Berge aus Sandelholz, auf denen 500 kleine Figuren von Luohan in verschiedenen Haltungen und aus unterschiedlichen Metallen sitzen. Die Falun dian ist auch mit zahlreichen *Plastiken* geschmückt. Sie stellen tantrische Gottheiten in erotischer Umklammerung dar und wurden teilweise mit Seidentüchern bedeckt. Auf der l und r Wand befinden sich Regale, in denen man die beiden tantrischen Kodices, Kanjur und Tanjur, aufbewahrt. Die Bücher wurden auf tibet. Art

gedruckt und gebunden (rechteckige schmale Blockbücher). Die Halle erhebt sich über einem Grundriß in Form eines griechischen Kreuzes und wird von einem komplizierten Sattelwalmdach gekrönt. Drei Dachreiter tragen Stupaaufsätze. Die Dachkonstruktion schmückt reiches Konsolgebälk, die Wände ziert Gitterwerk.
Die *Wanfu ge,* die letzte Halle, ist mit 3 Stockwerken das höchste Gebäude des Komplexes. Im Mittelteil steht eine 18 m hohe schwarze *Figur des Buddha Maytreya* in seiner tantrischen Form. Sie gilt als Geschenk des Dalai-Lama an den Qianlong-Kaiser und wurde aus einem 3 m dicken Baumstamm aus der Provinz Yunnan geschnitten. Über Hängegalerien kann man Seitentrakte erreichen, in denen früher ebenfalls buddhist. Plastiken standen. Die Baustruktur wirkt durch eine Vielzahl von Balustraden, Galerien und Zwischendächern überaus abwechslungsreich. In der Tempelanlage bewahrt man Kunstschätze und Schriften auf, von denen einige in der Tang-Zeit entstanden.

Xi Huangsi

WEITERE SEHENSWÜRDIGKEITEN

Altes Observatorium (Jiangou men neidajie, HS Jiannei im O des Tiananmen guangchang): Das erste Observatorium entstand hier unter den Jin im frühen 12.Jh. Die Jurcen statteten es mit astronomischen Instrumenten aus, die sie als Kriegsbeute aus Kaifeng, der Hauptstadt der N-Song, mitgebracht hatten. Kublai-Khan betraute zwei chines. Gelehrte mit der Verbesserung des Kalenders. Sie machten ihre Beobachtungen auch vom alten Observatorium aus. Die alten astronomischen Gerätschaften stehen heute in Nanjing (siehe dort), wohin sie 1938 bei der japan. Invasion verbracht wurden. Die in Beijing verbliebenen Geräte ließ 1674 der aus Holland stammende Pater Verbiest nach w Vorbildern anfertigen. Sie zeugen vom Einfluß christlicher Missionare auf China, der allerdings äußerst gering war. Unter dem Kangxi-Kaiser der Qing genossen besonders die Jesuiten hohes Ansehen als Astronomen. Sie trugen wesentlich zur Verbesserung des chines. Kalenders bei.

Baiyun guan (Taoist. Tempel im SW der Stadt, Beibinhe lu HS Tianning si): Neben dem Taishan-Tempel von Beijing, dem *Dongyue miao,* der heute nicht mehr zugänglich ist, war der Baiyun guan der größte taoist. Tempel der Stadt. Er erlangte Berühmtheit als Grabstätte des Yuan-zeitlichen Mönchs Changchun. Die Kunde von diesem großen taoistischen Lehrer drang bis zum Hof des Mongolen-Khans, der den weisen Mann ohne Rücksicht auf sein bereits sehr fortgeschrittenes Alter zu sich befahl. Das bedeutete zu dieser Zeit eine halbe Weltreise, da Chinghis Khan im heutigen Afghanistan residierte.
Der Tempel ist schon 739 inschriftl. erwähnt. Die riesige Anlage wurde unter den folgenden Dynastien noch erheblich erweitert. 1394 mußte sie unter den Ming allerdings schwere Zerstörungen hinnehmen. Während dieser Periode entstand nur ein kleinerer Baukomplex im unteren Hof des ehem. Tempels. Die bestehenden Bauten stammen aus der Qing-Zeit.

In der *Haupthalle* steht eine *Statue des Jadekaisers*, der seit der Song-Zeit das taoistische Pantheon anführt. Er trägt eine Kaiserkrone, die einem Dokturhut ähnelt und mit Perlschnüren behängt ist und wird von Symbolen der Unsterblichkeit (Kranich, Pfirsich) umgeben. Die Halle war früher zusätzlich mit einer großen Zahl von Figuren ausgestattet, die Kalendergottheiten darstellten.
Im vierten Hof steht die *Halle des Changchun*. Unter dem Bild des berühmten Mönchs sollen sich seine Gebeine befinden. Im fünften Hof ist ein *zweistöckiges Gebäude* zu besichtigen, das Plastik und eine Ausgabe der taoistischen Klassiker des sog. Daozang birgt.

Denkmal der Volkshelden (s der Changan-Str.): Das im auch aus anderen sozialistischen Ländern bekannten Stil des »sozialistischen Realismus« gestaltete Monument erinnert an die Kämpfer für die neue Gesellschaftsform.

Liuli chang (im S der Stadt, Xinan Xinhua jie HS Liuli chang): In der Ming-Zeit wurden hier die gelb und grün glasierten Ziegel für den kaiserlichen Bedarf hergestellt, was der Straße zu ihrem Namen verhalf (Glasur-Fabrik). Heute versammeln sich hier die Liebhaber alter chines. Bücher. Leider wurden in den letzten Jahren die meisten der alten Antiquariate niedergerissen. Man hat viele von ihnen allerdings im traditionellen Stil wiederaufgebaut. Berühmte *Druckereien* wie *Shangwu yinshuguan* und besonders *Rongbao zhai* haben hier Niederlassungen. Rongbao zhai wurde in den fünfziger Jahren auch in Europa bekannt, da hier hervorragende Nachdrucke so berühmter Werke wie des »Mallehrbuchs aus dem Senfkorngarten« und der »Sammlung der Briefpapiere aus dem 10-Bambusstudio« entstanden.

Mao-Zedong-Mausoleum (s der Changan-Str.): Hier fand der »große Vorsitzende« Mao Zedong (1893-1976) seine letzte Ruhestätte, der am 1.10 1949 in Beijing die Volksrepublik China proklamierte.

Moschee (im SW der Stadt, Niu jie, HS Qingzhen si): Das Bauwerk entstand 996

Die Große Mauer am frühen Morgen

unter den Liao in einem hauptsächlich von Muslimen bewohnten Viertel. Die Gebäude zeigen einen für die islamische Architektur Chinas typischen Mischstil aus chines. und arabischen Elementen. Die *Höfe* sind mit zahlreichen geschichtlichen Denkmälern, meist Inschriftenstelen und Räuchergefäßen aus Metall, ausgestattet. Die *Haupthalle* hat im Gegensatz zu den meisten taoist. und buddhist. Tempeln ihren Eingang an der O-Seite, da der Mihrab stets gen Mekka gerichtet ist. Sie besteht aus einem Vorraum und einem dreischiffigen Hauptraum, der von Kassetten- und Balkendecken überspannt wird. Den Mihrab (Gebetsnische) zieren feine, wahrscheinlich aus der Ming-Zeit stammende Schnitzereien. Die Ornamentik zeigt ebenfalls eine Mischung aus Stilmerkmalen der arabischen Welt (Ranken und Knoten) und chines. Elementen. Vor der Halle stehen ein Minarett und ein Stelenpavillon mit chines. und arab. Inschriften. In einem *Nebenhof* befinden sich die Grabsteine arabischer Missionare, die

unter den Yuan in die Hauptstadt kamen. Von der sog. *Mondbeobachtungsterrasse* (Wangyue tai) nahe dem Eingang der Moschee beobachteten die arabischen Gelehrten die Gestirne.

Umgebung

Bada ling, Große Mauer (ca. 90 km n): Die Fahrt zu diesem beliebten Ausflugsziel geht durch gebirgiges Gelände und über einen alten Paß, den *Juyong guan,* der schon in der Han-Zeit von Bedeutung war und sogar in einem Han-Grab dargestellt ist. Die Befestigungsanlage erstreckt sich über 20 km entlang der Straße nach Bada ling. Im Ort ist eine *Marmorterrasse* zu besichtigen. Diesen Sockel einer zerstörten Pagode schmücken ca. 1500 buddhist. Reliefs und Inschriften in Chinesisch und Sanskrit. Wächterfiguren (Lokapala) und mythische Tiere zeugen von feiner Detailarbeit.

Die *Große Mauer* erstreckt sich vom Golf von Liaotung bis Gansu, wo sie in der Stadt Jiayu guan (siehe dort) endet. Erste Wallanlagen entstanden schon in der Zhanguo-Zeit. Sie gehörten jedoch noch nicht zu einem einheitlichen System. Unter Qinshihuang di (259–210 v. Chr.) wurden die Wälle der kleineren Feudalstaaten zu einem großen Verteidigungswerk vereinigt, das teils aus Stein und teils aus Ziegeln bestand. Die Gesamtlänge der Großen Mauer beträgt 6700 km.

Die »Große Mauer«, die heute als ein Wahrzeichen Chinas gilt, entstand jedoch erst unter den Ming. Die Bauarbeiten begannen 1368 und zogen sich bis ins 16. Jh. hin. Obwohl weite Strecken des eindrucksvollen Bollwerks zerstört wurden oder verfielen, ist sie immer noch ein grandioses Andenken an kühne Architekten und die zahllosen Arbeitskräfte, denen es gelang, die schmalen Grate steiler Bergketten zu überwinden.

Das Teilstück bei Badaling wurde nach der Revolution renoviert. Die teilweise durch Zinnen abgeschlossene Mauer hat eine Höhe von 3–8 m und eine Breite von 4 und

6 m. Über einem Steinsockel, der mit Stampferde gefüllt war, erhebt sich ein Ziegelaufbau. Die Fronten sind in manchen Teilabschnitten mit leicht zugespitzten Steinen oder Ziegeln belegt, die den Wasserabfluß beschleunigen sollten. Alle 300 m errichtete man hohe Wachtürme mit mehreren Aufenthaltsräumen, die in Konstruktion und Aussehen regional bedingte Unterschiede aufweisen. Ergänzt wurde die Anlage durch sog. Feuertürme, die auch während der Nacht die rasche Verbreitung von Nachrichten durch Signale gewährleisteten. Wichtige Pässe und andere kritische Stellen sicherte man durch Forts (siehe auch Jiayuguan). So schützte die Große Mauer das »Reich der Mitte« nicht nur vor feindlichen Angriffen, sondern sie war auch ein »Weg«, auf dem wichtige Botschaften, Sendungen und Nachrichten wesentlich rascher und sicherer an ihren Bestimmungsort gelangten, als über die Staatsstraßen.

Biyun si (Tempel der Türkiswolken, Bezirk Haidian nw der Stadt, am O-Hang der Xiangshan): Im Gegensatz zu den meisten streng symmetrisch aufgebauten Tempelanlagen ist der Grundriß des Biyun si von reizvoller Asymmetrie geprägt. Die Orientierung an einer Zentralachse wird aber nicht ganz aufgegeben.

Schon von weitem erkennt der Besucher die 5 charakteristischen Pagodenaufbauten, die auf einer Plattform gleichsam über der an den Berghang gebauten Anlage thronen. In seinen Ursprüngen geht der Biyun si in die Yuan-Zeit zurück. Während der Ming-Periode veranlaßten 2 Eunuchen Erweiterungen, da sie hofften, sich so ein bleibendes Denkmal setzen zu können. Während der Qing-Zeit erhielten die Gebäude unter dem Qianlong-Kaiser ihre heutige Form.

Die Brücke, die zum Eingangstor führt, bewachen 2 Steinlöwen aus der Ming-Zeit. Durch die *Halle der Himmelskönige* gelangt man zur *Wenshudian (Halle des Maytreya)*, in der eine Statue des künftigen Buddha zu besichtigen ist In der *Bodhisattva-Halle (Pusadian)* stehen Bodhisattva-Figuren und andere Gestalten des buddhist. Pantheon aus Stuck. Sie stammen aus der Ming-Zeit. Im S dieses

< *Die Große Mauer im Winter*

Blick von der Großen Mauer nach O

Blick auf die Mauer

Bauwerks steht die quadratische *Halle der 500 Lohan.* Die 500 Figuren, von denen die meisten 1,5 m hoch und vergoldet sind, unterscheiden sich durch originelle Gestik und Mimik, sowie durch die sehr individuell gestalteten Gesichtszüge deutlich von den Andachtsbildern in den anderen Hallen.

Vorbei an Gebäuden, die Sun Yatsen, dem ersten Präsidenten der ersten chines. Republik gewidmet sind, der vorübergehend im Tempel bestattet war, gelangt man zur 34 m hohen *Pagode.* Sie ist, wie die Pagode des in der Stadt gelegenen Wuta si (siehe dort), nach dem Vorbild des Tempels im indischen Bodghaya gebaut und besteht ganz aus Marmor. Der reichgegliederte Sockel ist mit mehreren Reihen thronender Buddhas geschmückt. Über steile Treppen erreicht man über einen kleinen Treppenturm, den 4 Stupas krönen, die obere Plattform. Hier stehen in der Mitte eine hohe und an den Ecken vier niedrigere Pagoden mit je 13 falschen Stockwerken, die ebenfalls von kleinen Stupas bekrönt werden. Die Türme sind quadratisch und mit feinen Reliefs verziert, die Buddhas und Bodhisattvas in Meditation zwischen Blattranken zeigen. Stilistisch sind sie mit den Reliefs der etwa gleichzeitigen Pagode in Huehot (siehe dort) und den Bildern am Grab des Panchen-Lama im Xi Huangsi (siehe dort) verwandt.

Dajue si (auf dem Yangtaishan im NW des Kreises Haidian): Der erste Tempel entstand im Jahre 1068 unter den Liao. Auch während der Jin-Zeit stand an dieser Stelle ein Heiligtum. Die bestehenden Tempelhallen stammen aus der Zeit der Ming- und Qing. Die Bauten sind, einer Sitte der Liao entsprechend, nach O ausgerichtet. Durch die *Halle der Himmelskönige* kommt man zu mehreren axial angelegten Gebäuden mit buddhist. Plastik. In der *Longwang-Halle* steht eine *Stele* aus der Gründungszeit des Tempels. Der Dajue si ist ein besonders beliebtes Ausflugsziel, da die teilweise aus Sichuan importierten Bäume und Pflanzen in der Umgebung eine südländische Atmosphäre vermitteln.

Ehrenpforte vor dem Biyun si

Hugou-Brücke (im NW der Stadt über dem Fluß Yongding): Die 7 m breite Steinbrükke wurde 1192 anstelle einer Pontonbrücke errichtet und in ihrer Form möglicherweise sogar ein wenig von der sehr unsicheren Vorgängerkonstruktion beeinflußt: Da die 11 Bögen sehr flach sind, erhebt sich die Brücke nicht sehr weit über die Wasseroberfläche. Die äußerst beachtliche Länge von 266 m ließ allerdings auch keine allzu gewagten Konstruktionen zu. Die 280 Pfeiler der Balustrade werden von Löwenfiguren gekrönt, von denen keine der anderen gleicht. Man nimmt an, daß diese Brücke schon bei Marco Polo erwähnt ist. (Pulisannghin).

Jietai si (Tempel des Weihealtars, Landbezirk Mentougou, am Fuß des Ma'an-Berges, 35 km w): Der erste Tempel entstand 622 in der Tang-Zeit. Der Name des Tempels weist auf die Weiheterrasse (Jietai) hin, die der berühmte Mönch Fajun unter den Liao errichten ließ, und auf der die Novizen ihre ersten Weihen empfingen. In der Ming-Zeit wurde der Tempel erweitert und restauriert. Ebenso berühmt wie die Klosteranlage selbst sind auch die herrlichen alten Kiefern und Blumengärten. Hinter der *Haupthalle,* der Daxiong baodian, steht ein quadratischer Bau mit unzähligen kleinen Buddhafiguren, die die Erleuchteten aller vergangenen und künftigen Weltalter symbolisieren sollen.

Im NW-Hof befindet sich die *Weiheterrasse,* der der Tempel seinen Namen verdankt. Zur Altar-Plattform steigt man über drei Terrassen auf. Das Baumaterial ist Marmor, den feine Reliefs überziehen.

Der Plattform vorgelagert ist die sog. *Mingwang-Halle,* vor der drei-, sechs- und achteckige Säulen stehen, in die buddhist. Texte eingraviert wurden. 2 dieser Säulen stammen aus der Liao-Zeit. In einem *Pagodenhof* weiter im SO der Anlage stehen eine Yuan- und eine Liao-zeitl. Pagode. Am Berghang darüber erheben sich 2 weitere, von denen eine die Reliquien des Mönchs Fajun bergen soll.

Ming shisan ling (ca. 45 km n): Die sanft geschwungenen Dächer der 13 an die

Geisterweg (Shendao)

Links: Geisterweg, Sitzendes Tierwesen – Rechts: Sitzender Mandarin

Hänge des Tianshou-Berges gebauten Grabanlagen der Ming-Periode sind schon von weitem zu erkennen und fügen sich mit den warmen Rot- und Gelbtönen der Ziegel und Wände harmonisch in die bewaldete Umgebung ein.

Nachdem Beijing das in Jiangsu gelegene Nanjing als Hauptstadt des Ming-Reiches abgelöst hatte, ließ der Kaiser der Devise Yongle (1403–1421) am Fuße des Tianshoushan seine Grabstätte anlegen. Er wählte dafür einen nach geomantischen Kriterien besonders günstigen Standort. 12 weitere Ming-Herrscher folgten diesem Beispiel.

Man betritt die ausgedehnte Anlage durch ein *Ehrentor* mit 5 Durchgängen. Durch eine Halle gelangt man in einen *Stelenpavillon*. Hier erhebt sich auf einer in Form einer Schildkröte gestalteten Base eine Stele mit Inschriften der Kaiser Hongxi (Ming, reg. 1424/25) und Qianlong (Qing, reg. 1735–1796). Den sich anschließenden sog. *Geisterweg (Shendao)* säumen paarweise 24 Tier- und 12 Menschenstatuen aus Stein von 1435. Sie stellen Beamte mit ihren typischen Tafeln, Kamele und Elefanten dar und wirken, obwohl gut ausgeführt, sehr starr und relativ grob. Nachdem man ein weiteres Ehrentor hinter sich gelassen hat, überschreitet man den Fluß, der den gesamten Grabbereich gegen die übrige Landschaft abgrenzt. Der bisher beschriebene Grabweg ist auf das erste der Minggräber, das *Changling des Yongle-Kaisers,* ausgerichtet.

Als einziger Tumulus wurde bis jetzt der des *Dingling, des Grabes von Kaiser Shenzong* (Wanli, 1573–1620) ausgegraben. Da die Anlage in ihrem Aufbau im großen und ganzen den übrigen Grabstätten entspricht, soll sie hier beispielhaft besprochen werden.

In der Zeit von 1584–1590 arbeiteten ca. 30 000 Arbeiter an der für den Kaiser und seine aus der Familie Duan stammende Frau bestimmten Grablege. Eine erst später zur Kaiserinwitwe ernannte Nebenfrau fand im Dingling ebenfalls ihre letzte Ruhestätte.

Vor dem Tumulus liegen 3 Höfe mit mehreren Hallen. Diese dienten zur Aufbewahrung von Zeremonialgeräten und Gewändern, die bei den offiziellen Opfern an die kaiserlichen Ahnen benötigt wurden. Im

Steinrelief

dritten Hof befindet sich heute ein *Museum,* in dem zahlreiche Ausgrabungsfunde zu sehen sind. Neben kostbarer Kleidung und Schmuckstücken, die teilweise mit dem Toten- und Jenseitsglauben verbunden sind (z.B. Ohrringe in Form von Hasen, die das Unsterblichkeitskraut stampfen), entdeckte man auch Kronen, die nach Ritualtexten der Ming-Zeit rekonstruiert wurden.

Der *Tumulus,* in dem die *Grabkammer* liegt, umgibt eine mit Zinnen bewehrte Mauer, die auf der Hofseite von einem *Turm* abgeschlossen wird *(Minglou).* Er trägt ein doppeltes Sattelwalmdach. Im Innern befindet sich eine Stele mit Vita und Eulogie des Herrschers. Hinter dem Turm führt eine Rampe hinunter zur Grabkammer, die 1958 geöffnet wurde und eine Fläche von 1196 qm einnimmt.

Die einzelnen Räume sind axial angeordnet: Ein Vorraum und 3 Hauptkammern liegen auf der Zentralachse. Die 2 vorderen befinden sich dabei auf der Achse, während die hinterste quer zur Achse liegt.

Ehrenpforte des Yihe yuan

Die beiden Nebenkammern sind über Gänge von der zweiten Hauptkammer aus zu erreichen und haben Annexe mit kreuzförmigem Grundriß. Die Hauptkammern waren durch zweiflügelige, ca. 4 t schwere Steintüren verschlossen. Da sie Holztüren imitieren sollten, tragen sie Reliefschmuck in Form von Buckeln und Tiermasken mit Ringen. In der mittleren Kammer stehen hintereinander drei riesige, für den Herrscher und seine beiden Frauen bestimmte Marmorthrone, ein Altar mit Opfergefäßen und ein Räucherfaß aus Blauweißporzellan mit Drachenschmuck. In der hintersten Kammer ruhen auf einem großen Steinsockel die drei Särge. Die zahlreichen Truhen dienten zur Aufbewahrung der Beigaben, die heute im Museum zu besichtigen sind. Die Räume überspannen Tonnengewölbe.

Qing dongling (ca. 100 km ö): Die Gräber der ersten Qing-Herrscher liegen bei Shenyang in der Provinz Liaoning. Erst als sich die Qing auch die Vorherrschaft über Zentralchina gesichert hatten, ließen sämtliche Kaiser vom 17. bis zum frühen 20. Jh. ihre Gräber beim Dorf Malanyu bauen. Im Aufbau sind die 13 Anlagen den Mingzeitl. sehr ähnlich. Allerdings ist der Bauschmuck in manchen Fällen aufwendiger. Nach der Revolution von 1911 wurden die Tumuli des Qianlong-Kaisers (reg. 1735–96) und der Kaiserin-Witwe Cixi (reg. 1875–1908) geöffnet und ausgeraubt. Heute sind im Qianlong-Grab noch kostbare Marmorreliefs zu sehen, die denen der Pagode im Biyun-si (siehe dort) stilistisch nahestehen.

Tanzhe si (ca. 20 km w, am Hang des Tanzhe-Berges): Dieser Tempel hat die längste Geschichte aller buddhist. Heiligtümer im Bereich von Beijing. Sie läßt sich bis in die w Jin-Zeit (4. Jh. n. Chr.) zurückverfolgen. In Tang-zeitl. Quellen ist der Tempel als Longquan si erwähnt. Der größte Teil der Bauten stammt aus der Zeit der Ming und der Qing. In seiner heutigen Form erstand das Kloster unter Kangxi. Es gliedert sich in drei Hauptteile: Die Zentralachse wird vom Tempel eingenommen.

Minggräber, Marmortor, Detail

Ding-Ling-Grabanlage

Im W schließen sich die Verwaltungs- und Wohnbauten der Mönche an, im O die kaiserlichen Gemächer. Die Bauten wurden am Hang des Tanzhe-shan errichtet. Hinter der *Halle der Himmelskönige* steht die *Shakyamuni-Halle* mit einem angeblich 800 Jahre alten Gingko-Baum, der unter den Liao gepflanzt worden sein soll. Die Shijiadian (Shakyamuni-H.) ist mit gelben Ziegeln gedeckt und hat auf ihrem Dach Eulenschwänze. Das bedeutet einen Anachronismus, da die Eulenschwänze in der Song-Architektur durch andere Dachaufsätze ersetzt wurden.

Von der *Pilu-ge (Vairochana-Halle),* die sich dahinter erhebt, bietet sich ein guter Überblick über die gesamte Anlage. Im Hof sind alte Bäume und Pflanzen sowie ein steinerner Fisch zu sehen. Der höchste Punkt der ganzen Anlage wird von der *Guanyin-Halle* eingenommen. 72 kleine Grabpagoden zu Ehren berühmter Mönche des Klosters befinden sich vor dem Bauwerk. Aus dem Berghang entspringt die sog. *Drachenquelle.* Sie schmückt ein wasserspeiender Drache aus grünem Stein.

Wanfo tang (ca. 40 km sw im Kreis Fangshan): Vom an den S-Hang des Yunmeng-Berges gebauten Tempel blieben eine Halle und eine Liao-zeitl. Pagode erhalten. Die *Tempelhalle* aus der Ming-Zeit ist mit hervorragenden *Reliefs* geschmückt, die aus einem Tang-zeitl. Heiligtum, das an gleicher Stelle stand, übernommen wurden. Im Zentrum der Darstellungen stehen Shakyamuni und Bodhisattvas. Im oberen Teil der Wände sind Buddhas vorhergehender Weltalter und blütenwerfende Apsaras zu erkennen. Musikanten mit vielen verschiedenen Instrumententypen zeigen die typische Zusammensetzung Tang-zeitlicher Orchester, die Elemente bes. aus der zentralasiat. Musik übernommen hatten (Pipa, Konghou usw.).

Unter der Halle liegt eine *Höhle,* in der eine *Quelle* entspringt. Die *Reliefs* aus der Sui- und Tang-Zeit, die die Wände schmücken, können nur von einem Boot aus besichtigt werden. Stilistisch sind sie

Ding-Ling-Grabanlage, Mittlere Grabkammer mit Thron

Ding-Ling-Grabanlage, Hintere Grabkammer

Goldkrone aus der Ding-Ling-Grabanlage

mit der buddhist. Plastik der Höhlen von Yungang (Prov. Shanxi) und Longmen (Prov. Henan) zu vergleichen (siehe dort). Die *Pagode* aus der Liao-Zeit im Tempelbezirk erhebt sich auf einem sechseckigen Sockel. Der eigentl. Pagoden-Körper ist von fast kreisförmigem Grundriß und durch zahlreiche falsche Fensteröffnungen gegliedert. Er verjüngt sich stark nach oben und wird in der chines. Fachterminologie als Huata-Typ (»Blütenpagode«) bezeichnet. Daneben steht eine *Reliquien-Pagode* aus der Yuan-Zeit.

Wofo si (20 km w): Die Geschichte dieses Tempels läßt sich bis in die Tang-Zeit zurückverfolgen. Die Gebäude sind axial angelegt. Durch ein *Ehrentor* gelangt man zu *Glocken- und Trommelturm,* die neben Teichen stehen. Der *Haupthalle* mit dem Buddha im Parinirvana (Wofo) sind 2 Bauten vorgelagert: Die *Halle der Himmelskönige* mit den Lokapals und einer Statue des Maytreya und die *Halle der Drei Heiligen (Sanshengdian)* mit Figuren des Shakyamuni, Amithabha und Bayshyajaguru (Medizinbuddha Yaoshi) sowie Statuen der 18 Luohan.

Das Heiligtum wurde an den S-Hang des Shouan-Berges gebaut. Die 5 m lange *Statue des ruhenden Buddha* soll aus der Yuan-Zeit stammen. Sie ist aber mit Sicherheit eine Kopie aus späterer Zeit, aber dennoch von guter Qualität, wie man besonders am meisterhaft gearbeiteten Gesicht mit seinem ruhigen, weltvergessenen Ausdruck sehen kann. Die liegende Gestalt umstehen 12 große *Bodhisattva*-Figuren mit tantrischer Krone und reichem Schmuck, die allerdings vergleichsweise wuchtig wirken und leider auch zu stark übermalt sind. Das gilt auch für die Verzierung des Gebälks der Halle. Die Kaiserlichen Gemächer im O und die Zellen der Mönche im W sind nicht zu besichtigen. Im NW des Tempels bietet ein reizvolles Tal, in das auch viele Bewohner von Beijing gerne kommen, Gelegenheit für Wanderungen.

Xishan Bada chu (ca. 20 km w): An den Hängen der 3 Berge Cuiwei, Pingpo und Lushi liegen die *»Acht Sehenswürdigkeiten* *der Westberge«*. Die meisten sind jedoch eher von landschaftlichem Reiz als von kulturhistorischer Bedeutung.

1. **Changan si** (am Hang des Cuiwei): Besonders reizvoll wirkt die Bepflanzung des 1504 errichteten Tempels. Die *vordere Halle* ist Shakyamuni, die hintere der Niangniang geweiht. Diese buddhist.-taoist. Gottheit trug auch den Namen Songzi Guanyin. Sie wurde um reichen Kindersegen angefleht und oft mit einem Kind auf dem Arm dargestellt. Dies verleitete christl. Missionare dazu, sie mit der Mutter Gottes in Verbindung zu bringen.

2. **Lingguang si** (am O-Hang des Cuiwei): Vom alten Tempel, dessen Geschichte bis zur Tang-Zeit zurückverfolgt werden kann, blieb nur eine Pagode aus der Liao-Zeit mit Resten von Reliefs erhalten. Die Bauten, darunter ein Restaurant und die 51 m hohe Pagode, stammen aus den fünfziger Jahren dieses Jh.

3. **Sanshan an** (Dreibergtempel, zwischen den drei Bergen): Die Gründungszeit ist unbekannt. Die Bauten wurden unter Qianlong renoviert und enthalten noch einige alte Figuren.

4. **Dabei si** (im NW des Sanshan an): Unter den Yuan gegr. und unter Qianlong der Qing 1795 renoviert. Eine Inschriftenstele weist auf diese Daten hin. Durch einen Eingang mit Reliefs, die Szenen aus der buddhist. Mythologie zeigen, kommt man zur *Haupthalle,* in der die Buddhas der drei Weltalter und 18 Luohan-Figuren stehen. Angeblich sollen die Luohan-Statuen vom Künstler Liu Yuan während der Yuan-Zeit geschaffen worden sein. Jede von ihnen zeigt individuelle Züge. Die *hintere Halle* entstand während der Devise Jiajing der Ming. Die Anlage ist mit schönen Gingko-Bäumen und Bambusstauden bepflanzt.

5. **Longwang tang** (im NW des Dabei si): Entstand 1672 unter der Devise Kangxi bei einer Quelle (Longquan, Drachenquelle), die im hinteren Teil des Tempels entspringt, und wurde später umgebaut.

6. **Xiangjie si** (im NW des Longwang tang am Pingpo): Der erstmals zur Tang-Zeit erwähnte Haupttempel des Gesamtkomplexes wurde 1425 während der Ming-Zeit unter Hongxi wiederaufgebaut. Danach kam es mehrmals, zuletzt unter Qianlong, zu Erneuerungen. Fünf Hallen wurden am

Geisterweg der Qing-Kaisergräber

Hang aufsteigend errichtet. Der Tempel birgt mehrere *Stelen* mit Gedichten von Kangxi und Qianlong. Eine Stele, die unter Kangxi im Tempelbezirk ausgegraben wurde und Bodhisattvas von fremdländischem Aussehen zeigt, entstand wahrscheinlich in der Tang-Zeit. Einige Gebäude bei der Haupthalle dienten dem Kaiser bei Aufenthalten in den Lishan.

7. **Baozhu dong** (auf dem Gipfel des Pingpo): Baozhu dong ist der größte der acht Tempel. Durch ein Ehrentor und über einen Steig kommt man zur Guanyin geweihten Haupthalle. Hinter der Halle liegt eine kleine Höhle, in der in der Ming-Zeit ein Mönch gelebt haben soll. Weiter oben am Berg steht die *Amithabha-Halle,* von der aus man einen schönen Blick über Beijing und seine Umgebung hat.

8. **Zhengguo si** (auf dem Lushi): Angeblich war das Heiligtum Wohnstatt eines Eremiten der Tang-Zeit (Lushi). Der Tempel wurde aber schon unter den Sui gegr. Von ihm blieben die Haupthalle, Glocken- und Trommelturm (Glocke aus dem 15.Jh. mit

Sutreninschriften) und einige Pavillons erhalten. Unter einem überhängenden Felsen mit Inschriften ist eine Kammer in den Stein gehauen, in der der Eremit gelebt haben soll.

Yihe yuan (Neuer Sommerpalast ca. 11 km nw des Stadtzentrums): Das Gebiet zwischen den Xishan und den Xiangshan war seit der Jin-Zeit ein beliebtes Ausflugsziel der Kaiser, die hier luxuriöse Villen errichten ließen. Der *große See,* der unter den Yuan und später Wengshan bo hieß, wurde vom Architekten Guo Shoujing im Auftrag der Mongolen erweitert. In der Ming-Zeit ließen die Kaiser Tempel und Paläste bauen. Anläßlich des 60. Geburtstages seiner Mutter gab Qianlong den Auftrag zum Bau eines Tempels auf einem Berg am Rande des Sees. Seitdem hieß die Erhebung Wanshou shan (Berg des langen Lebens). Während des Opiumkrieges von 1860 und des Boxeraufstandes (um 1900) zerstörten europäische Truppen die meisten Gebäude im alten Garten. Die Kaiserinwitwe Cixi, bis 1908 der Spiritus rector der chines. Politik, ließ aber beide Male den Park in traditionellem Stil wiedererstehen, so daß man auch heute noch einen guten Eindruck von der ehemaligen Anlage erhält. Zhou Enlai bewahrte während der Kulturrevolution den Garten vor der erneuten Zerstörung.

Der größte Teil des Parks wird vom *Kunmingsee* (dem einstigen Wengshan bo) eingenommen. Das künstliche Gewässer ist an den meisten Stellen sehr flach. Die größten Gebäudeensembles stehen an der N-Seite des Parks. Sie gruppieren sich um die Renshou-Halle, am Fuß und Hang des Wanshou shan und um das steinerne Festschiff. Von einer Palastanlage zur anderen konnte man trockenen Fußes gelangen, da sie durch einen kilometerlangen Wandelgang miteinander verbunden waren, dessen Gebälk schöne Malereien zieren: Landschaftliche Szenen alternieren mit Bildern aus dem Leben der Gelehrten. Cixi verbrachte hier mit ihrem gefangengesetzten Sohn die Sommermonate und empfing Beamte und Gesandte. Der eigentliche Pa-

Löwe am Geisterweg, Qing-Gräber

lastbezirk steht in der Nähe des Osttors, durch das man den Park normalerweise betritt. Die Hallen, die hier zu sehen sind, unterscheiden sich nicht wesentlich von der Palastarchitektur innerhalb der Stadt. Allerdings ist die Gruppierung der Gebäude lockerer, und die schöne Bepflanzung nimmt der Anlage die Strenge. Im Vorhof der Renshou dian, zu dem man durch das O-Tor gelangt, stehen Bronzefiguren von Drachen, Phoenix und Qilin. In der flachen *Renshou-Halle* steht der Thron, auf dem der Kaiser bei Audienzen zu sitzen pflegte. Die Wände schmücken Hängerollen mit Kalligraphien und Malerei. Im N schließt sich ein Hof mit einem kleinen Garten an, den eine dreistöckige *Bühne (Daxi lou)* abschließt. Auf jedem Stockwerk befand sich eine Plattform, in deren Zentrum eine Öffnung lag. Durch diese konnten »Theatergötter« vom Himmel herunter- oder aus der Erde emporsteigen. Die kaiserlichen Zuschauer verfolgten das Bühnengeschehen von der *Yiledian* aus. An den Hang des nahen Hügels schmiegen sich mehrere kleine Gebäude. Der reizvolle kleine Garten, *Xiaqu yuan,* entstand nach dem Vorbild einer Anlage in der Stadt Wuxi.

Die Paläste der Cixi und ihres Sohnes, des Guangxu-Kaisers, lagen am Ufer des Sees und hatten eine eigene Bootsanlegestelle. Die *Leshou tang* war Cixi vorbehalten. Während die Kaiserinwitwe ihre Privaträume prunkvoll ausstatten ließ, wirkt der Hauptraum des Kaisers in der *Yulan tang* puritanisch. In einem Seitentrakt der Halle wurde der Kaiser bis zu seinem Tod gefangengehalten, nachdem er versucht hatte, den Einfluß der Cixi während der Reform der 100 Tage zurückzudrängen und den Weg für Modernisierungen im Reich zu ebnen (1898). Beide Haupthallen haben annähernd kreuzförmigen Grundriß und werden von weiteren Wohnräumen umgeben. Den bereits erwähnten langen Wandelgang erreicht man durch ein kreis-

< Beamter am Geisterweg vor den Qing-Gräbern

Vorhallen zur Aufbewahrung von Ritualgerät, Qing-Kaisergräber

Traufe mit typischem Figurenschmuck, Qing-Kaisergräber

rundes Tor (»Mondtor«). Der Wandelgang führt nach N zu einer Tempelanlage, die den Platz des Geburtstagstempels für die Mutter von Qianlong einnimmt. Die heutigen Gebäude sind axial angelegt und entstanden großenteils Anfang des 20. Jh. In einer der unteren Hallen, der *Paiyun dian*, wurden die Geburtstage der Cixi gefeiert. Das imposanteste Bauwerk, der *Foxiange-Pavillon,* erhebt sich auf einer turmartigen Plattform am Berghang über die Palastgebäude und die gesamte Anlage. Der Pavillon selbst ist achteckig und dreistöckig mit Zwischendächern. Das oberste Dach krönt ein Perlenaufsatz. Bereits unter Qianlong entstand an dieser Stelle eine Pagode. Ein Bauwerk mit dem Namen Foxiang ge entstand 1758 und wurde nach der Zerstörung durch französ. Truppen 1860 wiederhergestellt. Von dem 41 m hohen Bau bietet sich ein herrlicher Ausblick auf die Parkanlage und die schöne Landschaft ringsum. Hinter dem Pavillon stehen mehrere kleinere Bauten, u.a. ein sechseckiger Raum mit drehbarer Bibliothek (im O des Foxiang ge) und ein weiterer *Pavillon* von 1755 mit doppeltem Sattelwalmdach, der Holzarchitektur imitiert, aber ganz aus Bronze besteht. Den Abschluß der Gruppe bildet ein weiterer Tempel, *Zhihui hai.* Da er ganz aus Stein besteht und nur von wenigen Türöffnungen durchbrochen wird, fällt er aus dem Rahmen. Der Bau ist zweistöckig und mit einem Zwischendach versehen. Das obere Walmdach trägt mehrere kleine Aufsätze in Form tibet. Stupas. Die Wände sind von Nischen mit Buddhafiguren überzogen.

Über Treppen kann man von hier aus in den hinteren Teil des Parks auf der O-Seite des Wanshou shan gelangen.

Wenn man am Kunming-See entlang weiter nach N geht, kommt man zum berühmten *Marmorboot.* Der Unterbau besteht tatsächlich aus Marmor und wurde unter Qianlong errichtet. Die »Schaufelräder« sind einer »Modernisierung« im Auftrag Cixis zu danken. Der Aufbau besteht aus Holz, dessen Bemalung Marmor imitiert. Der Park ist auch für seine Brücken berühmt, so z.B. die sog. *17-Bogen-Brücke,* die zu einer Insel im S-Teil des Sees führt.

Yuanming yuan (ö des Yihe yuan): Im 18. Jh. entwarfen Jesuiten für diesen Park

Treppenrelief bei den Qing-Kaisergräbern

Paläste im Stil des europäischen Barock. Von der einstigen Pracht, die der Zerstörungswut der Truppen aus eben diesem Europa zum Opfer fiel, zeugen noch Ruinen dieser ehemaligen Prunkbauten, Fragmente eines großen Brunnens mit Reliefschmuck, behauene Steine, Schildkrötenbasen und umgeworfene Stelen. Überall wuchern Wildpflanzen und verleihen dem im Vergleich zum Yihe yuan stillen Ort eine romantische, geheimnisvolle Atmosphäre.

Yunju si (ca. 40 km sw): Beim Dorf Yuexing shuitou in den Fangshan-Bergen errichtete der Mönch Jingwan während der Sui-Zeit (589–618) einen Tempel. Die alten Bauten wurden während der Widerstandskämpfe gegen die Japaner in den 30er Jahren des 20. Jh. fast völlig zerstört. So zeugen nur noch einige *Pagoden* vom alten Glanz der Anlage. 2 dieser Bauten erheben sich s und n des ehem. Tempels. Die *n Pagode* stammt wahrscheinlich aus der Tang-Zeit. Sie hat zwei ungefähr gleich hohe Stockwerke, die durch Zierdächer

Wandelgang im Sommerpalast (l) – Porträt der Kaiserin-Witwe Cixi, im chinesisch-westlichen Stil ausgeführt (r)

und ornamentale Leisten voneinander getrennt werden. An der S-Seite der Stockwerke befindet sich eine Rundbogentür. Die übrigen Wände gliedern falsche Fenster. Abgesehen von den Türen weisen auch die übrigen Bauelemente darauf hin, daß Holzarchitektur nachgeahmt werden sollte. Sie weisen Ähnlichkeiten mit Songzeitl. Architektur auf. Diese Merkmale und auch der seltsame *Dachaufsatz* ließen Kunsthistoriker an der Datierung in die Tang-Zeit zweifeln: Die Dachkonstruktion, die sich keiner der üblichen Pagodenformen zuordnen läßt, besteht aus einem vielstufigen Aufbau, der entfernt an einen indischen Stupa mit einer Spitze aus vielen übereinandergesetzten Schirmen erinnert. Vergleichbar ist diese Form höchstens mit der Pagode am Songshan in Dengfeng xian (siehe Luoyang/Umgebung), die aus der Wei-Zeit stammt.

Die *S-Pagode* wurde unter den Song gebaut. Über einem schmucklosen achtekkigen Erdgeschoß mit Rundbogentüren erheben sich, leicht nach oben verjüngt, 7 falsche Stockwerke mit Zierdächern. Auf ihren Wänden sitzt kompliziertes aber ebenfalls funktionsloses Konsolgebälk. Stilistisch ist der Bau der Pagode des Tianning si in Peking vergleichbar.

Zhoukou dian (ca. 50 km sw): In Höhlen im Longgu-Berg bei der Kleinstadt Zhoukou dian wurden Vorformen des Homo sapiens, des sog. Peking-Menschen (Sinanthropus Pekinensis) entdeckt. Unter der Leitung des Archäologen Pei Wenzhong und seiner Nachfolger barg man Teile von 14 Schädeln und über 100 Zähne, die zu 40 verschiedenen Individuen gehörten. Man fand diese Fossilien in einer 40 m dicken Schicht von Ablagerungen der *Unterhöhle* in Höhle 1, die sich 175 m in den Berg erstreckt. Die Menschen starben durch Verletzungen. Möglicherweise wurden sie Opfer eines rituellen Kannibalismus. (Manche der Schädel waren an der Unterseite aufgeschlagen, was auf eine Entnahme des Gehirns

Sommerpalast

schließen läßt.) Die chines. Anthropologen fanden außerdem sehr einfache Steinwerkzeuge. Die menschlichen Überreste sollen 500000 Jahre alt sein. In der *Oberhöhle* von Zhoukou dian wurden ebenfalls Knochen mehrerer Menschen ausgegraben, die zu einer Familie gehört haben könnten. Sie wurden aber nicht, wie zunächst angenommen, einfach in die Höhle geworfen, sondern wahrscheinlich bestattet, da die Skelette z.Teil mit Hämatit bedeckt waren, was auf einen Bestattungsritus zurückgehen könnte. Die Stein- und Knochenwerkzeuge und der Schmuck, die bei den Knochen entdeckt wurden, sind wesentlich feiner als die Artefakte aus der Unterhöhle. Die Menschen, die hier begraben wurden, gehörten bereits der Spezies Homo sapiens an. Ihr Alter wird auf 18000 Jahre geschätzt. In einem *Museum* über den Höhlen auf dem Longgu-Berg trug man die Zeugnisse für das Leben des Peking-Menschen sowie Fossilien aus dem gleichen Gebiet und aus ganz China zusammen.

C

Changsha 长沙

Hunan

Einw.: 1226800 Höhe: 44 m S. 387 □ D 3

Geschichte: Changsha, die Hauptstadt von Hunan, liegt im NW der Provinz an den Ufern des Xiang-Flusses. In der Zhanguo-

Zeit lag hier eines der Zentren des Feudalstaates Chu. In den Augen der Bewohner der chines. Kernstaaten waren die Leute von Chu Barbaren – in manchen Quellen findet man für sie gar die diffamierende Bezeichnung »gewaschene Affen mit Beamtenkappen«. Wie unbegründet dieses Vorurteil war, machten Funde der letzten Jahrzehnte deutlich, die nicht nur aus der Gegend um Changsha kamen. Es handelte sich um eine verfeinerte Zivilisation, die sich an Raffinement durchaus mit dem Zentrum der chines. Kultur messen konnte – sie war nur einfach ganz anders. Diese Unterschiede wurden auch nach der Einigung des Reiches unter einem Herrscher nicht sofort ausgeglichen, wie man an den Kunstwerken aus einem *Han-zeitl. Friedhof* bei Mawangdui im O der Stadt erkennen kann (siehe Museum). In der Song-Zeit war Changsha ein bedeutendes kulturelles Zentrum, wobei besonders die Yuelu-Akademie Berühmtheit erlangte (siehe Universität).

Kaifu si (in der Xiangchun jie): Der in reizvoller Umgebung gelegene Tempel entstand während der Wudai-Zeit (907–960). Da große Teile der Anlage wiederholt zerstört wurden, datieren die meisten bestehenden Gebäude aus dem 20. Jh. Beachtenswert sind mehrere alte Stelen.

Museum der Provinz Hunan (Hunan sheng Bowuguan in der Dongfeng lu nahe dem N-Bahnhof): Das Museum birgt einen Teil der Schätze, die bei den *Ausgrabungen bei Mawangdui* zutage kamen. Die Gräber bestanden aus einem mehrstufigen Schacht, an dessen Fuß eine große Holzkammer mit mehreren Unterteilungen lag. Die Grabkammern aus dicken Bohlen hatten in ihrem Zentrum einen Sargbehälter, in dem meist drei ineinandergeschachtelte Särge standen. Die Särge sind mit schönen Lackmalereien verziert, die z. T. Gestalten der chines. Mythologie zeigen. Im *Grab der Fürstin von Dai* (Grab 1) fand sich ein *Innensarg,* der phantasievoll gestaltete Mischwesen zwischen kompliziertem Wolkenmuster zeigt. Auf dem Sarg der Fürstin lag, mit der Bildfläche nach unten, eines der frühesten Zeugnisse chines. Seidenmalerei: ein *sog. Seelenbanner,* das wahrscheinlich bei der Prozession zum Grab vor dem Sarg hergetragen wurde. Man nimmt heute an, daß auf dem Bild die Jenseitsreise der Verstorbenen dargestellt ist. Die Bildfläche ist in drei Ebenen aufgeteilt, die vermutlich die Unterwelt, die Welt der Menschen und überirdische Gefilde darstellen, die von Wesen der chines. Mythologie bevölkert werden. Einige dieser Wesen konnten mit schriftlichen Quellen in Verbindung gebracht werden. Der Körper der Fürstin war mumifiziert und viel besser erhalten als die meisten ägyptischen Mumien. Im Sarg und in den umliegenden Kammern lagen Hunderte von Beigaben, die sich ebenfalls meist in gutem Zustand befanden. Abgesehen von sehr schönen Gebrauchsgegenständen aus Lack (Geschirr, Toilettenartikel, Vorratsbehälter) wurden auch Grabfiguren entdeckt. Meist waren nur Gesichter und Hände genauer ausgearbeitet, den übrigen Körper bedeckte Seidenkleidung. Zu den interessantesten Funden in diesen Gräbern gehören die Texte, die auf Bambusstreifen geschrieben und zu Büchern zusammengebunden wurden. Gerade die philosophischen Abhandlungen, die beigegeben waren, schlossen Lücken in den Kenntnissen über die frühe chines. Philosophie. Medizinische und kriegstheoretische Schriften ergänzten den Fund.

Auch in anderen Teilen der Provinz Hunan stieß man auf *Grabfiguren aus der Zeit vor der Han-Periode.* Hierbei handelt es sich teilweise um monströse Tiergestalten, die auf den Hinterbeinen stehen. Mit langen, weit heraushängenden Zungen und riesigen Augen sollten sie wohl potentiellen Grabräubern Angst einjagen. Interessant sind außerdem *Paukenständer* in Form von Vögeln, die einander auf Reptilien gegenüberstehen. Der Staat Chu hatte offenbar eine komplizierte Mythologie entwickelt, die sich sehr stark von der der anderen gleichzeitigen Feudalstaaten unterschied.

Universität (am W-Ufer des Xiang, am Hang des Yuelushan): Die Universität der Provinz Hunan (Hunan daxue) hat eine lange Tradition. In der Song-Zeit wurde

Changsha, Seelenbanner aus Grab 1 in Mawangdui >

an der gleichen Stelle die *Yuelu-Akademie* gegründet, die damals zu den bedeutendsten Lehranstalten des Reichs gehörte. Einer der wichtigsten Reformer des Konfuzianismus, Zhu Xi, vermittelte hier seine philosophischen Ideen. Zhu Xi versuchte, den Konfuzianismus noch stärker als bisher im System der chines. Gesellschaft zu verankern, indem er der konfuzian. Ideologie den Charakter eines Weltprinzips verlieh.
Die heute bestehenden *Universitätsgebäude* stammen aus der Qing-Zeit. Hinter den Bauten der ehem. Yuelu-Akademie steht auf einem Hügel der *Aiwan-Pavillon,* der seinen Namen aus einem Gedicht des Tang-zeitlichen Lyrikers Du Mu entlehnt hat. Der grazile Bau ist von schönen Bäumen umgeben, und die Traufen seines doppelten Daches sind stark aufgebogen. Ebenfalls in der Nähe der Akademie erhebt sich die 730 aufgestellte *Lushan-Stele.* Die erste Inschrift stammt vom Tang-zeitl. Kalligraphen Li Yong. In der Song- und Yuan-Zeit kamen weitere Inschriften hinzu.

Lushan si (sw der Yuelu-Akademie): Der Lushan si ist der älteste buddhist. Tempel in der Umgebung von Changsha. Er geht auf das Jahr 268 zurück (Jin) und wurde ohne Unterbrechung genutzt. Die Haupthalle brannte 1944 nieder. Heute stehen noch das Eingangstor und ein Pavillon, in dem Sutren aufbewahrt wurden. Im hinteren Teil des Tempelbezirks entspringt eine Quelle.

Yunlu gong (auf dem N-Gipfel des Lushan): Das taoisische Heiligtum wurde unter Kangxi schriftlich erwähnt und unter Qianlong erneuert. Ein Feuer im Jahre 1852 machte den 1863 abgeschlossenen Wiederaufbau nötig.

Umgebung

Hengshan (150 km s): Der in herrlicher Umgebung gelegene große Gebirgszug gehört zu den *fünf heiligen Bergen.* An den Hängen liegen mehrere ausgedehnte Tempelanlagen. Die bedeutendste ist *Nanyue miao.*

Chengde/Jehol 承德

Hebei

Einw.: 342470 Höhe: 46 m S. 387 □ E 2

Geschichte: Chengde gehörte lange Zeit zu den Gebieten, die immer wieder chines. Kontrolle entglitten. In der Han-Zeit waren Teile der Mongolei, der Manjurei und Shanxis in den Händen von Halbnomaden, die in den Quellen Xianbei und Wuhuan genannt werden. Sie machten die Randgebiete Chinas durch ständige Einfälle unsicher. Während der Song-Zeit hielten zunächst die unter dem Dynastienamen Liao bekannten Khitan, dann die Jurcen (Jin) Nordchina besetzt. Die Manjuren (Qing) machten Chengde/Jehol schließlich zu ihrem Sommersitz, den sie während der heißen Jahreszeit wegen des angenehm kühlen Klimas besonders schätzten.
Die Stadt ist von Bergen umgeben, über denen sich ihr Wahrzeichen, der sog. Haarnadelberg, eine auf einem Berggipfel sitzende Felsnase, erhebt. Die Stadt ist klein und die Armut der Bevölkerung steht in ziemlich grellem Kontrast zur Pracht des Kaiserpalastes und der Tempel, die allerdings seit der Kulturrevolution in ziemlich schlechtem Zustand sind.

Kaiserpalast: Der Bishu shanzhuang, Palast und Park von Chengde, liegt im N der Stadt und wird rings von Mauern umgeben, die an manchen Stellen über steile Grate hinwegführen. Im O und N schließen sich große Tempelanlagen an. Die *Repräsentations- und Wohnbauten* liegen im S des Parks. Der Palast ist axial angelegt, die Bauten wirken aber im Vergleich zur prunkvollen Ausstattung des Gugong in Beijing schlicht. Man legte beim Bau und bei der Einrichtung offenbar betont Wert auf einen weniger offiziellen Charakter. Die ganze Aufmerksamkeit galt der Planung des schönen Parks. Im N und W der Palastbauten stehen 3 kleine Tempel, ebenfalls im N die *Bibliothek (Wenjinge).* Hier bewahrte man eines der wenigen Exemplare des *Siku quanshu* auf. Dieses 1773 vollendete Kompendium der chines. Literatur war das Ergebnis einer während der Qing-Zeit durchgeführten Inquisition, die alle im konfuzian. Sinne mißliebigen Schriften aufspüren und nach Möglichkeit vernichten sollte. Im Siku quanshu sind all diejenigen Werke gesammelt, die Gnade vor den Augen der kaiserlichen Zensoren gefunden hatten. Der vollständig erhaltene Text dieser Ausgabe wurde 1915 in die Bibliothek von Beijing überführt.

Der Park mit künstlichen Seen und schöner Bepflanzung gibt immer wieder den Blick frei in die eindrucksvolle Landschaft der Umgebung. So hat man ständig sowohl die Natur, als auch ihr von Menschenhand geschaffenes Abbild vor Augen. Die Bauten zeigen zum Teil südchines. Charakter (z. B. stark aufgebogene Dächer) und die Landschaftsgärtner haben sorgfältig darauf geachtet, daß sich die Gebäude harmonisch in ihre Umgebung einfügen.

Die acht äußeren Tempel (Wai ba miao): Der kaiserliche Park ist auf seiner O- und N-Seite von 8 großen Tempeln umgeben, die alle aus dem 18. Jh. stammen. Anlässe zum Bau der Tempel waren zum einen Kaisergeburtstage, zum anderen aber auch Besuche von Panchen- und Dalai-Lamas in Chengde. Die großen Ehrenbezeigungen, die den lamaistischen Würdenträgern zuteil wurden, hatten weniger mit den religiösen Gefühlen der Herrscher als mit politischem Kalkül zu tun. Die Religionspolitik der Qing-Kaiser war ganz allgemein über lange Zeit von Toleranz geprägt. Dabei bedachte man besonders die tibetische Geistlichkeit mit Vergünstigungen, da Tibet strategisch wichtig für das Reich war. Im folgenden werden die Tempel in der Reihenfolge beschrieben, wie der Besucher sie auf seinem Weg entlang der W- und N-Seite des Parks erreicht:

Puren si: Zum 60. Geburtstag des Kangxi-Kaisers 1713 gebaut. Ziemlich stark zerstört, nur eine der vorderen Hallen mit Statuen der Buddhas der Drei Weltalter blieb erhalten. Das Dach des Gebäudes ist mit Ziegeln in der kaiserlichen Farbe Gelb gedeckt.

Pule si: Der 1766 unter Qianlong errichtete Tempel ist relativ klein und verbindet auf ungewöhnliche Weise architektonische Elemente aus der buddhist. Tradition und aus dem Bereich des chines. Staatskultes. Auf einem hohen, quadratischen, zweistufigen Sockel steht eine *kreisrunde Halle mit doppeltem Kegeldach,* das eine wuchtige Perle krönt. Sieht man einmal von dem überhöhten Sockel ab, so ist der Tempel durchaus der Halle des Erntegebets auf dem Areal des Himmelstempels in Beijing (siehe dort) vergleichbar. Die Kombination von Quadrat und Kreis im Grundriß bildet das kosmische Diagramm Erde-Himmel. Der Einfluß des Buddhismus ist eigentlich nur in den kleinen Flaschenpagoden auf der ersten Stufe des Sockels zu sehen.

Anyuan miao: Um das Heimweh seiner Lieblingskonkubine Xiangfe zu lindern, ließ Kaiser Qianlong 1764 am Wulie-Fluß den Anyuan miao als Imitation des Gulga-Klosters in Xinjiang errichten. Die erhaltene *große Halle* ist dreistöckig. Das Sattelwalmdach decken schwarze Ziegel während goldgelbe Ziegel First und Traufen betonen. Die Stockwerke sind durch schmale Zwischendächer voneinander getrennt. Im Innern befinden sich beachtenswerte Wandmalereien (Paradiesbilder).

Puning si: Die fünfgeschossige Haupthalle macht den 1754 errichteten Tempel zu einem der auffälligsten Gebäude der Stadt. Die meisten der niedrigen Vorgebäude, die stufenweise zur großen Halle aufsteigen, sind in tibet. Stil aufgeführt: Sie bestehen aus Ziegeln und sind weiß gestrichen. Einen deutlichen farblichen Kontrast bilden die roten, trapezförmigen Fensterattrappen, sowie eine rote Linie unter dem flachen Dach.

Das dreistöckige *Hauptgebäude* stellt eine Kombination aus chines. und tibet. Elementen dar. Die beiden unteren Geschosse sind weitgehend schmucklos und nur von Reihen trapezförmiger Fenster unterbrochen. Die Vorderfront ist allerdings in chines. Manier gestaltet: Rechteckige Türen und Fenster, welche die gesamte Breite einnehmen, sind mit Holzgittern verschlossen. Das zweite Geschoß sieht ähnlich aus, ist aber schmäler. Nur an der Front wurden bei diesen beiden Stockwerken Zwischendächer angebracht. Die

Chengde, Putuo zong si >

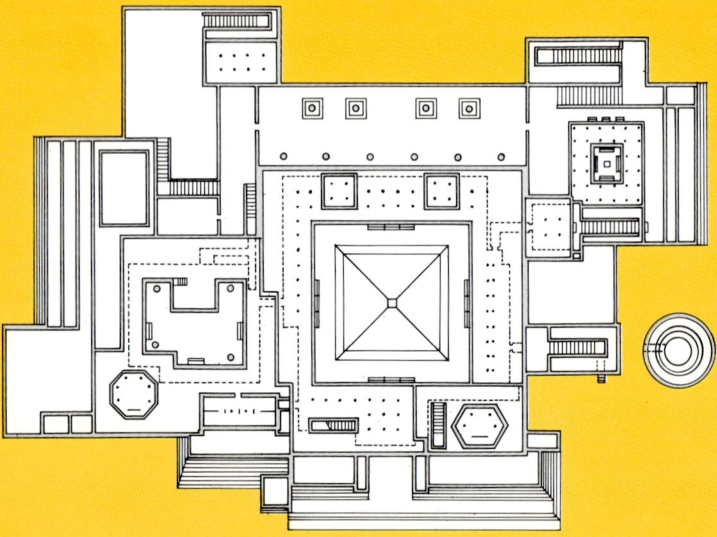

Chengde, Putno zong si, Nachbildung des Potala von Lhasa

übrigen 3 Etagen präsentieren sich dem Betrachter ganz chines. Die beiden obersten tragen eine ungewöhnliche Dachkonstruktion. Der vierte Stock hat an allen vier Ecken kleine Zeltdächer mit Perlaufsatz, die mit kurzen geraden Dächern an den Seiten des Stockwerks verbunden sind. Das fünfte Geschoß trägt ein weiteres Zeltdach mit einer sehr großen Perle, die jedoch im Gesamtbild des 36 m hohen Baus nicht unproportioniert wirkt. Fast die gesamte Höhe des Innenraumes nimmt eine 21 m hohe Figur der 1000armigen Guanyin aus vergoldetem Holz ein.

Xümi fushou si: Dies ist die vielleicht eindrucksvollste und, vom architektonischen Standpunkt aus betrachtet, auch die ausgewogenste Anlage. Sie entstand 1780 unter Qianlong als Residenz des 6. Panchen-Lama, der zur Audienz beim Kaiser erschien. Der Tempel sollte an den Tashilumbo in Shighatze/Tibet (siehe dort) erinnern, in dem im 17. u. 18. Jh. die Panchen-Lamas residierten, hat aber nur wenig mit seinem Vorbild zu tun. Durch mehrere Torhallen und Ehrentore gelangt man zum *Hauptbau,* einer wuchtig wirkenden Scheinkonstruktion: Was von außen wie ein einziger massiver Baukörper wirkt, entpuppt sich als schmaler Umbau mit rechteckigem Grundriß, der einen großen Hof umgibt. Erstaunlich ist auch der Gegensatz zwischen der strengen Außenwand und der Hoffront. Erstere ist im tibet. Stil gehalten, rot gestrichen und mit Reihen kleiner trapezförmiger Fenster versehen, letztere ist reich gegliedert und von Galerien umgeben. In der Mitte des Hofs steht die dreistöckige *Haupthalle* mit doppeltem Zeltdach. Dieses schmücken grazil- und schwerelos wirkende Drachenfiguren aus Bronze. An der höchsten Stelle der Anlage steht eine *Pagode* chines. Prägung. Sie ist achteckig und an der Außenseite mit glasierten Ziegeln belegt. Das unterste der acht Geschosse umläuft eine Wandelhalle

und zieren Reliefs (Bodhisattvas, buddhist. Symbole wie die Babao).

Putuo zong si: Der Tempel wurde dem Potala in Lhasa nachempfunden und 1767 anläßlich des 60. Geburtstags des Qianlongkaisers geweiht. Er erhebt sich imposant an einem Berghang. Die Haupt- und Nebenbauten sind betont asymmetrisch angelegt, und auch der Hauptkomplex im hinteren Teil der Anlage hat asymmetrische Grund- und Aufrisse. Damit folgten die Architekten auch in der Gesamtplanung dem Prinzip tibet. Heiligtümer. Einige der Tore, die man auf dem Weg zum *Hauptheiligtum* durchschreitet, tragen auf ihrem Dach kleine Flaschen-Pagoden in verschiedenen Farben. Der Tempel selbst wirkt, von unten betrachtet, wie der Potala ausgesprochen abweisend. Die Höhe des schlichten Unterbaus wird dadurch betont, daß wesentlich mehr Reihen von Trapezfenstern in die Mauern gefügt wurden, als tatsächlich Stockwerke in seinem Innern zu erklimmen sind. Der Tempel selbst, dessen buddhist. Plastik noch erhalten ist, wurde, ähnlich wie die Haupthalle des Xümi fushou si, in einem Hof im Zentrum des Unterbaus errichtet und trägt ein Zeltdach. Auch in anderen Teilen des großen Bauwerks ist noch Plastik im Stile des lamaist. (tantrischen) Buddhismus erhalten. Obwohl es in Chengde einige Bauten im tibet. Stil gibt, wirkt der Putuo-zong-Tempel doch recht exotisch, aber auch majestätisch und streng.

Shuxiang si: Der nw des Putuo zong liegende Tempel entstand 1774. Er findet seine Entsprechung in dem gleichnamigen, aber wesentlich älteren Tempel am Wutaishan in Shanxi. In der *vorderen Halle* stehen noch einige der *Originalfiguren.* Auf einem künstlichen Berg dahinter erhebt sich ein *Pavillon,* in dem eine Figur des auf dem Löwen reitenden Manjusri zu besichtigen ist.

Yongyou si: Von der im Wanshu-Garten des kaiserlichen Palastes gelegenen Tempelanlage blieb nur die Pagode erhalten. Der Bau wurde 1751 begonnen und der

Chengdu, Wang Jian Ting

Pagode des Baoen si bei Nanjing (Jiangsu) nachempfunden. Er ist achteckig und erreicht mit seinen 9 Stockwerken eine Höhe von 55 m. An allen Seiten öffnen sich Rundbogenfenster und Türen. Den hohen Dachaufsatz bekrönt eine Perle.

Chengdu	成都
Sichuan	
Einw.: 2,69 Mio Höhe: ca. 500 m S. 386 □ G 4	

Geschichte: Chengdu, die Hauptstadt von Sichuan, liegt im Zentrum dieser Provinz. Bereits seit der Zeit der Han war das umliegende Gebiet die wirtschaftlich bedeutendste Region Südwestchinas. Die fruchtbaren Böden der Gegend, in der man umfangreiche Bewässerungssysteme einrichtete, werden bereits seit dem 4. vorchristlichen Jh. intensiv für den Ackerbau genutzt, und die in den hiesigen Manufakturen hergestellten Brokatstoffe sind bis heute begehrt. Bei der Einigung des Reiches durch die Qin (221–206 v.Chr.) wurde die damals bestehende Siedlung zerstört, aber schon bald nach dem Vorbild von Xianyang, der prächtigen Hauptstadt des Qin Shihuang, wiederaufgebaut. Nach dem Fall der Han, unter denen ein weiterer Ausbau stattgefunden hatte, diente Chengdu Liu Bei der kurzlebigen Hou-Shu-Dynastie als Residenz. Das Grab dieses Herrschers auf dem Gelände des Zhuge-Liang-Tempels Wuhou-ci (siehe dort) wurde 1943 geöffnet. Im Zuge der Mongoleneinfälle mußte Chengdu zwar erneut Zerstörungen hinnehmen, verlor aber nie seine Bedeutung. Die Ming errichteten hier sogar einen Kaiserpalast.

Auf dem Gebiet der heutigen Stadt und außerhalb ihrer Mauern entdeckten Archäologen zahlreiche Zeugnisse für die lange und bewegte Geschichte. Hierzu zählen Überreste der alten Befestigungsanlagen (Yang-zi) und Relikte der prächtigen Qin-Metropole.

Grabanlagen

Grab des Wang Jian. Auf der N-Seite der Sandong-qiao-Str., nw der Stadt: Die Anlage wurde zufällig von Eisenbahnarbeitern in einer Erdterrasse entdeckt und 1942 ausgegraben. Dabei stieß man auf ein Steinkammergrab mit Ziegelumbauten. Es war für Wang Jian (gest. 918), einen Kaiser der Shu-Dynastie (Wudai) gebaut worden und hatte, wie alle kaiserlichen Gräber, einen eigenen Namen: Yongling. Die oberirdische Grabarchitektur und der Geisterweg sind heute verschwunden. Erhalten blieb der Hügel, der zur Zeit der Ausgrabung eine Höhe von 15 m und einen Durchmesser von 70 m hatte. Die Länge der Grabkammer beträgt 23,4 m. Drei hintereinanderliegende Kammern wurden durch rotlackierte Holztüren abgeschlossen. Jede Tür hatte vergoldete Klopfer in Form von Tiergesichtern und war mit 132 Nägeln beschlagen. In die Wände der Kammern sind zahlreiche Nischen eingelassen, in denen vielleicht Statuen standen. Der mittlere Raum wird fast vollständig von einem steinernen *Sargpodest* eingenommen, das feine Reliefs zieren: Die Ornamentik zeigt eine Kombination aus figürlichen, floralen und geometrischen

Chengdu, Wuhou ci, Grabschrein

Elementen. Die Hauptornamentleiste besteht aus Feldern mit großen Blüten und flachen Nischen, in denen Musikantinnen in Flachrelief zu sehen sind. Aus den Längsseiten sind zusätzlich je sechs hokkende Kriegerfiguren in höherem Relief herausgearbeitet, die verschieden geformte Rüstungen tragen. Leisten mit Pflanzenranken und Drachen ergänzen den Dekor. Die Reliefs, bes. die Musikantinnen, sind von guter Qualität und wirken sehr lebendig. Sie erinnern durchaus noch an die typischen Tang-zeitlichen Orchester, nicht zuletzt durch die Besetzung (während der Tang-Zeit kamen zahlreiche neue Instrumente aus Zentralasien in Mode, z. B. die Laute Pipa und Rhythmusinstrumente wie Schlagbretter).

In der hinteren Kammer sieht man auf einem Podest, das wie eine Sitzbank gestaltet ist, eine *Statue des Wang Jian.* Der Fürst trägt die Tracht eines Beamten und sitzt mit in den Schoß gelegten Händen in w Weise auf einem Hocker. Die Figur wirkt streng. Derartige Portrait-Plastik ist in der chines. Grabkunst äußerst selten und verdient deshalb Beachtung. Obwohl das Grab beraubt wurde, konnten die chines. Archäologen noch einige wertvolle Gegenstände sicherstellen. Von besonderem Interesse war ein *»Buch« aus Jade:* Der Titel war mit figürlicher Malerei verziert, und es enthielt die Biographie und den posthumen Namen des Kaisers. Die Zeichen dieser für China ebenfalls ungewöhnlichen »Grabinschrift« waren mit Golddraht eingelegt. Es fanden sich auch noch einige andere Gegenstände aus Jade und Keramik.

Abschließend bleibt also festzustellen, daß dieses Grab erheblich aus dem üblichen Rahmen fällt: die komplizierte Innenarchitektur, eine Kombination aus Nischen und großen Bögen, die Darstellung des Kaisers und die besondere Form der Grabinschrift.

Grabschrein des Fürsten von Wu (Wuhou ci sw der Stadt an der Wuhou ci dajie): Der Schrein wurde zu Ehren des großen Feld-

herrn Zhuge Liang (181–234) errichtet, der es dem schwachen Nachfolgestaat der Han, Shu in S-China, ermöglichte, sich eine Weile gegen das Machtstreben der Familie Cao (Dynastie Wei) zu behaupten. Nach dem Sturz der Han hatte sich Zhuge in eine Einsiedelei zurückgezogen. Liu Bei, der sich wegen seines Namens (auch die Herrscherfamilie der Han hieß Liu) für den legitimen Nachfolger der Han hielt, mußte dreimal bitten, bis Zhuge sich bereit erklärte, ihn zu unterstützen. Dabei erwies er sich als hervorragender Staatsmann und geschickter Diplomat und wurde dafür mit dem Ehrentitel »Fürst von Wu« ausgezeichnet.
Der Tempel entstand für den auch in späterer Zeit hochangesehenen Fürsten im 6. Jh. und ist mit der Grabstätte von Liu Bei verbunden. Am Ende der Ming-Zeit wurde die Anlage durch ein Feuer zerstört, aber bereits kurze Zeit später wiederaufgebaut. Heute besteht sie aus mehreren Hallen, die auf einer Zentralachse hintereinanderliegen, mehreren Garten-Höfen und dem im NW gelegenen Tumulus des Liu Bei. Das Gebiet ist von kleinen Flußläufen durchzogen, und die Gebäude stehen zwischen üppiger Vegetation. Die Haupthallen des Tempels erheben sich in 3 hintereinander liegenden Höfen. Im *1. Hof* befinden sich hinter dem Haupttor zwei Stelenpavillons. Der w birgt eine Ming-Stele, der ö eine Tang-Stele von 809. An der W- und der O-Front des *2. Hofes* stehen Figuren von berühmten Beamten und Militärs der Shu-Dynastie. Die Halle am Ende des Platzes ist dem Kaiser Liu Bei geweiht. Der *Hauptbau* des Tempels mit der Figur des Zhuge Liang liegt im *3. Hof*. Der Fürst von Wu trägt die Attribute taoist. Adepten: eine Kappe, die von der Seite entfernt an ein Schneckenhaus erinnert und einen Federfächer, das Zeichen der Suche nach der idealen Formation. In der Halle wird auch eine Bronze-Pauke aufbewahrt, die angeblich mit den Taten des Zhuge in Verbindung stehen soll. Es handelt sich dabei um eine typische Paukenform, die dem Bereich der Dian-Kultur Yunnans entstammt (siehe Kunming), aber in begrenztem Umfang auch in China seit der Han-Zeit nachempfunden wurde. Die anderen Figuren in der Haupthalle sollen Sohn und Enkel des Staatsmanns sowie Generäle und Minister des Chu-Staates darstellen. Im Grabhügel, der von einer Steinmauer umgeben ist, ruhten der Kaiser Liu Bei und zwei seiner Frauen.

Tempel

Daci si (n der Stadt an der Kangshi jie): Der ursprünglich riesige buddhist. Tempelkomplex wurde unter den Tang gegr. und bildete in der Tang- und Song-Zeit einen beliebten Treffpunkt für Dichter und Gelehrte. Bedeutende Maler wie Wu Daozi, Li Sheng oder Huang Jian führten im Tempel Wandmalereien aus, die leider bei mehreren Bränden verlorengingen. Die bestehenden Bauten stammen aus der späten Qing-Zeit. Beachtenswert ist allerdings der *Bibliotheksbau* mit doppeltem Sattelwalmdach und Reliefs an den Wänden.

Qingyang gong (w der Stadt, Tonghuimen wai, HS Qingyang gong): Der große taoist. Tempel liegt am N-Ufer des Baihua-Sees. Er wurde in der Tang-Zeit zu Ehren des Philosophen Laozi in seiner vergöttlichten Form (Taishang laojun) gebaut und in mehreren Gedichten Song-zeitl. Lyriker erwähnt (z. B. Lu You, He Geng). Wie viele andere Tempel der Stadt wurde der Qingyang gong in den Kriegswirren am Ende der Ming-Zeit zerstört, 1668 unter den Qing wiederaufgebaut und 1875 renoviert. Die Bauten wurden von S nach N aufsteigend an einem Hang errichtet. Die *Haupthalle* Sanqingdian (Seitenlängen 30mal 35 m) deckt ein Satteldach mit blauen Ziegeln. Mit den Drei Klaren (Sanqing) ist die Trias der höchsten taoist. Gottheiten gemeint, deren vergoldete Tonabbilder das Zentrum der Halle einnehmen, flankiert von je sechs vergoldeten Unsterblichenfiguren. Auch die *Grünen Schafe* aus Bronze (Quingyang), die dem Tempel seinen Namen gaben, sind hier aufgestellt. Diese Kreaturen haben allerdings mit normalen Schafen wenig gemein. Laut chines. Interpretationen setzen sie sich vielmehr aus den verschiedenen Merkmalen der 12 Tierkreiszeichen zusammen. Eine andere mögliche Erklärung für diese seltsamen Mischwesen liefern chines. Quellen. Sie führen als Qingyang ein Wesen, das alle 500 Jahre seine Farbe wechselt. Dies wiederum könnte mit den taoist. Vorstellungen von Langlebigkeit zusammenhängen.
Vor der Sanqingdian steht der *Bagua-Pa-*

villon (Pavillon der acht Trigramme). Der Sockel des Baus ist quadratisch, der Pavillon selbst rund (Symbol für Himmel und Erde). Das achtfirstige Dach wird von 8 reich mit Reliefs (Drachen u.a.) verzierten Säulen getragen und ist mit gelben und grünen Ziegeln gedeckt. Die Laternendekke im Innern wurde mit den 8 Trigrammen geschmückt, Kombinationen aus je 3 gebrochenen oder ungebrochenen Linien, aus denen man die Zukunft deuten zu können glaubte. Der Tempelbezirk gehört heute zum Kultur-Park (Renminwenhua gong) mit üppigem Baumbestand und schönen Blumenpflanzungen.

Wenshu yuan (n der Stadt, in den Wenshuyuan-jie, HS Wanfu qiao): Das während der Tang-Zeit gegründete buddhist. Heiligtum wurde am Ende der Ming-Dynastie ein Raub der Flammen, 1691 unter Kangxi (Qing) wieder aufgebaut und 1814 und 1867 renoviert. Der Tempel ist axial aufgebaut und besteht aus mehreren hintereinanderliegenden Hallen. Zu den Schätzen des Tempels gehören heute noch zahlreiche Figuren, von denen zwei eiserne *Vajradhara-Statuen aus der Song-Zeit* zu beachten sind. Auch andere bedeutende Kulturgüter, z.B. kostbare Song-zeitl. Drucke, werden in den Hallen aufbewahrt.

Weitere Sehenswürdigkeiten

Moschee (Qingzhen si, in der Gulou nanjie): Der Bau wurde zu Beginn der Ming-Zeit gegründet, unter Qianlong der Qing erweitert und in diesem Jh. durch einen Luftangriff der Japaner teilweise zerstört. Bemerkenswert die *Gebetshalle* mit ihrer komplizierten Dachkonstruktion und den sehr stark aufgebogenen Traufen.

Teehäuser: Überall in der Altstadt trifft man auf diese Einrichtungen.

Umgebung

Baoguang si (19 km n): Während der Huang-Chao-Revolte im 9.Jh. floh der Tang-Kaiser Xizong hierher und ließ den Tempel, der schon vorher bestand, erweitern. Zwei Säulenbasen vor der *Qifodian*, die mit Reliefs geschmückt sind, stammen angeblich vom ursprünglichen Bau. Die Anlage brannte zur Zeit der Devise

Chengdu, Du Fu Caotang

Zhengde der Ming (1506–1522) nieder und wurde erst 1670 wiederaufgebaut. Die heute sichtbaren Hallen entstanden während der Qing-Zeit. Die einzige ältere Konstruktion ist die *Pagode* von 881 bei der Qifo dian. Sie hat 12 Stockwerke, einen quadratischen Grundriß, schmale Zwischendächer und eine Höhe von 30 m. Die Etagen verjüngen sich nur wenig zur kupfernen Spitze hin. Der Eingang befindet sich im S, und auf allen Seiten wurden Türen, flankiert von zwei Fensteröffnungen, eingebaut. Bei der *Haupthalle* (Daxiong baodian) hinter der Pagode sind 500 Luohan aus Ton zu bewundern. Im Tempel wird eine *Stele* aus dem Jahr 540 (Liang Wudi) aufbewahrt, die ganz mit buddhist. Reliefs überzogen ist.

Cengjiabao (w der Stadt): Die beiden Gräber aus der Han-Zeit sind von sehr ähnlicher Form: Ein kurzer und niedriger Grabgang führt in die höhere Hauptkammer, hinter der noch 2 durch eine Mauer getrennte Hinterkammern liegen. Die Mauern der Räume bestehen aus Ziegeln, zwischen die größere, ebenfalls aus Ton bestehende Reliefplatten gefügt sind. Die Grabtüren wurden aus Stein gehauen und tragen innen und außen Reliefs. Auf der Tür zu Grab 2 sind ein Türhüter mit Besen und Schwert, ein Vogel (möglicherweise Phoenix oder Roter Vogel) und ein Hund dargestellt. Auf der Innenseite sieht man Herren beim Lesen und bei der Unterhaltung. Die Figuren wirken sehr lebendig, und das Relief ist fein. Auf den Rückwänden der *Hinterkammern von Grab 1* befinden sich ein Landgut mit einem Teich und mehreren Speichergebäuden, an den Wänden von Grab 1 fast quadratische Ziegel mit landschaftlichen und architektonischen Bildern.

Duanguang-Pagode (ca. 50 km nö): Die 13-stöckige, quadratische, 33 m hohe *Pagode* stammt aus dem Jahr 1148. Über eine Wendeltreppe kann man bis zum 10. Stockwerk hinaufsteigen.

Du Fu Caotang (Du Fus Einsiedelei, 5 km w): Der Begriff Caotang (Schilfhütte) meint eigentlich die einfache Behausung eines Einsiedlers. Aber auch reiche Leute, die es liebten, sich in ihrer Freizeit aufs Land auf ihre Güter zurückzuziehen, pflegten ihre in manchen Fällen feudal ausgestatteten Villen kokett als »caotang« zu bezeichnen.

Einer der größten Tang-zeitlichen Dichter, Du Fu, war Besitzer eines schön gelegenen Landhauses, das schon damals von einem Park umgeben war. Der Lyriker pflegte hier mit seinen Freunden zu dichten und sich zu unterhalten. Er hat seiner »Schilfhütte« auch in mehreren Gedichten ein Denkmal gesetzt. Die Bauten des Anwesens wurden auch nach seinem Tod ihm zu Ehren erhalten und vielfach erweitert. In einem *Museum*, das 1955 eingerichtet wurde, bewahrt man wichtige Drucke von Werken des Dichters. Im Grabschrein sieht man neben einer Figur des Du Fu auch Bilder seiner bedeutendsten Verehrer, der Song-zeitlichen Dichter Huang Tingjian und Lu You. Die Bauten der Caotang liegen an einem gewundenen See. Im Park befindet sich ein *Tempel*, der schon zu Du Fus Zeiten existierte und angeblich schon in der Nanchao-Zeit gegründet wurde. *(Caotang si)*. Die Bauten wurden am Ende der Qing-Zeit erneuert.

Dujiang yan (59 km nw): Mit dem Bau der großen Bewässerungsanlage wurde bereits unter den Qin begonnen. Die Ausführung des Projekts oblag Li Bing. Bei Arbeiten an dem System, das zum Teil auch heute noch in Betrieb ist, stieß man im Wasser 1974 auf eine große *Steinfigur des Li Bing* aus dem 2. Jh. n. Chr. Sie steht heute im zu Ehren des Baumeisters und seines Sohnes errichteten *Fulong guan*. Abgesehen von diesem Opferschrein stehen in dem dichten System von Kanälen und natürlichen Flußläufen *mehrere Heiligtümer*. Am Fuße eines Berges am O-Ufer des Minjiang, aus dem die Kanäle gespeist werden, befindet sich der ebenfalls zum Gedenken an die beiden Li errichtete *Erwang miao*. Schon in der Nanbeichao-Zeit entstand hier ein Tempel, der zum letzten Mal in der Qing-Zeit erneuert wurde.

Meng-Zhixiang-Grab (7 km n): Meng gründete während der Wudai-Zeit einen kleinen Staat mit Zentrum in Chengdu. Er wurde mit seiner Frau bestattet. Die Grabstätte im S des Mopan-Berges umfaßt 3 Kammern und wird von Kragkuppeln überspannt. Die unterirdischen Räume waren über eine Treppe und einen Gang zu erreichen. Einige Wandmalereien (Höfling und Hofdamen mit Beamtentäfelchen) blieben erhalten. Der hohe Sargsokkel ist mit klobigen Figuren in Atlashaltung verziert.

Man entdeckte auch Teile der oberirdischen Vorbauten. Darunter befand sich schöner Architekturschmuck (Fischkopf in Verbindung mit Adlerkopf, möglicherweise von sog. Eulenschwänzen auf den Firsten).

Grab des Fürsten Xi von Shu (12 km nö): Fürst Xi von Shu war der Enkel des 11. Sohnes von Zhu Yuanzhang, dem Gründer der Ming-Dynastie, und lebte von 1409 bis 1434. Die Länge des am Zhengjue-Berg gelegenen Grabes beträgt 27,7 m. Es umfaßt mehrere mit Wandmalereien geschmückte Kammern. Die Grabinschrift half, Fehler in der offiziellen Geschichte der Ming-Dynastie, der Mingshi, zu berichtigen.

Qingcheng-Berg (ca. 45 km nw): Das Gebirge erlangte als *taoist. Zentrum* Berühmtheit, da hier in der Tianshi dong (Halle des Himmlischen Meisters) der berühmte taoist. Lehrer Zhang Daoling (O-Han) gelehrt haben soll. Die Geschichte der Tempel auf den Höhen und an den Hängen ist sehr alt, die Bauten, die heute noch zu sehen sind, gehen aber meist auf die Qing-Zeit zurück.

Wangjiang-lou-Park (2 km sö): Auf dem Gelände, auf dem sich heute der Park erstreckt, soll während der Tang-Periode die Dichterin Xue Tao gelebt haben. Nach dem Tode ihres Vaters stand sie vollkommen mittellos da und mußte sich als Sängerin verdingen. Durch ihre hervorragenden Gedichte zog sie aber die Aufmerksamkeit der bedeutendsten Lyriker ihrer Zeit auf sich. Im Park wird eine große Vielfalt von Bambusarten kultiviert (Xue soll Bambus besonders geliebt haben). Die Gebäude stammen aus dem späten 19. Jh.

D

Dali 大理

Dali	大理
Yunnan	
Einw.: ca. 400000	Höhe: ca. 2000 m S.386 □ C 3

Geschichte: Dali wurde schon früh zu einem wichtigen Umschlagplatz für Seide und andere Handelsgüter, da Karawanen auf der südlichen Route der Seidenstraße hier haltmachten. Wegen des Reichtums der Stadt ist es auch nicht verwunderlich, daß immer wieder Streitigkeiten um dieses Gebiet ausbrachen, die nicht immer zugunsten des chinesischen Kaiserreiches entschieden werden konnten. Schon in der

Festtag der Bai-Minorität am 3. 3.

Han-Zeit - 109 v. Chr. - hatten die Kaiser das Gebiet unter ihre Kontrolle gebracht. Allerdings galt diese Region damals noch als weitgehend barbarisch, und das Interesse an einer »Bekehrung« zur chinesischen Kultur war noch nicht ausgeprägt. Eine Beherrschung des Gebiets um Dali begann in der Han-, Jin- und Nanchao-Zeit, als man sich gezwungen sah, weite Teile der chinesischen Kernlande an die »Nordbarbaren« abzutreten. Nach der Wiedervereinigung des Reiches unter den Tang wurden in Yunnan jedoch erneut Unabhängigkeitsbestrebungen spürbar. Lokale Machthaber, die nicht den Han angehörten, begründeten 738-902 ein eigenständiges Königreich, das in den chinesischen Quellen Nanshao heißt. Auch unter den Song bestand in diesem Gebiet ein unabhängiges Reich unter dem Namen Dali. Viele Kunstdenkmäler, besonders die Reliefs in den buddhist. Höhlen rund um Dali, zeugen von dieser Zeit. Bis heute hat diese Region eine gewisse kulturelle Unabhängigkeit bewahrt. Dali gehört zum autonomen

Dali, Drei Pagoden des Chongsheng si

Gebiet der Bai-Minorität, aber auch Yi und Nakhi leben hier.
Während der Yuan-Zeit wurde die Provinz Yunnan wiederholt schwer verwüstet. Von den alten Städten blieben in manchen Fällen nur Reste der Stadtmauern erhalten. Teile der Befestigungsanlagen des historischen Dali sind noch im S, NW und W der heutigen Stadt zu sehen.

Chongsheng si (0,5 km sw): Die sechzehnstöckige *Pagode* erhebt sich am Fuß des Longquan-Gipfels der Cangshan. Sie ist quadratisch und erreicht eine Höhe von 46 m. Die obersten Etagen verjüngen sich leicht und werden von einer Bronzespitze gekrönt.
Das Bauwerk hat eine gewisse Ähnlichkeit mit der großen Pagode des Chongsheng-Tempels außerhalb der Stadt, stammt aber, wie sich aus Inschriften an den Ziegeln entnehmen läßt, aus der Zeit des Dali-Staates (ca. 11.Jh.). Bei Renovierungsarbeiten an der Spitze stieß man auf buddhist. Devotionalien.

Umgebung

Cangshan: Die Bergkette der Cangshan erhebt sich bis zu einer Höhe von 4120 m und ist für ihre herbstlichen Wolkenerscheinungen berühmt. Auf der S-Seite des Longquan-Gipfels liegen zwei Höhlen, die *Phoenixaugen-* und die *Drachenaugen*-Höhle. In der *Phoenixaugenhöhle* bildete man eine Art künstliches Paradies, über dem in Nischen die sog. *Acht Unsterblichen* auf sehr lebendige Weise dargestellt sind. Die Acht Unsterblichen bilden eine Gruppe von taoist. Heiligen, die oft gemeinsam dargestellt wurden. (In China war die Vorstellung verbreitet, daß Paradiese in oder hinter Höhlen mit sehr schwer zugänglichen Eingängen liegen. Die Elysien, die dem Eindringling, der das Geheimnis des Eingangs gelüftet hat, versprochen sind, können durchaus diesseitig sein, d.h. ein Idealbild der menschlichen Gesellschaft zeigen, oder aber auch märchenhafte Züge annehmen.) Der *Gantong*-

Tempel auf der S-Seite des Yingfeng-Gipfels wurde angeblich schon in der Han-Zeit von indischen Mönchen gegründet, erlebte seine Hochblüte jedoch unter Hongwu der Ming. Heute ist nur noch einer der ursprünglich 3 Höfe erhalten, der in den letzten Jahren renoviert wurde.

Chongsheng si (2 km nw der Altstadt): Der Tempel liegt am Fuß des Yingyue-Gipfels der Cangshan. Die 3 *Pagoden,* nach denen er zuweilen auch *Santa si, Drei-Pagoden-Tempel* genannt wird, bilden sozusagen das Wahrzeichen der Stadt. Die quadratische *Hauptpagode* besitzt 16 Geschosse und erreicht eine Höhe von 64,9 m. Sie entstand zwischen 723 und 759 unter der Ägide der Nanzhao-Fürsten, die Bauplanung wurde aber wahrscheinlich von chines. Architekten durchgeführt. Der Bau ist außerordentlich schlicht, wirkt aber durch seine Höhe und seine ausgewogenen Proportionen imposant. Das Erdgeschoß mit Rundbogentür ist ungewöhnlich hoch und vollkommen ungegliedert. Die darüberliegenden Stockwerke, die höhenmäßig nur unerheblich variieren, trennen schmale Zwischendächer. Im oberen Viertel des Baus werden diese etwas schmaler, und die Traufen des Zeltdaches an der Spitze sind nur ganz leicht geschwungen. Die Bronzespitze besteht aus mehreren Schirmen. Auf dem obersten, der die Form eines Sterns hat, sitzt ein tropfenförmiger Aufsatz. Gesamtkonzeption und Schlichtheit des Bauwerks entspricht durchaus dem Pagoden-Stil der Tang-Periode. 1979 entdeckte man im Fuß und an der Spitze der Pagode zahlreiche buddhist. Texte und Kunstwerke.

Die *beiden anderen Türme* sind achteckig und erreichen eine Höhe von 42 m. Sie wurden wahrscheinlich in der Song-Zeit im Auftrag der Könige von Dali errichtet. Die 10 Stockwerke sind mit Nischen und Fenstern versehen. Manche Nischen der 2. und 8. Etage tragen buddhist. Plastik: Buddhafiguren zwischen Wolken und Lotosornamenten. Die Geschosse verjüngen sich leicht und gleichmäßig zur Spitze hin.

Guanyin tang (5 km s): Die Bauten des unter dem Shengying-Gipfel der Cangshan gelegenen Tempels stammen vom Anfang der Qing-Zeit und wurden immer wieder renoviert. Die Hauptattraktion ist ein *Pavillon* aus Dali-Marmor, der sich inmitten eines Teiches auf einem großen Stein

Dali, Pagoden des Chongsheng si

erhebt. Er wurde zu Ehren der Guanyin errichtet, die sich angeblich in eine alte Frau verwandelt haben soll, die einen riesigen Stein auf dem Rücken schleppte, um damit eine feindliche Armee von der Eroberung der Stadt abzuschrecken.

Shengyuan si (am Fuß des Wutai-Gipfels der Cangshan): Die Tempelanlage geht in ihren Ursprüngen in die Nanzhao-Zeit zurück. Vom religiösen Eifer der Bai, die hier ihre großen Feste feiern, zeugen die von den brennenden Räucherstäbchen geschwärzten Figuren. Das wichtigste Fest der Bai findet im 4. Mondmonat statt. Die Bauern versammeln sich, singen und führen Tänze auf. Auch im dritten Mondmonat findet ein großes Fest statt (Sanyue jie). Zu Ehren der Guanyin tragen die Bai ihre Nationaltracht und veranstalten festliche Umzüge.

Shizhong-Höhlen (ca. 100 km n): Die 16 kleinen Höhlen wurden im Kreis Jianchuan aus dem Shibao-Berg der Shizhong-Kette geschlagen. Sie entstanden in der Zang-Zeit und sind von besonderem ethnographischen Interesse, da die Könige des unabhängigen Staates Dali sich hier in ihrem festlichen Ornat darstellen ließen, der sich gravierend von der Kleidung chines. Herrscher unterscheidet. Die künstlerisch bedeutendsten Reliefs befinden sich in der größten Höhle, Nr. 8. Das künstlerische Niveau hält jedoch einem Vergleich mit den buddhist. Höhlen in Gansu und Xinjiang nicht stand. In *Höhle 1 und 2* sieht man die Herrscher im Kreis ihrer Familien und Untergebenen. Sie thronen wie Bodhisattvas und werden fast selbst zu Kultfiguren. Nur ihre seltsamen, blütenförmigen Kronen unterscheiden sie von Angehörigen des buddhist. Pantheons. Die Herrscher werden aber nicht nur in dieser ehrfurchtgebietenden Haltung, sondern auch bei Ausritten mit Begleitern gezeigt. Die Art der Darstellung dieser Fürsten steht in deutlichem Gegensatz zu denen von N-China. Die Auftraggeber der dort entdeckten Stifterbilder sind meist klein in betender Haltung dargestellt und treten gegenüber den Buddhas und Bodhisattvas ganz in den Hintergrund.

Datong	大同
Shanxi	
Einw.: ca. 1 Mio Höhe: 1190 m	S.387 □ D 2

Geschichte: Archäologische Funde beweisen, daß das Gebiet um Datong bereits seit dem Paläolithikum besiedelt war. In der Zhanguo-Zeit unterstand dieser Teil der Provinz Shanxi nominell dem Staat Zhao, wurde aber de facto von nichtchines. Stämmen kontrolliert. Diese Machtkonstellation war auch in späterer Zeit immer wieder charakteristisch für die politischen Verhältnisse in N-Shanxi. In der Han-Zeit gehörte diese Region zum Einflußbereich der nomadischen Xiongnu (Hunnen). Als der begabte Xiongnu-Herrscher Maodun ein Großreich aufgebaut hatte, brachte er den Han-Kaiser Gaozu in die mißliche Lage, sich nach Pingcheng, wie Datong damals hieß, zurückziehen zu müssen und belagerte ihn dort eine Woche lang. Seit dieser Zeit war Pingcheng ein wichtiger Stützpunkt der Han-Armeen bei der Verteidigung des Nordens.

Nach dem Fall der Han-Dynastie wurde die Stadt zweimal das Zentrum von Fremddynastien. Die Xianbei hatten schon seit der empfindlichen Schwächung der Xiongnu Ende des 2.Jh. v. Chr. ihren Einfluß von der Manjurei auf immer weitere Gebiete N- und NW-Chinas ausgedehnt. Einer der Stämme etablierte im 4.Jh. n. Chr. ein Reich mit dem Namen Wei, das ganz N-China umfaßte. Die Tuoba, so wurden die Angehörigen dieses Stammes in den chines. Quellen genannt (in w wahrscheinlich Tangast), machten Pingcheng zunächst zu ihrer Hauptstadt. Die Wei erhoben den Buddhismus in China erstmals zu einer Art Staatsreligion und setzten ihrer Frömmigkeit in den Höhlen von Yungang (später in Longmen bei Luoyang) ein vom künstlerischen Standpunkt aus bedeutendes Denkmal.
Von hier aus und von der n Hauptstadt bei Horingor in der Inneren Mongolei gingen in der Nanbeichao-Zeit wichtige Impulse für die kulturelle Entwicklung in Gesamtchina aus.
Auch während der Song-Zeit, als die Khitan unter dem Dynastienamen Liao regierten, war Datong ein wichtiges politisches und kulturelles Zentrum. Damals entstanden die großen Tempelanlagen mit ihrer hervorragenden buddhist. Plastik.
Wie die Liao-Khitan ausgesehen haben und sich kleideten, kann noch ziemlich genau rekonstruiert werden, da sie sich in ihren Grabanlagen, die sich sonst nur wenig von denen der Song unterscheiden, in ihrer typischen Tracht darstellen ließen. Besonders auffällig ist dabei die Haartracht der Männer: Stirn und Schädeldekke wurden kahlgeschoren, und nur an den Schläfen blieben Zöpfe von manchmal beträchtlicher Länge stehen.
In der Ming-Zeit diente Datong kaiserlichen Prinzen als Residenz. Die Neun-Drachen-Mauer, die heute noch zu besichtigen ist, stand vor dem Palast des Prinzen. Heute ist die Stadt wichtiger Industriestandort (Eisenbahn).

Huayan si (an der Daxi jie im W-Teil der Stadt): Der Komplex besteht aus einem oberen und einem unteren Tempel. In beiden Komplexen blieb Bausubstanz aus der Liao-Zeit erhalten. Das Heiligtum bestand schon in der Wudai-Zeit, wurde aber bei der Eroberung der Stadt durch die Liao zerstört. Die Khitan bemühten sich aber schon bald um einen Wiederaufbau, der 1062 abgeschlossen war. Unglücklicherweise brannten die Gebäude jedoch schon 1122 erneut nieder; die Liao-Herrscher bemühten sich aber um eine baldige Restaurierung. Auch die Yuan und Ming ließen Teile der Tempel erneuern. Während der Ming-Zeit wurden die Bauten zu Amtsgebäuden umfunktioniert. Die Trennung der beiden Klöster und ihre Rückverwandlung in Sakralbauten fand unter der Devise Xuande der Ming statt (1426–1436).

Im *Oberen Tempel* stammt die *Daxiong baodian* noch aus der Liao-Zeit, sie soll hier genauer betrachtet werden. Die Halle ist mit 1560 qm einer der größten Tempelbauten aus so früher Zeit in China. Sie wurde 1122 unter den Liao entworfen und nach einem Brand unter der Leitung der Herrscher des Nachfolgestaates Jin im alten Stil wiederaufgebaut. Die Architektur wirkt ungewöhnlich streng: Die Wand der Front ist kaum gegliedert und nur von drei breiten Toren durchbrochen. Die Wände sind in dumpfem Rot gestrichen. Das wuchtige Walmdach mit hohen Eulenschwänzen decken gelbe Ziegel. Die Eulenschwänze sind charakteristisch für die Baukunst Chinas vor der Ming-Zeit. Trotz des Verzichts auf jede Form von Schmuck und die mächtige Dachkonstruktion wirkt die Haupthalle nicht unproportioniert, sondern großartig und schlicht zugleich.

Die *Wandmalereien* im *Innern* stammen aus der Qing-Zeit und sind stark restauriert. Sie zeigen buddhist. Paradiese, in deren Mitte jeweils die alles überragende Figur des Buddha thront. Die Kassettendecke erstrahlt in leuchtenden, bunten Farben. Die 3 mittleren der über 3 m hohen Buddhafiguren wurden 1427 unter den Ming gegossen. Auch die umstehenden Bodhisattvas und Gottheiten stammen aus der Ming-Zeit. Stelen an den Wänden können Aufschluß über die Geschichte des Tempels geben. In einem weiteren Bau im Tempelgebiet wurde das Stadtmuseum eingerichtet.

Der älteste Bau des *Unteren Tempels* und der gesamten Anlage ist die *Bibliothek* von 1038. Das Sattelwalmdach wird von reichem Konsolgebälk gestützt. An den In-

Datong, Huayan si, Unterer Tempel

nenwänden stehen die originell gestalteten *Bücherschränke*. Sie haben die Form zweistöckiger Miniaturhallen, hinter deren Türen man einen Blick auf die Bücherschätze des Klosters erhaschen kann. Über einer ornamentalen Leiste sind im »Erdgeschoß« reihenweise Tore angebracht. Das kleine Zwischendach wird von mehreren Konsolreihen getragen, ebenso die darüberliegende Empore, die am »1. Stock« entlangläuft. Die Dachkonstruktion wirkt besonders reizvoll: An den Ecken und im Abstand von drei Fensterbreiten springen Gebäudeteile erkerartig vor. Sie tragen kleine Sattelwalmdächer, die einen attraktiven Gegensatz zu den schlichten Dächern dazwischen bilden. An den Fenstern werden die Regale nicht unterbrochen, sondern mit zierlichen Brücken verbunden, deren Brückenhäuser feine Kreuzdächer zieren. Ganz abgesehen davon, daß diese Form von »Bücherhäusern« ganz ungewöhnlich ist, bieten die Konstruktionen sehr interessantes Material für das Studium der Architektur des 11. Jh. In

Datong, Huayan si, Bibliothek in der Bojiacang dian

dieser Halle verdienen jedoch noch andere bedeutende Kunstwerke Beachtung: Zu den hervorragendsten Beispielen chines. Plastik gehören die Figuren von *Buddhas und Bodhisattvas aus der Liao-Zeit.* Um die etwas wuchtig geratenen Buddhafiguren stehen und knien Bodhisattvas von großer Eleganz, mit sehr schlanken Körpern, zum Teil in Tribangha, besonders fein gearbeiteten Händen und ausdrucksstarken, ziemlich fülligen Gesichtern. Die Proportionen von Körper und Gesicht erinnern noch an die späte Tangplastik von Dunhuang, ebenso die herabhängenden Bänder, die sich leicht zu bewegen scheinen. Die Figuren stehen und sitzen auf Lotospodesten. Sie waren bemalt und teilweise vergoldet. Einige der feinen Kronen sind separat gefertigt. Daß diese Figuren als Ensemble erhalten blieben, ist ein seltener Glücksfall.

Neun-Drachen-Mauer (im O der Stadt an der Dong jie): Die 1391 errichtete Residenz des 13. Sohnes von Zhu Yuanzhang, dem Begründer der Ming-Dynastie, blieb nicht erhalten.
Die 45,5 m lange und 8 m hohe *Mauer* aus buntglasierten Ziegeln erhebt sich auf einem Marmorsockel. Sie wurde 1954 um 28 m nach Süden versetzt.
Die Ziegelbilder erinnern stark an die gleichnamigen Mauern im Kaiserpalast und im Beihai-Park von Beijing: Auch hier tanzen aufgerichtete blau-gelb-rote Drachen auf Wellen vor in Blau und Türkis ausgeführten Bergen. Ähnlich gestaltete, aber wesentlich kürzere Mauern stehen im W-Hof des Shanhua si und vor Guanyin tang w der Stadt.

Shanhua si (an der Nanmen jie in der Mitte der S-Mauer der Altstadt): Der von den Tang gegründete Tempel wurde kurz vor der Einnahme der Stadt durch die Liao zerstört, aber, ebenso wie der Huayan-Tempel, schon bald wiederaufgebaut und

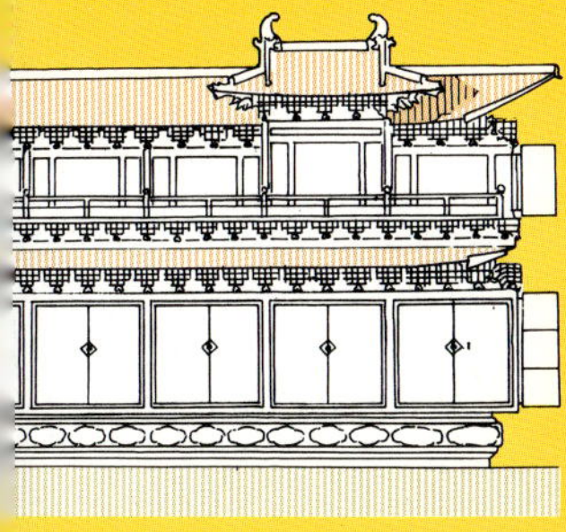

1128 von den Jin erneuert. Aus dieser Periode blieben 3 Gebäude erhalten. Die *Sanshengdian* hat, wie die davor befindliche *Tianwangdian,* nur einen Durchgang und ein ziemlich schwer wirkendes Dach mit stark betontem Konsolgebälk. Die *Daxiong bao dian* ist ebenso schlicht gehalten wie die beiden anderen, besitzt aber, wie die Haupthalle des Oberen Huayan-Tempels, 3 Tore. Im Innern tragen zwei Reihen vergoldeter Säulen die Laternendecke, die vom Bau der Liao erhalten blieb. Auch die Plastik gehört zur ursprünglichen *Ausstattung* des Tempels. Das Zentrum nehmen die 4 m hohen Statuen der Buddhas der fünf Weltgegenden ein. Sie sitzen auf Lotossockeln und sind von Bodhisattvas, Luohan und Gottheiten umgeben.

Außerhalb der Zentralachse des Shanhua-Tempels steht der *Puxian-Pavillon (Samanthabhadra-Pavillon),* der einzige in Shanxi erhaltene Pavillonbau der Jin-Zeit. Seine Architektur zeichnet sich durch besondere Harmonie aus. In seinen Proportionen, den Maßverhältnissen zwischen Dach und den beiden Geschossen, ist er durchaus den Bibliothekseinbauten des Unteren Huayan si vergleichbar. Das ungegliederte Erdgeschoß wird nur von einem Tor durchbrochen. Unter und über dem Zwischendach verläuft einfaches Konsolgebälk. Das obere trägt die umlaufende Empore. Die Wände des Obergeschosses sind durch Säulen an den Ecken und zwischen den Türen strukturiert. Das Sattelwalmdach wirkt im Vergleich zu den sehr schweren Dachkonstruktionen der Haupthallen leicht. Durch die sehr gleichmäßige Verteilung der Schwerpunkte scheint die Architektur dieses Pavillons ausgewogener als die der Guanyin-Halle des Dule si bei Tianjin (siehe dort), der etwa aus der gleichen Zeit stammt. Besonders die Tatsache, daß die Wände des unteren Stockwerks leicht nach innen geneigt sind, verhindert, daß dieser Gebäudeteil ein Übergewicht bekommt.

Umgebung

Grab des Sima Jinlong (7 km sö): Sima Jinlong entstammte der Kaiserfamilie der Jin und war unter den Wei, die seine Familie besiegt hatten, ein hoher Beamter. Bereits bevor man im W von Shijiazhai auf sein Grab stieß, hatten schriftliche Quellen wichtige Informationen über ihn und seine Familie geliefert.

Das Grab besteht aus einer quadratischen Haupt- und 2 Nebenkammern. Von besonderem Interesse ist der *Sargsockel* aus Stein. Ihn zieren Rankenmotive, die bereits deutlich an iranische Metall- und Brokatarbeiten erinnern. Auch an den kindlichen Musikanten wird, wie an vielen anderen Figuren aus diesem Grab der w Einfluß spürbar, der während der Wei- und der Beichao-Zeit typisch für die Kunst N-Chinas war. Ein Teil der vielfältigen Grabbeigaben des Sima Jinlong ist heute im Stadtmuseum (Oberer Huayan-Tempel) zu besichtigen. Hier seien nur einige wenige Objekte erwähnt. Eine ganze Reihe von Grabfiguren trug die typische Tuoba-Kleidung (hohe Kappe, lange, zum Teil gestreifte Mäntel). Besonders interessant sind die Teile eines Stellschirms: Die feine Lackmalerei beschäftigt sich mit konfuzi-

Hengshan si (Datong), Hängendes Kloster

an. Themen und weist eine große stilistische Ähnlichkeit mit den Bildern des großen Jin-Malers Gu Kaizhi auf, von dessen Werken man bisher nur Kopien aus der Song-Zeit kannte.

Guanyin tang (8 km w): Der beim Ort Foziwan gelegene Tempel wurde mehrere Male durch Brände zerstört und in der Qing-Zeit wiederaufgebaut. Die wichtigsten Relikte aus der Gründungszeit sind die *Liao- und Jin-zeitlichen Steinfiguren.* Die 6 m hohe Hauptfigur der Guanyin ist zwar von guter Qualität, aber sehr stark restauriert. Die Malereien an den Wänden hinter der Figur stellen Erlösungstaten der Guanyin dar. Sie wurden allerdings erst nach der letzten Zerstörung während der Kulturrevolution wiederhergestellt.

Hengshan si (ca. 100 km sö): Die ersten Mönche kamen während der Tang-Zeit in das an einem Hang des Hengshan (Jinlongkou) gelegene Kloster. Aus dieser Epoche blieben interessante *Tonfiguren* erhalten. Die 40 zum Teil mehrstöckigen Gebäude der Anlage wurden in und an die Steilwände des Gebirges gebaut und in späterer Zeit mehrmals erneuert. Man erreicht sie über in die Bergwände geschlagene Galerien.

Huiquan si (25 km n): Die bei Xisi cun befindliche Anlage wurde 1498 unter den Ming gegründet. Aus dieser Zeit stammt noch die Haupthalle. Die Vorbauten entstanden während der Qing-Periode. Torpfeiler und Säulen schmücken Schnitzereien mit historischer Thematik.

Yingxian (60 km s): Der Ort war unter den Liao eine bedeutende Garnisonstadt. Hier befindet sich die einzige erhaltene *Holzpagode* aus der Liao-Periode. Eine Inschrift gibt 1056 als Jahr der Fertigstellung an.
Das Gebäude ist wegen der architektonischen Vielfalt von besonderem Reiz. Der Holzbau wirkt trotz seiner gewaltigen Höhe (70 m) ziemlich breit. Das Erdgeschoß macht einen etwas breiteren Ein-

Yingxian (Datong), Holzpagode

druck als die vier darüberliegenden Stockwerke, da dem Baukörper hier ein Säulenumgang vorgeschoben wurde. Jedes der achteckigen Geschosse trägt ein kleines Dach, das Untergeschoß zwei, da den Gang ein zusätzliches und weiter als die übrigen vorgeschobenes deckt.

An der Pagode von Yingxian kann man die Konsole als Schmuck und Stütze zugleich sehen. Das wichtigste äußere und innere Dekorelement ist das Konsolgebälk: Sowohl die Dächer als auch die Umgänge werden von relativ hohen Konsolsystemen getragen, die an den Dächern durch Schrägarme ergänzt werden. Die Konsolen sind an diesem Bau auch noch nicht, wie häufig in späterer Zeit, ihrer tragenden Funktion beraubt. Das wird auch in den ziemlich hohen Innenräumen deutlich. Die großen Spannungen werden also innerhalb der Pagode mit noch komplizierteren Konsolsystemen aufgefangen als außen. Besonders im Erdgeschoß fällt die Kombination aus schweren Säulen, Mauern und feinen Konsolen auf. Sie tragen die vier oberen Stockwerke und geben dem großen Buddha im Zentrum Raum. In jeder Etage ist Liao-zeitliche Plastik zu sehen: entweder Triaden oder ein zentraler Buddha mit Bodhisattvas und Schülern. Bei Renovierungsarbeiten entdeckte man in den vergangenen Jahren in der Hauptfigur des obersten Stocks zahlreiche weitere buddhist. Kultfiguren, Reliquien und Texte aus der Liao-Zeit. Die Drucke sind besonders schön und klar. Manche sind illustriert (Buddha lehrend vor einer Versammlung von Mönchen oder Gottheiten). Unter den Reliquien befand sich auch ein »Buddhazahn«.

Yonggu ling (25 km n): Die Anlage wurde zwischen 481 und 488 für die Frau des Tuoba Rui (Wencheng di der Wei) errichtet. Unter einem Grabhügel, der heute noch 22 m hoch ist, liegt das mehrere Kammern umfassende Grab. Über der Tür zur Hauptkammer sieht man ein Phoenix-Relief, am Türbogen Kinder mit Nimbus. Die Tür zwischen Vorkammer und dem

Yungang (Datong), Buddhistische Höhlen

Grabgang zur Hauptkammer stützen Ziegel mit Ungeheuermasken. In der Umgebung von Datong liegen noch mehrere Kaisergräber der Wei, die aber noch nicht alle geöffnet sind.

Yungang (16 km w): Das an den Wuzhou-Bergen gelegene Yungang gehört zu den frühesten chines. buddhist. Höhlenanlagen. Sie wurden von den Wei-Herrschern ab dem späten 4. Jh. n. Chr. in Auftrag gegeben. Die buddhist. Höhlen sind in diesem Fall sozusagen steingewordenes Zeugnis des Widerstandes der neuen Machthaber gegen den bisher vorherrschenden Konfuzianismus der chines. Oberschicht, die vor den Tuoba in diesem Gebiet das Sagen hatte. Unter den Wei wurde der Buddhismus zum ersten Mal zu einer Art Staatsreligion, die die Herrscher durch reiche Schenkungen an die Klöster und durch den Bau der Höhlentempel förderten.

Die Höhlentempel als buddhist. Heiligtümer wurden aus Indien und Afghanistan übernommen. Als Vorbild dienten u. a. die berühmten Höhlen von Bamiyan bei Kabul in Afghanistan. Auch wenn sich die Darstellungen sehr bald stark von der Kunst Zentralasiens und Indiens unterschieden, läßt sich doch am Aufbau mancher Höhlen noch die Verwandtschaft erkennen. So weisen z. B. die Stützpfeiler in Pagodenform in der Mitte mancher quadratischen Höhlen auf ähnliche Ausformungen in der Höhlenkunst Indiens hin (z. B. die Höhle 2 und 51). Die meisten der kunsthistorisch bedeutenden Höhlen entstanden von der Mitte bis zum Ende des 5. Jh., also bevor die Hauptstadt von Datong (damals Pingcheng) nach Luoyang verlegt wurde. Danach kamen im Gegensatz zu anderen Anlagen kaum mehr neue Reliefs hinzu. Erst in der Ming- und Qing-Zeit versah man einige der Höhlen mit Holzvorbauten, die den Reliefschmuck vor der Winderosion schützen sollten.

Die Höhlen wurden neben- und übereinander in den Fels gehauen und sind von ziemlich einheitlichem Aufbau; meist qua-

Yungang (Datong), Großer Buddha in Höhle

dratisch oder rechteckig und haben in der Mitte einen Pfeiler, der, wie erwähnt, die Gestalt einer chines. Stufenpagode annehmen kann. Größere Höhlentempel besitzen einen Vorraum. Die Wände sind vollkommen mit *Reliefschmuck* bedeckt. Manchmal scheinen die Künstler geradezu besessen davon gewesen zu sein, nur ja keinen Millimeter Wand frei zu lassen. An der zentralen Säule oder an der Rückwand wurden die *Hauptfiguren,* stehende oder sitzende Buddhas, aus dem Stein gehauen. Das größte Bild des Erleuchteten erreicht eine Höhe von 17 m und steht in Höhle 5. Die Oberteile der Frontwände haben meist eine Öffnung, durch die Licht auf die Gesichter der Hauptfiguren fällt, was als sichtbare Manifestation der Erleuchtung des Buddha gelten kann.

Die zentralen Andachtsbilder sind von Nimben und Aureolen umgeben. Reliefs in ihrer Nähe zeigen Bodhisattvas in reichem Schmuck und Schüler mit geschorenen Köpfen. Viele der Wände, die keine großen Reliefs tragen, werden von dichten Nischenreihen überzogen, die kleine Buddhas enthalten. Meist sind sie nicht eindeutig zu bestimmen und sollen einfach nur die Buddhas der unzähligen Weltalter der Vergangenheit und Zukunft symbolisieren. Nur einige Gruppen sind hier genauer zu kennzeichnen, so z. B. wenn zwei zusammengehörige Gestalten auftreten, die Buddhas Shakyamuni (der historische) und Prabhutaratna. Man nahm zunächst an, daß Statuen, die in w Manier sitzend und mit übereinandergeschlagenen Unterschenkeln dasitzen, Maytreya, den Buddha der Zukunft, darstellen sollten, was aber nicht immer stimmt.

Die Steinmetze der Wei-Zeit füllten jedoch die Wände zwischen den großen Andachtsbildern nicht nur mit meditierenden und lehrenden Figuren, sie bildeten auch Szenen aus dem Leben der Buddhas ab, die deren Taten vor Augen führen sollten. Im Gegensatz zu den strengen Hauptfiguren wirken diese kleinen Kunstwerke oft sehr lebendig und phantasievoll. Eine weitere Gruppe von Darstellungen diente

Oben und unten: Yungang (Datong), Blick in einige der wei-zeitlichen Höhlen, deren Reliefs die Vielfalt der kulturellen Einflüsse zeigen

Rechts: Yungang (Datong), Buddha in einer der wei-zeitlichen Höhlen >

der Verewigung der Stifter, die meist in der typischen Tuoba-Kleidung dargestellt sind. Die Frauen tragen lange Gewänder und darüber knielange Mäntel mit Brokatverbrämung, die Männer Pluderhosen, die sie in Stiefel gesteckt haben, und die gleichen Mäntel. Die Kopfbedeckung ist ziemlich einheitlich und besteht meist aus den bereits erwähnten hohen und abgerundeten Kappen (z.B. Höhle 11). Stilistisch zeigen die Reliefs und Statuen noch deutliche Abhängigkeit von den indischen und zentralasiat. Kunstwerken. So sind die meisten der Buddha- und Bodhisattva-Figuren, besonders, was ihre Haltung und den Faltenwurf ihrer Kleidung betrifft, eng mit der Plastik des n-indischen Gandharastils verwandt. In die Kunst von Gandhara hatten auch griechisch-hellenistische Stilelemente Eingang gefunden. Das zeigt sich nicht nur an den Hauptfiguren. Auch in den erzählenden Elementen ist dieser Einfluß spürbar, ganz abgesehen von Äußerlichkeiten, wie Architekturteilen, z.B. dorischen und korinthischen Säulenkapitellen. Zentralasiat. Einflüsse erkennt man auch an den Götterfiguren, die z.T. Attribute halten, die man von nicht-buddhist. Darstellungen aus Turfan kennt. Besonders aufschlußreich sind in diesem Zusammenhang die Höhlen 10–12, die die verschiedensten Stilelemente zu einem großartigen Ganzen vereinen. An den erzählenden Motiven ist auch hervorragend die Entwicklung der frühen chines. Architektur zu verfolgen, die in natura meist nicht erhalten blieb. Die Herausbildung der Dachschwingung, die neuen Formen des Architektur- und Dachschmuckes, der besonders in der Tierornamentik w Einfluß zeigt, sind an den zahlreichen Bildern, auf denen Häuser dargestellt sind, und nicht zuletzt an den Pagodenmodellen zu erkennen.

Gerade die Höhlen von Yungang und Dunhuang (siehe dort) liefern für die Erforschung der frühen Geschichte des chines. Buddhismus und seiner Vielfalt, die sich auch in den gleichzeitigen Texten äußert, bedeutendes Material. In den späten Höhlen (6.Jh.) werden erste Anklänge an den Stil von Longmen bei Luoyang erkennbar. Die Formen der Gestalten werden weicher, die Figuren eleganter. Man spürt die Einflüsse, die zu dieser Zeit zunehmend aus den Südstaaten kamen, wo sich ein eigenständiger Kunststil entwickelt hatte (z.B. Höhle 50).

Dazu 大足

Sichuan		
Einw.: 828300	Höhe: 364 m	S. 387 □ D 3

Das in der Provinz Sichuan gelegene Dazu selbst hat keine nennenswerten Sehenswürdigkeiten zu bieten. In der unmittelbaren Umgebung der Kreisstadt liegen jedoch mehrere buddhist. Höhlen, die seit der späten Tang-Periode bis zur Süd-Song-Zeit, also zwischen dem 10. und der Mitte des 13.Jh. entstanden. Im Gegensatz zu den Heiligtümern von Datong (siehe dort), Gansu (Dunhuang) und Xinjiang (siehe dort) wurden nur wenige dieser Höhlen aus dem Fels gearbeitet. Sie bergen einige der bedeutendsten Reliefs der Song-Zeit, die z.T. direkt aus dem Gestein gearbeitet wurden und sich in 2 Gruppen gliedern lassen.

Umgebung

Baoding-shan (15 km nö): Die Höhlen entstanden etwa zwischen 1179 und 1249 (S-Song-Zeit) und liegen entlang einer Felswand von ca. 500 m Länge und 30 m Höhe. In ihrem Stil entsprechen die Darstellungen denen in den späten Höhlen von Beishan.

Allerdings kommen hier wesentlich häufiger vom Vajrayana beeinflußte Figuren vor. Hervorragendstes Beispiel ist eine *tausendarmige Guanyin,* die von ihren Armen wie von einer züngelnden Aureole umgeben wird (Nische 8). Auch *Großplastik* ist in Baoding häufig anzutreffen: Eine *liegende Figur,* die den Eintritt Buddhas ins Nirwana darstellt, hat z.B. eine Länge von 32 m (Nische 11). Eine weitere Großfigur wurde aus dem taoist. Vorstellungskreis entlehnt. Sie stellt eine hohe taoist. Gottheit im Kreis von niedrigen Mitgliedern des Pantheons dar. Die Figuren tragen z.T. Beamtenkappen. Dies beweist

Baoding-shan (Dazu), Buddha im Parinirvana

einmal mehr, daß die Angehörigen der beiden Religionen sich zwar kräftig mit Worten befehdeten, aber durchaus zu einer Koexistenz fähig waren. Die Andachtsbilder umgeben *Reliefs mit Jatakaszenen.* Sie erinnern sie an die Genremalerei der Songzeit, beschäftigen sich jedoch meist mit religiösen Themen.

Beishan (2 km nw): Die Höhlengruppe umfaßt insgesamt 264 Nischen von der späten Tang-Zeit bis zur S-Song-Zeit. Sie liegen entlang einer ca. 500 m langen Felswand. Die frühesten Nischen befinden sich am S-Ende der Anlage. An den einzelnen Plastiken läßt sich deutlich die Entwicklung dieser Kunstrichtung in China erkennen. Zunächst fallen Unterschiede in der Komposition der Gruppen auf: Mehrere der Tang-zeitlichen Nischen sind ganz mit Paradiesbildern ausgeschmückt. Buddhist. Paradiese kennt man bereits aus den Höhlen in Dunhuang (siehe dort), wo sie allerdings ausschließlich als Wandmalereien auftreten. Diese Paradiesbilder haben wenig mit elysischen Gefilden w Prägung zu tun: Sie stellen sich als strengstens durchkonstruierte Versammlung von Heiligen, Göttern und Bodhisattvas um ein zentrales Buddha-Bild (häufig Amithabha in seinem w Paradies) dar. Die frühen Darstellungen wirken in manchen Fällen etwas ungelenk, die Figuren zu wuchtig. Gerade die Paradiesbilder scheinen überladen und erreichen nicht das ästhetische Niveau der Wandbilder von Dunhuang. Von großer Feinheit sind dagegen die Song-zeitlichen Bilder. In den meisten Fällen wurden kleinere Gruppen aus dem Fels gehauen. Um eine zentrale Buddha- oder Bodhisattva-Figur gruppieren sich Adoranten oder Gottheiten. Der Schmuck der Bodhisattvas ist in seinem Reichtum typisch für die buddhist. Kunst der Song. Die ungemein fein und nobel gearbeiteten Gesichter der Hauptfiguren gehören zu den hervorragendsten Beispielen Song-zeitlicher Plastik.

Mit ziemlicher Sicherheit sind die Figuren von Dazu von einer großen Steinmetz-

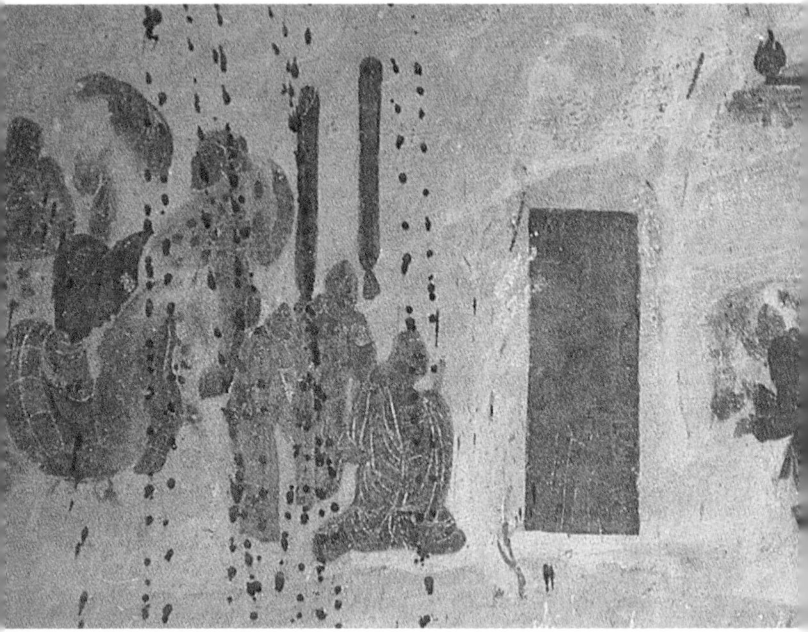

Dunhuang, Mogao-Höhlen: Zhang Qian verabschiedet sich von Kaiser Wudi vor seiner

werkstatt hergestellt, da der Stil ziemlich einheitlich ist.

Dunhuang	墩煌
Gansu	
Einw.: 108370 Höhe: ca. 1100 m S. 386 □ B 2	

Geschichte: Dunhuang ist ein Oasenstädtchen im W der Provinz Gansu an der Grenze zu Xinjiang. Schon früher befand sich hier ein Stützpunkt für die Karawanen, die den Gansukorridor in Richtung W durchzogen. Wie in vielen anderen Oasenstädten, bildeten sich auch an diesem Treffpunkt der verschiedensten Volksgruppen blühende religiöse Zentren. Nicht nur die Buddhisten, auch nestorianische Christen und Manichäer faßten hier schon früh Fuß. Sponsoren der buddhist. Kunst waren in Dunhuang, ähnlich wie in Datong und Luoyang, die Tuoba-Wei-Herrscher. In ihrem Auftrag wurden die ersten der mehreren 100 Höhlen aus dem Fels geschlagen. Zeugnisse künstlerischer Tätigkeit lassen sich in den Tempeln bis ins 12. Jh. datieren. Während der kriegerischen Wirren im 11. und 12. Jh. litten die Klöster allerdings sehr. Chinesen stritten sich mit den tibetischen Xixia und den türkischen Uighuren um dieses Gebiet. Viele der transportablen Kunstschätze, mit denen die Heiligtümer sicher reich ausgestattet waren, gingen in dieser Zeit verloren. Auch die Bibliotheken waren gut bestückt, wie Anfang dieses Jh. Forscher, die in englischem und französischem Auftrag Grabungen und Sammlungen durchführten, feststellen konnten. In diesem Zusammenhang sind besonders Sir Aurel Stein, ein Ungar in englischen Diensten, und Paul Pelliot aus Paris zu nennen. Sie retteten große Teile einer bedeutenden Bibliothek, die Chinesen in einer vermauerten Höhle gefunden hatten, vor dem Verkauf an Privatsammler und Antiquitätenhändler. Damals zeigte die chines. Regie-

Reise nach den »Westlichen Gebieten«

rung noch wenig Interesse an den unschätzbaren Kulturgütern. Es handelte sich um religiöse Texte, darunter die frühesten Drucke mit ebenfalls gedruckten Illustrationen (Diamantsutra) aus dem späten 9. Jh., aber auch um Abschriften wissenschaftlicher und philosophischer Traktate, um Gedichte und Bildrollen, die heute im Britischen Museum und im Musée Guimet zu bewundern sind. Man fand jedoch nicht nur chines., sondern auch tocharische (iran. Sprache), uighurische und tibetische Texte in großer Zahl. Die große Bedeutung dieser Entdeckung liegt darin, daß viele Texte, die sonst nirgends im Original erhalten sind, für die wissenschaftliche Erforschung zugänglich werden. Auch die religiöse Seidenmalerei, die man bis dahin nur aus späten Kopien kannte, kann nun an einer relativ großen Zahl von Originalen studiert werden. Die wissenschaftliche Untersuchung der Funde ist bis heute noch nicht ganz abgeschlossen.

Nach 1949 bemühten sich auch chines. Archäologen um die Erhaltung neuerer Funde und ihre Interpretation. Bis zum heutigen Tag gelingen den Archäologen in Dunhuang immer wieder neue, überraschende Entdeckungen.

Höhlen: Die Höhlen wurden vom späten 5. bis zum 10. Jh. angelegt. Bemerkenswert ist ein allgemeines Charakteristikum, das die Höhlen von Dunhuang von den meisten ähnlichen Komplexen in China unterscheidet: Abgesehen von Kultbildern aus Ton, die oft frei stehen, sind die Wände nicht mit Reliefs, sondern mit *Wandmalereien* überzogen. Die Gemälde wurden auf die trockene Wand aufgetragen, Fresko-Technik kommt nur ganz selten und nur auf Fußböden vor. Die Dunhuang-Malereien sind deshalb von so besonderer Bedeutung, weil der Bilderschmuck in aus Holz errichteten Tempeln oder in Palästen heute in den meisten Fällen verloren ist.

Die Höhlen wurden in zwei oder drei Reihen übereinander angelegt. Die ältesten Anlagen befinden sich im Zentrum der

Dunhuang, Malerei in Grotte 296

zweiten Reihe der Mogao-Höhlen zwischen den Höhlen 248 und 430 der bedeutendsten Höhlengruppe.

Wei-Höhlen (4.–6. Jh.): Die Tempel sind rechteckig oder quadratisch und haben an ihrer Rückseite eine Nische mit der Hauptkultfigur. Die stark vom Gandharastil N-Indiens beeinflußten Gestalten wirken sehr streng, was durch den vollkommen symmetrischen Faltenwurf ihrer Gewänder noch betont wird. Das Gesicht ist häufig in einem archaischen Lächeln erstarrt. Um so wilder bewegt wirken die Bilder, die alle Wände überziehen. Um die Hauptfiguren gruppieren sich, wesentlich kleiner, weitere Angehörige des buddhist. Pantheons wie Bodhisattvas und Götter, die z. T. in Meditation, zum Teil auch in Anbetung des Buddha dargestellt sind. Durch ihre Gestik wirken die Figuren, im Vergleich zum versunkenen Ausdruck des Buddha, sehr lebendig. Die Kleidung ist keineswegs chines., sondern zentralasiat. oder indisch. Man merkt deutlich, daß hier von chines. Künstlern neue Formen erprobt wurden, da eine religiöse Kunst sich erst langsam entwickeln mußte. Auch viele rein dekorative Elemente gehen in Dunhuang auf das Wirken zentralasiat. Künstler zurück, die aus den wichtigen buddhist. Zentren der Oasenstädte Turkestans nach Gansu gerufen wurden. Obwohl die Suche nach neuem künstlerischem Ausdruck offensichtlich ist, wirken die Bilder nicht unsicher. Es entsteht eher der Eindruck, daß bedeutende Meister mit ungewohnten Formen experimentieren und daraus Eigenständiges schufen. Neben den Gruppen von Buddhas und Göttern sind oft himmlische Orchester zu erkennen. Auch unter den Musikinstrumenten befinden sich zahlreiche Stücke, die in China während der Sanguo- und Han-Zeit noch unbekannt waren, in W-Asien allerdings schon auf eine lange Geschichte zurückblicken konnten.

Großen Raum nehmen in den Höhlentempeln auch Jatakabilder ein, die einen interessanten Einblick in das Alltagsleben der

Dunhuang, Mogao-Höhlen

Beichao-Zeit gewähren, obwohl sie natürlich Geschichten aus den Vorexistenzen des histor. Buddha Shakyamuni wiedergeben. Die Raumaufteilung der Bilder hat erstaunlicherweise kaum Ähnlichkeit mit der auf frühen Seidenmalereien, auf denen ebenfalls mehrere Szenen der gleichen Geschichte auf einer Bildfläche wiedergegeben werden. In den Bildern von Dunhuang werden die Episoden durch Architekturelemente, oder wenn sie sich in der freien Natur abspielen, durch Bergketten voneinander getrennt, was den Wandmalereien eine sehr strenge Struktur verleiht. Die Bewegtheit der Figuren, Menschen und Tiere in wildem Lauf, bildet einen Kontrast, der den Bildern eine erstaunliche Spannung gibt. Gerade die landschaftlichen Elemente erinnern mit ihrer strengen Flächenaufteilung zuweilen an iranische Metallarbeiten. Bei der Stilisierung der Gesichter könnten durchaus indische Vorbilder Pate gestanden haben.

Die Höhlendecke ist oft zeltförmig, eine Lotosblüte, umkreist von Apsaras mit fliegenden Bändern und Stolen, bildet das Zentrum. Auch illusionistische Malerei, die eine Laternendecke vortäuschen soll, kommt vor. Diese Deckenkonstruktion ist in manchen Höhlenanlagen Zentralasiens tatsächlich zu finden. An den Decken wurden häufig besonders wildbewegte Szenen mythischen Inhalts dargestellt. Erstaunlicherweise findet sich eine sehr interessante Mischung aus rein buddhist. Themen und Figuren aus der chines. Mythologie. So werden beispielsweise oft apotropäische Gestalten wie der Fangxiang shi (tier-, meist bärenähnliche Figuren mit menschlicher Kleidung), der im chines. Ritus eine Rolle spielte, in wildem Tanz gezeigt. Auch die chines. Form der Apsaras steht im Zusammenhang mit den alten Unsterblichendarstellungen der Han-Zeit.

Tang-Höhlen (z.B. Höhlen 57, 130, 158, 172, 217, 220, 323, 329, 407, 419): In den Sui- und Tang-zeitl. Höhlen ist die Mischung der Darstellungselemente nicht

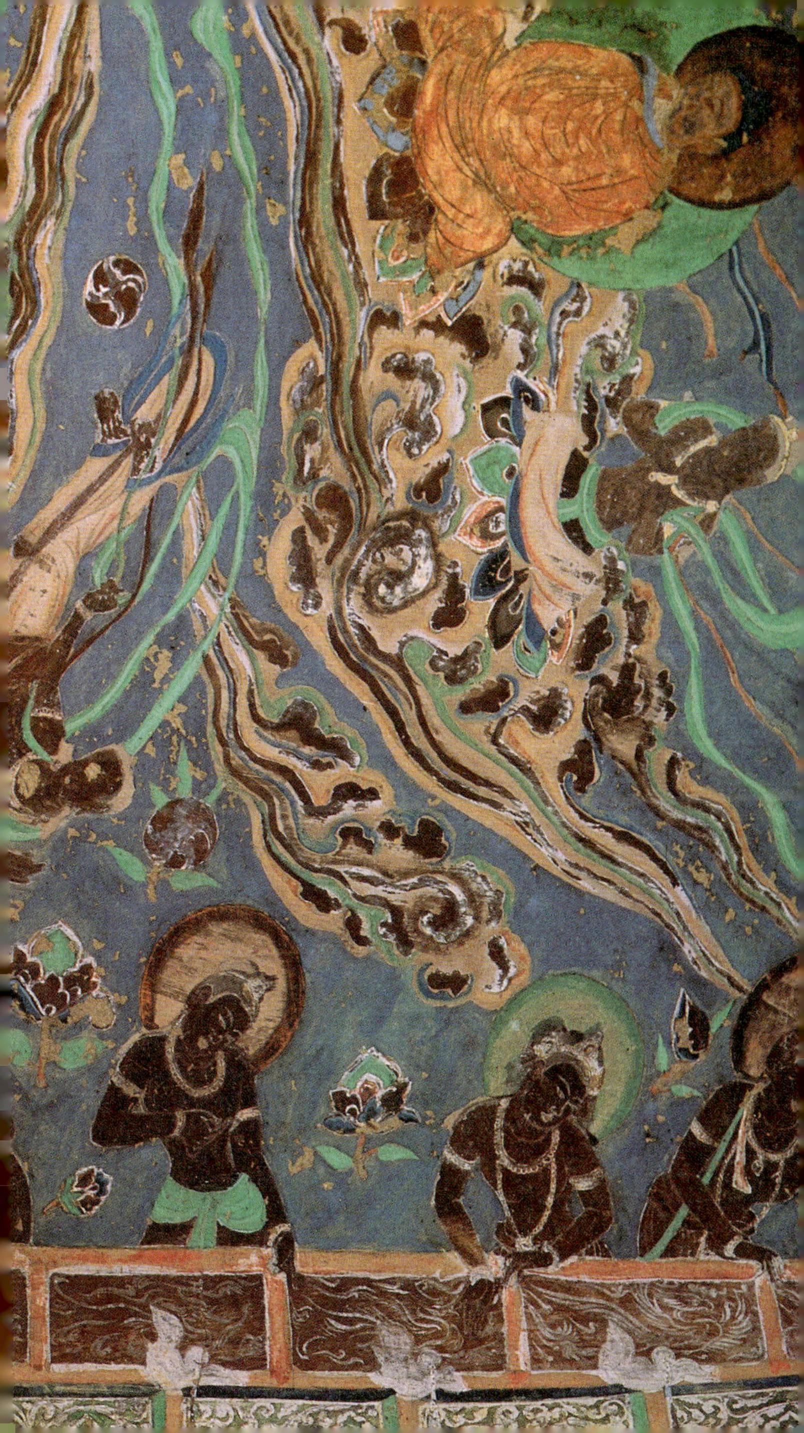

minder interessant, es hat sich jedoch ein klarerer und eigenständiger Stil herausgebildet. Die Gestalten der heiligen Figuren sind besser proportioniert, die Köpfe nicht mehr so übergroß wie in den früheren Höhlen. Die Bodhisattvas werden nun oft in Tribangha, der dreifachen Körperbiegung dargestellt, die etwa der Körperkrümmung gotischer Plastik vergleichbar ist. Die Kleidung scheint den Körper zu umfließen und liegt bisweilen so eng an, als wäre sie durchnäßt. In diesen Merkmalen wird der Einfluß des indischen Gupta-Stils spürbar. Die Trachten der Stifterfiguren und der Menschen in den Jatakaszenen zeigen die für die Tang-Zeit typische Verbindung von zentralasiat. Elementen und chines. Formen, die mit der Liebe zu ausländischer Mode im China des 6.-8.Jh. einherging: Die Gewänder der Männer sind oft hochgeschlossen und von einem Gürtel mit Täschchen und Riemenzungen zur Befestigung anderer Gegenstände zusammengehalten. Auch breite und weitauseinandergeschlagene Revers kommen vor, die auch auf Bildern aus Zentralasien zu sehen sind. Die Damen tragen meist hochgegürtete Kleidung mit weitem Ausschnitt, die mit einer langen Stola ergänzt wurde. Gewänder und Schmuck der heiligen Gestalten ist geringerem Wandel unterworfen. Ihr Stil orientiert sich nach wie vor an südasiat. Formen. Leichte Wickelgewänder herrschen vor, bei den Bodhisattvas kommen schwerer Brustschmuck und Diademe hinzu. Sowohl Architekturbilder als auch Landschaften sind nicht mehr so streng gegliedert, großräumige Kompositionen werden immer beliebter. Dabei folgt die buddhist. Kunst durchaus der Entwicklung in der profanen Malerei. Mehrere Szenen einer Geschichte werden immer noch nebeneinandergestellt, man ist aber um eine harmonische Überleitung bemüht. Neben Bildern aus der alten buddhist. Tradition kommen auch Themen vor, die rezente Ereignisse behandeln, z.B. die Reise berühmter buddhist. Mönche von China nach Indien.

In der Tang-Zeit erfreuten sich der Buddha Amithabha und sein Paradies Sukhavati besonderer Beliebtheit. Die Schule vom reinen Land (Jingtu zong) eröffnete im Gegensatz zu anderen elitären philosophischen Schulen jedem, der glauben wollte, den Weg ins buddhist. Paradies, allein schon durch die Anrufung des gnädigen Buddha Amithabha (Amituofo). Die große Zahl Tang-zeitlicher Paradiesbilder in den Höhlen von Dunhuang zeugt von dieser Entwicklung (z.B. Höhle 112, 217, 220). Die Paradiesbilder sind immer nach dem gleichen Kompositionsprinzip angelegt, das zu strenger Symmetrie erstarrt war: Der Buddha, meist Amithabha, sitzt meditierend oder lehrend in der Mitte unter einem Lotosbaldachin und auf einem Lotosthron. Um ihn gruppieren sich zahlreiche Figuren des buddhist. Pantheons entsprechend ihrem Rang. Die erlauchte Gesellschaft wird von göttlichen Orchestern unterhalten, die den Mittelgrund einnehmen. Im Vordergrund sind oft Lotosteiche zu erkennen, deren Blüten die erlösten Wesen in Form kleiner Kinder entsteigen. Ergänzt werden die Gemälde durch spiegelsymmetrische Palastarchitektur.

In manchen Höhlen, in denen die ganze Aufmerksamkeit des Gläubigen auf die Hauptfigur konzentriert werden sollte, werden die Wände in ihrer ganzen Höhe von Reihen kleiner Buddhabilder eingenommen, die wie ein Muster wirken.

Die Deckenkonstruktionen entsprechen den Beichao-zeitlichen, das Zentrum wird meist von einer großen Lotosblüte eingenommen, die zahlreiche Zierleisten oder fliegende Apsaras umgeben.

Von besonders ausgewogenen Proportionen und großer Eleganz ist die Tang-zeitliche Plastik von Dunhuang. Die hervorragendsten Beispiele zeigen einen Gesichtsausdruck von großer Feinheit und Anmut, und die Körperformen und Bewegungen weisen die Bildhauer als große Könner aus.

Song- und Yuan-Höhlen: Auch hier sind 3 Merkmale hervorzuheben:

1. Die Kunst der Song und Yuan in Dunhuang ist geprägt von der schnellen Ausbreitung des Vajrayana-Buddhismus in Asien: Viele furchterregende, d.h. tantrische Formen der Bodhisattvas, die man bisher nur in ihrer meditativen Form kannte,

< Dunhuang, Wandgemälde in buddhistischer Höhle Tang

wurden in den Höhlen dargestellt. Auch die Vervielfachung der Arme oder Köpfe wird üblich, wie bei der tausendarmigen Guanyin in Höhle 3. Die friedlichen Formen der Angehörigen des buddhist. Pantheons verändern sich zunächst gegenüber der Tang-Kunst nicht grundlegend, die Gestalten werden aber noch eleganter und die Gesichter sind noch feiner gezeichnet.

2. In den Bildern der Opferbringer und Stifter kann man oft Portraits der neuen Machthaber in Gansu erkennen, der Uighuren und Xixia. Besonders die uighurischen Herrscher fallen durch ihre Putzsucht auf: Der Haarschmuck uighurischer Damen ist ungeheuer aufwendig, die Haaraufbauten wurden mit unzähligen Haarnadeln besteckt. Die Kronen der Herrscher erinnern an w Bischofshüte. Bei den Gewändern bevorzugte man schwere Stoffe, stark gemusterte Brokate (z. B. Höhlen 61, 98, 409).

3. Bei Landschaftsgemälden folgt man den Entwicklungen des Zentralgebiets. Allerdings werden nicht alle neuen Mittel der s Landschaftskunst aufgegriffen, die Strukturen bleiben ziemlich unverändert. Die Traditionen der Tang-Landschaft - wuchtige Gebirgsmassive und relativ geringe Bildtiefe - bleiben dominierend.

E

Emei shan	娥眉山
Sichuan	
Höhe: 3099 m	S. 386 □ C 3

Schöne und wilde Bergeinsamkeit zog seit frühester Zeit Buddhisten und Taoisten gleichermaßen an. Die herrliche Bergwelt des Emei shan wirkte auf sie besonders faszinierend. Dieser Tatsache ist es zu danken, daß in einer wundervollen Landschaft, deren Fauna und Flora auch von besonderem Interesse ist, auch dem Kunst-

Emei shan, Pavillon

Emei shan, Haupthalle des Klosters Wannian si

freund Genüsse winken. Seit der frühen Nanbeichao-Zeit haben sich Mönche der beiden großen Religionen in den Emei shan niedergelassen. Daher haben die Tempel dieser Gegend eine sehr lange Geschichte, obwohl sie in ihrer heutigen Form meist aus der Qing-Zeit stammen.
Wer bis zu einem der Gipfel emporgestiegen ist, wird für seine Mühe nicht nur durch einen herrlichen Rundblick, sondern auch durch seltsame Wolkenerscheinungen und Lichtbrechungen belohnt: Morgens hat die Sonne oft mehrere »Höfe«, die in verschiedenen Farben leuchten. Dieses Phänomen wird von den Chinesen als Buddhaglanz (Foguang) bezeichnet. Der Aufstieg kann an mehreren Stellen unterbrochen werden (an Teehäusern oder an den Tempeln) und führt teils über Wege, teils über Treppen vorbei an beeindruckenden Wasserfällen.

Baoguo si (im N des Massivs, ca. 4 km von Emei xian): Die Anlage entstand während der Ming-Zeit unter Wanli (1573–1620). Die Gebäude mit sehr stark nach oben gebogenen Traufen sind im typischen s Stil errichtet. Hinter der Haupthalle steht eine schlanke mit 4700 Buddhabildern geschmückte *Bronzepagode.* Mit 6 m Höhe und 14 »Stockwerken« ist sie die höchste in Sichuan. Ihren Namen Huayanta hat sie von den Texten, die in die Bronze graviert wurden (Huayan-Sutra). Man kann drei Teile unterscheiden: Der Sockel ist etwas breiter als der Turmbau mit seinen Stockwerken und über und über mit kleinen Buddhabildern bedeckt. Über umlaufenden Galerien erheben sich 7 achteckige Geschosse mit schmalen Zwischendächern und einem breiteren auf dem 7. Geschoß. Die Spitze wird von den übrigen, nun sehr schmalen Stockwerken und drei Kugeln gebildet. Vergleichbare Formen etwa der gleichen Zeit findet man im Xiantong-Tempel auf dem Wutai-shan in Shanxi.
Hinter der Haupthalle erhebt sich auch die *Qifodian (Halle der 7 Buddhas).* Der Name leitet sich wiederum von einem Sutrentext ab, der lehrt, daß vor dem historischen

Buddha in anderen Weltaltern 6 andere Buddhas gewirkt haben. Im Zentrum der Verehrung standen in der Qifodian auch 7 vergoldete Buddhastatuen, von denen die mittlere Shakyamuni darstellt. Im hinteren Teil der Halle befindet sich eine weitere Figur aus Jingdezhen-Porzellan, die 2,4 m hoch ist und 1415 unter Yongle entstand. Der Erleuchtete sitzt auf einem Lotosthron mit unzähligen Blütenblättern.

Hongchun ping (unter dem Tianchi-Gipfel): Der während der Ming-Zeit entstandene Tempel liegt zwischen hohen Berggipfeln auf einem mit schönen Bäumen bepflanzten Areal. In der *Haupthalle* sieht man eine *Lampe* mit zahlreichen Buddha-Figuren und sich windenden Drachen aus der Qing-Zeit, die weniger aus ästhetischen als aus kunsthandwerklichen Gründen bemerkenswert ist.

Jiulao dong (Höhle im W des Hongchun ping): Die Anlage besteht eigentlich aus mehreren kleinen Höhlen. Zur Zeit des mythischen Kaisers Huangdi sollen hier 9 alte Männer gelebt haben, die von Huangdi nach den Prinzipien der Welt befragt wurden. An dieser und vielen anderen Geschichten erkennt man, daß der Emei shan von Buddhisten und Taoisten gleichermaßen hoch geschätzt wurde.

Wannian si (im N der Gebirgsgruppe): Die Anlage entstand im 3. Jh. während der Jin-Zeit. Die Bauten allerdings wurden wiederholt erneuert. Heute steht nur noch eine schmucklose *Ming-zeitliche Halle* mit einem Zeltdach. Die einzige Zier dieses quadratischen Baus sind fünf kleine Flaschenpagoden, die an den Ecken und auf der Spitze des Daches stehen. Die Ziegelwände werden nur durch zwei Rundbogentore durchbrochen. Den Innenraum überwölbt eine Kuppel. Die Wände tragen mehrere Reihen winziger Buddhafiguren. Im Zentrum der Halle sieht man eines der ältesten Bronzekunstwerke des Emei shan aus dem Jahr 980, die 7,3 m hohe Wudai-zeitliche *Figur des Bodhisattva-Samanthabhadra* (Puxian) auf dem sechszahnigen weißen Elefanten. Das Wundertier mit den 6 Zahnpaaren steht breitbeinig und mit herabhängendem Rüssel auf vier kleinen Lotosblüten und wird von Zaumzeug und Satteldecke geschmückt. Der Buddha selbst sitzt meditierend auf einem großen Lotosthron. Die mächtigen Blütenblätter verdecken fast seine Beine. Der Elefant ist an sich weniger Reittier als Inkarnation des Bodhisattva, der in einer seiner früheren Existenzen ein Elefantenkönig war. Diese Hauptfigur einer Jataka-Erzählung wurde in der chines. Kunst zum Reittier umfunktioniert.

F

Foshan		佛山
Guangdong		
Einw.: 300000	Höhe: 5 m	S. 387 □ D 4

Geschichte: Foshan ist seit der Song-Zeit ein Industrie-Zentrum. Keramik, Seide und Metallwaren wurden hier, auch für den Export, in großem Umfang produziert. In der Nähe der Stadt entdeckte man zahlreiche Reste Song-zeitl. Keramiköfen. Die heutigen Keramikwerkstätten liegen im Shiwan-Bezirk. Porzellanprodukte aus Foshan sind auch heute noch berühmt

Den Namen »Buddhaberg« erhielt die Stadt von drei monumentalen Buddhastatuen, die während der Tang-Zeit auf einem Hügel in der Stadt zahlreiche Gläubige anzogen. Seit dem 5. Jh. n. Chr. lehrten indische Mönche, die auf dem Seeweg nach China gekommen waren, in den Tempeln der Stadt.

Foshan, Foshan zumiao, Ahnentempel

Foshan zumiao (Ahnentempel von Foshan): Mit diesem Bauwerk setzten sich reiche Familien der Stadt ein Denkmal. Es ist einer taoist. Gottheit geweiht: Beidi, dem Herrn des Nordens, Herrscher über Gewässer und Meere. Der Tempel entstand während der Song-Zeit, brannte aber während der kriegerischen Wirren am Ende dieser Dynastie ab. Erst unter Hongwu der Ming wurde 1372 der Wiederaufbau in Angriff genommen. Daher stammen die meisten der Bauten aus der Ming- und aus der späten Qing-Zeit. Während der letzten Bauphase entstand auch der reiche Bauschmuck aus glasierter Keramik, der stilistisch mit dem Kunsthandwerk des Chenjia ci in Guangzhou (siehe dort) eng zusammenhängt.

Durch eine Gartenanlage mit Teichen und Ehrentore mit komplizierten mehrstufigen Zierdachkonstruktionen gelangt man zu den Haupthallen der axial geplanten Tempelanlage.

In der *größten Halle* des Zumiao steht eine 2,5 t schwere *Bronzefigur des Beidi* von 1452. In einem gefaßten Teich vor dem Bau befindet sich das Symbol des Nordens, eine steinerne Schildkröte, um deren Leib sich eine Schlange windet. Schon auf Han-zeitlichen Steinreliefs kann man dieses Motiv unter den Richtungstieren sehen.

Auf einer kleinen *Bühne*, die sich ebenfalls im Tempelkomplex befindet, wurden Theaterstücke aufgeführt. Die Rückwand des Bühnenbaus zieren vergoldete Schnitzereien und plastische Figuren. Wie bereits erwähnt, ist der *Keramikschmuck* an den Wänden der Tempelhallen und besonders auf den Firsten überaus reich. Szenen aus der chines. Mythologie und aus Romanen wurden in Flachrelief oder vollplastisch ausgeführt.

In einem kleinen *Museum* sind archäologische Funde aus der Umgebung von Foshan zu besichtigen: Grabfiguren aus einer Han-zeitlichen Bestattungsstätte und die Produkte Song-zeitlicher Keramiköfen sind besonders bemerkenswert.

Foshan, Forschungszentrum für Volkskunst

Renshou si: Das Gebäude besteht aus mehreren Hallen und einer roten Pagode. Hier kann man sich über die heutigen Arbeiten der Töpfer von Foshan informieren.

Fuzhou		福州
Fujian		
Einw.: 1236600	Höhe: 10m	S. 387 □ D 3

Geschichte: Die Hauptstadt der Provinz Fujian liegt im O der Provinz am Unterlauf des Minjiang und wird von 2 Berggipfeln überragt, die eine Höhe von 59 bzw. 86 m erreichen. Die Geschichte der Stadt reicht zurück bis in die Zhanguo-Zeit. Die Herrscher des in chines. Augen noch nicht zivilisierten Staates Yue hatten ihre Hauptstadt ungefähr im gleichen Gebiet. Während der Han-Zeit unterstand dieser Teil Fujians dem Fürsten von Nanyue. Erst nach und nach wurden die s Provinzen während der Han-Zeit kolonisiert. Für chines. Beamte galt es lange Zeit als Strafe, in diese Gebiete mit äußerst ungesundem Klima versetzt zu werden. Erst in der Nanbeichao-Zeit freundete man sich mit dem Leben im S an, da die politischen Verhältnisse es notwendig machten. Nun begannen auch Literaten, sich für die ungeahnten Naturschönheiten zu interessieren.

In der Tang-Zeit war das Gebiet um Fuzhou vom Reich unabhängig. Lokale Machthaber hatten ein Kleinreich mit der Bezeichnung Min gegründet. Wie andere Küsten- und Hafenstädte profitierte auch Fuzhou vom Aufblühen des Seehandels mit Südasien. Ähnlich wie in Quanzhou oder Guangzhou traf man auch in den Straßen von Fuzhou zu dieser Zeit ein buntes Völkergemisch. Zu einer ähnlichen Blüte kam es erst wieder im 15. Jh., nachdem die Ming eine eigene Handelsflotte aufgebaut hatten.

Im 19. Jh. allerdings zeugte eben die Präsenz zahlreicher Ausländer in Fuzhou von der inneren Schwäche: Nach dem gescheiterten Versuch des chines. Beamten und Literaten Lin Zexu, durch Vernichtung mehrerer Schiffsladungen Opium und eine restriktive Haltung gegenüber der Handelspolitik, besonders Englands, den Einfluß der Europäer zurückzudrängen, wurde Fuzhou Handelsenklave der Westmächte.

Hualin si (im N der Stadt an der Hualin lu): In der Wudai-Zeit erhielt 964 ein Beamter, der die Präfektur in Fuzhou übernahm, den Auftrag, einen Tempel zu errichten. Der Präfekt gründete den Hualin-Tempel. Die meisten ursprüngl. Bauten bestehen heute nicht mehr. Allerdings hat die Haupthalle viele Song-zeitl. Züge bewahrt. Sogar Teile der alten Bausubstanz blieben erhalten.

Kaiyuan si (am Jingyuan gang): Die Anlage entstand 548 während der Nanbeichao-Liang-Zeit. Das wichtigste Kunstwerk im Tempelareal ist eine *buddhist. Eisenstatue.* Man nahm zunächst an, daß es sich um eine Bronzestatue aus der Wudai-Zeit (10. Jh.) handelte. Es stellte sich aber heraus, daß die 5,3 m hohe Statue des Buddha wahrscheinlich 1083 während der N-Song-Zeit aus Eisen gefertigt wurde.

Fuzhou, Haupthalle des Kaiyuan si

Wushi shan (im W der Stadt): Die in 86 m Höhe gelegene Anlage ist schon seit langem ein beliebtes Ausflugsziel und umfaßt mehrere kleine Tempel und Pavillons. Berühmte Besucher des Berges haben an seinen Wänden und auf Stelen Inschriften hinterlassen. Hauptsehenswürdigkeit ist die achteckige, 34 m hohe *Schwarze Pagode (Wuta, Heita)*. Von den geplanten 9 Stockwerken wurden nur 7 fertiggestellt. Die kriegerischen Wirren in der Wudai-Zeit und der Zusammenbruch eines Kleinstaates verhinderten den Weiterbau. Der Bau entstand ungefähr zur gleichen Zeit wie die Baita (weiße Pagode auf dem Yushan), 936 oder 941.

Zunächst fällt die Geradlinigkeit des Baus auf, die durch die fast waagerecht abstehenden Zwischendächer hervorgerufen wird, die breite Kragsteinlagen stützten. Die Pagode besteht, wie der Name bereits andeutet, aus dunklen Steinen. Die Fugen zwischen den Quadern werden durch weiße Linien hervorgehoben. Am geraden Kegeldach sind nur die Traufenden leicht aufgebogen. Die Wände durchbrechen rechteckige Fenster und Tore mit Kragwölbung. An den 8 Ecken des Sockels stehen kräftige *Wächterfiguren*.

Xihu-Park (im NW der Stadt): Der Xihu (Westsee) wurde zunächst zu rein praktischen Zwecken aufgestaut. Er sollte im 3. Jh. die Bewässerung der umliegenden Felder ermöglichen. Er entwickelte sich jedoch schon bald zu einem beliebten Ausflugsziel und wurde mit Pavillons und anderen Bauten ausgestattet. Nach der Revolution erweiterte man die Anlage noch wesentlich.

Yu shan (im Stadtzentrum): Auf dem Weg zum in 59 m Höhe gelegenen Gipfel kann man zahlreiche Inschriften von der Song- bis zur Qing-Zeit sehen. Im O des Hauptbauwerkes, der Baita, steht die Gedenkhalle für Qi Duanguang (1528–1587), der die Küste vor den ständigen Pirateneinfällen, die den Seehandel fast unmöglich machten, sichern sollte.

Die *Dingguang-Pagode oder Baita* (weiße Pagode) erhebt sich auf dem Gipfel des Hügels. Nach einer Inschrift entstand sie 904 noch unter den Tang. In seiner Schlichtheit entspricht der 42 m hohe, achteckige Bau ganz dem Pagodenstil der Tang-Zeit. Die 7 Stockwerke verjüngen sich nur wenig und werden nicht nur von sehr schmalen Andeutungen von Zwischendächern voneinander getrennt. Auf 4 Seiten befinden sich Rundbogentore. Die Wände waren mit feinen Reliefs und Malereien überzogen. Von den Malereien blieb allerdings kaum etwas erhalten. Der erste Bau bestand aus einem Ziegelkern und Holzumbauten. Die Holzkonstruktion brannte in der Ming-Zeit nieder und wurde 1548 durch Ziegelumbauten ersetzt. Die dazugehörigen Tempelbauten liegen im S, und ihre Vorgänger stammen ebenfalls aus der späten Tang-Zeit. Die jetzt noch stehenden Bauten entstanden in der Qing-Zeit.

Die *Dashi-Halle* oder Guanyin ge liegt im O des Baita si. Der Tempel wurde 1713 auf den Fundamenten eines Song-Heiligtums gebaut und 1911, zu Beginn der Revolution, stark beschädigt.

Umgebung

Gushan (15 km ö): Das Bergmassiv am N-Ufer des Minjiang. Der Name »Trommelberg« rührt von einem riesigen trommelförmigen Felsbrocken an der 969 m hoch gelegenen Spitze her. Im W des *Hauptheiligtums (Yongquan si)* befindet sich in wilder Landschaft zwischen alten Kiefern die *Damo dong (Höhle des Damo).* Vor ihr steht eine Wand, vor der der 1. Patriarch der Chan-Schule, Damo, 10 Jahre lang sitzend und meditierend verharrt haben soll. Wie willkürlich jedoch die Lokalisierung solcher Historien berühmter Persönlichkeiten ist, kann man daran sehen, daß mehrere Orte eine »Wand des Damo« vorzuweisen haben. Auf der Wanderung nach oben kommt man an über 400 Steininschriften vorbei, die z. T. von berühmten Literaten verfaßt wurden. In 455 m Höhe erreicht man den *Yongquan si.* Der Tempel entstand 908 auf Befehl eines Herrschers des kurzlebigen Min-Reiches. Der einst natürliche Teich beim Heiligtum wurde gefaßt. In der Ming-Zeit brannten die alten Bauten nieder und wurden erst 1627 wiederaufgebaut. Die heute noch bestehenden Bauten stammen überwiegend aus dieser Zeit, wurden aber immer wieder renoviert oder umgestaltet.
Vor der *Tianwangdian* stehen 2 zierliche Song-zeitliche *Keramik-Pagoden* von 1082. Die achteckigen, 6,80 m hohen Bauten stammen vom innerhalb der Stadt gelegenen Longrui-Tempel und wurden in Einzelteilen gebrannt, die man später zusammensetzte. Song-zeitliche Pagoden dieser Form und Größe findet man in China äußerst selten. Die Türmchen verjüngen sich leicht nach oben und haben geschwungene Zwischendächer. Von den Traufen hängen Glöckchen. Im unteren Teil sieht man Wächter und Löwen, in den oberen Stockwerken Buddhafiguren in Flachrelief.
Interessant ist außerdem die Sammlung Ming- und Qing-zeitlicher Sutren-Drucke und Handschriften berühmter Mönche des Klosters.

Xichan si (3 km w): Die am Fuße des Taishan gelegene Anlage wurde während der Liang-Zeit gegründet und stand auch während der Tang-Zeit unter dem Schutz des Herrschers. Die heute sichtbaren riesigen Bauten stammen alle aus der Qing-Zeit und verteilen sich über ein weites Gelände.

G

Guangzhou/Kanton 广州

Guangdong

Einw.: ca. 3,5 Mio. Höhe: 5 m S. 387 □ D 4

Geschichte: Guangzhou, das ehemalige Kanton, ist seit 1500 Jahren eine der wichtigsten Handelsstädte Chinas.
Die Geschichte der Stadt reicht aber noch weiter zurück: Bereits unter den Qin entstand hier im 3. Jh. v. Chr. eine kleine, Panyü genannte Siedlung. Am Anfang der Han-Zeit konnte ein Kleinstaat mit Namen Nanyue noch eine Weile seine Unabhängigkeit bewahren, wurde aber schließlich unter Han Wudi am Ende des 2. Jh. v. Chr. annektiert. Von dieser Zeit an belehnte man kaiserliche Prinzen mit dem Titel »Fürst von Nanyue«. Funde aus der Zeit des Kleinstaates Nanyue traten 1983 im großen Grab eines Königs von Nanyue mit dem Familiennamen Zhao zutage. Wie bereits erwähnt, erreichte die Bedeutung der Stadt während der Tang-Zeit einen ersten Höhepunkt. Das Vordringen der Araber nach Zentralasien und die damit

Sun Yatsen, Erster Präsident der Republik

verbundene Blockierung der Seidenstraßen führte zu einer Intensivierung des Seehandels mit Südasien, vornehmlich mit Indien. Mit den Handelsschiffen kamen auch große Zahlen von Ausländern nach Guangzhou. Sie mußten sich in Kolonien niederlassen, die die chines. Regierung für sie ausgewählt hatte. Denn die Chinesen hatten zwar ein vitales Interesse an guten Handelsbeziehungen zum Ausland, unterwarfen aber andererseits die in ihrem Land lebenden Fremden strengen Regeln und Gesetzen. In religiöser Hinsicht war man allerdings ziemlich tolerant. Nicht nur buddhistische, auch nestorianisch-christliche, islamische, manichäische und mazdaistische Heiligtümer durften in Guangzhou und anderen Handelsmetropolen errichtet werden.

Im 9. Jh. verschlechterten sich die Lebensbedingungen für Ausländer in China allerdings noch weiter. Infolge innen- und außenpolitischer Probleme ging man nicht selten mit brutaler Gewalt gegen die Fremden vor. Die Ausschreitungen gipfelten in einem Blutbad, das Huang Chao, der Führer der Aufständischen, unter den Bewohnern der Ausländerkolonien von Guangzhou anrichtete. Dies hatte zunächst die Verlagerung der Handelsaktivitäten in andere Küstenstädte zur Folge, konnte aber auf Dauer die Bedeutung von Guangzhou nicht schmälern. Dies lag vor allem daran, daß die Stadt äußerst günstig an die Mündung des Perlflusses ins Südchinesische Meer gebaut war und der Hafen durch mehrere vorgelagerte Inseln geschützt wurde, zu denen u.a. das heutige Hongkong gehörte.

Während der Ming-Zeit, besonders unter Yongle (1403–1425), bemühte sich die chines. Regierung, selbst eine Kriegs- und Handelsflotte aufzubauen. Teile davon fanden in Guangzhou ihren Heimathafen. Allerdings erlahmte das Interesse an den ehrgeizigen Plänen des Kaisers Chengzu, der unter der Devise Yongle regierte, unter seinem Nachfolger ziemlich rasch.

Ein weiteres finsteres Kapitel in der Stadtgeschichte ist der Opiumkrieg. Anfang des 19. Jh. begann die Ostindische Kompanie, große Mengen von Opium nach China zu importieren. Das Rauschmittel, das bis dahin fast ausschließlich medizinischen Zwecken gedient hatte, ruinierte nicht nur die Gesundheit und das Leben zahlloser Chinesen, sondern auch die Handelsbilanz des Kaiserreiches. Lin Zexu, ein kaiserlicher Beamter, versuchte 1839 durch die Vernichtung des gesamten in Guangzhou lagernden Opiums und die Ausweisung der britischen Handels- und Militärvertreter, diese Mißstände abzuschaffen. Kaiser Daoguang erließ im gleichen Jahr ein totales Opiumverbot. Während der folgenden Kampfhandlungen mußten sich die Chinesen allerdings der waffentechnischen Überlegenheit der Europäer beugen. Es kam zum für die Landesherren demütigenden Vertrag von Nanjing (1842). Er öffnete den Europäern weitere Handelshäfen, räumte ihnen größere Freizügigkeit und Bewegungsfreiheit ein und machte Hongkong zur britischen Kolonie.

AHNEN- UND GEDENKHALLEN

Chenjia ci (Ahnentempel der Familie Chen Zhongshan qilu im Zentrum, HS Gaoji):

Guangzhou, Sun-Yatsen-Gedenkhalle

Der Chenjia ci ist, wie der Zumiao in Foshan, ein spätes, aber besonders aufwendiges Beispiel für die Selbstverherrlichung reicher Familien unter den Qing. Er wurde 1890–94 in einem Anwesen der Familie Chen errichtet. Dem Architekten gelang es, zwei vollkommen gegensätzliche Konzeptionen, die einander auszuschließen scheinen, zu einem ausgewogenen, wenn auch ästhetisch nicht ganz befriedigenden Ganzen zu vereinen. Einer sehr strengen und schlichten Planung des gesamten Komplexes steht ein wuchernder und phantasievoller Architekturschmuck aus glasierten Ziegeln gegenüber. Die Außenmauern bilden fast ein Quadrat. Die äußeren Räumlichkeiten umschließen 6 Höfe. Auf der N-S-Achse, deren Front nach S weist, liegen die Haupthallen. Hinter Vorräumen und der ersten Hofgruppe befinden sich Versammlungssäle, die, nach beiden Seiten offen, den Blick auf die am N-Ende der Achse stehenden Ahnenhallen freigeben.
Reiche Schnitzereien zieren die hölzernen Säulen und Querbalken, aber auch die Steinbalustraden. Dabei herrschen Ranken- und Tiermotive vor. Die farbenprächtige Dekoration der Firste und Wände vereinigt verschiedene Schmuckformen: Rein geometrische, architektonische und figürliche Ornamente stehen neben Hoch- und Flachreliefs und plastischen Figuren. Die Themen sind z. T. aus der Mythologie, aber auch aus der Welt des chines. Theaters entlehnt. Die Flächen, die nicht von szenischen Darstellungen bedeckt sind, füllte man mit Tier- und Pflanzenmotiven. Aus der Ferne gesehen, scheinen sich all diese Dekorationselemente gut in den architektonischen Rahmen einzufügen. Bei näherer Betrachtung wirkt das Ganze jedoch stark überladen.

Sun-Yatsen-Gedenkhalle (zwischen Dongfeng erlu und Qingquan lu im Zentrum): Die große Gedenkhalle entstand zwischen 1929 und 1931 am S-Hang des Guanyin shan. Sie erinnert an Sun Yatsen, der 1921/22 in der Provinz Guangdong die

Guangzhou, Hualin si

erste demokratische Regierung Chinas etablierte.

In der *Haupthalle*, einem gigantischen Achteckbau, in dem mehrere tausend Menschen Platz finden können, sieht man Bilder des überaus bedeutenden Staatsmannes.

GRÄBER

Grab des Abu Wangas (Guihua gang im N der Stadt): Abu Wangas war ein islamischer Gelehrter, der in Guangzhou lebte und hier 620 seine letzte Ruhe fand. Während der Qing-Zeit wurden die alten Grabbauten umgestaltet, und man errichtete eine *Gebetshalle* und ein *Ehrentor*. Da viele Mitglieder der islamischen Gemeinde der Stadt in unmittelbarer Nähe ihres berühmten Glaubensgenossen begraben werden wollten, entwickelte sich am Lanpu-Park ein islamischer Friedhof, auf dem zahlreiche bedeutende Muslime ruhen.

Grab des Königs von Nanyue (auf dem Xianggang shan, w der Jiefang beilu im N der Stadt): In diesem Grab wurde im 2.Jh. v. Chr. der zweite Herrscher des kleinen unabhängigen Nanyue-Staates beigesetzt. Der Dromos des Grabes liegt im S. Mehrere Kammern schließen sich an. Sowohl die Vor- als auch die Hauptkammer haben je zwei Nebenkammern, die über schmale Gänge zu erreichen sind. Die rechteckigen Räume sind aus Stein und Ziegeln aufgeführt und mit großen Platten gedeckt. Die vorderen Nebenkammern liegen im rechten Winkel zur Hauptachse, die hinteren parallel. Diese Grabform ist für S-China ziemlich ungewöhnlich. In Mittel- und S-China herrschten zu dieser Zeit Ziegel- und Holzkammergräber vor. In einer Lagerkammer hinter dem Hauptraum stießen Archäologen auf über 1000 verschiedenartige Grabbeigaben: Fein verzierte und polierte Jadegegenstände wie Schmuck mit Tiermotiven, Ringscheiben, Anhänger und ein kleines Trinkhorn, wie man es in China nur sehr selten sieht. Außerdem wurden ganze Sätze von Glocken und Ritualbronzen sowie eine Eisenrüstung geborgen.

PARKS

Baiyun shan (am n Stadtrand): Einst war der »Berg der weißen Wolken« berühmt für seine Tempel, die allerdings heute sämtlich in Trümmern liegen. In der Zeit der ersten Republik entstand hier ein schöner Park.
Yuexiu-Park (zwischen Dongfeng zhonglu und Huanshi zhonglu im N der Stadt): Der mit riesigen alten Bäumen bestandene Park erstreckt sich über mehrere Hügel. Auf einem von ihnen liegt im S-Teil der mehrstöckige *Zhenhai-lou* mit der *Sammlung des Provinzmuseums* (siehe dort). Von besonderem Interesse sind außerdem einige *Treppen,* die aus alten Grabsteinen bestehen, sowie mehrere *Gedenkstätten,* beispielsweise für *Sun Yatsen* und einen *Ming-General.* Schwimmbäder und andere moderne Sportanlagen fügen sich angenehm in die üppige Vegetation ein.

BUDDHISTISCHE TEMPEL

Guangxiao si (HS Renmin bei, im W der Stadt): An dieser Stelle soll sich in der W-Han-Zeit die Residenz der Könige von Nanyue befunden haben. In der Sanguo-Zeit ließ sich Yu Pan, ein Gelehrter, mit seinen Schülern nieder. Die heutige Anlage steht ganz im Zeichen eines anderen berühmten Mannes, Huineng, des 6. Patriarchen der Chan-Schule des Buddhismus (638-713). Die Ära des Huineng wurde geprägt von einer ideologischen Verhärtung zwischen zwei Richtungen im Chan-Buddhismus: Die eine, von Shenxiu vertretene Richtung verbreitete die Lehrmeinung, daß Erleuchtung schrittweise und über eine lange Zeit zu erlangen sei. Huineng postulierte dagegen, daß Erleuchtung etwas Schlagartiges, Einmaliges und Plötzliches sei. Die Schrifttumsfeindlichkeit des 6. Patriarchen war in der monochromen Tuschmalerei immer wieder Anlaß, den buddhist. Lehrer beim Zerreißen von Sutrenrollen oder beim Zuschneiden von Bambus darzustellen. Viele In-

Liurong si (Guangzhou), Pagode

schriften im Guangxiao-Tempel verweisen auf den berühmten Mann. Auch eine der Hallen des Tempels, *Liuzudian,* ist Huineng geweiht. Sie wurde während der Song-Zeit errichtet und in der Ming- und Qing-Zeit (zuletzt 1692) erneuert. Im Innern der Halle ist eine 2,5 m hohe Figur des Patriarchen zu sehen. Eine 8 m hohe, siebenstöckige Pagode markiert die Stelle, an der unter einem Baum Haar des Huineng bestattet worden war. Die Stufen der Pagode ziert buddhist. Plastik. Die bedeutendsten Bauten der Anlage sind 2 *Eisenpagoden* aus der Wudai-Zeit. Die ö Pagode entstand 967 und wurde unter den Song nach einem Brand im Kaiyuan si, ihrem ursprünglichen Standort, hierher verbracht. Ihre 7 Stockwerke blieben vollständig erhalten und tragen Buddhastatuen und sich windende Drachen als Schmuck. Die w Pagode entstand 963 und besitzt nur noch 4 Stockwerke, da der Pavillon, der sie schützen sollte, am Ende der Qing-Zeit einstürzte. Aus der Tang-Zeit stammt eine achteckige *Inschriftensäule* mit kleinem,

Huaisheng si (Guangzhou), Minarett

schirmartigem Aufsatz. An der Basis sieht man 4 Kriegerfiguren im Hochrelief. Die *Haupthalle* wurde mehrmals zerstört und in der Qing-Zeit unter Beibehaltung einiger alter Bauelemente wiederaufgebaut. Die alte Inneneinrichtung ging größtenteils verloren. Bei einer Renovierung traten jedoch Tang-zeitl. *Luohan-Figuren* zutage. Der *Wofo lou* (Pavillon des Buddha) im Nirvana erhielt seinen Namen von einer im 1. Stock befindlichen Figur des Erleuchteten. Im Erdgeschoß befand sich eine Lehrhalle, in der die Meister die Sutren auslegten. Der ursprüngl. Bau bestand aus zwei Hallen, die in der Ming-Zeit zusammengefaßt wurden.

Hualin si (zwischen Wenchang nanlu u. Dexing lu im SW der Stadt): Der Tempel verdient hauptsächlich wegen seines geschichtl. Hintergrunds Erwähnung: Der 1. Patriarch der Chan-Schule, Bodhidharma (Damo), soll hier nach seiner Ankunft in China zunächst gelehrt haben. Die Bauten, die heute noch stehen, stammen aus der Qing-Zeit. In einer großen *Halle,* deren Eingang von Vajradhara-Figuren flankiert wird, stehen 500 *Luohan-Figuren* mit individuell gestalteter Mimik und Gestik.

Liurong si (in der Liurong jie, einer Str., die parallel zur Guangxiaolu im O der Stadt verläuft): Der Name des Tempels rührt von sechs Banyan-Bäumen (Rong) her, die früher auf dem Hof standen. Er entstand 537 unter den Liang. Einer der chines. Mönche, die nach Indien gereist waren, um bei berühmten buddhist. Lehrern zu studieren, hatte Reliquien mit nach China gebracht und ließ ihnen zu Ehren im Tempelbezirk eine Pagode errichten. Der Tempel wurde Anfang des 10. Jh. durch einen Brand zerstört und 989 wiederaufgebaut. 1391 mußte ein Teil der Gebäude Lagerhallen weichen. In der *Halle des 6. Patriarchen (Liuzudian)* stehen eine feine *Bronzestatue des Huineng* (siehe auch Guangxiao si) aus der Song-Zeit und 6 m hohe *Bronzestatuen der Buddhas der drei Weltalter* von 1663. In der *Guanyin ge* sieht man eine 4 m hohe Bronzefigur des Bodhisattva Guanyin aus der gleichen Zeit.
1097 errichtete man anstelle der niedergebrannten Pagode für die indischen Reliquien die sog. *Hua ta*. Sie ist 57 m hoch, besitzt außen 9, innen 17 Stockwerke und besteht aus Stein und Ziegeln. Die starken farblichen Kontraste, die den Turmbau heute kennzeichnen, entstanden durch die Renovierung von 1900. Querbalken und Säulen an den Ecken und neben den Kragbogenfenstern setzen sich dunkel von den weißen Wänden ab. Die Schrägarme unter den Zwischendächern stehen sehr weit vor, was von unten betrachtet wie ein Zierelement wirkt. Das Dach auf dem obersten Stockwerk ist mehrstufig und trägt eine hohe Bronzespitze.

HEILIGTÜMER ANDERER RELIGIONEN

Huaisheng si (Moschee, an der Guangta lu im Zentrum): Die Moschee von Guangzhou ist die älteste Moschee Chinas. Sie wurde 627 einem Onkel des Propheten geweiht, der die Einführung des Islam in China gefördert haben soll, und lag im

Araberviertel der Tang-Zeit. Während die übrigen Bauten mehrmals erneuert wurden, stammt das *Minarett* (Guangta) angeblich noch aus der Erbauungszeit. Der 36 m hohe Bau steht in der chines. Architektur ohne Parallele da. Über einem vollkommen schmucklosen Turm erhebt sich ein ebenfalls schlichter Aufbau, der wesentlich schmaler und von einer Galerie umgeben ist. Gekrönt wird das Minarett von einem zwiebelförmigen Aufsatz. Die Moschee ist auch heute noch religiöses Zentrum der in der Stadt lebenden Muslime.

Nanhai shen miao (am Huangpu miaotou im O der Stadt): Der Tempel wurde im 6. Jh. unter den Sui gegründet und der *Gottheit des Südchinesischen Meeres* geweiht. Seit der Tang-Zeit spielte die Seefahrt für die Chinesen eine immer wichtigere Rolle. Bevor sie aufbrachen, kamen die Seeleute hierher, um zu opfern und zu beten. Die bestehenden Bauten stammen aus der Qing-Zeit. Im Hof sieht man zahlreiche *Votivstelen.*

Wuxian guan (Huifu xilu im Zentrum): Der »Tempel der fünf Unsterblichen« steht mit einer alten Legende in Zusammenhang, die sich auch in einer anderen Bezeichnung für Guangzhou widerspiegelt: Yangcheng, Stadt der Schafe. Als einmal im Gebiet um Guangzhou Hungersnot herrschte, sollen 5 Unsterbliche auf 5 Schafen zur Erde herabgestiegen sein. Jeder von ihnen trug eine andere Getreideart, um die Hungersnot zu beenden. Zu Ehren dieser Genien wurde der Wuxian guan gebaut. Erst 1377, nachdem er mehrmals verlegt worden war, kam er an seinen jetzigen Standort. Das *Haupttor* und die *Haupthalle* blieben erhalten. Vor dem Tor befindet sich ein Paar Stein-Qilin. Bei der Haupthalle stehen mehrere *Stelen.* Auf der O-Seite sieht man einen großen Stein mit mehreren Vertiefungen, der zu einem Regulierungswerk des Perlflusses gehörte.

WEITERE SEHENSWÜRDIGKEITEN

Lingnan diyi lou (in der Huifu xilu im W der Stadt): Der 17,5 m hohe *Glockenturm* aus der Ming-Zeit steht auf einer Basis aus rotem Sandstein, die von Toren durchbrochen wird. Diese sind durch einen Schacht mit dem Glockenraum verbunden. So wird der Klang der schönen Glocke (Höhe 3 m; Durchmesser 2,1 m) noch wesentlich verstärkt.

Provinzmuseum (Yuexiu-Park) Die Sammlung befindet sich in einem fünfstöckigen Turm auf einer der höchsten Erhebungen des Parks. Der Bau entstand im 14. Jh. und wurde später mehrmals (zuletzt 1928) erneuert. Er erhebt sich über rechteckigem Grundriß und trägt zwischen den Stockwerken schmale Dächer. Die Exponate der Sammlung reichen von *Fundstücken aus dem Neolithikum* bis zu *revolutionären Entwicklungen des 20. Jh..* Besonders interessant sind die Hinweise auf die *Handelsbeziehungen des Tang-zeitlichen China zum Westen* im 2. Stock: Bilder von ausländischen Händlern, Münzen aus dem Iran und aus Byzanz. Zu beachten sind außerdem *Textilfunde* aus *Gräbern der Ming-Zeit.*

Shamian-Insel (im SW der Stadt an einer der großen Verzweigungen des Zhujiang): Auf der kleinen Insel lagen im 19. und frühen 20. Jh. die im Kolonialstil errichteten Handelshäuser der Europäer. Das Viertel hat auch heute noch nichts von seinem ursprünglichen Charakter verloren. Daran ändert auch der neu erbaute Hotelkoloß »Weißer Schwan« nichts.

Umgebung

Lianhua cheng (an der Mündung des Perlflusses sö der Stadt): Die Festung wurde 1662 unter Kangxi errichtet und spielte im Opiumkrieg eine wichtige Rolle bei den Abwehrversuchen der Chinesen gegen die Europäer. Im S erhebt sich die achteckige *Lianhua-Pagode.* Sie entstand während der Ming-Zeit, hat 9 Stockwerke und eine Höhe von 50 m.

Pazhou-Pagode (15 km s): Die am S-Ufer des Zhoujiang gelegene Pagode entstand unter Wanli der Ming (1573–1620). Sie besteht aus glasierten Ziegeln und besitzt außen 9, innen 17 Stockwerke. Diese konnten früher über inzwischen eingestürzte Holztreppen erreicht werden. Am Sockel sieht man Reliefs mit Vajradhara-Darstellungen.

Guilin		桂林
Guangxi Zhuangzu Zizhiqu		
Einw.: ca. 350000	Höhe: 150 m	S. 387 □ D 3

Geschichte: Guilin liegt im NO der Provinz Guangxi am Lijiang. In der Chunqiu-Zeit gehörte die Region zum Staat Yue, in der Zhanguo-Zeit zu Chu. In den Augen der Menschen aus Zentralchina war es also absolut barbarisches Gebiet. Daß die Südprovinzen im Gegensatz zu der Darstellung in chines. Quellen kulturell keineswegs unterentwickelt waren, haben die neueren Grabungen, besonders im Bereich des ehem. Chu-Reiches, nachgewiesen. Qin Shihuangdi, der diese Region 214 v. Chr. dem Großreich einverleibte, etablierte drei Präfekturen. Darunter befand sich die Präfektur Guilin, die große Teile des heutigen Guangxi umfaßte. Seit der Song-Zeit hat die Präfekturverwaltung ihren Sitz in der Stadt Guilin, aber erst unter den Ming erhielt sie wieder den Namen, unter dem sie heute bekannt ist und den sie schon einmal in der Qin-Zeit getragen hatte. Die zahlreichen Touristen aus dem In- und Ausland kommen weniger, um Kunstschätze oder Kulturdenkmäler zu bestaunen – sie wollen vielmehr die herrliche Landschaft an den Ufern des Lijiang genießen. Hier hat die Erosion im Laufe der Jahrhunderte vielfältige, bizarre Felsformen gebildet, und hat die Natur durch üppige Vegetation und weite Bambuswälder ein Paradies geschaffen.

Es nimmt daher nicht wunder, daß viele Dichter die schöne Landschaft um Guilin besungen haben. Chines. Landschaftsmaler könnten ihre Inspiration aus solchen und ähnlichen Felsbildungen erhalten haben. Es dürfte auch kein Zufall sein, daß die Vorliebe der Maler für skurrile und überhöhte Bergformen in vielen Variationen und Kompositionsarten mit der Entdeckung des Südens als Lebensraum durch die Chinesen in der Nanbeichao-Zeit entstand.

Fubo shan (an der Binjianglu auf einer Halbinsel im Lijiang): Wie an anderen Bergen des Stadtgebietes sind auch am Fubo shan sagenumwobene Höhlen und Reliefs zu sehen. Die Bildhauerarbeiten entstanden von der Tang- bis zur Song-Zeit und umfassen ca. 300 Reliefs. Die Kunstwerke sind fein gearbeitet, bilden aber keine größeren Gruppen: Meist wurde eine zentrale Figur (Buddha oder Bodhisattva) mit niedrigeren Angehörigen des buddhist. Pantheons zusammengestellt.

Guilin, Karstlandschaft am Li-Fluß

Viele der Gestalten sind von Inschriften umgeben.

Pagode des Kaiyuan si (Sheli ta, an der Minzhu-Straße): Der Tempel wurde während des chines.-japan. Krieges vollkommen zerstört, einzig die kleine Pagode blieb bestehen. Der ehemals siebenstufige Ziegelbau entstand 657, wurde aber 1385 in der Ming-Zeit auf 3 Stufen reduziert und erreicht heute eine Höhe von 13,2 m. Das Untergeschoß ist quadratisch und schlicht, das erste ist achteckig und hat auf allen Seiten Nischen. Darüber erhebt sich eine kleine Flaschenpagode.

Palast des Fürsten von Jingjiang (im Stadtzentrum): Der erste Kaiser der Ming, Zhu Yuanzhang, ließ 1370 einem seiner Söhne, dem Fürsten von Jingjiang, auf dem Areal eines Tempels am Fuß des Duxiu shan einen Palast errichten. Von diesem Bau blieben Mauer und ein Tor erhalten.

Qixing-Park (im O der Stadt): Der Park erstreckt sich über einige der berühmtesten Berge der Stadt, deren Pavillons, Bepflanzung und Reliefs von Interesse sind.

Xiangbi shan (Elefantenrüsselberg, bei der Nanhuan lu direkt am Lijiang): Das Wahrzeichen Guilins erhielt seinen Namen von einem Durchbruch, der den Berg als einen riesigen Elefanten erscheinen läßt, der seinen mächtigen Rüssel in den Fluß getaucht hat, um Wasser zu schöpfen. Wahrscheinlich dachte man an das Reittier und auch die Inkarnation des Bodhisattva Samanthabhadra (Puxian), als man in der Ming-Zeit eine kleine Flaschenpagode auf dem Bergrücken errichten ließ.

Weitere Sehenswürdigkeiten: *Reliefs* aus der Tang-Zeit an der Lishi lu. – *Hua-Brücke:* Die Steinbrücke entstand 1540 anstelle einer Song-zeitlichen Holzbrücke.

Umgebung

Ludi yan (7 km nw): Die Tropfsteinhöhle reicht ca. 500 m in den Guangming shan hinein. Im größten Raum sind die Wände mit Tuschinschriften bedeckt, die z. T. von berühmten Literaten verfaßt wurden (Tang-Zeit und später).

Yangshuo (ca. 75 km s): Organisierte Bootsfahrten enden meist bei dem alten Städtchen am Lijiang, dessen Häuser noch traditionellen Baustil bewahren.

Yao shan (ca. 10 km nö): Neben taoist. und buddhist. Klöstern wurden an den Hängen

Guilin, Karstlandschaft am Li-Fluß

Guilin, Fubo shan, Höhle

Guilin, Ludi yan, Höhle

und sw des Berges auch seit dem Ende des 14. Jh. die Gräber der Fürsten von Jingjiang und ihrer Frauen angelegt. Einige der oberirdischen Bauten stehen noch, u.a. auch Steinsäulen mit schönen Drachenreliefs und Statuen der Geisterwege.
Weitere Sehenswürdigkeiten: An zahlreichen Bergen der Umgebung wurden *buddhist. Reliefs* angebracht, z.B. am *Ji shan* (3 km s; Song), *Qingxiu shan* (1 km nö; Song), *Zhongyin shan* (5 km w; Song).

Gyantze/Jiangzi		江孜
Xizang Zizhiqu/Tibet		
Einw.: 52400	Höhe: 4016 m	S. 386 □ B 3

Die in S-Tibet gelegene Stadt ist für den tibetischen Handel besonders wichtig, da sich in ihr Straßen nach Indien, Sikkim und W-Tibet kreuzen. Zudem eignet sich das fruchtbare Tal, in dem Gyantze liegt, gut für Ackerbau. Die wichtigsten Bauten stammen aus dem 14. und 15. Jh., als die Siedlung eine Blüte erlebte. Die Altstadt mit ihren niedrigen Gebäuden ist gut erhalten, allerdings wurde die Burg, von der aus ein Provinzgouverneur Gyantze verwaltete, 1904 von einer englischen Expeditionsgruppe unter Younghusband in Schutt und Asche gelegt. Die Siedlung wird von dem gewaltigen und gut erhaltenen Palkhor-Kloster dominiert.

Palkhor: Das Leben im Palkhor stand ursprünglich im Zeichen der Toleranz der unterschiedlichen tantrischen Sekten untereinander. In den Tempelhallen waren Vertreter der reformierten und nicht reformierten Sekten vertreten. Erst nachdem man die Zerstörungen der letzten 30 Jahre unter chines. Herrschaft einigermaßen bereinigt hat, erlaubt man wieder ca. 30 Gelbmützen-Mönchen, das Kloster zu besiedeln und instand zu halten. Die beiden *Hauptbauten*, die auf Stadtniveau liegen, haben einen Grundriß, der ein kosmisches Diagramm (Mandala) wiedergibt.

Gyantze, Palkhor, Gesamtansicht

Gyantze, Palkhor, Kumbum

Wie bei einem gemalten Mandala der Meditierende von den Gottheiten an den Rändern des Bildes geistig zur zentralen Buddha- oder Bodhisattva-Gestalt fortschreitet, so wandert auch der Pilger um den sog. *Kumbum,* den großen *Stupa des Palkhor* von Kapelle zu Kapelle, die Figuren und Gemälde der Gottheit schmücken, der sie geweiht sind, bis zum zentralen Stupa. Die fünf Terrassen, auf deren höchster der Stupa von 1424 steht, haben einen sehr komplizierten Grundriß, der von einer Kreuzform abgeleitet ist. Der Stupa selbst ist rund und hat wohl, in Anlehnung an die Form des Weltbergs Meru der indischen Mythologie, die Form einer Sanduhr. Im Gegensatz zu den übrigen, in Weiß gehaltenen Gebäuden ist er vergoldet und trägt einen großen Schirm. Den Höhepunkt der meditativen Wanderung durch das plastische Mandala bildet eine *Figur eines der 5 lamaistischen Urbuddhas (Adhibuddha),* aus dessen Meditation alle anderen Gottheiten, die auf dem Weg nach oben zu sehen sind, entstanden sein sollen. Neben dem Kumbum erhebt sich *Tsuglagkhang,* die *Hauptversammlungshalle.* Bedeutende Zeugnisse lamaistischer Malerei und Plastik sind hier zu sehen. Die *W-Halle* ist dem Adibuddha Vairocana geweiht. Neben bedeutender Plastik (Bodhisattvas) wird in diesem Raum der lamaistische Kanon (Kanjur und Tanjur) in den typischen tibetischen Blockbüchern mit Holzdeckeln aufbewahrt. In der *O-Halle* sind Stuckfiguren zu sehen: Luohan, ein tausendarmiger Avalokiteshvara und Figuren von 3 bedeutenden tibetischen Königen, die sich um die Verbreitung des Buddhismus in ihrem Reich verdient gemacht haben. Der wichtigste ist Songzangambo. Er wird mit einem Bild des Buddha Amithabha im Kopfputz dargestellt, als dessen Inkarnation er galt. Der König unterhielt gute Beziehungen zu den Tang-Kaisern und nahm eine chines. Prinzessin zur Frau, die sich als überzeugte Buddhistin für die Förderung der Religion einsetzte. Im Zentrum des *Hauptraums* steht eine Kopie der wichtigsten Kultfigur aus dem Jokhang in Lhasa. Durch einen Vorraum im W kann man eine weitere Kapelle, *Gongkhang,* erreichen, in deren Obergeschoß ein weiteres dreidimensionales Mandala bemerkenswert ist. Die interessanten Wandmalereien zeigen Eremiten in Landschaft und sind stilistisch an chines. Landschaftsmalerei angelehnt. Im obersten Stock werden schöne Mandalas aus dem 15. Jh. aufbewahrt.

H

Handan	邯鄲
Hebei	
Einw.: 1027800 Höhe: 60 m	S. 387 □ D 2

Geschichte: In der Zhanguo-Zeit war Handan die Hauptstadt des Feudalstaates Zhao. In den frühen historischen Quellen, z. B. dem Zhanguo ce, dem Guoyü und Shiji, wird die Stadt bereits unter dem gleichen Namen erwähnt. Die Ruinen der Zhou-zeitlichen Siedlung befinden sich im SW des heutigen Handan.

Ruinen: Bevor der Staat Zhao von den Qin vereinnahmt wurde, war Handan von 386–228 Hauptstadt. Die Reste der Siedlung wurden in den 60er Jahren freigelegt. Man konnte 3 Sektoren unterscheiden. Sie alle sind durch Mauern voneinander getrennt. W- und O-Teil nehmen insgesamt einen wesentlich größeren Raum ein als der N-Sektor. Die Reste der großen Bauten bestehen fast ausschließlich aus Stampferde-Plattformen. An Schnitten durch diese Plattformen kann man die Schichten erkennen, die in mühsamer Kleinarbeit durch eine große Zahl von Menschen durch Feststampfen der Erde übereinandergelegt wurden. Von den eigentlichen Bauten ist kaum etwas erhalten. Abgesehen von den Säulenfundamenten, die meist aus unbehauenen Steinen bestehen, fand man Ziegelfragmente von den Dächern. Die Enden der Traufziegel wurden mit geometrischen Mustern verziert, die meist von Kreuzformen im Zentrum ausgingen. Die Ziegelreste stammen aus der Zhanguo- und Han-Zeit. Man stieß auch auf Teile eines bereits gut entwickelten *Kanalsystems*. Die Kanäle bestanden aus Ziegelbauteilen, die man zu langen Rinnen ineinanderstecken konnte. Ein Teil der Königsstadt von Handan befindet sich im heutigen Stadtgebiet, die 19 m breite und 13 m hohe sog. *Cong-Terrasse oder Wuling-Terrasse,* benannt nach dem König Wuling von Zhao, der 325–299 regierte. Schon unter Han Gaozu wurde im O der Terrasse im 2. Jh. v. Chr. ein Monument zur Erinnerung an den Staat Zhao errichtet. Auf dem Fundament dieses Baus steht heute ein Ming-zeitlicher *Pavillon*. Die größte heute noch im Bereich des alten Königspalastes sichtbare Terrasse ist die *Long-tai (Drachenterrasse),* die eine Länge von 283 m und eine Breite von 265 m hat.

Umgebung

Lüzu ci (10 km n): Der Gedächtnistempel wurde zu Ehren des Tang-zeitlichen Taoisten Lü Weng errichtet. Aus welcher Zeit die heutigen Bauten genau stammen, ist nicht mehr bekannt, wahrscheinlich entstanden sie in der Ming- oder Qing-Zeit. Mehrere Hallen sind erhalten geblieben, darunter der *Glocken- und der Trommelturm*. In der mittleren der drei großen Hallen steht ein *Bildnis des Lü Weng,* und in der hinteren Halle ist eine *Figur* auf einem Bett liegend dargestellt, die *Lu Sheng* zeigen soll. Als Erklärung mag die folgende typisch taoist. Legende dienen: Lu Sheng traf den berühmten Taoisten Lü Weng in einer Herberge und wollte von ihm Aufschluß über seine Zukunft erhalten. Lü Weng überreichte ihm eine Nakkenstütze und forderte ihn auf, seinen Kopf darauf zu betten. Lu Sheng schlief alsbald ein und erlebte, ganz so als sei er wach, sein ganzes Leben, seine Heirat, seine Beamtenkarriere und seinen Tod mit 80 Jahren. Als er wieder erwachte, war der Brei, den der Herbergswirt gerade kochen ließ, noch nicht gar. Diese Geschichte, die das menschliche Leben als Moment und bedeutungslos erscheinen läßt, ist charakteristisch für die Geringschätzung der Taoisten für das gesellschaftliche Leben und die berufliche Karriere. Sie war sehr beliebt, und die Wendung »Der Brei war noch nicht gar« wurde geradezu sprichwörtlich.

Xiangtang-shan-Höhlen (sw der Stadt am N- und S-Hang des Xigu shan und Xizhi fanggu shan): Die Höhlenanlagen wurden im 6. Jh. unter den N-Qi begonnen und umfassen 16 Höhlen mit insgesamt über 3000 Reliefs. Vor den Höhlen errichtete man Schutzbauten, die an den Bergwänden Halt fanden. Bis in die Ming-Zeit hinein wurden die Höhlen von den Gläubigen besucht und von Mönchen betreut. Die Reliefs sind fein gearbeitet, können sich jedoch nicht mit den bedeutenden Höhlen von Yunggang und Longmen messen. Die Figuren wirken streng und haben noch nicht die Weichheit der Formen der Tang-Zeit erreicht. Auch viele der Stifterfiguren tragen Kleidung und Haartracht der Qi-Zeit. Die Hauptfiguren wirken schwer. In vielen Fällen ist der Oberkörper überdimensional, um so den ehrfurchtgebietenden Eindruck zu erhöhen.

Sehr fein sind auch Aureolen und andere Zierelemente gearbeitet. Manche der Mönchsbilder sind mit Inschriften versehen, die den Namen des Dargestellten angeben. Die n Höhlengruppe besteht aus 9 Höhlen. In einer dieser Höhlen befindet sich eine 4 m hohe Buddhafigur, in einer anderen sind die Wände mit Sutrentexten bedeckt. Vom Changle-Tempel, der den Höhlen vorgelagert war, blieben nur noch zwei Song- und Jin-zeitliche Gedenksäulen und eine achteckige *Pagode* mit 9 Stockwerken von 1094 erhalten. Die Pagode ist schlicht und verjüngt sich zur Spitze ziemlich stark. Die Stockwerke sind durch schmale gratartige Zwischendächer voneinander getrennt, die von Konsolsystemen aus Ziegeln gestützt werden. Die bedeutendste S-Höhle ist die *Qianfo dong* mit zahlreichen Buddhas, Apsaras und anderen Gottheiten.

Hangzhou	杭州
Zhejiang	
Einw.: ca. 1,2 Mio. Höhe: 100 m	S. 387 □ E 3

Geschichte: Das Gebiet, das heute von Hangzhou eingenommen wird, war ehemals eine Bucht am Rande des Qiantang-Flusses. Durch Sedimentablagerungen und Deiche wurde ein See vom Fluß abgetrennt, der später berühmte Westsee (Xihu). Das flache Gewässer wurde in der Tang- und Song-Zeit durch zusätzliche Deiche weiter unterteilt, die mit Bäumen bepflanzt sind. Einer der Deiche trägt den Namen Baiti nach dem berühmten Tang-Dichter Bai Juyi, der die Stadt einige Jahre verwaltete und einen Deich errichten ließ, allerdings nicht diesen. Der Baiti verbindet die größte Insel im Xihu, Gu shan, mit dem Land. Der Bau des Suti wurde angeblich von einem der wichtigsten Song-Dichter, Su Dongpo (Su Shi), der der Stadt von 1089–1091 als Gouverneur vorstand, veranlaßt. Der See ist aufgrund seiner landschaftlichen Schönheiten in vielen Gedichten besungen worden. Ursprünglich trugen die bewaldeten Hänge der umliegenden Berge mit ihren Quellen sehr zum Reiz der Gegend bei. Heute ist der üppige Baumbestand allerdings weitgehend verschwunden. Die ersten Deiche wurden bereits in der Han-Zeit gebaut, als die Bucht noch nicht vom Fluß getrennt war und das Land vor Überflutung geschützt werden mußte. In der Nanbeichao-Zeit entstand die erste größere Siedlung. Sie war durch einen Kanal mit N-China verbunden und hatte so die besten Voraussetzungen für ein Handelszentrum. Die Entwicklung der Stadt zu einer der größten der damaligen Welt hatte aber nicht nur mit ihrer Bedeutung als Handelsknotenpunkt zu tun. Durch die ständigen Einfälle der Jurcen in N-China, die in der Einnahme ganz N-Chinas gipfelte, sahen sich die Song-Kaiser gezwungen, ihre Metropole von Kaifeng (Bianjing) in Henan nach S zu verlagern. 1138 wurde Hangzhou zur provisorischen Hauptstadt erklärt. Dieses Provisorium erwies sich jedoch als so günstig, daß es bis zum Ende der S-Song Sitz der Regierung blieb.

Marco Polo und andere gleichzeitige oder etwas spätere Reisende wie Ibn Battuta wissen von der Pracht Hangzhous auch noch unter der Mongolenherrschaft zu berichten. Auch chines. Quellen, die das damalige Aussehen der Stadt sehr plastisch darstellen, blieben in großer Zahl erhalten. Die Stadt bestand großenteils aus Holzhäusern, die häufig mehrere Stockwerke hoch waren. Die alte für den chines. Städtebau typische Struktur, nach der die Viertel, die meist auch Sitze der unterschiedlichen Handels- und Handwerksvereinigungen waren, durch Mauern voneinander getrennt blieben, wurde aufgelockert. Da der Raum zwischen See, Fluß und Bergen sehr eng war, mußten die Häuser sehr dicht aneinander gestellt werden. Das führte dazu, daß selbst zunächst kleine Brandherde ganze Stadtviertel oder gar die ganze Stadt in Schutt und Asche legen konnten. Die wachsende Zahl reicher Bürger und eines breiten städtischen Mittelstands brachte die rasche Entwicklung von öffentlichen Bädern, von Vergnügungszentren mit Theater, Bordellen, die zum Teil staatlich waren, und zahllosen Restaurants mit sich. Marktplätze lockten mit einem reichen und vielfältigen Warenangebot, und zur Unterhaltung des Publikums fanden sich Akrobaten und Geschichtenerzähler ein. Für Arm und Reich boten zudem die Parks Abwechslung, in denen man sich an Festtagen mit Picknick oder bei einer Bootsfahrt vergnügte.

Die Inneneinrichtung der Häuser war schlicht, aber kostbar und sehr geschmackvoll. Die Möbel wurden mit antiken oder nachempfundenen Bronzen und Jadegegenständen geschmückt. Der Antiquitätenhandel erlebte einen wahren Boom, und es wurden bereits Handbücher für Sammler geschrieben, die helfen sollten, echte Kunstwerke von Fälschungen zu unterscheiden.

Als Handelszentrum hat Hangzhou auch unter späteren Dynastien seine Bedeutung nie eingebüßt. Seidenweberei war und ist ein bedeutender Industriezweig der Stadt. Allerdings hat Hangzhou, wie andere Städte der Provinz auch, während der sozialrevolutionär und religiös geprägten Taiping-Revolte Mitte des 19. Jh. viele seiner einst berühmten Kunstwerke verloren. Einige der bekanntesten Tempel wurden erst Ende des 19. Jh. wiederaufgebaut.

BUDDHISTISCHE TEMPEL

Dafo si (am Fuß des Baoshi shan, im N des Xihu): Der Tempel wurde hauptsächlich durch einen riesigen, 8 m hohen Buddhatorso bekannt. Er wurde im 12. Jh. aus dem Fels gehauen und mehrmals schwer beschädigt. Zu Beginn des 15. Jh. ersetzte man das Gesicht und befestigte die hinzugefügten Teile mit Krampen, deren Spuren man heute noch erkennen kann. Die letzte schwere Beschädigung erlitt das Kunstwerk unter den Taiping. In ihrer Monumentalität sind die Reste aber immer noch beeindruckend.

Kong miao (in der Laodong lu): Der Tempel ist nicht aufgrund seiner Bauten sehenswert. Bedeutend ist vielmehr die *Stelensammlung.* Zunächst stand auf dem Tempelgebiet nur eine Stele mit der Kalligraphie des Song Gaozong. Nach der Revolution brachte man jedoch weitere Stelen aus verfallenen oder abgebrochenen Tempeln hierher.
Neben *Inschriftenstelen* sieht man auch *Stelen mit Steinkopien berühmter Bilder.* So sind beispielsweise Wu Daozi, Li Gonglin und Kuanxiu (Tang) hier vertreten. *Die Bilder des Guanxiu,* die besondere Verehrung genossen, stammen aus einer Tempelhalle des Shangyin si auf der Gu-shan-Insel im W-See. Sie waren dort an einer großen, pagodenartigen Säule befestigt. Guanxiu war für seine Luohan-Bilder berühmt. Eine Reihe dieser teils wie Individual-Portraits, teils wie Karikaturen gestalteten Bilder ist nun im Konfuzius-Tempel von Hangzhou zu sehen. Die Schüler Buddhas, beliebtes Thema der Chan-Maler, zu denen auch Guanxiu zählte, wurden in diesem Fall auf oder unter Felsen gesetzt, mit denen sie zu verwachsen scheinen. Diese vom Chan-Buddhismus geprägten Arhat-Darstellungen stehen auch im Zusammenhang mit Darstellungen taoist. Einsiedler, bei denen immer die Naturverbundenheit, ja die Einheit mit der Natur, betont wird. Ein weiteres wichtiges Exponat der Sammlung im Konfuziustempel sind die *astronomischen Reliefs* aus dem Grab eines Königs von Wu und Yue aus der Wudai-Zeit. 32 Sternbilder wurden aus der Grabdecke positiv herausgearbeitet. Neben den 28 Mondhäusern ist auch die Milchstraße zu erkennen.

Lingyin si (im NW des Xihu, im N des Feilai-Gipfels): Das Kloster wurde 326 von einem der ersten indischen Missionare in China, Huili, gegründet und während der Buddhisten-Verfolgung Mitte des 9. Jh. zerstört. In der Wudai-Zeit erhielt der Mönch Wang Yanshou den Auftrag, die Anlage wieder aufzubauen. Auch in den Kriegswirren der Yuan-Zeit mußte der Tempel schwere Verwüstungen hinnehmen. Die heutigen Bauten stammen aus der Qing-Zeit und wurden 1970 renoviert. In der *Halle der Himmelkönige* stehen eine Song-zeitliche *Weituo-Figur* und *neuere Plastik.* Eine der Hauptsehenswürdigkeiten des Tempels sind die beiden achteckigen, 20 m hohen *Stein-Pagodenpfeiler,* die 930 während der Wudai-Zeit entstanden. Durchaus realistisch wurde hier die normale Pagodenform in kleinere Dimension übertragen. Die Gestaltung ist noch ziemlich schlicht und erinnert noch an den Tang-Stil. Die Konsolsysteme unter den Dächern und den umlaufenden Balkonen, die man sich allerdings hinzudenken muß, sind auch noch nicht so komplex wie an den Bauten der Song-Zeit. An vier Seiten der 9 Stockwerke wurden Türen mit den typischen Buckelreihen dargestellt, die in den beiden untersten Geschossen von menschlichen Figuren flankiert sind. Die übrigen Seiten schmücken Gruppen buddhist. Figuren und Sutrentexte. Texte wurden auch in den Sockel gemeißelt. Die Geschosse werden nach oben hin niedriger und haben leicht angeschrägte Wände. Die Reliefs und Inschriften sind fein gearbeitet und in ziemlich gutem Zustand.

San Tianzhu (im S des Lingyin si auf dem Tianzhu shan): Die Bezeichnung »Die 3 Indischen« rührt daher, daß die ursprünglichen Bauten an den indischen Stil angelehnt gewesen sein sollen. Mit zunehmender Höhe ihrer Lage nimmt ihr Alter ab (Jin, ca. 330; Sui; Wudai). Wie die Tempel einmal ausgesehen haben, läßt sich nicht mehr rekonstruieren, da sie unter den

Taiping Mitte des 19.Jh. zerstört wurden. Die Hallen wurden Ende des letzten Jahrhunderts wiederaufgebaut und haben kaum Sehenswertes zu bieten. Herrlich ist einzig die Lage.

Yue-Fei-Tempel (im NW des Xihu, in der Nähe des Gu shan): Yue Fei ist einer der großen militärischen Helden der chines. Geschichte und zugleich auch, ähnlich wie Qu Yuan, eines der Beispiele für verkannte konfuzian. Loyalität dem Herrscher gegenüber. Die Taten Yue Feis waren von großer Bedeutung für die Song im Kampf gegen die Jurcen (Jin). Er und einige seiner Kampfgenossen wurden aber angeblich von neidischen Generälen und Hofbeamten beim Kaiser verleumdet, gefangengenommen und hingerichtet. Kurz nach ihrem Tod erkannte man den Irrtum und rehabilitierte sie. 1221 entstand am Platze des heutigen Yue-Fei-Tempels der erste Gedächtnistempel. Immer wieder, u.a. auch während der Taiping-Rebellion, verheerten Brände den Tempel, und er mußte wiederaufgebaut werden. Die letzte Renovierung wurde 1979 durchgeführt.
Durch ein *Ehrentor* gelangt man in einen beeindruckenden Hof, an desen Ende die *Haupthalle* steht. Die *Figur des Helden Yue Fei* ist leuchtend bunt bemalt. Neben dem Bildnis wurden *Stelen mit Inschriften* aufgestellt. Die Decke ist mit vergoldeten Kranichen, den Symbolen der Unsterblichkeit, geschmückt. Zu beiden Seiten der Haupthalle stehen *Pavillons* mit *Statuen der Kampfgefährten* des Generals (Niu Gao und Zhang Xian).
Im W des Tempels liegen die *Gräber des Yue Fei und seines Sohnes*. Der Tumulus, unter dem der General ruht, ist rund und über einen Geisterweg zu erreichen. Wie üblich sind Tiere, aber auch, als besondere Ehrung, Beamte dargestellt. Direkt vor dem Hügel knien 4 Figuren. Sie wurden aus Eisen gegossen und stellen die vier Verleumder dar, deren Komplott Yue Fei zum Opfer fiel. Die ersten 3 Figuren entstanden im frühen 16.Jh., die vierte kam später hinzu. Zu Beginn des 17.Jh. versenkte ein Beamter zwei von ihnen im See, wohl um sie rituell und posthum zu bestrafen. Sie wurden später wieder ergänzt.

Hangzhou, Xiao Yingzhou im Westsee >

WEITERE SEHENSWÜRDIGKEITEN

Baoshu-Pagode (auf dem Baoshi shan im N des Xihu): Die 45 m hohe Pagode wirkt heute durch ihre sehr schlanke Gestalt und das Fehlen der Holzumbauten, die sie einst umgaben, fast wie der Turm einer gotischen Kathedrale. Ihre heutige Form, achteckig und siebenstöckig, geht auf das Jahr 1544 zurück, wurde jedoch wiederholt renoviert. Ein Vorgängerbau aus der Wudai-Zeit hatte 9 Stockwerke. 1789 entdeckte man am Fuß der Pagode eine *Stele* aus der Wudai-Zeit, die Hinweise auf ihren Bau und den Stifter gab. Die Wände des Turmes sind ziemlich glatt, die Schmuck- und Strukturelemente treten kaum aus der Bausubstanz hervor. Sie bestehen hauptsächlich aus horizontalen Linien und Konsol-Attrappen, die in diesem Fall vollkommen funktionslos sind. Die Fenster, eines auf jeder Seite, verschließen gitterartige Verstrebungen, was den Eindruck einer geschlossenen Wandfläche noch erhöht. Die hohe Spitze ist aus Metall und mit mehreren durchbrochenen Schirmen verziert.

Feilai-Gipfel (w des Xihu): Seinen seltsamen Namen (»Der Gipfel, der herbeigeflogen ist«) verdankt der Berg einer Legende: Der Mönch Huili aus Indien, der den Lingyin-Tempel gegründet haben soll, fühlte sich beim Anblick des Berges so stark an seine Heimat erinnert, daß er die Meinung äußerte, der Berg sei wohl herbeigeflogen. Das Massiv ist voll der bizarrsten Felsformationen, die an Tiere erinnern. An den Hängen sind *Reliefs* zu sehen, mit denen S-China ansonsten nicht reich gesegnet ist. Sie stammen aus der Wudai-, Song- und Yuan-Zeit. Die frühesten finden sich in der *Jinguang-Höhle* (951). Song-zeitlich sind die feinen Darstellungen aus der *Yanxia-Höhle* (1000). Neben einer *Guanyin-Figur* von großer Eleganz ist eine *Stufenpagode* in Halbrelief zu besichtigen, die den kleinen Steinpagoden im Lingyin si ähnelt. Die freiliegenden buddhistischen Darstellungen stammen aus der Yuan-Zeit, aus der sonst kaum Felsreliefs erhalten blieben. Die meisten der Steinmetzarbeiten des Feilai-Gipfels sind zwar gut, aber dennoch qualitätsmäßig kaum mit denen in den großen Höhlenanlagen in anderen Teilen Chinas zu vergleichen.

Fenghuang si (in der Zhongshan zhonglu im Zentrum): Fenghuang si ist eine der größten Moscheen Chinas. Sie entstand vermutlich in der Tang-Zeit und ist seit der Song-Zeit bekannt. Die Fundamente der heute noch erhaltenen Bauten sollen aus der Yuan-Zeit stammen. Die große Zahl von Berichten über Zerstörungen lassen jedoch darauf schließen, daß die noch erhaltene Haupthalle entweder stark erneuert oder nach altem Vorbild wiederaufgebaut wurde. Interessant sind die *Stelen* im Hof, die Hinweise auf Renovierungen und Neubauten innerhalb des Tempelgebietes geben können. Das Kuppeldach und der Mihrab stammen unter Umständen aus der Ming-Zeit. Wie an vielen moslemischen Bauwerken vereinigen sich auch hier arabische und chines. Elemente harmonisch. Am Mihrab sieht man eine arabische Inschrift in Kalligraphie.

Ge-Hong-Gipfel (am Baoshi shan im N des Xihu): Ge Hong war ein berühmter Alchimist des 4. nachchristlichen Jahrhunderts, der u.a. durch sein philosophisches Hauptwerk »Baopu-zi« bekannt wurde. Auf seiner Flucht vor den Kriegswirren in N-China soll er hier haltgemacht und auf dem Gipfel eine Einsiedelei eingerichtet haben, in der er versuchte, das Elixier der Unsterblichkeit zu brauen. Mehrere Bauten an den Hängen des Berges erinnern an Ge Hong.

Gu shan (im N des Xihu): Die größte Insel des Sees wird im W durch die Xiling-Brücke und im O durch den Bai-Deich und die Duan-Brücke mit dem Land verbunden. In der Qing-Zeit ließen die Kangxi- und Qianlong-Kaiser Paläste auf Gushan errichten.
Die Insel hat dem Besucher mehrere Sehenswürdigkeiten zu bieten. Der *Sun-Yatsen-Park* liegt auf dem Gebiet der ehem. Paläste. Er umfaßt den *Shengyin-Tempel,* den Palast des Qianlong und im N das *Provinzmuseum,* das im berühmten

Hangzhou, Lingyin si, Haupthalle mit Steinpagodenpfeiler >

Wenlan-Pavillon, der Bibliothek Qianlongs, eingerichtet wurde. Es umfaßt eine *naturgeschichtliche* und eine *kunsthistorische Sammlung.* In der kunsthistorischen sind besonders die *neolithischen Funde* bemerkenswert: Die *Hemudu-Kultur,* benannt nach einem Dorf am S-Ufer des Deltas, die 1973 entdeckt wurde, soll ein Alter von ca. 7000 Jahren haben. Neben Resten der Häuser, d.h. Pfahl- und Mauerresten, fand man Tongefäße mit sehr dünner Wandung, deren Formen sich zum Teil deutlich von denen des n Neolithikums absetzen. Die meisten von ihnen sind nur wenig verziert, Ritzzeichnungen, die Menschen oder Tiere zeigen, kommen aber vor. Interessanter noch als die Hemudu-Kultur ist die *Liangzhu-Stufe* des Neolithikums in Zhejiang. Der Fundort Liangzhu zhen liegt im Kreis Yuhang im NW der Stadt. Ihr Alter wird auf 5000 Jahre geschätzt, und sie ist wesentlich weiter entwickelt als die Hemudu-Kultur. Die Keramikformen sind sehr elegant. Besonders beeindruckend ist aber die Kunstfertigkeit, die Liangzhu-Handwerker bei der Bearbeitung von Jade an den Tag legten. Röhrenförmige Gegenstände, die vielleicht rituelle Funktionen hatten, sog. Zong, Schmuckgegenstände u.ä. wurden fein poliert und mit komplizierten Gravierungen versehen: Menschen- und Tiergesichter, manchmal auch Mischformen, sind das vorherrschende Merkmal dieser Jadearbeiten. Man kann an diesen Funden, die in den letzten Jahren in großer Zahl zutage traten, immer deutlicher erkennen, wie groß die Bedeutung des schwer zu bearbeitenden Halbedelsteins bereits im religiösen Leben des Neolithikums war.
Nahe der *Xiling-Brücke* befindet sich die epigraphische Gesellschaft von Hangzhou, *Xiling yinshe.*
Das bekannteste der auf der Insel befindlichen Gräber ist das *Grab des Lin Heqing,* das im N liegt. Lin war ein Dichter der N-Song-Zeit (967–1028) und lebte zurückgezogen auf dem Gushan.

Xihu (Westsee, im W der Stadt): Der W-See ist seit langem eines der beliebten Ausflugsziele der Bewohner und Besucher von Hangzhou. Zahlreich sind die Sehenswürdigkeiten um den See und auf seinen Inseln, zu denen auch die vielförmigen Brücken gehören.
Im W-Teil des Xihu liegt *Xiao Yingzhou.* Die kleine Insel wurde nach einer der mythischen Inseln der Unsterblichen im O-Meer benannt. Nach taoist. Vorstellung wurden die 3 Inseln Penglai, Fangzhang und Yingzhou von riesigen Schildkröten getragen und Sterblichen von Nebeln entrückt, sobald sie sich ihnen näherten, während sie den Unsterblichen als Wohnung dienten. Aus diesem Grunde versuchte man wohl auch, der Insel im Xihu eine ganz ausgefallene Gestalt zu geben. Sie besteht aus einem nicht ganz gleichmäßig breiten Damm, der 4 kleine Seen umgibt. Dieses seltsame Gebilde wurde 1607 aus dem Aushub geformt, der zur Vertiefung aus dem See geholt wurde. Auf der Insel stehen mehrere Pavillons und Brücken. Sie ist mit schönen Bäumen und Blütenstauden bepflanzt. Im S der Xiao Yingzhou ragen 3 kleine *Flaschenpagoden* aus dem Wasser. Die Vorgängerbauten wurden 1089 auf Geheiß des Dichters und Malers Su Shi während seiner Gouverneurszeit in Hangzhou gebaut. Die heutigen Pagoden stammen aus der Ming-Zeit (1621). Um ihren Reiz zu erhöhen, entzündete man früher allabendlich Lämpchen auf ihrer Spitze.

Xixia-Gipfel (im N des Xihu, nö des Yue-Fei-Tempels): Der Berg ist durch mehrere Höhlen bekannt geworden. Eine davon, *Wumen dong* (auch Huanglong dong genannt), soll dem Mönch Huilai, der auch Wumen (»kein Tor«, eine Anspielung auf Chan-buddhist. Erleuchtungstheorien) genannt wurde, als Wohnstatt gedient haben.

Yanxia-Höhle (im SW des Xihu am Yanxia-Gipfel): In der Höhle sind *Reliefs* aus der Wudai-Zeit zu sehen. Sie wurden am Höhleneingang und an den Innenwänden angebracht.

Yuhuang shan (im S des Xihu): Am S-Hang des Berges lagen in der Song-Zeit die kaiserlichen Altäre, die mit dem Süden in Zusammenhang standen. Heute kann man noch einen Hügel erkennen, um den 8 Felder angelegt waren, die die 8 Trigramme des chines. Orakelbuchs Yijing symbolisieren sollten.

Yuquan (Jadequelle, im NW des Xihu, am N-Hang des Xiangu-Berges): In der Nanbeichao-Zeit errichtete der Mönch Xianzhao hier eine *Einsiedelei,* die in der Wudai-Zeit (938) in einen *Tempel* umgewandelt wurde. Auf seinem Gebiet entspringt eine klare Quelle, die sog. Jadequelle. Die Bauten sind modern und umfassen u.a. ein Teehaus. In der Nähe entspringen noch einige Quellen.

Umgebung

Baita (ca. 7 km sw): Der erste Bau entstand in der Wudai-Zeit. Er ist aus weißem Stein gemauert, achteckig und neunstökkig, ahmt aber Holzarchitektur nach. Auf den vier Hauptseiten der Stockwerke befinden sich Türattrappen, auf den anderen buddhist. Plastik oder gravierte Sutrentexte.

Liuheta (ca. 8 km sw): Die *Pagode* wurde zur Abwehr gegen die hohen Flutwellen gebaut, die immer wieder das umliegende Land bedrohten. Ihre heutige, etwas unproportioniert wirkende Form erhielt die Liuheta 1900. Sie hat aber eine lange Geschichte. 970, während der Song-Zeit, entstand im Auftrg des Königs von Wu und Yue, eines kleinen unabhängigen Staates in Zhejiang, der erste Bau. Die Pagode, die heute zu sehen ist, hat einen achteckigen Grundriß, 13 Geschosse und eine Höhe von 60 m. Sie besteht aus einem massiven Ziegelkern, der bis zum Dach begehbar und mit Nischen mit Figurenschmuck ausgestattet ist, sowie umlaufenden, ebenfalls begehbaren Galerien. Das Erdgeschoß umgibt eine Säulenvorhalle. Der Turm selbst wirkt durch die sehr schmalen Stockwerke und Zwischendächer sehr wuchtig und monoton, da jede Seite von drei fast gleich großen Fenstern durchbrochen ist.

Weitere Sehenswürdigkeiten: *Hupao si* (5 km s) mit einer berühmten Quelle. – *Wushan-Brunnen* (im S der Stadt auf dem Wu shan): Die Brunenanlage spendet auch noch bei der größten Trockenheit Wasser.

Harbin 哈尔滨

Heilongjiang

Einw.: 2700000 Höhe: 115 m S. 387 □ F 1

Die Hauptstadt der Provinz Heilongjiang liegt am Sungari ca. 50 km von der Grenze zu Kirin entfernt. Wirtschaftliche Bedeutung erlangte sie erst, als 1898 von den Russen eine Brücke über den Fluß geschlagen wurde, um die Eisenbahnverbindung zwischen Sibirien und der Mandschurei herzustellen. Alle größeren Bauten, Tempel und Kirchen, sind daher auch nach 1898 entstanden und haben wenig Sehenswertes zu bieten. Interessant und für chinesisches Gebiet ungewöhnlich sind die 17 russisch-orthodoxen Kirchen aus der Zeit der russischen Okkupation.

Jile-Tempel (in der Dongdazhi jie im Stadtzentrum): Die Anlage besteht aus mehreren Hallen, die im traditionellen Stil gebaut wurden. Im O-Hof erhebt sich eine *siebenstöckige Pagode.*

Nikolaus-Kirche (im Stadtzentrum Dazhijie): Die russisch-orthodoxe Kirche wurde 1899 in neugotischem Stil erbaut. Sie ist in der Bevölkerung als »Lamo jiaotai«, lamaist. Heiligtum bekannt.

Wenmiao/Konfuzius-Tempel (in der Dongdazhijie im Stadtzentrum): Die 1926 in traditionellem Stil erbaute Anlage ist das besterhaltene Bauwerk in klassisch-chines. Architektur in Heilongjiang. Die drei Höfe sind schön angelegt.
Weitere Sehenswürdigkeiten: *Museum* (im Stadtzentrum): Die Exponate geben interessante Hinweise auf die kulturellen Beziehungen mit N- und W-Asien während der Nanbeichao-Zeit. – Zahlreiche reizvolle *Parks.*

Hefei 合肥

Anhui

Einw.: 920000 Höhe: 26 m S. 387 □ E 3

Geschichte: Die Hauptstadt liegt im Zentrum der Provinz Anhui. Anhui war

Hefei, Baogong ci, Tempel

das Stammland der Familie Cao, die im 3. Jh. die Macht von den letzten Han-Herrschern ursurpierte. Reste des Sanguo-zeitlichen Ortes, der als Stützpunkt der Cao-Streitmacht diente, blieben 15 km w der heutigen Stadt im O des Jiming-Berges erhalten. Seither ist die Gegend um Hefei wirtschafltiches und kulturelles Zentrum der Region.

Baogong ci (auf der Xianghua-Insel im Baohe-Park): Bao Zheng, auch Baogong (Herr Bao) genannt, ist seit der Song-Zeit eine beliebte Figur der Volksliteratur. Bao war unter den Song ein Beamter, der für seine Gerechtigkeit und seine Findigkeit im Aufklären von Straftaten berühmt war. Er genoß so hohes Ansehen, daß man ihm sogar übermenschliche Fähigkeiten nachsagte, ja ihn schließlich zu einem der Höllenrichter erhob. Die Baogong-Geschichten wurden immer wieder in teilweise illustrierten Sammlungen herausgebracht. Von manchen Dramenautoren sind auch Stücke überliefert, die den Baogong-Stoff verarbeiteten. Da man annahm, Bao Zheng habe in Hebei studiert, errichtete man hier ihm zu Ehren einen Tempel. Dieser wurde während der Ming-Zeit auf Geheiß des Präfekten Song Guangming in eine Gedächtnisstätte umgewandelt. 1862 wurde die Anlage komplett erneuert und 1946 renoviert. Im Tempel befinden sich mehrere Bilder des gewitzten Detektivs und Richters.

< Harbin, Laterne aus Eis

Mingjiao si (beim Xiaoyao-jin-Park im Stadtzentrum): Angeblich hat auf dem Areal, das heute vom Park eingenommen wird, eine berühmte Schlacht zwischen rivalisierenden Sanguo-Streitkräften stattgefunden. Auch die 5 m hohe Terrasse, auf der der Tempel steht, hat möglicherweise etwas mit den Verteidigungsanlagen der damaligen Festung zu tun. Eine auf der Plattform befindliche steinerne Brunneneinfassung stammt vermutlich aus dieser

Zeit. Der Tempel wurde schon in der Zeit der Süd-Dynastien gegründet, die erhaltenen Bauten stammen aber aus der Mitte des 19. Jh.

Provinzmuseum (in der Anqing-lu): Bedeutendstes Exponat der Sammlung ist ein *Panzer aus Jadeplättchen,* die von Golddraht zusammengehalten werden. Jade spielte seit dem Neolithikum im chines. Grabkult eine bedeutende Rolle. In der Han-Zeit schrieb man ihr konservierende Wirkung zu. Jadepanzer mit Golddraht waren, wie wir aus Ritualbüchern wissen, den engsten Angehörigen des Kaisers und dem Kaiser selbst vorbehalten. Der Jadepanzer, der im Museum von Hefei zu sehen ist, stammt aus einem der Gräber der Familie Cao, d.h. der Sanguo-Wei-Herrscherfamilie, die bei Dongyuan entdeckt wurden. Das überraschende an dem Fund ist, daß gerade Cao Cao, der Vater des Gründers der Dynastie, und sein Sohn Cao Zhi großen Wert darauf legten, die Prunksucht, die sich bei manchen reichen Familien und am Kaiserhof auch in der prächtigen Ausstattung der Gräber zeigte, einzuschränken. An diese Bestimmungen schienen sich aber die Caos selbst nicht gebunden zu fühlen. Im gleichen Grab wurden nämlich auch kostbare Beigaben, u.a. aus Elfenbein, gefunden.

Huang shan	黄山
Anhui	
Einw.:	Höhe: bis 1900 m S. 387 □ E 3

Das Huang-Gebirge mit seinen 72 Hauptgipfeln liegt im SO der Provinz Anhui, ca. 100 km sö der Stadt Anqing und 50 km n von Tunxi. Die vielgestaltige und eindrucksvolle Landschaft dieser Berge hat immer wieder Dichter inspiriert. Berühmte buddhistische Mönche fanden hier ein Refugium. Auch mit taoist. Mythen ist der Berg in Verbindung gebracht worden, bes. mit dem Gelben Kaiser (Huang di), dem Kulturheros der Heilkunst. Der beliebteste Aufstiegsweg beginnt im S beim Badeort

Huang shan, Alte Kiefer auf dem Huang shan >

Tangkou, aber auch von anderen Stellen aus kann man den Weg nach oben beginnen (im W von Gouqiao, im O von der Bahnstation Shuidian und im N von Taiping). Die Berggipfel und seltsamen Felsformationen haben die Wanderer von jeher zu skurrilen Namen inspiriert: Löwengipfel (Shizi feng) Krokodil-Gipfel (Eoyu feng) Pinselgipfel (Bifeng) Pinselhalter-Gipfel (Bijia-feng). Außerdem gibt es zahlreiche Quellen und Wasserfälle. Für eine Wanderung durch dieses Naturparadies sollte man sich mehrere Tage Zeit nehmen.

Kulturell bedeutende Sehenswürdigkeiten haben sich auf den Bergen kaum erhalten. Selbst in diesem Jh. noch wurden einige der Tempel durch Brände und andere Katastrophen zerstört. Viele der Heiligtümer sind heute in einfache Gästehäuser umgewandelt. Fast alle verbindet man aber mit den Namen berühmter Dichter und Maler, die bei ihnen auf Wanderungen haltmachten oder als Einsiedler in ihnen lebten.

Banshan si (im S des Gebirges zwischen Laoren-Gipfel u. Zhushan-Gipfel): Den Namen »Tempel auf halber Berghöhe« verdankt die Anlage dem Umstand, daß sie auf halbem Weg zu den Hauptgipfeln Tiandu und Yuping liegt. Die Bauten des Tempels sind neu, die alten sind längst zerstört. In der Nähe des Tempels sieht man einige Felsinschriften.

Ciguang-Pavillon (im S des Gebirges unter dem Zhusha-Gipfel): Während der Ming-Zeit lebten in diesem Tempel mehrere bedeutende Mönche. Bes. unter der Devise Wanli (1573–1620) wurden von Kaiser und Kaiserin zahlreiche Schenkungen an den Tempel gemacht.

In der Qing-Zeit wirkten im Tempel die bedeutenden Landschaftsmaler Hongren (ca. 1603–63) und Shitao (auch Daoji, 1641–1717) die zu einer Gruppe von Künstlern gehörten, die versuchten, sich mit ihren exzentrischen Landschaftsgemälden ganz bewußt und aus Protest vom akademisch-glatten Hof-Stil abzusetzen. Bei beiden wirken die Bergformen seltsam immateriell, schwebend. Bei Shitao scheint ein übermächtiger Wind selbst die Bergformationen in Bewegung zu halten. Vom alten Tempel sind nur noch Teile erhalten, neuere Anbauten werden als Gästehaus genutzt.

Cuiwei si (unter dem Cuiwei-Gipfel): Die 883 unter den Tang errichtete Anlage dient heute als Raststätte für Wanderer zum Songgu-an.

Songgu-an (unter dem Diezhang-Gipfel im N des Gebirges): Das Heiligtum war während der Song-Zeit Sitz des Taoisten Zhang Yinfu. Unter den Ming wurden die

Wolken über Huang shan

Huang shan, Sonnenaufgang

Bauten erneuert und erweitert. Der kleine Tempel ist berühmt für seine Teiche und die Bambuswälder seiner Umgebung.

Yungu si (unter dem Boyu-Gipfel im O des Gebirges): Von den alten, in 890 m Höhe gelegenen Tempelbauten ist nur noch wenig erhalten. Manche der Fundamente wurden in den Neubau eines Hotels einbezogen. Das Tal erhielt seinen Namen »Wolkenschlucht«, da es meist mit Nebeln verhangen ist. Der Blick vom Tempel aus über dichte Bambuswälder ist sehr reizvoll.

Yuping lou (zwischen Tiandu- und Lianhua-Gipfel im Zentralmassiv): Dem Ming-zeitl. Mönch Pumen war angeblich im Traum der Bodhisattva Manjushri auf einer Felsterrasse sitzend erschienen. An diesem in 1680 m Höhe gelegenen Ort fühlte sich Pumen an seinen Traum erinnert und ließ ein Heiligtum für Manjushri errichten *(Wenshu yuan)*, von dem heute allerdings nur noch die *Plattform* erhalten ist. Vor der Terrasse liegen ein Felsen in Löwen- und ein Felsen in Elefantenform, bei denen zwei berühmte Kiefern stehen. Von der Terrasse aus kann man einen der schönsten Ausblicke über die Gipfel der Huangshan genießen. Hier erhebt sich vor der sog. Jadeschirmwand (Yuping) ein Gasthaus.

Hua shan 华山

Shaanxi	
Höhe: 2154 m	S. 387 □ D 3

Das Hua shan-Massiv gehört zu den fünf heiligen Bergen Chinas und zählt zu den schönsten Gebirgen des Landes. Huashan war vor allem berühmt für seine taoist. Klöster, von denen auch heute noch einige bestehen. Seit langem war es für taoist. Einsiedler üblich, sich in schöne Berglandschaften zurückzuziehen, um Einheit mit dem Dao, der Kraft der Natur, und Unsterblichkeit zu erstreben. Im Laufe der Zeit folgten auch buddhist. Eremiten dem Beispiel der Taoisten.

Das Gebirge liegt an der Bahnstrecke zwischen Xi' an und Luoyang, bei der Ortschaft Huayin. Zwischen und neben den 4 Hauptgipfeln erheben sich zahlreiche niedrigere. Der untere Teil des Aufstiegs ist relativ einfach, wer aber einen der Gipfel erklimmen will, muß sich über extrem steile Steige emporarbeiten. Die Bauten der *Tempel* stammen meist aus dem 18. oder 19. Jh. Die buddhist. und taoist. Plastik wirkt grell und überladen. Dennoch haben viele dieser Bauten eine sehr lange Geschichte, die man u.a. auch in den zahlreichen *Inschriftenstelen* in ihren Höfen verfolgen kann. Manche der Heiligtümer wurden an sehr exponierten Stellen errichtet. Das Beispiel des Hua shan zeigt auch, wie gut sich die chines. Architektur mit ihren geschwungenen Dächern und den warmen Farben der Wände und Dächer in die Umgebung, in diesem Fall eine atemberaubend schöne Landschaft, einfügt.

Huehot/Huhehot/Hohot/ Huhehaote 呼和浩特

Nei Monggol Zizhiqu/Innere Mongolei		
Einw.: 1,2 Mio.	Höhe: 1080 m	S. 387 □ D 2

Geschichte: Die Hauptstadt der autonomen Region Innere Mongolei, Huehot, die im S der Provinz liegt, ist ziemlich neu. Sie

Hua shan

wurde im 16. Jh. vom mongolischen Führer Altan-Khan gegründet. Die Mongolen spielten auch nach dem Zusammenbruch ihres Weltreichs im 14. Jh. im Geschehen in N-Asien eine bedeutende Rolle. Immer wieder fielen sie in N-China ein und rissen bedeutende Teile an sich. Die Chinesen versuchten, sie gegen andere nomadische Gruppierungen wie die Manjuren auszuspielen. Auch unter der manjurischen Herrschaft der Qing über China waren die Mongolen ein bedeutender Machtfaktor in der Mongolei und N-China. Unter dem Kaiser Xuanye, der unter der Devise Kangxi 1661–1722 regierte, wurde Huehot zu einer Garnisonstadt ausgebaut. Viele der Gebäude, die heute noch zu besichtigen sind, wurden unter der Qing-Regierung im 18. und 19. Jh. errichtet. Heute ist Huehot eine Industriestadt. Man kann von hier aus auch organisierte Ausflüge in die Steppe unternehmen.

Da zhao (in der Altstadt): Der lamaist. Tempel geht auf die Gründungszeit der Stadt unter Altan-Khan zurück. Im Jahr 1580 war der Bau fertig, und zur Einweihung wurde eine silberne Buddhastatue gestiftet. Aus diesem Grund nannte man den Tempel auch manchmal Yinfo si (Silber-Buddha-Tempel). Qianlong erhob den Tempel zum kaiserlichen Heiligtum, und seine Haupthalle wurde zum Zeichen dieser Ehrung mit gelben Ziegeln gedeckt. Die Tempelbauten zeigen eine Mischung von lamaist.-tibet. und chines. Elementen, die für die sakrale Baukunst der Mongolen dieser Zeit typisch und auch an anderen Tempeln der Stadt zu erkennen sind (Xilitu zhao). Die *Haupthalle* aus der Ming-Zeit mit dem *silbernen Buddhabild* ist zweistöckig und sehr kompakt. Die Wände neigen sich zum Dach hin leicht nach innen und sind fast ungegliedert. Das Dach ist in chines. Stil gebaut. Die beiden *Eisenlöwen* vor der Haupthalle stammen von 1627.

Moschee (außerhalb des N-Tores der Altstadt): Unter Qianlong wurde in Huehot eine größere Gruppe von Muslimen aus Xinjiang angesiedelt, denen erlaubt war, sich eine Moschee zu errichten. An den Bauten herrscht der chines. Stil vor. Eine Gebetshalle, eine Koranschule und ein Haus für rituelle Waschungen blieben erhalten. Das Minarett trägt auf seiner Spitze einen kleinen Pavillon.

Wusutu zhao (im NW der Stadt am Fuß des Qingshan): Auch an diesem in wüstenähnlicher Umgebung liegenden Tempelkomplex fällt der chines.-tibet. Mischstil auf, der den Da zhao prägt. In diesem Fall wurden die Nebenbauten chines. gedeckt, während die flachgedeckte Haupthalle in ihrer Geradlinigkeit tibet. Tempelbauten entspricht. Die Stockwerke sind außen durch Balkone voneinander abgesetzt. Die bunten Malereien im ersten Stock setzen einen leuchtenden Akzent bei dem sonst schlicht gehaltenen Bauwerk. Ursprünglich standen hier mehrere Tempel dicht aneinander, die erst später zu einem, dem Wusutu, zusammengefügt wurden. Der früheste stammt aus dem Jahr 1583.

Wuta si (in der Wuta si jie): Die kleine Pagode aus der Qing-Zeit gehört zu einer Gruppe ähnlicher Bauten. Zwei davon befinden sich heute innerhalb und außerhalb von Beijing (siehe dort Wuta si und Biyun si). Diese Pagoden lehnen sich architektonisch an den Tempel im indischen Bodhghaya an, wo Shakyamuni die Erleuchtung empfangen haben soll. Der Pagodenbau von Huehot entstand 1723–35 unter der Devise Yongzheng. Er ist in den Proportionen nicht so ausgewogen wie die verwandten Bauten von Beijing. Das liegt besonders daran, daß der Sockel zu hoch geraten und das Tor, das ins Innere führt, zu groß ist. Der untere Teil des Sockels ist kaum gegliedert, aber mit Hoch- und Flachreliefs geschmückt, die Wächter, buddhist. Gruppen, Elefanten, Darstellungen des Rades der Lehre und Vögel zeigen. Die beiden oberen Drittel der Wandung werden von Reihen kleiner Buddhafiguren eingenommen, die durch schmale Grate voneinander getrennt sind. Über dem hohen Tor, das durch einen kleinen Vorbau in den rechteckigen Sockel führt, ist eine Inschrifttafel in die Mauer eingelassen, auf der der Name der Pagode in Tibetisch, Mongolisch und Sanskrit steht. Eine Treppe führt durch ein Türhäuschen zur oberen Plattform, auf der die 5 kleinen Pagoden stehen, die dem Bau seinen Namen gegeben haben. Die Türmchen an

Huehot, Ringer

den Ecken haben 4, das etwas höhere in der Mitte hat 6 Stockwerke. Auf dem Sockel unter den falschen Etagen sieht man Bilder von Buddhas, Bodhisattvas und anderen Gestalten des buddhist. Pantheons. Die flacheren Stockwerke sind, wie der obere Teil der Plattform, mit Reihen von kleinen Buddhafiguren geziert. Die Pagodenspitzen bestehen aus kleinen stupaförmigen Aufsätzen. Die Reliefs sind mit denen an den Pagoden von Beijing stilistisch verwandt.

Hinter der Pagode befinden sich auf einer Wand astronomische Darstellungen mit mongolischen Inschriften. Um einen inneren Kreis, der die 28 Mondhäuser des chines. Kalenders zeigt, wurden Sternbilder angeordnet.

Xilitu zhao (am Shitou gang in der Altstadt): Auch dieser Bau vereint chines. und tibet. Elemente. Um eine Zentralachse, auf der eine kleine *Tempelhalle* und das größte Gebäude des Tempels, die *Dajing tang*, stehen, gruppieren sich zahlreiche Gebäude in sinotibet. Stil: Im W mehrere *kleine Tempelhallen* und die *Wohnräume des Hutuktu* (Reinkarnation einer lamaist. Gottheit), zu dessen Ehren unter Altan-Khan mit der Errichtung des Tempels begonnen wurde. Im O liegen *Wohnungen der Lamas*, die den Xilitu zu betreuen hatten, eine lamaist. *Pagode* und weitere *Andachtsräume*.

Das bedeutendste Kunstdenkmal des Tempels ist zweifellos die *Dajing tang*, die große Sutrenhalle, die sich am Ende der Zentralachse vor den Fundamenten der alten Haupthalle erhebt. Sie wurde 1696 unter Kangxi erbaut. Die Front der Dajing tang ist mit bunten Ziegeln belegt und wird von Aufsätzen in Pagoden- und Rad-Form bekrönt. Hinter der relativ schmucklosen und niedrigen *Vorhalle* öffnet sich die hohe, nahezu quadratische *Sutrenhalle*. Das Dach wird von hohen Säulen gestützt. Die Front könnte in dieser Form durchaus zu einem typisch tibet. Tempel gehören. Die anderen Bauteile nehmen aber sehr viele chines. Elemente auf.

Huehot, Wuta si

Umgebung

Wanbu-huayanjing-Pagode (10 km ö): Der Bau wird auch Baita, weiße Pagode, genannt, und gab der w von ihm gelegenen Siedlung den Namen Baita cun. Die Pagode stand ursprünglich in der NO-Ecke von Fengzhou und ist heute eines der wenigen Relikte dieser aus der Liao-Zeit stammenden Stadt.

Die achteckige Pagode wurde zwischen 983 u. 1031 unter dem Liao-Kaiser Shenzong errichtet und ist 43 m hoch. Die Gliederung wirkt durch zahlreiche Schmuckelemente sehr reich. Über einem Sockel, der von stilisierten Lotosblättern abgeschlossen wird, erheben sich die 7 Stockwerke, die durch mehrere Konsolreihen und extrem schmale Zwischendächer abgesetzt werden. Neben Scheintüren und Fenstern sind in den beiden untersten Stockwerken Flachreliefs, feine Bodhisattva-Figuren in reichem Schmuck, sehr stark bewegten Gewändern und fliegenden, aber symmetrisch gearbeiteten Bändern zu sehen. Stilistisch stehen diese Bilder zweifellos der buddhist. Plastik des Unteren Huayan-Tempels von Datong (siehe dort) nahe. Im Gegensatz zu den oberen Stockwerken werden hier die 8 Flächen der Seiten nicht von schlichten Säulen, sondern von feinen Drachenfiguren begrenzt. Die Wände der oberen Stockwerke sind durch Rundbogentüren, falsche Fenster mit kleinen Sehschlitzen und Säulenattrappen gegliedert. Das Dach des Baus fehlt. Im Innern finden sich zahlreiche *Stelen* mit Inschriften in verschiedenen Sprachen, die Hinweise auf berühmte Besucher geben können.

Wang-Zhaojun-Grab (9 km s): Wang Zhaojun war eine Hofdame unter dem Han-Kaiser Yuandi. Im Jahr 33 v.Chr. wurde sie, um die einigermaßen freundschaftlichen Beziehungen zu den Xiongnu zu erhalten, dem Fürsten dieses gefährlichen Nomadenstammes zur Frau gegeben. Frau Wang war nicht die einzige Frau, die

an Nomadenfürsten oder Herrscher ausländischer Staaten verschachert wurde: Nicht nur unter den Han waren derartige »Geschäfte« ein politisch motivierter Brauch.
Wang Zhaojun allerdings ist die bekannteste dieser Frauen, und ihr wurden zahlreiche Gedichte und sogar in neuester Zeit Theaterstücke gewidmet (von Zhou Congli). Erst seit der Tang-Zeit ist dieser Grabhügel am S-Ufer des Daheihe als das Grab der Wang bekannt, es ist also mehr als zweifelhaft, ob es sich tatsächlich um die Ruhestätte dieser Dame handelt. Auch in anderen Städten des N werden dem staunenden Besucher nämlich Gräber der Wang Zhaojun gezeigt.
Der Grabhügel ist 33 m hoch und trägt mehrere Pavillons.

Xindianzi-Grab (ca. 50 km s): Die im Kreis Holingol gelegene Grabstätte aus der Han-Zeit (2. Jh.) kann als einer der bedeutendsten archäologischen Funde des letzten Jahrzehnts betrachtet werden. Es handelt sich um ein großes *Ziegelkammergrab* mit Kuppeln, das einst vollständig mit Wandmalereien geschmückt war, die heute aber z. T. durch Umwelteinflüsse und Grabräuber gelitten haben. Die Gemälde, die insgesamt ca. 500 qm einnehmen, wurden in einem sehr freien und lebendigen Stil offenbar von Mitgliedern einer Malerwerkstatt ausgeführt. Die unterschiedliche Qualität der einzelnen Bilder deutet darauf hin, daß sowohl geübte Meister als auch weniger begabte Kunsthandwerker Beschäftigung fanden.
Die Themen der Malereien sind für die Erforschung des Lebens in den Randgebieten Chinas während der Han-Zeit von besonderer Bedeutung. Szenen aus dem Leben des Grabherrn, der als hoher Beamter der Han zuletzt in diesem Gebiet residierte, werden mythischen Themen aus dem Vorstellungskreis des Konfuzianismus entlehnten Darstellungen (pietätvolle Kinder, tugendhafte Frauen) gegenübergestellt. Sehr interessant sind auch die Abbildungen von Angehörigen ausländischer Volksgruppen und die großen Pläne der Städte, in denen der Grabherr residiert hatte. (Nicht immer zur Besichtigung geöffnet.)

J

Jiayuguan		嘉峪关
Gansu		
Einw.: 98000	Höhe: 1642 m	S. 386 □ C 2

Die Kleinstadt in W-Gansu hat ihren Namen von der Befestigungsanlage, die im N von Jiayuguan liegt und das W-Ende der Großen Mauer markiert.

Fort: Die imposante Anlage aus der Ming-Zeit ist auch heute noch in ziemlich gutem Zustand. Das Mauergeviert wird im O und W von dreistöckigen Türmen überragt, deren oberstes Stockwerk ein Sattelwalmdach trägt. An manchen der Türen sind noch Malereien in leuchtenden Farben erhalten (z. B. Türhüter in voller Rüstung). Unter den Turmbauten liegen die stark befestigten Eingangstore, zu deren beiden Seiten Rampen auf die breite Befestigungsmauer führen, die auch von Pferden begangen werden konnten. Den W sicherten zusätzliche Vorwerke. An den Ecken und in der Mitte einer jeden Mauer ragen weitere Bastionen vor, auf denen Aussichtsplattformen errichtet wurden. Die Mauern haben eine Gesamtlänge von 733 m und umfassen eine Fläche von 33 500 qm. Die Bauten, die ehemals innerhalb der Mauern standen, sind heute verschwunden.

Museum (im Fort): Hier werden einige Funde gezeigt, die in den hochinteressanten Gräbern mit Wandmalereien in der Umgebung zutage traten. Von den einheimischen Künstlern der Sanguo- und

Jiayuguan, Endfort der Großen Mauer

Beichao-Zeit wurden kleine Ziegelflächen in sehr freiem Strich bemalt. Die Themen der Gemälde sind sehr vielfältig: Man sieht die Grabherren, Herren beim Ausritt oder bei der Jagd sowie Landarbeiter, und z.T. nichtchinesische Randvölker. Auch einige Grabbeigaben sind ausgestellt. 2 der Gräber können heute besucht werden.

Umgebung

Shenggu-Tal (ca. 20 km nw): Hier wurden *Felszeichnungen* entdeckt. Wie bei vielen ähnlichen Fundkomplexen ist die Entstehungszeit nicht leicht festzustellen. Man nimmt aber an, daß die Bilder in der späten Zhanguo- oder frühen Han-Zeit entstanden. Kämpfe, Jagd- und Tanzszenen wurden mit sehr einfachen Mitteln dargestellt. Vielleicht wurden sie von den Da Yuezhi oder der Volksgruppe, die sie aus diesem Gebiet verdrängt haben, den Xiongnu, in den Fels gemeißelt. Diese Hypothese wird angeblich dadurch gestützt, daß überhaupt keine Ackerbauszenen gezeigt sind, was auf den nomadischen Charakter der Menschen hinweisen soll. Ob diese Behauptung zutrifft, ist allerdings sehr fraglich.

Über Kleidung und Haartracht läßt sich jedoch folgendes aussagen: Die Dargestellten trugen offenbar knielange, gegürtete Röcke und hatten auf ihren Köpfen lange Schöpfe. Vielleicht ist in diesem Kopfputz aber auch nur festlicher Schmuck zu sehen, da manche der auf den Bildern dargestellten Handlungen mit Sicherheit religiösen Charakter haben.

Jilin/Kirin 吉林

Jilin

Einw.: 4 Mio. Höhe: 183 m S. 387 □ F 2

Die Hauptstadt der Provinz Jilin ist ziemlich neu. Die wirtschaftliche Grundlage bilden hauptsächlich chemische Industrien

und Rentierzucht. Landschaftlich hat die Provinz und auch die nähere Umgebung der Stadt viel zu bieten: Vulkangebiete, Seen und Kiefernwälder machen die Gegend für Wanderer zu einer Attraktion. 24 km sö liegt der Sungari-Stausee, 200 km sö erheben sich die Changbai-Berge, ein Naturschutzgebiet mit urwaldartiger Vegetation und Vulkanen.

Beishan-Park (im NW von Jilin): Die höchste Erhebung der Beishan (N-Berge) ist 270 m hoch. Der Park umfaßt mehrere Seen und Tempelanlagen, meist taoist. Heiligtümer, die in der Qing-Zeit entstanden. Die *Yuhuang-ge,* dem Jadekaiser, der höchsten Gottheit des taoist. Pantheons geweiht, wurde 1725 unter Yongzheng gebaut. Vor der Haupthalle und den Seitenanbauten des Tempels stehen noch Glocken- und Trommelturm. Der *Tempel des Kriegsgottes Guandi* mit einer kleinen Theaterbühne und der buddhist. *Yaowang miao* (Tempel des Bayshyajaguru, des Medizinbuddha) entstanden 1692.

Umgebung

Gaogouli-Gräber (im Kreis Ji'an im äußersten S der Provinz; nicht immer für Besucher geöffnet): Die Gräbergruppe, die unter der Herrschaft der Gaogouli-Fürsten entstand, liegt im O der Kreisstadt Ji'an.

Jiaoti mu (Grab der Ringer, ca. 4 km ö von Ji'an): Die Grabkunst der Gaogouli zeigt einen charakteristischen Mischstil mit chines. und eigenständigen Elementen, die sich nicht durch chines. Einfluß erklären lassen. Die Malereien wirken sehr lebendig, die Strichführung ist weich. Dennoch haftet manchen der Bilder eine gewisse Provinzialität an. Das Grab, das bereits früh von Japanern erforscht wurde (Ikeuchi und Umehara), erhielt seinen Namen von Ringern, die auf den Wänden der Hauptkammer dargestellt wurden. Die kräftigen Männer sind leicht bekleidet und halten sich umklammert. Ihre Haare sind zu Knoten auf dem Kopf zusammenge-

steckt. Ringkämpfe kannte man in China sehr wohl, in der Grabkunst wurden sie allerdings nicht dargestellt. Stilistisch steht das vermutlich aus dem 5. Jh. stammende Grab dem ungefähr gleichzeitigen sog. Grab der Tänzer (Wuyong mu, siehe dort) nahe. Wie alle anderen besteht es aus großen Steinplatten.

Sanshi mu (Dreikammergrab, ca. 2 km ö von Ji'an): Wie der Name schon sagt, besteht die Grabstätte aus 3 Kammern, die durch kurze Gänge miteinander verbunden sind. Die Räume tragen Laternendecken. Die Malereien wurden auf eine weiße Grundierung aufgetragen. In der ersten Kammer ist ein Bild aus dem 5. Jh. besonders bemerkenswert: Vor einer Stadtmauer kämpfen 2 Reiter in Rüstungen miteinander. Auch die Pferde sind mit gepanzerten Schabracken geschützt. Ähnliche Rüstungen kann man auch in der gleichzeitigen Kunst der buddhist. Höhlen und in der chines. Grabkunst abgebildet finden. Ganzkörperrüstung und Pferdepanzer wurden in dieser Zeit üblich.

Taiwang ling (Grab des Taiwang, ca. 5 km ö von Ji'an): Das Grab wurde im Jahre 412 für den 19. Herrscher der Dynastie gebaut und ist das größte der Gruppe. Der Grabherr konnte mit Hilfe einer Inschrift an der Grabdecke ermittelt werden. 414 errichtete sein Nachfolger 5 km nö von Ji'an eine 6,1 m hohe *Gedächtnisstele*.

Grab 12 von Tonggou (ca. 25 km nö von Tonghua): Die Grabstätte aus dem 5. Jh. besteht aus zwei Kammern, von denen die s etwas größer ist. Beide Räume tragen Laternendecken. Die Malereien in diesem Grab sind besonders fein. Neben Themen, die auch aus chines. Gräbern gut bekannt sind (Feste, Küchenszenen), wurden Pferde im Stall an der Krippe, Maler bei der Arbeit und Kämpfe dargestellt.

Grab 5 von Wukuifen (ca 0,5 km von eben beschriebenen): Richtungstiere, Wesen aus der chines. Mythologie, Fuxi und Nügua mit Schlangenleib, ein Wesen mit Menschenkörper und Stierkopf, das als der Kulturheros des Ackerbaus, Shennong, interpretiert wird, sind hier abgebildet.

Wuyong mu (Grab der Tänzer, ca. 4 km ö von Ji'an): Die quadratische Hauptkammer trägt eine Laternendecke, die mit Sonne, Mond und Sternen sowie mythischen Wesen wie fliegenden und musizierenden Unsterblichen bemalt ist. Die Wände zeigen Fest- und Ausrittszenen. Die Menschen tragen vielfach Reitkleidung, kurze Jacken und weite Hosen aus gemusterten Stoffen. Auf den Hüten sind in manchen Fällen flügelartige Aufsätze zu erkennen. Diese Flügelhüte waren für die Bewohner des Staates Gaogouli typisch. Die flügelartigen Aufsätze bestanden aus Metall und wurden in einigen Gräbern NO-Chinas gefunden. Ihren Namen erhielt die Grabstätte aufgrund der anmutigen Tanzszenen, die unter den Darstellungen von Festen vorkommen: Die Männer, die die Reihen von Tänzern anführen, tragen die erwähnten Flügelhüte. Festlich gekleidete Damen und Herren folgen feierlich schreitend und mit weit nach hinten gestreckten Armen. Diese Form des zeremoniellen Tanzes ist von chines. Darstellungen nicht bekannt.

Gaogouli-Stadt (auf dem Longtan-Berg nö der Stadt): Das Gaogouli-Reich, das Teile der Mandschurei und N-Koreas einnahm, entwickelte sich kurz nach der Han-Zeit. Das Gebiet stand bereits lange unter chines. Einfluß. In Städten wie Lolang (heute auf koreanischem Gebiet) lagen während der Han-Zeit chines. Garnisonen. Auch die Kultur der Gaogouli war keineswegs von chines. Einflüssen frei. Die Reste der Stadt bestehen aus großen Terrassen und den Fundamenten der Stadtmauer, deren Umfang 2,4 km betrug. In späterer Zeit entstanden unter den Qing Tempel, die allerdings wieder verschwunden sind.

Jinan 济南

Shandong

Einw.: ca. 2,14 Mio. Höhe: 32 m S. 387 □ E 2

Geschichte: Die Hauptstadt von Shandong liegt im NW der Provinz am Fuß des

< *Jilin, Himmelsee bei Jilin*

Taishan. Besondere geologische Umstände machen die Gegend reich an Höhlen und Quellen. Allein im Stadtgebiet von Jinan entspringen 72 Quellen.
Seit dem Neolithikum lebten in diesem Gebiet Menschen. Die manchmal eierschalendünne schwarze Keramik, die zu den typischen Produkten der ca. 5000 Jahre alten Longshan-Kultur gehört, wurde in Gräbern bei der Stadt gefunden. Diese Tonwaren von oft sehr eleganter Form wurden zum Teil auf einer Töpferscheibe gedreht, die eine wichtige Neuerung in der Keramiktechnologie darstellte. Die ersten städtischen Siedlungen lagen in einer Flußschleife des Qinghe im O-Teil der heutigen Stadt. Reste der Zhou-zeitlichen und späteren Städte wurden um den Daming-See entdeckt. Seit der Tang-Zeit war Jinan ein bedeutendes Handelszentrum, das auch zahlreiche arabische Händler anzog. Die auch heute noch große islamische Gemeinde hat sich von dieser Zeit an entwickelt. Schon in der Song-Zeit war Jinan beliebtes Ausflugsziel, aber auch ein wichtiges Wirtschaftszentrum. Bedeutende Dichter besangen die Schönheiten der Stadt in ihren Werken, und auch Marco Polo soll die Wunder der Stadt beschrieben haben. In der Ming- und Qing-Zeit wurden die Befestigungsanlagen erweitert. 1899 nahm die deutsche Besatzungsmacht den Bau einer Eisenbahnlinie zwischen Qingdao und Jinan in Angriff.

Jinan, Hochzeit

Daming-See (im N der Altstadt): Der See wird schon in alten Quellen, z.B. dem »Shuijing zhu,« einem geographischen Werk mit einem Kommentar aus dem frühen 6.Jh., erwähnt. Im umliegenden Park stehen mehrere Häuser und Pavillons, deren Geschichte z.T. bis in die Yuan-Zeit zurückverfolgt werden kann.

Nanda si (in der Libai sijie): Die große Moschee von Jinan wurde, wie bei den Moscheen in Zentralchina üblich, in einem chines.-arabischen Mischstil ausgeführt. Die Gebetshalle steht nach dem Vorbild offizieller chines. Bauten auf einer 4,2 m hohen Terrasse. Die Dächer sind schwarz gedeckt. Die Ornamentik nimmt chines. und arabische Elemente auf. Arabische Inschriften herrschen vor. Der erste Bau entstand in der Yuan-Zeit, wurde aber bis zur Etablierung der Republik immer wieder renoviert und umgebaut.

MUSEEN

Li-Qingzhao-Museum (im Baotu-quan-Park): Li Qingzhao (1094–ca. 1152) war eine der bedeutendsten Dichterinnen Chinas. Von Lyrikerinnen und Schriftstellerinnen wissen wir einiges. Allerdings wurden literarische Ambitionen bei Frauen auch in der konfuzian. Gesellschaft nicht besonders gefördert. Von Ban Biao z.B., der Schwester des Historikers Ban Gu, ist bekannt, daß sie ganz maßgeblich an der Vollendung der Geschichte der Han-Zeit (Han-shu) beteiligt war. Auch Li Qingzhao hat ihren Mann bei der Zusammenstellung eines epigraphischen Werkes, des »Jinshi lu«, unterstützt. Ihre literarische Bedeutung ist aber in ihrer Ci-Dichtung zu sehen. Die Stärke des Ausdrucks ihrer Gedichte liegt oft in den originellen Bildern, die durch die Kombination scheinbar nicht kombinierbarer Begriffe entstehen. Angeblich lebte die Dichterin nach dem Tod ihres Mannes und nach dem Zusammenbruch der N-Song bei der Shuyu-Quelle im heutigen Baotu-quan-Park, wo jetzt ihr Museum steht. Daher trägt ihre Werkausgabe auch den Titel »Shuyu-ci«.

Provinzmuseum (in der Wenhua xilu 103): Das Museum entstand 1955 als erste Einrichtung seiner Art nach der Revolution. Unter den Exponaten befinden sich die bereits erwähnten schwarzen Keramikgefäße der Longshan-Töpfer (Neolithikum). In Han-Gräbern wurden Bambustexte entdeckt. Manche dieser Werke galten als verloren und können nun zum ersten Mal am Original studiert werden. Teile der Funde aus dem Grab von Yinjue shan sind im Museum ausgestellt. Von besonderem Interesse ist auch die Sammlung von Han-Reliefs. Die Gräber in Shandong sind für einen ausgeprägten Stil bekannt. Die Bildflächen sind meist sehr dicht mit historischen und mythischen Figuren besetzt. Die Körper der Menschen sind ziemlich massig. Die Bilder werden meist in mehreren Ebenen übereinander angeordnet. Neben Bildern, die möglicherweise das Totenmahl der Grabherren darstellen, bilden Themen aus der konfuzian. Gedankenwelt einen wichtigen Bestandteil der Relief-Kunst in Shandong.

QUELLEN

An dieser Stelle können nur einige der berühmtesten angeführt werden:

Die *Baotu-Quelle* wurde schon im Zusammenhang mit dem Li-Qingzhao-Museum erwähnt. Der Park, in dem sie entspringt, liegt an der alten Stadtmauer im Zentrum der Stadt. Abgesehen vom Museum stehen auch einige Pavillons aus der Qing-Zeit bei der Quelle. Die im NO der Stadt an der Heihu-quan xilu gelegene *Heihu-Quelle* wurde in 3 steinerne Tigerköpfe gefaßt.

Die *Zhenzhu quan* an der alten Mauer im N der Quancheng lu ist ebenfalls von Bauten aus der Qing-Zeit umgeben. In der Nähe treten weitere Quellen ans Licht.

Umgebung

Foshui shan (3,5 km s): Aus dem N-Hang des Berges wurde in der Song-Zeit ein großer Buddhakopf gehauen, der 7,8 m hoch ist. Auf der O-Seite fügte man 2 Scheinpagoden hinzu, im W weist eine Ming-zeitliche Inschrift auf Renovierungsarbeiten hin.

Jiuding ta (ca. 10 km ö): Die sog. *»Neun-Dach-Pagode«* liegt beim Dorf Liuqu im Kreis Licheng. Das kleine 13,3 m hohe, achteckige Gebäude, das von ungewöhnlicher Form ist, gehörte zu einem Tang-zeitlichen Tempel, der schon früh zerstört wurde. Der kleine Bau hat leicht konkave

Jinan, Daming-See

Wände. In etwa 4 m Höhe ermöglicht eine Rundbogentür den Zugang ins Innere. Die kleine Cella trägt eine Laternendecke und war einst mit Wandmalereien geschmückt, von denen nur noch Fragmente zu sehen sind. Das überraschende an der Pagode ist die *Dachkonstruktion,* die in der chines. Architektur keine Parallele findet: Über vorkragenden Ziegelreihen wurde das leicht geschwungene Dach gesetzt, an dessen Spitze eine 5,3 m hohe größere Pagode steht, die 8 kleinere, 3 m hohe Pagoden umgeben. Alle 9 Türmchen sind dreistufig und quadratisch und haben im untersten Geschoß eine Tür. Sie sind mit Tang-zeitlichen Stufenpagodenformen verwandt. Hinter der Pagode erhebt sich eine Felswand, die mit buddhist. Reliefs geschmückt ist.

Lingyan si (80 km s): Der Tempel liegt am NW-Hang des Taishan im Kreis Changqing. Er wurde unter den Bei-Wei gegründet und erlebte eine Blütezeit unter der Tang-Dynastie. 500 Mönche lebten damals im Kloster. Heute sind noch mehrere Hallen aus späterer Zeit erhalten.

In der *Qianfodian* aus der Ming-Zeit beeindrucken die 40 Song-zeitlichen *Luohan-Statuen,* die durch ihre besonders individuelle Gestaltung auffallen. Die Wände sind von Reihen ca. 30 cm hoher Buddhafiguren bedeckt. Zum Tempel gehört auch die besonders schöne *Pizhi-Pagode.* Der achteckige, 51,6 m hohe Bau entstand wahrscheinlich im 11.Jh. anstelle eines Tang-zeitlichen Vorgängers. Die architektonische Harmonie des Bauwerks resultiert aus der kontinuierlichen Reduzierung von Breite und Höhe der 9 Stockwerke. Das Untergeschoß ist schlicht und hat auf den 4 Hauptseiten Türöffnungen. Die 3 darüberliegenden Stockwerke werden durch ein Dach und ein Gesims, das wohl ehemals ein Geländer trug, voneinander getrennt. Dächer und Gesimse werden von je 2 Konsolreihen gestützt. Aufgrund der abnehmenden Geschoßhöhe wurden auf den höheren Stufen die Emporen weggelassen, die Dachform verändert sich aber nicht. Abgesehen von Rundbogentüren auf den Hauptseiten sind Scheinfenster der einzige Schmuck der Wände. Steile Treppen führen im Innern empor. Über einem Scheingeschoß über dem 9. Stockwerk steht eine hohe Bronzespitze.

Im W- des Tempels wurde ein großer *Mönchsfriedhof* angelegt, dessen Gräber durch kleine Pagoden gekennzeichnet sind. Da man hier über eine lange Zeit Mönche bestattete, ist der stilistische Wandel dieser Kleinbauten deutlich zu erkennen.

Longdong shan (ca. 10 km ö): Der im SO des Kreises Licheng gelegene Berg wurde nach einer Höhle im W-Gipfel benannt. Sie birgt seltsame Felsformationen und Reliefs. Im darunterliegenden *Shengsou yuan* finden sich Inschriften aus der Song-Zeit, auf den umliegenden Bergen Reliefs von der Wei- bis zur Tang-Zeit. Die 7-stöckige *Baoen-Pagode* wurde im Jahr 1116 errichtet.

Longhuta (n des Dorfes Liubu im Kreis Licheng): Die *Pavillon-Pagode,* die früheste dieser Art in China, stammt von 544. Sie wurde zu Ehren des Abtes Langgong gebaut, dessen Grab in der Nähe liegt. Langgong gründete im 4. Jh. den *Shentong-Tempel,* zu dem die kleine Pagode gehörte. Sie ist aus 3 stilistisch nicht einheitlichen Bauteilen zusammengesetzt: Der dreistufige *Sockel,* von dem heute ca. 2 m unter der Erde liegen, weist rechteckige Nischen auf und war wohl mit Reliefs verziert. Die darüberliegende *Cella,* die aus 4 großen Steinplatten besteht, ist vollkommen von Reliefs überzogen, die neben buddhist. Gestalten auch Richtungstiere wie die Drachen und Tiger – Symbole des O und W – zeigen. Die rechteckigen Türen sind von Scheinbogen überspannt und werden von Wächterfiguren flankiert. Besonders auffällig ist das *Dach.* Nach Meinung von William Watson sollte in ihm das Wunschjuwel (Cintamani), das an vielen Pagodenbauten die Spitze bildet, mit rein architektonischen Mitteln nachgebildet werden. Das Dach ist zweistufig. Beide Stufen werden von 2 Reihen von Konsolen getragen. Mit dem unter der Erde gelegenen Teil erreicht die Pagode eine Gesamthöhe von 15 m.

Qianfo shan (2 km s): Man kann den 238 m hohen Berg direkt von der Stadt aus besteigen. Vom Gipfel aus bietet sich ein herrlicher Ausblick auf die Bergwelt von Jinan. Unter einem Abhang liegt der im 7. Jh. unter den Tang gegründete *Xingguo si.* Im Tempel-Areal kann man über 100 Reliefs aus der Zeit vom 6. bis zum 9. Jh. besichtigen. Im O-Hof des Tempels finden sich

Darstellungen von Nüying und Ehuang, den beiden klugen Frauen des mythischen Kaisers Shun, die ihn mehrmals vor den Mordanschlägen seiner Eltern retteten.
Qianfoyai-Reliefs (nö des Dorfes Liubu im Kreis Licheng am Baihu shan): Die über 100 Höhlen enthalten ca. 210 Buddhafiguren und zahlreiche Inschriften. Sie wurden zwischen der Tang- und der Song-Zeit aus dem Fels gehauen. Die Andachtsbilder sind von Bodhisattvas, niedrigeren Gottheiten und Mönchen umgeben. In der größten Höhle ist u.a. ein Bild der 3. Tochter des Tang Taizong, der Prinzessin von Nanping, und ihres Mannes erhalten.
Qiantong-shan-Reliefs (sw des Kreises Licheng, s von Jinan): Der Tempel (Dafo si) ist zerstört. Allerdings blieben die über 9 m hohe Statue des Erleuchteten und Bilder von zwei 2,2 m hohen Bodhisattvas erhalten.
Simenta (s des Kreises Licheng, nö des Dorfes Liubu, sö von der Longhu ta): Der schlichte Bau von 544 ist frühester seiner Art in China. Er steht auf einer Terrasse und besitzt einen quadratischen Grundriß, eine Seitenlänge von 7,5 m und eine Höhe von 15 m. Die vollkommen schmucklose *Cella* hat auf allen Seiten rechteckige Türen mit Blendbögen (daher der Name »Viertür-Pagode«). Über 4 vorkragenden Steinreihen baut sich die ebenfalls aus zahlreichen Steinstufen bestehende Imitation eines Ziegel-Zeltdaches auf. Auf der Spitze erhebt sich über einer kleinen Plattform ein pagodenartiger Aufsatz. Bei einer Renovierung im Jahr 1972 wurde eine Sui-Inschrift von 611 entdeckt. An der Säule in der Kammer sieht man Reliefs und Inschriften aus der Wei-Tang-Zeit.
Xiaotang-shan-Grabschrein (80 km sw): Der Grabschrein im Kreis Changqing ist der einzige vollständig erhaltene Schrein aus der O-Han-Zeit. Er hat die Form eines sehr einfachen, kleinen Hauses und wurde aus Steinplatten, die von feinen Reliefs bedeckt sind, zusammengesetzt. Auch das Satteldach besteht aus Stein. Grabschreine wurden zu Ehren berühmter Toter errichtet. Es kam durchaus vor, daß sie erst geraume Zeit nach dem Tod des Grabherrn auf Staatskosten errichtet oder von dem Regierungsbezirk gestiftet wurden, in dem der Tote gewirkt hatte. Im Kreis Jiaxiang, ebenfalls in Shandong, finden sich die Reste mehrerer Grabschreine der Familie Wu, die ziemlich unsystematisch in einem kleinen *Museum* zusammengestellt wurden. Der Grabherr, dem der Schrein vom Xiaotang shan gewidmet ist, konnte nicht mehr ermittelt werden. Die Liniengravierungen im Innern sind sehr fein und thematisch interessant: Ausritte, Kämpfe mit fremden Völkern (vielleicht Parthern), Festszenen und Tributgesandtschaften mythischer Völker haben die Steinmetze in sicherem Strich ausgeführt. Man kann an diesen Bildern erkennen, daß die Themen zwar im Detail Variationen zeigen, man aber offenbar bei der Dekoration von Grabschreinen und Grabkammern immer auf den gleichen Fundus von Überlieferungen zurückgriff: Es werden immer wieder konfuzian. Geschichten, Szenen aus der chines. Mythologie und Riten dargestellt, die mit dem Totenkult in Verbindung stehen. Dies bestätigen auch die Reliefs aus den Schreinen der Familie Wu.

Jingdezhen 景德镇

Jiangxi

Einw.: 598600 Höhe: 40 m S. 387 □ E 3

Geschichte: Jingdezhen liegt im NO der Provinz Jiangxi. Die Stadt ist für die Entwicklung der chines. Porzellanproduktion von großer Bedeutung. Keramiköfen bestanden bei der Siedlung schon seit der Nanbeichao-Zeit. Den größten Aufschwung nahmen die Keramikmanufakturen in diesem Gebiet aber in der Yuan-Zeit, als man begann, in größerem Umfang mit Kobaltblau zu experimentieren. Seit der Tang-Zeit war man in der Lage, echtes Porzellan zu produzieren. Jingdezhen hatte aufgrund seiner Lage die besten Voraussetzungen für eine Porzellanherstellung in großem Umfang. Feiner Ton und Kaolinerde, die zur Fertigung echten Porzellans unbedingt nötig sind, waren zunächst in der Nähe reichlich abzubauen. Aber auch als die Lager sich erschöpft hatten, gab man die Stadt als Produktionsstandort nicht auf, da alle anderen Bedingungen für eine schnelle Abwicklung auch großer Aufträge erfüllt waren.
Die Stadt hat ihr altes Bild weitgehend er-

Jingdezhen, Porzellanvase

Jingdezhen, Porzellankrug

halten. Manche der alten Straßenzüge wahren ihren Qing- oder sogar Ming-zeitlichen Charakter, was die Siedlung auch architektonisch reizvoll macht.

Porzellanmanufaktur: Die Möglichkeit, ästhetisch befriedigende Farbwirkungen mit Kobaltblau unter Glasur zu erzielen, revolutionierte die Keramikindustrie Chinas. Seit der Yuan-Zeit waren die berühmten Blauweißporzellane nicht nur in China selbst, sondern auch im Westen, zunächst im Iran und im osmanischen Reich begehrt. Aber auch in den Kuriositäten-Kabinetten europäischer Fürstenhöfe fand man diese Porzellane. Im Barock- und Rokoko-Interieur europäischer Herrenhäuser gehörte chines. Porzellan zur Ausstattung. Aber auch die fürstliche Tafel war mit reich verziertem Blauweiß- oder Mehrfarben-Porzellan aus China bestückt. So ergab es sich, daß die Öfen von Jingdezhen nicht nur Waren für den kaiserlichen Bedarf brannten, sondern auch immer wieder Aufträge aus dem Ausland auszuführen hatten. Häufig wurden Formen und Dekor auch den westlichen Bedürfnissen angepaßt, so daß sich allmählich ein spezieller Stil für die Exportware entwickelte. Für manche der Service wurde zusammen mit dem Auftrag auch gleich eine Vorlage geschickt. Die chines. Kunsthandwerker erhielten beispielsweise die Order, Wappen oder Genreszenen auf das Porzellan zu malen.

Die frühesten Waren sind besonders reizvoll, da zwar noch nicht die technische Perfektion der späten Qing-Zeit erreicht war, die Malerei aber wesentlich spontaner und origineller wirkte. Viele der späten Waren, zumal die Exportporzellane, sind zwar technisch vollendet, die Malerei auf leuchtendem Weiß wirkt jedoch steril und meist leblos. Die berühmten Sorten, die nur für Europa hergestellt wurden, famille rose oder famille verte, nehmen sich manchmal geradezu »süßlich« aus.

Die Arbeiter an den Öfen waren in hohem Maße spezialisiert. Für jeden Arbeitsgang gab es Spezialisten, um einen möglichst

Jingdezhen, Porzellangeschirr

raschen Ablauf zu garantieren. Das ging so weit, daß sogar für einzelne Ornamente mehrere Handwerker zuständig waren, die nacheinander jeweils nur einen bestimmten Teil auf das Gefäß auftrugen.
Über die Keramikindustrie der Stadt in der Ming- und Qing-Zeit sind wir nicht nur durch Ausgrabungen alter Öfen recht gut informiert. Mehrere Handbücher wie »Taoshuo«, »Jingdezhen taolu« oder »Tiangong kaiwu« schildern genau den Produktionsprozeß.

Keramiköfen (im Stadtzentrum und im S und SO der Stadt): Die Reste der Keramiköfen von der Song- bis zur Qing-Zeit finden sich in großer Zahl in der Stadt und ihrer Umgebung. Die Grundrisse und Mauerreste der Öfen ließen Rückschlüsse auf den Entwicklungsstand der Industrie zu. Die Brennvorgänge mußten sehr genau kontrolliert werden, deshalb wurde die Konstruktion der Ofenkammern immer komplizierter. Für die Archäologen von großem Interesse waren auch die Scherbenhaufen, da auch mißlungene oder zerbrochene Stücke zur Erforschung der Porzellanproduktion beitrugen.
Porzellanmuseum (in Panlonggeng im W der Stadt): Das Museum informiert den Besucher durch eine Kombination aus Porzellanausstellung und Vorführung der Produktionsbedingungen in alten und neuen Keramikwerkstätten. Alte Manufakturen wurden im Museumskomplex wiederaufgebaut.

Umgebung

Hongta (ca. 15 km w): Inmitten der Ruinen einer alten Siedlung erhebt sich die *»Rote Pagode«*. Sie ist sechseckig, hat eine Höhe von 30 m und 7 Geschosse. Der Bau entstand während der Tang-Zeit und wurde später wiederholt renoviert.
Ming-zeitliche-Anwesen (ca. 90 km w): Sie liegen bei den Dörfern Xihu taoya und Xingtiang xiatian.

Jiuquan		酒泉
Gansu		
Einw.: 284500	Höhe: 1500 m	S.386 □ C 2

Geschichte: Jiuquan liegt zwischen den Flüssen Hei he und Bei dahe im W der Provinz Gansu. Die Lage in einem ziemlich fruchtbaren Gebiet an wichtigen Handelsstraßen nach Zentralasien begünstigten die Entwicklung der Stadt, die schon in Han-zeitlichen Quellen erwähnt ist. Mehrere *Höhlentempelanlagen* in der weiteren Umgebung von Jiuquan zeugen davon, daß sich auch hier, ähnlich wie in Dunhuang, schon früh ein buddhistisches Zentrum gebildet hatte. In Gansu, das erst in der Han-Zeit ins Reich eingegliedert wurde, lebten keineswegs nur Chinesen. Die Han bildeten eher eine Minderheit, die allerdings alle politisch bedeutenden Stellen besetzt hielt. Große Teile der Bevölkerung nomadisierten und trieben nur nebenher Ackerbau. Sie wurden großenteils erst von den Chinesen seßhaft gemacht, die sie so besser unter Kontrolle hatten.

Glockenturm: Das Gebäude entstand im 19. Jh. Auf einem ziemlich breiten Sockel von quadratischem Grundriß erhebt sich der dreistöckige Turmbau mit für nordchines. Verhältnisse sehr stark nach oben gebogenen Traufenden.

Jinquan, Glockenturm

Museum: Es enthält wichtige Hinweise auf die reiche kulturelle Tradition der Region, die nicht nur von starken chines. Einflüssen geprägt wurde. Bedeutende Impulse kamen auch aus Zentralasien. Zwischen Jiayu guan (siehe dort) und Jiuquan wurde eine große *Gruppe von Gräbern* entdeckt, die zwischen der Sanguo- und der frühen Beichao-Zeit entstanden. In den Kammern fanden die Archäologen ca. 1000 *Wandmalereien*. Die Grabform ist auch in anderen Provinzen Chinas zu finden: Mehrkammrige Ziegelgräber wurden mit hohen Kuppeln überwölbt. Untypisch sind die hohen Aufbauten über den Grabtoren, die verschiedene Architekturelemente, kleine Nachbildungen von Ehrentürmen (Que) und Konsolattrappen, vereinen.
Ungewöhnlich sind auch die *Wandmalereien*. Von der Künstlergruppe, die in relativ einheitlichem Stil arbeitete, wurden kleine Flächen bemalt, die zwischen Reihen horizontal gemauerter Ziegel eingebaut sind. Getrennt werden die einzelnen Bilder durch mehrere senkrecht stehende Ziegel.
Eines dieser Gräber wurde im Museum von Jiuquan in verkleinerter Form nachgebaut. Weitere, größere Modelle und Originale sind im Museum von Lanzhou (siehe dort) zu besichtigen. Überraschend ist auch die Thematik, die sich deutlich von den Darstellungen im Zentralgebiet unterscheidet. Die konfuzian. Themen fehlen fast ganz. Hingegen wurden das Leben der Landbevölkerung und die Trachten der nichtchines. Volksgruppen ausführlich dargestellt. Besonders auffällig sind Bauern mit sehr langen Zöpfen oder mit hohen Kappen, auf denen Yakschweife oder Federbuschen wehen.

Umgebung

Changma (50 km ö von Yumen, w von Jiuquan/Jiayuguan);
Jinta si (40 km nö von Mati si);
Mati si (50 km s von Zhangye, ö von Jiuquan).

Wenshu shan (15 km sw): An allen genannten Orten im Umkreis von Jiuquan befinden sich **buddhist. Höhlentempelanlagen**. Da sie stilistisch ziemlich einheitlich gestaltet sind, werden sie im folgenden zusammenfassend beschrieben.

Die künstlerischen Parallelen zu den Höhlen von Dunhuang (siehe dort) sind hier deutlich zu erkennen.

Die Höhlengruppen liegen in Wüstengebieten an Steilhängen. Die *Tempel* bestanden aus Vorhallen, die nicht mehr in allen Fällen erhalten blieben, und einem Hauptraum, an dessen Rückwand die *Hauptandachtsfigur* stand, ein *Buddha*, umgeben von Bodhisattvas und Schülern. Ein anderer Höhlentyp, der z.B. in Yungang bei Datong (siehe dort) häufiger zu finden ist, hat in der Mitte des Hauptraumes eine Säule, an der das Hauptbild steht, oder sogar eine kleine Cella (z.B. Mati si, Höhle 8). Die zentralen Säulen wurden von den Gläubigen mehrmals rituell umschritten, bevor sie vor dem Kultbild ihre Andacht verrichteten. Der Dekor der Räume besteht, wie in Dunhuang, aus einer Kombination von Plastik und Malerei. Die ältesten Höhlen stammen aus der Wei-Zeit. Gerade bei ihnen sind die Verbindungen zum Dunhuang-Stil am deutlichsten zu spüren: Die Körpergliederung wird sehr deutlich hervorgehoben, die Gesichtszüge sind betont. Sehr klare Farbflächen werden gegeneinandergesetzt.

In den Vorhallen sind die alten Malereien großenteils verschwunden. Kunstwerke späterer Dynastien (Liao-Yuan) traten an ihre Stelle.

Die in kräftigen Farben bemalte Plastik ist leider in sehr schlechtem Zustand. Die frühen Figuren (Wei-Tang) sind von hoher Qualität. Die Gesichter tragen manchmal individuelle Züge. Die weicher fließenden Gewandkonturen lassen darauf schließen, daß die Künstler sich bereits von der strengen Symmetrie des Gandhara-Stils gelöst hatten. Besonders sehenswert sind die *Qianfo-* und *Wanfo-dong* von *Wenshu shan* und die *Höhle 8 in Mati si*.

Leider ist keine der Höhlen von Zerstörungen verschont geblieben, und die Anlagen befinden sich insgesamt in einem wesentlich schlechteren Zustand als die Höhlen von Dunhuang oder Yungang. Ein Besuch lohnt sich dennoch in jedem Fall.

K

Kaifeng	开封
Henan	
Einw.: ca. 647900 Höhe: 77 m	S. 387 □ D 3

Geschichte: Die einstige Hauptstadt der N-Song liegt im NO der Provinz Henan im S des Huanghe im traditionellen Kerngebiet der chines. Kultur.

Schon in der Zhanguo-Zeit existierte beim heutigen Kaifeing eine städtische Siedlung. Im Jahr 364 v.Chr. wurde die Hauptstadt Daliang des Feudalstaates Wei von Anyi hierherverlagert. Dabei erweiterten die Herrscher von Wei aber nur eine schon bestehende Stadt. Auch unter den Han und Sanguo-Wei lag hier der Verwaltungssitz der Region. Nach der An-Lushan-Revolte im späten 8.Jh., als die Hauptstädte Changan (beim heutigen Xi'an, siehe dort) und Luoyang in Schutt und Asche lagen, entwickelte sich Kaifeng, damals Bianzhou genannt, zum wichtigen politischen und wirtschaftlichen Zentrum. In der Wudai-Zeit etablierte der Herrscher eines der 5 kurzlebigen Staaten (Hou-Liang; 907–921) seinen Regierungssitz in Kaifeng, aber erst unter den Song wurde die Stadt zum bedeutendsten städtischen Zentrum Chinas. Durch die sehr großzügige Stadtplanung beugte man Gefahren vor, die in der S-Song-Zeit in Hangzhou ständig drohten. Die Weiträumigkeit verhinderte die schnelle Ausbreitung von Epidemien und Bränden. Für die Schönheit und den Reiz des Song-zeitlichen Kaifeng besitzen wir

Kaifeng, Qingming shanhe tu

ein erstaunlich präzises Zeugnis in einem langen *Rollbild des Zhang Ceduan,* das 1118, kurz vor der Einnahme der Hauptstadt durch die Jurcen (Jin), entstand. Die Querrolle blieb in mehreren Kopien erhalten, von denen sich 2 im Gugong in Beijing und im Palastmuseum von Taipei, Taiwan befinden. Das Bild ist über 10 m lang. Der feine und präzise Strich und die Detailfreude stehen in der Tradition Song-zeitlicher Genremalerei. Dabei verhindern die Kühnheit der Gesamtkomposition und das künstlerische Niveau ein Abgleiten ins Verniedlichende. Der Titel des Gemäldes, »Qingming shanhe tu«, beschreibt den Rahmen, in dem sich die Darstellung bewegt: »Am (Totenfest) Qingming flußaufwärts (reisen)«. Zu sehen ist dabei der Weg von den ländlichen Randgebieten der Stadt ins lebendige Zentrum. Die Häuser waren durchweg einstöckig. Auf weiten Plätzen sieht man auf dem Gemälde unzählige Menschen bei der Arbeit oder mannigfachen festlichen Vergnügungen. Man kann den Bilderhändler und den Lebensmittelverkäufer, den Gelehrten in seinem Studio oder vornehme Damen in ihren Sänften beobachten. Gaststätten mit Zechern, verfallene Häuser armer Leute und Theaterbühnen sind so minuziös gemalt, daß man sogar noch erkennen konnte, welches Stück vorgeführt wurde. Die Architektur wirkt vielfältig durch die reichen Variationen in der Gestaltung der Fenster, der Dächer und des Bauschmucks, der sich vielfach gar nicht so stark von Ming- und Qing-zeitlichen Formen unterscheidet.

Als großer Umschlagplatz hatte Kaifeng auch eine große Ausländergemeinde, in der eine nicht unbeträchtliche Anzahl von jüdischen Händlern eine wichtige Rolle spielte. Zeugnisse des Lebens der jüdischen Glaubensgemeinschaft von Kaifeng fanden sich noch in den Ruinen der Ming-zeitlichen Synagoge. 3 Stelen aus dieser Synagoge werden heute im Museum aufbewahrt.

Nach der Eroberung der Stadt durch die Jurcen (1127) und die Verlagerung der

Kaifeng, Fanta

Kaifeng, Tieta

Hauptstadt der Song nach Hangzhou, verlor Kaifeng zeitweise an Bedeutung, konnte aber in der Ming- und Qing-Zeit seine Stellung als wichtiger Handelsplatz zurückgewinnen.

TEMPEL UND PAGODEN

Fanta (im S der Stadt an der Tielu beiyan jie bei der Yuwang tai): Die Pagode des ehem. Guoxiang si steht heute als eindrucksvoller Torso vor der »Terrasse des Königs Yu«. Der 31,7 m hohe Stumpf ist sechsseitig, dreistöckig und besitzt eine Seitenlänge von 13,5 m. Er blieb als Überrest einer wahrscheinlich über 60 m hohen Pagode erhalten, die 977 in der frühen Song-Zeit anstelle eines Wudai-zeitlichen Vorgängerbaus errichtet wurde. Bei den Unruhen, die das Ende der Yuan-Dynastie begleiteten, ging der Tempel in Flammen auf, und auch die Pagode wurde stark in Mitleidenschaft gezogen. Der Abt Shengan ließ das Kloster erneuern. Die Pagode allerdings wurde nicht wieder in ihrer ursprünglichen Höhe rekonstruiert. Vielmehr schloß man das dritte der vorher 9 Stockwerke mit einem leicht abgeschrägten Dach und krönte den Bau mit einer unverhältnismäßig hohen Spitze, die wohl dem Abschluß der alten Pagode entsprach. Obwohl das Gebäude aus diesem Grund und wegen seiner geringen Höhe unproportioniert wirkt, bleibt es doch beeindruckend. Das *Untergeschoß* ist fast so hoch wie die beiden anderen zusammen und besitzt 2 *Tore*. Das eine führt durch einen hohen Gang zur *Cella* mit buddhist. Plastik. Das andere öffnet den Weg zu einem Schacht, der bis zum oberen Stockwerk führt. Das zweite Stockwerk hat 6 Türöffnungen, das dritte drei. Die Geschosse trennen 2 doppelte Reihen von Ziegelkonsolen, zwischen denen stufenähnlich übereinanderliegende Ziegelreihen ein Ziegeldach simulieren. Sämtliche Wandflächen sind mit Keramikplatten belegt, die aus Modeln gepreßte Buddhabilder zeigen.

Tieta (am O-Ende der Tieta xijie im N der Stadt): Der Name des Bauwerks, »Eisenpagode«, bezieht sich nicht auf das Material, aus dem es besteht, sondern auf seine Farbe. Denn die Pagode ist aus Ziegeln gemauert. Die glasierten Deckplatten glänzen braunmetallisch. Bei der Datierung ergeben sich einige Schwierigkeiten, es ist aber wahrscheinlich, daß es sich noch um den ursprünglichen Bau vom Anfang der Song-Zeit handelt. Einige der Schmuckplatten wurden jedoch vielleicht später, im 10. Jh., erneuert. Der dazugehörige Tempel wurde, wie der Xiangguo si, in den Kriegswirren am Ende der Yuan-Zeit zerstört. Im Vergleich zur Fanta sind Schmuck und Gliederung der Tieta sehr reich. Der schlanke Bau ist achteckig, besitzt 13 Stockwerke und erreicht eine Höhe von 55 m. Zur Spitze hin wird er kontinuierlich schmäler, und die Geschosse werden niedriger. Doppelte Reihen von Ziegelkonsolen tragen die sehr schmalen, leicht geschwungenen Dächer. Bis zum elften Stockwerk setzte man über die Dächer je eine zweite Doppelreihe Konsolen.

Die Spitze des eleganten obersten Daches bildet eine Perle. Das unterste Stockwerk ist wesentlich höher als die übrigen, wird aber von einem Gesims, das durch stufenweise vorgeschobene Ziegelreihen gebildet wird, gegliedert. Auf 4 Seiten befinden sich Tür- und Fensteröffnungen mit Kragbogen. Der Keramikschmuck der Pagode ist sehr vielfältig. Neben geometrischen Mustern herrscht figürlicher Schmuck vor: Sitzende buddhist. Figuren in Nischen, Musikanten und in den kleinen Kammern im Innern auch größere Platten mit stehenden Buddha- und Bodhisattvafiguren. Der Bau ist sehr sorgfältig ausgeführt und daher nicht nur aufgrund seiner architektonischen Feinheit ein Meisterwerk. In der SW-Ecke des zugehörigen Parks sieht man in einem Pavillon eine vergoldete *Sitzstatue des Buddha* von 5,1 m Höhe. Die Bronzefigur wurde in der Song-Zeit gegossen und stand einst im Zentrum der Haupthalle des Tempels.

Xiangguo si (an der Ziyou lu im S der Altstadt): Der Tempel befindet sich angeblich an der Stelle, an der ein Palast des Herrn von Xinling (Xinling jun) stand. Dem Fürstensohn des Zhanguo-Staates Wei wurde sogar in einer Biographie des Geschichtswerkes Shiji ein Denkmal gesetzt, da er ein besonders kluger und feinfühliger Politiker war.

Der Tempel wurde unter den Bei-Qi im Jahre 555 gegründet. Nachdem er nieder-

Kaifeng, Bibliothek in Xiangguo si

gebrannt war, ließen ihn die gerade an die Macht gekommenen Tang wiederaufbauen. Bereits 712 erhielt er seinen heutigen Namen. Die Tang- und Song-Kaiser ließen den Tempel mit großer Pracht ausstatten, und berühmte Mönche gehörten zur Gemeinschaft des Xiangguo si.
In der Song-Zeit wurde am 5. Tag eines jeden Monats beim Kloster ein Markt abgehalten. Als der Huanghe am Ende der Ming-Zeit die Stadt überschwemmte, wurden die Mönchswohnungen zerstört und auch die anderen Bauten in Mitleidenschaft gezogen. In der Qing-Zeit wurde der gesamte Tempel renoviert, verfiel aber später erneut. Erst unter Qianlong ging man daran, die Bauten zu erneuern. So hat das bestehende Gebäude kaum mehr etwas mit dem alten Prachtbau der Tang- und Song-Zeit gemein.

Yuhuang ge (an der Wuyi lu im W der Stadt beim Baofukeng-See): Der Pavillon des Jadekaisers (Yuhuang), der obersten taoist. Gottheit (auch Yuhuang shangdi genannt), blieb als einziger Überrest des einst berühmten taoist. Tempels Yanqing guan erhalten. Er entstand 1549 unter dem Ming-Herrscher Jiaqing. Infolge von Überschwemmungen war der untere Teil verschüttet und konnte erst 1973 wieder freigelegt werden. Der Unterbau ist einfach und quadratisch. Im Innern steht eine Figur des Jadekaisers und zweier Assistenzgottheiten. Das erste Obergeschoß ist wesentlich aufwendiger gestaltet, besitzt jedoch keine Fenster. Das Achteck ist aber von Dachattrappen und reichem Figurenschmuck umgeben. Um die zweite Etage läuft ein Schmuckfries. Das Dach trägt ebenfalls plastischen Keramikschmuck. Bei den glasierten Ziegeln dominiert die Farbe Grün.

Yuwang tai (an der Tielu beiyan jie im SO der Stadt in der Nähe der Fan ta): Die Terrasse, die möglicherweise noch zur Zhanguo-zeitlichen Stadtanlage gehörte, wird auch Guchui-tai (alte Musikterrasse) genannt, da dort in alter Zeit Musikdarbietungen stattfanden. Auf der oberen Plattform standen schon vor der Ming-Zeit Tempel. Erst unter den Ming wurde für den Großen Yu, den Bändiger der Fluten und mythischen Gründer der ebenfalls wahrscheinlich mythischen Xia-Dynastie, ein Heiligtum errichtet. Seitdem trägt die Anlage den Namen »Terrasse des Königs Yu«. Durch ein hölzernes *Ehrentor* und über *Treppen* gelangt man zum Tempel, der in dieser Form 1668 unter den Qing gebaut wurde. Um die Haupt- und Nebenhallen mit Satteldächern gruppieren sich Stelen.
In einem Hof ö der Yuwang tai erinnert ein kleiner Gedächtnistempel, *Sanxian ci*, an die Tang-Dichter Li Bai, Du Fu und Gao Shi, die die Terrasse bestiegen und dort Gedichte verfaßt haben. Der Bau entstand 1517 und wurde 1830 renoviert.

WEITERE SEHENSWÜRDIGKEITEN

Long ting (am Yangjia-See in NW der Altstadt): Der Pavillon erhebt sich auf einem Teil der Song-zeitlichen Kaiserstadt und den Resten eines Ming-Palastes. Als die Stadt am Ende der Ming-Zeit belagert wurde, versuchten Ming-Generäle, die prekäre Lage durch eine Überflutung der Stadt zu meistern. Dabei ging u.a. auch der Palast unter. Auf seinen Ruinen entstand 1692 der »Drachen-Pavillon«. In dieser Halle pflegte der Kaiser Audienzen abzuhalten. 1734 wurde der Bau unter

Kaifeng, Guchui-tai

Yongzheng zum *Wanshou gong* erweitert, dessen Große Halle mit gelben Ziegeln gedeckt ist. Dem wuchtigen doppelten Sattelwalmdach nehmen die stark aufgebogenen Traufenden etwas von seiner Schwere. Marmortreppen und Balustraden sind mit feinen Reliefs überzogen. 1751 wurde der Wanshou gong zum taoist. Tempel und dient heute als *Gedächtnishalle für den Republikgründer Sun Yatsen.*
Im S des Longting stehen vor dem Niuchao-Tor zwei feine, schlanke, 2,8 m hohe *Steinlöwen*. Sie stammen angeblich vom Song-Palast.

Moschee (bei Qingzhen si, in der Tieta si jie): Der Bau setzt sich aus mehreren Hallen aus der Quing-Zeit zusammen. In den Höfen der Moschee stehen Song-, Ming- und Wing-zeitliche Stelen.

Museum (in der Sanshengjie 37): 1930 richtete man in den Räumen einer alten Schule ein Museum ein. Besonders interessant sind die über 1000 *Stelen*, die das Kernstück der Sammlung bilden. Neben Grabinschriftstelen von der Wei- bis zur Qing-Zeit sieht man Inschriften mit staatlichen Erlassen und die 3 berühmten Steinmonumente, die auf das Leben von ca. 1000 Juden in der Stadt unter den Song hinweisen. Sie wurden in den Ruinen der Synagoge entdeckt.

Shan-Shan Gan huiguan (zwischen Zhongshan lu und Xidajie im Stadtzentrum): Die sog. Huiguan (Versammlungshäuser) dienten mehreren Zwecken: Sie waren Niederlassungen der Händlerföderationen einzelner Provinzen, in diesem Fall von Shanxi, Sha'anxi und Gansu. Zu den Versammlungsräumen kamen ein Gasthaus für die Mitglieder und Lagerhallen für die Waren, die in der Stadt verkauft werden sollten oder für den Weitertransport bestimmt waren. Das Shan-Shan-Gan-huiguan von Kaifeng entstand im Jahre 1765.
Vor dem Eingang stehen *Geisterwände*, die mit gelben Ziegeln gedeckt und mit figürlichem Schmuck verziert sind. Im Hof dahinter Glocken- und Trommelturm, sowie ein großes *Ehrentor*, dessen Dach auf einem komplizierten Konsolsystem ruht und mit reichem Figurenschmuck versehen ist. Bemerkenswert sind die feinen *Schnitzereien* am Gebälk der beiden Haupthallen, die Szenen aus der chines. Mythologie zeigen. Die Dächer sind mit grünen und gelben Ziegeln gedeckt.

Stadtmauer: Die größte in Henan noch erhaltene Mauerkonstruktion ist 14,5 km lang, unten 6,6 m und oben 5 m breit und hat eine Höhe von 8,6 m. Die Fundamente stammen z.T. aus der Nanbeichao-Zeit und wurden später erneuert und überbaut. Im 19. Jh. wurden große Partien von einer Flut beschädigt, aber wieder restauriert.

Kashgar/Kashi 喀什

Xinjiang

Einw.: 214100 Höhe: 1335 m S. 386 □ A 2

Die große Oasenstadt am Rande der Taklamakan-Wüste war einst ein blühendes Handelszentrum. Karawanen, die auf ihrem Weg nach Indien und Pakistan durch diese Wüste zogen, die zu den trockensten Gebieten der Erde gehört, versorgten sich hier, in Khotan, Kucha und Niya, mit Proviant. Als sich zu Anfang dieses Jahrhunderts die Grenzverhältnisse veränderten, verlor Kashgar zunehmend an Bedeutung. Alte Handwerkskunst blüht jedoch nach wie vor. So genießen beispielsweise Teppiche aus Kashgar auch heute noch einen ausgezeichneten Ruf.
Die Stadt wird hauptsächlich von Uighuren bewohnt, die sich zum größten Teil zum Islam bekennen. Deshalb gibt es in der Stadt auch ca. 90 Moscheen.

Abaq-Hoja-Moschee (nö der Stadt): Abaq Hoja herrschte im 17. Jh. in Kashgar. Ihm und seiner Familie wurde mit dieser Grabmoschee ein Denkmal gesetzt.
Im O des Hauptgrabes liegt der Familienfriedhof, in dem 72 Mitglieder aus 5 Generationen bestattet sind. 1807 wurden Anlage und Friedhof erweitert. Die Moschee besteht aus mehreren Andachts- und Lehrhallen, sowie dem Grabbau, die asymmetrisch um einen mit Bäumen bestandenen Hof angeordnet sind.
Der architektonisch interessanteste Teil ist das *Grab des Abaq Hoja*, eine von einer

Kashgar, Abaq-Hoja-Moschee, Hauptbau

Kuppel überwölbte Halle von rechteckigem Grundriß. Es dominieren weiche, runde Formen. Beherrscht wird der Bau von der schönen hohen Kuppel, an die im Unterbau apsidenartige überwölbte Teile angesetzt sind. Auch die Wände der 4 Ecktürme sind nicht ganz gerade, sondern im oberen Teil leicht gebogen, was zur Geschlossenheit des Gesamteindrucks beiträgt. Die Türme und der Torüberbau decken ebenfalls kleine Kuppeln. Auf den Wänden wiederholt sich der Spitzbogen des im S gelegenen Tors in hellen Blendbögen, unter deren Spitze sich rechteckige Fenster befinden. Der Wandschmuck wird durch verschiedenfarbig glasierte Ziegel ergänzt. Besonders fein sind die Fensterdekorationen an den Ecktürmen, die aus durchbrochen gearbeiteten geometrischen Fenstergittern und teils geometrischen, teils mit komplizierten Rankenmustern verzierten Fassungen bestehen. Im hohen und architektonisch bemerkenswerten Innenraum setzt sich die Gliederung in Spitzbogenfelder, die schon an der Außenwand zu sehen war, fort. Das große Grab der Abaq-Hoja-Moschee ist ein hervorragendes Beispiel islamischer Architektur auf chines. Gebiet.

Der *Friedhof* vereint größere Grabstätten, die ebenfalls von kleinen Kuppeln überwölbt sind, und einfachere Gräber aus oberirdischen Steinsarkophagen.

Aitika-Moschee: Die größte Moschee der Stadt entstand wahrscheinlich 1798 und faßt bis zu 6000 Menschen. Die Bethalle besitzt eine Länge von 160 m. Die 140 grünen Säulen, die die Laternendecke tragen, zieren Schnitzereien.

Kuqa/Kuche/Kucha/Guizi 库车
Xinjiang Uygur Zizhiqu
Einw.: 327700 Höhe: 1066 m S. 386 □ A 2

Der Stadtstaat von Kuqa war seit der Han-Zeit einer der wichtigsten Knotenpunkte

Kashgar, Aitika-Moschee

des Karawanenhandels in Zentralasien. Eine Blütezeit erlebte die Stadt in der Tang-Zeit, bevor die Tang-Armeen 751 den Arabern am Talas unterlagen. Kuqa war, abgesehen von seiner Bedeutung für den Zentralasien-Handel, ein bedeutendes kulturelles Zentrum, das auch bei der Verbreitung des Buddhismus eine wichtige Rolle spielte. Der Stil der Wandmalereien der buddhist. Höhlen von Kuqa trägt deutliche Zeichen von Einflüssen aus W- und S-Asien. Chinesische, iranische und indische Elemente spielten bei der Entwicklung der Kunst in Kuqa eine gleichermaßen große Rolle. In der Tang-Zeit waren die Beziehungen des Kaiserreiches zu dem Kleinstaat besonders eng. Gesandtschaften aus Kuqa erschienen oft am Hof von Changan. In ihrem Gefolge befanden sich Musiker, Akrobaten und Maler. Auch unter der Herrschaft der türkischen Uighuren verlor die Stadt ihre Stellung im politischen und kulturellen Leben Zentralasiens nicht. Kunstdenkmäler aus dem 8. und 9. Jh. legen Zeugnis dafür ab.

ehrere alte Städte und buddhist. Höhlentempel liegen bei der heutigen Siedlung. Dagu cheng (60 km sö), Pilang nahe Kuqa, Reste eines Wach- und Feuerturms aus der Han-Zeit findet man 10 km w bei Kezuergaha, Höhlen aus der Tang-Zeit gleichen Namens 10 km nw.

Umgebung

Kumtura-Höhlen (30 km sw): Aurel Stein und die Deutschen Lecoq und Grünwedel waren die ersten Wissenschaftler, die sich mit der Kunst dieser buddhist. Höhlen befaßten, die vom 5. bis zum 11. Jh. entstanden. Die frühen Bilder erinnern noch deutlich an den indohellenistischen Stil von Gandhara. Sowohl die Menschentypen als auch die Stilisierung der Gewänder zeigen deutliche hellenistische Einflüsse. Die Bilder von Stiftern lassen erkennen, daß die Kleidung wesentlich stärker am Stil, besonders dem iranischen, orientiert war. Der späthellenistische Einfluß ist allerdings bei den frühen Höhlen von Kumtura bei weitem nicht so deutlich spürbar wie bei den zwischen dem 5. und 7. Jh. entstandenen Tempeln von Kyzil.

In den Höhlen der mittleren Epoche wird der Einfluß der Kunst von Dunhuang wesentlich deutlicher. Paradiesbilder, Darstellungen der Paradiese des Medizinbuddhas und des Amithabha, stehen, wie in Dunhuang, im Mittelpunkt vieler Wandmalereien. Im Gegensatz zu den Stifterbildern der frühen Höhlentempel, auf denen Herren und Damen in reicher Brokatkleidung westlichen Stils abgebildet wurden, tragen die anbetenden Laien der mittleren Periode (8.–9. Jh.) lange Gewänder im Mischstil der Tang-Zeit. An den Andachtsbildern werden die Einflüsse des Vajrayana-Buddhismus deutlich. Vielarmige und vielköpfige Formen der Gottheiten sind verbreitet.

Auch bei den Bildern der letzten Epoche (10. Jh.) sind u. a. die Stifterbilder Indikatoren des stilistischen Wandels und der Veränderung der politischen Verhältnisse. Reichgekleidete Uighuren-Fürstinnen und -Fürsten mit Brokatgewändern und hohen, mit Zierat überladenen Kronen ließen sich als Gönner der Klöster abbilden. Der Einfluß der chines., buddhist. Kunst bleibt

Kuqa, Ruine eines buddhistischen Tempels

bei den Andachtsbildern aber noch deutlich spürbar.
Die Höhlenformen entsprechen weitgehend denen, die man aus Dunhuang und Datong kennt. Die Kammern sind quadratisch oder rechteckig mit einer Nische oder einem Podest für die Hauptfigur oder einer zentralen Säule mit einer bis vier Nischen für Plastik. Kuppeln und Laternendecken wurden ebenfalls aus dem Fels gehauen.

Kyzil-Höhlen (ca. 100 km w): Die Höhlen von Kyzil (Kezier) bilden eines der frühesten buddhist. Zentren im chines. Teil von Turkestan. Die ersten Höhlen entstanden wahrscheinlich bereits im 4. Jh. Entsprechend groß war auch noch der Einfluß des indohellenistischen Stils auf die buddhist. Darstellungen. Die Höhlen bergen Großplastik und Wandmalereien. Wohnhöhlen der Mönche sind in Kyzil neben Höhlentempeln von ähnlicher Form wie in Kumtura zu finden. Die Malereien der frühen Periode (4.–5. Jh.) zeigen kaum chines. Einflüsse. Ganz im Gegenteil: Die Bedeutung der Kunst von Kyzil für die Entwicklung der buddhist. Malereien in China ist sehr groß. Sowohl die Stilisierung landschaftlicher Elemente als auch der Figuren in den Jatakaszenen, die in den frühen Höhlen von Dunhuang vorherrscht, ist direkt auf die Wandmalereien von Kuqa und Kyzil zurückzuführen. Die Verfremdung landschaftlicher und menschlicher Formen zum reinen Ornament ist typisch für diesen Stil. Die Jatakabilder werden in extrem vereinfachte Berglandschaften gesetzt, die aus streng voneinander abgesetzten Farbfeldern bestehen. Man kann sich an sassanidische Metallarbeiten erinnert fühlen, deren Wandungen ähnliche Ornamente überziehen. Die Szenen zeigen lehrende Buddhas, Asketen und Laien in sehr genau dargestellten unterschiedlichen Trachten, die sich auch in der Grabkunst N-Chinas wiederfinden. Bei vielen der Menschendarstellungen folgte man hellenistischen Idealtypen. Auch nordindische Einflüsse sind hier deutlich spürbar.

In den frühen *Höhlentempeln* herrschen unter den Andachtsbildern die Hinayana- und Mahayana-Formen vor. Die Anordnung der Personen auf den Bildern ist sehr streng und wird nur durch die unterschiedliche Haltung von Köpfen und Händen aufgelockert. Auch hier spürt man deutlich eine Tendenz zum Ornamentalen.
Erst in den Höhlen des 7. und 8. Jh. kommen vom Vajrayana beeinflußte Gestalten vor.
Manche Tempel waren mit Freskomalereien auf den Fußböden geziert. Auch diese Schmuckform wurde in manchen Höhlen von Dunhuang übernommen. Die übrigen Wandmalereien sind auf den trockenen Grund aufgetragen.
Obwohl sich einige der wichtigsten und schönsten Gemälde heute in westlichen Museen, u.a. im Indischen Museum in Berlin/West, befinden, sind die Höhlen von Kyzil auch heute noch ein bedeutendes Denkmal früher buddhist. Kunst in Zentralasien und durchaus vergleichbar mit Bamiyan in Afghanistan.

Kunming 昆明

Yunnan

Einw.: 1,5 Mio. Höhe: ca. 1995 m S. 386 □] C 3

Geschichte: Das Bild, das die Hauptstadt von Yunnan bietet, ist äußerst bunt, da neben Han-Chinesen Angehörige der Yi-, Bei-, Miao- und Hui-Minderheiten einen großen Bevölkerungsteil ausmachen. Viele Menschen tragen auch heute noch ihre alten Trachten. Das Klima ist sehr angenehm und ausgeglichen ohne Extremtemperaturen (0–30° C).
Die Gegend um Kunming, besonders aber der Dian-See, sind altes Siedlungsgebiet. Schon in der Han-Zeit und kurz davor pflegten die Handwerker des Dian-Reiches eine hohe Bronzekunst, die nur wenig Einfluß aus China zeigt. Dennoch galt diese Region den Han-Chinesen als weitgehend unzivilisiert. Yunnan war in der Han-Zeit wohl nominell ein Teil des Reiches, das unter chines. Verwaltung stand, behielt aber weitestgehend seine kulturelle Unabhängigkeit. Kulturelle Bindungen des Dian-Reiches bestanden weit eher zur Dongson-Kultur Vietnams, aus deren Formenschatz die Dian-Künstler nicht nur die großen Bronzepauken, sondern auch Elemente der Ornamentik übernahmen. Eine stärkere Bindung an China kam erst unter den südlichen Dynastien zustande, als sich das Interesse der Chinesen notgedrungen nach Süden richtete, da der Norden von anderen Mächten okkupiert war. Unabhängigkeitsbestrebungen wurden aber immer wieder fühlbar, so auch unter den Tang, als in Yunnan ein Kleinreich mit dem Namen Nanzhao entstand, das auch in den offiziellen Dynastiegeschichten der Tang als selbständiges Reich geführt wird. Im 8. Jh. wurde von einem Sohn des Nanzhao-Herrschers Geluofeng auf dem Gebiet des heutigen Kunming die erste Stadt gegründet. Die alte Stadt, Dongjing, lag im Ostteil des heutigen Kunming.
Auch die Song konnten diese Region nicht ganz für sich vereinnahmen: Teile von Yunnan unterstanden der Regierung eines Staates mit Zentrum in Dali (siehe dort).
1253 wurde Yunnan von Kublai Khan dem mongolischen Großreich einverleibt. Kunming hatte sich zu dieser Zeit schon zu einer bedeutenden Stadt entwickelt. Marco Polo beschreibt in seinem Reisebericht die Schönheiten der Yuan-zeitlichen Siedlung. Seither hat Kunming seine Stellung als wichtiges Wirtschaftszentrum behaupten können.

Dade si (an der Huashan donglu am Zuibian-Berg): Der Tempel wurde unter den Yuan errichtet und erweitert. Nach seinen beiden Pagoden wird er auch Shuangta si (Zwillings-Pagoden-Tempel) genannt. Die beiden Türme vor der Haupthalle entstanden 1473 unter der Devise Shenghua der Ming. Es sind quadratische, ca. 20 m hohe Ziegelpagoden mit 13 Stockwerken.

Dali Jingzhuang (an der Tuodonglu im SO der Stadt im Yuangu-zhuang-Park): Der pagodenartige *Sutrenpfeiler des Dali-Staates* wurde wahrscheinlich im 10. Jh. während der Song-Zeit im Auftrag des Herrschers des Dali-Staates errichtet. Er besitzt 7 Scheinstockwerke und erreicht eine Höhe von 6,7 m. Die Sutreninschriften sind in Sanskrit ausgeführt und befin-

Kunming, Tracht der Tai-Minorität

den sich an der untersten Stufe. Himmelskönige in voller Rüstung bilden den ehrfurchtgebietenden Rahmen für die heiligen Texte. Die kleinen Vordächer und die Geschosse sind ganz mit Reliefs überzogen. Die Dachvorsprünge zieren kleine Buddhafiguren in Flachrelief, während die Geschosse Bodhisattvas und Vajradhara in Hochrelief zeigen. Die Spitze ist in Form einer Lotosblüte mit Perle gearbeitet. Obwohl sie insgesamt etwas überladen wirkt, sind die Details der Säule sehr fein.

Jingang ta (im Bezirk Guandu im SO der Stadt): Die kleine Pagode in Form eines lamaistischen Stupa wurde 1458 während der Ming-Zeit errichtet. Der quadratische Sockel ist von zwei sich kreuzenden Gängen durchbrochen. Auf der Plattform, die eine Seitenlänge von 10,3 m besitzt, erheben sich die 5 zierlichen Flaschen-Stupas. Die mittlere ist 14,5 m hoch, der schlanke Oberteil wird von Metallschirm und -perle bekrönt. Die Eckpagoden sind wesentlich kleiner und wirken fast wie Säulen. Sockel und Hauptpagode schmükken Reliefs. Der Unterbau ist in rechteckige Felder eingeteilt, in denen Löwen, Elefanten, Vögel und Pferde dargestellt sind. Der zentrale Stupa steht auf einem mehrstufigen Lotossockel. Auf vier Seiten wurden Nischen mit Buddhafiguren angebracht.

Pagoden des Changle si und des Huiguang si (im SO der Stadt, die ö an der Shulin jie, die w an der Dongsi jie): Die beiden Pagoden gehörten ursprünglich zu verschiedenen Tempeln, werden jedoch wegen ihrer stilistischen Verwandtschaft als »Zwillingspagoden« bezeichnet. Sie entstanden im 14. Jh. unter den Ming, sind quadratisch und besitzen 13 Stockwerke. Die w Pagode erreicht eine Höhe von 36 m. Sie stürzte 1504 bei einem Erdbeben ein, wurde aber vermutlich im alten Stil wiederaufgebaut. Die ö Pagode, die heute eine Höhe von 40 m hat, wurde 1833 Opfer eines Erdbebens und 1887 erneuert. Man nimmt an, daß man sie damals noch

stärker an die w Pagode anglich. Die Stockwerke beider Bauten sind im Mittelteil etwas breiter als am Fuß und an der Spitze. Die Geschosse werden zur Spitze hin niedriger. Dadurch wird die architektonische Strenge, die vielen Pagodenbauten eigen ist, vermieden. Das Untergeschoß ist vollkommen ungegliedert und nur durch ein Rundbogentor zugänglich. Die übrigen 12 Stockwerke weisen auf allen 4 Seiten Nischen mit buddhist. Plastik auf, die von kleinen Pagodenattrappen flankiert werden. Die Miniaturpagoden sind mit Sanskritinschriften versehen. Ehemals trugen beide Türme hohe Bronzespitzen mit mehreren Schirmen. Dieser Aufsatz blieb nur bei der w erhalten und wird durch ebenfalls aus Bronze gefertigte Vogelfiguren ergänzt.

Provinzmuseum (an der Dongfeng xilu im Zentrum der Stadt): Die hochinteressante Sammlung des Museums enthält zahlreiche *Funde aus den Gräbern und Siedlungen des Königreichs Dian.* Obwohl in manchen der Gräber chines. Kulturgüter gefunden wurden, ist die Kunst des Dianstaates relativ eigenständig. Die Hauptfunde wurden in einem *Gräberfeld* bei *Jinning* am O-Ufer des Dian-Sees gemacht. Die Dian-Kultur hat eine sehr charakteristische *Bronzekunst* hervorgebracht. Besonders auffällig sind dabei die großen *Bronzepauken* sowie ähnlich gestaltete *Kaurischnekken-Behälter.* Die *Pauken* haben feinen Dekor auch auf den Schlagflächen, deren Mitte von einem sternförmigen Ornament eingenommen wird. Das übrige Rund der Schlagfläche ist meist mit geometrischen Mustern verziert. Als Aufsätze kommen kleine plastische Froschfiguren vor. Die Pauken wurden an kleinen Ösen aufgehängt, die unter der verbreiterten Schlagfläche angebracht waren. Die Wandungen sind mit feinen Gravuren verziert, auf denen Menschendarstellungen sichtbar sind: Feierliche Bootsprozessionen mit festlich gekleideten Menschen, die hohe Federkronen tragen. In der Han-Zeit und auch später fand man offenbar Gefallen an den schönen Pauken. Sie wurden nachgeahmt und zuweilen mit chines. Inschriften versehen.

< *Kunming, Yuantong si, Haupthalle*

Die *Kauribehälter* haben auf ihren Deckeln, die den Schlagflächen der Pauken entsprechen, meist plastischen Schmuck, der große Ereignisse aus dem Leben des Dian-Volkes wiedergibt: Offenbar Herrscher werden in offenen Pavillons gezeigt, vor denen Opfertiere, meist Rinder, die in der Religion des Dian-Reiches anscheinend eine große Rolle spielten, geschlachtet werden. Missetäter werden bestraft oder gefoltert, aber auch Szenen aus dem täglichen Leben sind sehr realistisch dargestellt. Außerdem wurden kleine *Ehrenschirme* aus Bronze gegossen, die von Menschenfiguren gehalten werden. Eine überraschend große Rolle spielt bei den Darstellungen auf den *Kleinbronzen* der Tierkampf, ein Element, das hauptsächlich aus dem n-asiatischen Raum bekannt ist. Die Kampfszenen sind den n-asiatischen Formen durchaus verwandt. Ein bedeutsamer Unterschied besteht allerdings darin, daß die Tiere, im Gegensatz zu den stark stilisierten Formen Sibiriens, fast realistisch anmuten. Die kleinen durchbrochen gearbeiteten Bronzeplatten aus Yunnan wurden aber auch mit anderen Bildern verziert, z. B. mit Tänzern, festlich gekleideten Menschen, die Tiere vermutlich zum Opfer führen.
Interessant ist auch die Herstellungsweise der Kleinbronzen und der Verzierungen auf den Kauribehältern: Sie wurden nicht, wie in China bis zu dieser Zeit weitverbreitet, im Teilgußverfahren hergestellt, sondern in verlorener Form gegossen.

Wuhua shan (im N der Stadt): Der gesamte Berg wurde erst während der Ming-Zeit in die Stadt einbezogen. Im Verlauf des 14. Jh. entstanden im Umkreis des 1277 während der Yuan-Zeit gegründeten Yuhua si Tempel, Bibliotheken und Paläste. Heute befinden sich u. a. die *Gebäude der Provinzverwaltung* auf dem Wuhua shan. Die Ursprünge des ebenfalls auf dem Berg gelegenen *Cuihu-Parks,* des größten Parks von Kunming, sind in einer Palastanlage aus der Ming-Zeit zu suchen. Mit seiner schönen Bepflanzung und reizvollen Pavillons mit offenen Galerien lädt er zur Erholung ein.

< *Kunming; Daguan-Park*

Yuantong si (am Yuantong shan im N der Stadt): An dieser Stelle stand bereits unter den Nanchao (Tang-Zeit) ein Tempel. Der riesige bestehende Bau wurde 1301–1319 unter den Yuan errichtet. Eine Besonderheit der Anlage ist, daß Buddhisten und Taoisten nebeneinander in der gleichen Tempelanlage ihren religiösen Pflichten nachkamen. So sieht man in verschiedenen Hallen buddhist. und taoist. Plastik.
Im Zentrum des Yuantong si wurde ein quadratischer *Teich* angelegt, in dem ein achteckiger *Pavillon* steht. In der Mitte der *Haupthalle* stehen zwei überladen wirkende *Säulen,* um die sich plastische Drachen winden. Die vergoldete Trias ist von Luohan-Figuren umgeben. Beachtenswert sind die Reste der *Yuan-zeitlichen Wandmalereien,* die den lehrenden Bodhisattva Manjusri zeigen.
An der sog. *Naxia-Wand* des Yuantong-Berges sieht man Inschriften und in den Stein gemeißelte Kopien von Bildern berühmter Meister, z.B. einer Guanyin des Tang-Malers Wu Daozi.

Umgebung

Caoxi si (5 km nw): Die Hallen des während der Song-Zeit im Kreis Anning errichteten Tempels konnten trotz Renovierung weitgehend ihren ursprünglichen Stil bewahren. Durch eine *Halle* mit neuen Figuren der Himmelskönige, die in schreienden Farben bemalt sind, kommt man in eine sehr anmutige Anlage mit schönen Bauten und herrlicher Bepflanzung.
Die *Haupthalle* zeigt noch deutlich die Merkmale der Song-Architektur. Das Dach wirkt im Vergleich zum übrigen Baukörper ziemlich schwer, was allerdings etwas durch die stark nach oben schwingenden Firstenden ausgeglichen wird. Die Konsolsysteme sind, wie bei Song-zeitlichen Bauten üblich, noch nicht ihrer Trägerfunktion beraubt, aber zugleich durchaus auch als Schmuckelement zu verstehen. Die buntleuchtende Bemalung wurde natürlich immer wieder erneuert. Auch einige Stücke der Originalausstattung blieben erhalten: Songzeitliche Figuren der Bodhisattvas *Guanyin Man-*

Kunming, Heilong tan >

jushri und Samanthabhadra. Im Tempelareal entspringt auch die sog. *Perlquelle,* die ein kreisrundes Becken rahmt.

Daguan-Park (ca. 4 km sw): Der Park wurde in der Qing-Zeit unter Kangxi angelegt. Seinen Namen erhielt er von einem großen dreistöckigen *Aussichtsturm* (Daguanlou) mit Zwischendächern und Zeltdach. Weite Fensterfronten mit reichem Gitterwerk und Malerei sowie Inschriften (Preis-Gedicht des Sun Ranweng auf den Dian-See in der Kalligraphie des Zhao Fan, Qing-Zeit) zieren das Türmchen.

Fahua-Höhlen (5 km ö von Anning beim Dorf Xiaotao hua): Der Tempel, den die Nanzhao-Herrscher während der Tang-Zeit an der W-Seite des Dian-Sees am Luoyang shan errichteten, ist zerstört. Zu sehen sind noch *25 Höhlen,* die während der Song-Periode auf Veranlassung der Beherrscher des Dali-Reiches aus dem Fels gehauen wurden. Die größte Figur hat eine Länge von 4,2 m und zeigt Buddha beim Eintritt ins Nirvana.

Heilong tan/Longquan guan (15 km n): Der Teich, um den der taoist. Tempel gebaut wurde, wird von einer unterirdischen Quelle gespeist. Der Tempel erhielt seinen Namen »Schwarzdrachen-Teich«, weil die Menschen glaubten, daß auf dem Grunde des Teiches ein schwarzer Drache hause.
Eigentlich besteht der Tempel aus 2 Gebäudegruppen, die 1394 unter der Ming-Dynastie entstanden. Angeblich soll der obere Tempel aber auf die Han-Zeit zurückgehen. Die heutigen Baulichkeiten wirken verspielt, die Architektur abwechslungsreich. Die Schmucktore sind mit ornamentartig vervielfältigten Konsolreihen oder bunt glasierten Ziegeln geschmückt. An den Berghängen hinter dem Tempel stehen mehrere Pagoden.

Huating si (in den W-Bergen, ca. 20 km sw): Der Tempel wurde 1320 in 2034 m Höhe auf dem am W-Ufer des Dian-Sees aufragenden Huating shan errichtet. 1857 ging ein Teil der Hallen in Flammen auf. Die von einem herrlichen Garten mit alten Bäumen, Blumenbeeten und Teichen umrahmte Anlage ist klein, aber sehr reizvoll. In der *Tianwangdian* stehen monströse Figuren der Himmelskönige. Die *Haupthalle* birgt eine *buddhist. Trias*. Die Körper der Figuren sind zwar massig, wirken aber dennoch nobel. Fein und durchbrochen gearbeitete Mandorlen umgeben die Buddhas der 3 Weltalter. An den Wänden sieht man 500 Luohan-Figuren.

Jindian (am Mingfeng shan, 7 km nö): Der taoist. Tempel entstand 1602 unter Wanli der Ming und erhielt 1671 seine heutige Form. Der 6,7 m hohe und 6,2 m breite Hauptbau besteht ganz aus Bronze. Daher rührt auch der Name »Metall- oder Goldhalle«.
Vor der Halle erheben sich ein Pavillon und eine Standarte, die ebenfalls aus Bronze gegossen wurden.

Long men (ca. 25 km sw): Aus der Steilwand des Luohan-Berges schlug man einen Weg, der an mehreren kleinen buddhist. und taoist. Heiligtümern vorbeiführt. Am Rande des Steiges, von dem aus sich ein herrlicher Blick über den See bietet, wurden im 18. Jh. zahlreiche buddhist. und taoist. Bilder aus dem Fels gehauen und bunt bemalt: Heilige, Bodhisattvas, taoist. Gottheiten und Höllenqualen der Missetäter sind, zum Teil sehr naiv, dargestellt.

Panlong si (45 km s): Der Chan-Meister Lianfeng errichtete 1347 während der Yuan-Zeit im Kreis Jining einen Tempel. Das einst bedeutende Heiligtum wurde 1723–1736 unter der Devise Yongzheng der Qing erweitert, verfiel aber in der Folgezeit immer stärker.

Qiongzhu si (ca. 10 km nw): Die Existenz des Tempels auf dem Yuanshan läßt sich bereits für die Yuan-Zeit belegen. Eine *Stele* aus dieser Epoche, deren Inschrift auf den Tempel hinweist, steht in der Nähe. In der *großen Halle,* die wie die anderen Bauten auch in der Ming- und Qing-Zeit mehrmals renoviert wurde, sieht man Figuren der Buddhas der 3 Weltalter aus der Yuan-Zeit und eine Stele mit mongolischen und chines. Inschriften aus dem Jahr 1316. Die Wände schmücken stilisierte Berge, auf denen 500 Luohan stehen

Kunming, Jindian >

櫺星門
福
遊仙舊館

und sitzen. Die Figuren stammen aus dem letzten Jh. und glänzen weniger durch Schönheit als durch sehr individuelle Gestaltung. Die Wandmalereien in den Seitenräumen wurden vom gleichen Meister ausgeführt, der die Tonfiguren formte. Die Gründung des Qiongzhu-Tempels geht auf die Initiative des Chan-Meisters Yongbian zurück, zu dessen Ehren im hinteren Teil des Heiligtums 1310 eine zwölfeckige *Pagode* errichtet wurde.

Sanqing ge (ca. 25 km sw): Mit dem Bau der Anlage wurde in der Yuan-Zeit begonnen. Im Verlauf der folgenden Jahrhunderte kamen immer mehr Bauten hinzu, die sich an der Steilwand des Hauptgipfels der Luohan shan 2 km s vom Taihua si staffeln und durch schmale Steige verbunden sind. Man sieht taoist. Plastik und in den Höhlen und an den Felsen im hinteren Teil der Anlage Reliefs.

Shi lin von Lunan (126 km sö): Im Verlauf von Jahrtausenden schuf die Erosion bei Lunan bizarre Felsformationen. Die nadelähnlichen Gebilde stehen so dicht nebeneinander, daß man dem Ort den Namen »Steinwald« gab. Schmale Wege führen zwischen den seltsamen Felsen hindurch und hinauf zu Pavillons, die auf manchen von ihnen errichtet wurden. Viele der Steintürme tragen Namen, die mit ihrer Form und den Geschichten, die man sich über sie erzählt, zu tun haben.

Taihua si (ca. 25 km sw): Der größte Tempel am Dian-See wurde 1360 am Taihua shan in 2167 m Höhe gegründet und später mehrmals erweitert. Die zahlreichen Bauten steigen am Hang auf. Die Gebäude sind durch Galerien mit zierlichen Dächern verbunden. In der *Haupthalle* sieht man *buddhist. Plastik* in tantrischer Form. Die *Piaomiao ge* aus der Ming-Zeit ist das älteste in den Xishan erhaltene Bauwerk. Vom *Wanghai lou* (Seeblick-Turm) bietet sich ein schöner Blick über den See.

Tanhua si (3 km ö): Die am Jinma shan gelegene Anlage wurde in der Ming-Zeit von

Kunming, Steinkalligraphie im Shi lin von Lunan >

Shi Shiqiao als Landsitz errichtet, von seinem Enkel Shi Taiwei 1634 zum Tempel umgebaut und später mehrmals restauriert. Sie lohnt vor allem wegen der Bepflanzung und der reizvollen Umgebung einen Besuch.

L

Labrang /heute: Xiahe	拉布朗
Gansu	
Höhe: 2980m	S.386 □ C 2

Labrang war ehemals eines der wichtigsten lamaist. Kult-Zentren außerhalb Tibets und beherbergte zu Glanzzeiten mehrere tausend Mönche. Es wurde in der Qing-Zeit 1709 unter Kangxi gegründet. In der Kulturrevolution wurden schwere Verwüstungen angerichtet. Nur wenige Mönche kehrten zurück. Die heute noch bestehenden Bauten vereinigen stilistisch chines. und tibet. Elemente. Einer der bedeutendsten Bauten, die große *Sutrenhalle,* brannte 1985 nieder, soll aber wieder aufgebaut werden. Auf dem Areal des Klosters stehen zahlreiche Tempelgebäude, Wohnungen der Äbte, und mehrere wichtige Klosterschulen. Eines der architektonisch schönsten und ausgewogensten Bauwerke von Labrang ist der *Shouxi si,* die Halle des zukünftigen Buddha Maytreya. Die Haupthalle ist durch einen etwas niedriger gelegenen Hof mit einstöckigen Bauten zu erreichen. Der vierstöckige Tempel steht direkt vor einem Berghang. Die Fassade ist durch Altane und trapezoide Fenster tibet. Stils, sowie im zweiten Stock durch ovale Schmuckmedaillons gegliedert. Durch einen Vorraum betritt man die Haupthalle, die das Erdgeschoß und den ersten Stock einnimmt. Schlanke Säulen tragen die Decke. Im ersten Stock ermöglichen umlaufende Balkone den Zutritt zur Halle von Nebenräumen aus. An der Rückwand steht eine *Monumentalfigur des*

Shi lin von Luan

Buddha Maytreya mit fünfteiliger tantrischer Krone, an den Seitenwänden wurden kleinere Assistenzfiguren aufgestellt. Das zweite Stockwerk entspricht in seiner Fläche dem unteren Raum. Der Bau wird von einer kleineren Halle bekrönt, die ein Dach aus vergoldeten Ziegeln in chines. Stil trägt. Das Dach ist mit einem Miniaturstupa und Rädern der Lehre geschmückt.

Die am besten erhaltene Klosterakademie ist die sog. *Wensi xueyuan.* Der Komplex steigt in mehreren Stufen an. Hinter einem zweistöckigen Torbau mit chines. Dach liegt eine flache, weiträumige Vorhalle. Der zweistöckige Studierraum entspricht in seiner Fläche in etwa dem Vorraum. Am Boden waren Sitzreihen für die große Zahl der Studierenden angebracht. Säulenkapitelle, Decke und Wände sind reich mit Malerei und Schnitzerei verziert, die Säulen mit schmalen Seidenstreifen verkleidet. Eine wesentlich kleinere Andachtshalle schließt die Raumflucht ab. Im mittleren Raum, an der Rückwand, sind eine Buddhastatue und an den Wänden Grabstupas von Äbten des Klosters zu sehen. Auch der n Nebenraum beherbergt mehrere dieser Stupas.

Lanzhou 兰州

Gansu

Einw.: 1,4 Mio. Höhe: 1560 m S. 386 □ C 2

Geschichte: Seit der Han-Zeit war Lanzhou eine wichtige Station auf dem Weg der Karawanen nach Xinjiang und zog aus dem Zwischenhandel Profit. Erst in den letzten Jahren entwickelte sich die Stadt zu einem der wichtigsten modernen Industriezentren W-Chinas. Dennoch hat die Altstadt mit ihren bunten Häusern ihren alten Reiz nicht ganz eingebüßt.

PARKS

Baitashan-Park (im N der Stadt): Die Anlage ist benannt nach der *weißen Pagode,* die auf dem Berggipfel thront. Der Turmbau erreicht eine Höhe von 7 m und stellt eine seltsame Kombination aus traditioneller chines. Pagode und lamaist. Flaschenstupa dar. Der Sockel ist wie bei der lamaist. Form üblich stark ausgebaucht. Darüber erheben sich die 7 achteckigen Stockwerke. Zur Pagode steigt man, vorbei an mehreren Tempeln, über Treppen empor. Im Garten befinden sich auch Teehäuser und kleine Theaterbühnen.

Wuquan shan (im S der Stadt): In dem am 1600 m hohen Wuquan-Berg gelegenen Park entspringen 5 berühmte Quellen (Wuquan). Der *Chongqing-Tempel* entstand 1372, einige der Hallen wurden 1868 erneuert. Die 5 m hohe *Bronzefigur des Buddha* in der *Jingangdian* stammt aus dem Jahre 1370 und stand früher im Jieyin si im N des Chongqing-Tempels. In einem *Pavillon* im SW der Anlage bewahrt man eine 1202 während der Jin-Periode gegossene *Bronzeglocke* auf. Sie hat eine Höhe von 3 m, und ihr Klang sollte, wie aus einer Inschrift hervorgeht, Unheil abwehren.

WEITERE SEHENSWÜRDIGKEITEN

Baiyi-si-Pagode (im N der Stadt an der Qingyang lu): Die Pagode ist achteckig, hat 13 Stockwerke und erreicht eine Höhe von 20 m. Sie wurde 1631 gebaut. Auf allen Seiten befinden sich Nischen mit buddhist. Plastik. Die Dächer sind mit grünglasierten Ziegeln gedeckt. Kleine Glocken hängen von den Traufenden.

Provinzmuseum (an der Xijin xilu im Stadtzentrum): Die Sammlung weist 3 beachtenswerte Schwerpunkte auf.

Neolithische Funde: Es wird ein umfassender Überblick über die Funde neolithischer Keramik der Gansu Yangshao-Kultur und ihrer regionalen Untergruppen gegeben. Das wichtigste Merkmal dieser Gruppe von Kulturen ist die *rote Keramik* mit schwungvoller schwarzer Bemalung. Die oberen 2 Drittel der meist bauchigen Gefäße wurden verziert, während die Füße frei blieben. Man nimmt deshalb an, daß

sie in die Erde gesteckt wurden. Die Ornamentik der Yangshao-Keramik beruht auf den Grundformen Spirale und Kreis, die in vielfältigen Variationen auftreten. Die Zentren der Kreise und Spiralen sind mit Füllmustern, Karos, Punkten oder Rauten, geschlossen. Die großzügig ausgeführten Dekorationen der Gefäße, die durchaus schon einen an bestimmten ästhetischen Kriterien orientierten Stil verraten, sind leicht von den meist kleinteiligeren Verzierungen der Fundstücke aus dem Zentralgebiet zu unterscheiden. Der schwedische Archäologe Gunnar Andersson hat sich in den zwanziger Jahren dieses Jahrhunderts um die Entdeckung und erste Untersuchung der Gansu-Yangshao-Kultur verdient gemacht und die Grundlagen für die heutige Sammlung in Stockholm geschaffen. Als einziges Museum der w Welt besitzt das Ostasiatische Museum von Stockholm eine größere Sammlung dieser Keramik.
Für die *Majiayao-Phase* der neolithischen Keramik sind *Sonderformen* wie Gefäße in Tierform und Stücke mit Deckeln, die plastische Tierfiguren zeigen, typisch.

Funde der Han-Zeit: Bei dem Ort *Leitai* stießen Archäologen auf ein bedeutendes *Grab*. Es enthielt u.a. eine große Zahl herrlicher *Bronzen: Soldaten* auf schönen Pferden, *Wagen* mit Baldachinen; ein sog. *»Himmlisches Pferd«*, das durch die Luft zu fliegen scheint, da nur ein Fuß eine feste Grundlage hat - einen fliegenden Vogel. Auch andere Grabbeigaben stehen im Zusammenhang mit der chines. Mythologie: *Lampen*, die Bilder von Unsterblichen tragen; ein sog. *»Geldbaum«*, auf dessen mit figürlichen Darstellungen gezierten Ästen Münzen wachsen.
Von Bedeutung ist auch der *Textfund von Edsengol/Juvan*. Der Ort war in der Han-Zeit Sitz eines chines. Gouverneurs. Über die Tätigkeiten der Beamten legen zahlreiche *Verwaltungstexte* auf Holzstreifen Zeugnis ab, die ebenfalls hier aufbewahrt werden.

Bildziegelgräber von Jiayuguan (siehe dort): Eines dieser interessanten Gräber wurde in den Räumen des Museums als verkleinertes Modell nachgebaut, ein weiteres wurde restauriert und wird demnächst zugänglich sein.

< *Lanzhou, Wuquan shan*

Umgebung

Binglingsi-Höhlen (50 km sw): Bingling si gehört zu den frühesten Höhlentempelanlagen Gansus und Xinjiangs und umfaßt 195 gut erhaltene Höhlen mit ca. 800 Figuren. Die ersten Höhlen wurden im 4. Jh. mit Reliefs und Wandmalereien ausgeschmückt. Bis zur Tang-Zeit kamen neue Bilder hinzu, die auch in späteren Epochen noch restauriert wurden. Ihre Glanzzeit erlebten die Binglingsi-Höhlen allerdings unter den Wei.

Die Qualität der Skulpturen ist nicht so einheitlich wie in anderen Höhlengruppen Gansus. Einige der Darstellungen wirken ziemlich provinziell. Im großen und ganzen ist die Qualität der Arbeiten jedoch gut. Die Tempel liegen heute direkt am aufgestauten Huanghe, weithin zu erkennen an einer monumentalen *Sitzstatue des Maytreya*, die eine Höhe von 28 m hat und aus der Tang-Zeit stammt. Die Höhlen sind z.T. in sehr steile Wände gehauen und nur über Leitern und Galerien zu erreichen.
Die frühen Figuren (Xi-Qin - Bei-Wei) zeigen noch deutlich indische Einflüsse in Stilisierung der Gewänder, der Körperhaltung der Figuren und den Proportionen. Die Gesichter sind meist vornehm und fein gearbeitet. An manchen Statuen ist die alte Fassung erhalten. Die Malereien zeigen Anklänge an den frühen Dunhuang-Stil: Die Gesichter und die Körperformen sind stark stilisiert und in Flächen aufgeteilt, die deutlich durch Konturlinien getrennt werden. Die Farben sind leuchtend.

Manche der Wei-zeitlichen Figuren sind vom Stil des Zentralgebiets beeinflußt, bes. dem der Höhlen von Longmen bei Luoyang (siehe dort). Allerdings wirken sie im Vergleich zu ihren eleganten Vorbildern etwas unbeholfen. Die Plastik aus der Tang-Zeit ist nicht umfangreich, aber sehr elegant.

Leshan	乐山
Sichuan	
Einw.: 1049600 Höhe: 364 m	S. 386 □ C 3

Die Kleinstadt, die 150 km s von Chengdu liegt, konnte viele traditionelle Architekturelemente bewahren. Sie ist auch geprägt von ihrer Vergangenheit als religiöses Zentrum. Seit der Tang-Zeit zogen buddhist. Heiligtümer in der Stadt und ihrer näheren Umgebung Pilger an.

Dafo (am Ufer des Yangzi): Die Hauptattraktion unter den buddhist. Kunstwerken in der Umgebung der Stadt ist die größte Buddhastatue Chinas, der 71 m hohe *große Buddha von Leshan* (Leshan dafo). Die beeindruckende Kolossalstatue ist zwar nicht von künstlerischem Standpunkt, wohl aber als technische Leistung von Bedeutung. In ihren riesigen Dimensionen ist sie nur der Großplastik von Bamiyan bei Kabul in Afghanistan zu vergleichen. Die Gestalt wirkt etwas grob, das Gesicht strahlt aber dennoch eine würdige Ruhe aus. Mit den Arbeiten wurde 713 begonnen, und das große Werk war erst 803 vollendet. Auf beiden Seiten der Nische, in der der große Buddha thront, sind weitere Kunstwerke aus der Tang-Zeit zu sehen. Im S wurde eine *Paradiesdarstellung* aus dem Fels gehauen. Bilder buddhist. Paradiese finden sich in großer Zahl unter den Wandmalereien von Dunhuang (siehe dort). Plastische Wiedergaben dieses Themas sind aber relativ selten (vergleiche auch Dazu). Wie auch auf Gemälden bildet phantastische Architektur den Hintergrund für den lehrenden Buddha und seine göttlichen Zuhörer. Die Hauptfiguren, im Zentrum der sitzende Buddha Amithabha und zu beiden Seiten stehende Bodhisattvas, wurden fast vollplastisch gearbeitet. Vielschirmige Baldachine überspannen sie. An den Wänden neben der zentralen Figur sind, reihenweise angeordnet, in Flachrelief Gläubige und Götter dargestellt.
Auf dem Gipfel der Klippe über dem großen Buddha steht der *Lingyun-si*, der ebenfalls aus der Tang-Zeit stammt. Die

< Lanzhou, Großer Buddha der Höhlen von Binglingsi

Leshan, Fuß des Großen Buddha

Der Große Buddha von Leshan

heutigen Hallen sind aus der Ming-Zeit. In der *Tianwangdian* sieht man Plastik: Amithabha und Himmelskönige sowie eine gute Weituo-Figur mit ornamentaler Mandorla. Zu beiden Seiten der Andachtsfigur in der Haupthalle befinden sich Statuen von 18 Luohan mit sehr individuellen Zügen vor stilisierter Bergkulisse.

Dongpo lou (im S des Lingyun-Tempels): Das zweigeschossige Gebäude wurde in der Ming-Zeit zu Ehren des Song-zeitlichen Malers und bedeutenden Dichters Su Shi (Su Dongpo) gebaut und enthält in Steingravur Kopien einiger seiner Gemälde (Pflanzen und knorrige Äste).

Han-Grab: (in unmittelbarer Nähe von Leshan am Mahao-Berg): Dieses Felsengrab soll hier als Beispiel für mehrere ähnliche Grabstätten in der Nähe von Leshan beschrieben werden.: Die Gesamtlänge

Großer Buddha >

beträgt 30 m, die Breite ca. 10 m. Das Grab besteht aus Vor- und Hauptkammer. Im Grabgang und in den Kammern sind Reliefs zu sehen, die für die Han-Zeit typische Darstellungen zeigen: Ausritt- und Festszenen, sowie z.B. ein Attentat: Jing Ke versucht, den König von Qin, den späteren Qin Shihuang di, zu ermorden. Eine 37 cm hohe Buddhafigur könnte auch in späterer Zeit angebracht worden sein, da manche dieser Kammern nicht nur einmal und nicht nur als Gräber genutzt wurden. Das Grab ist durch eine Inschrift aus dem Jahr 134 annähernd datiert.

Lingbao-Pagode (im N des Lingyun-Chanyuan): Der quadratische Bau besitzt 13 Stockwerke und erreicht eine Höhe von 40 m. Die schlichte aber schöne Form läßt eine Entstehung in der Tang-Zeit vermuten. Im oberen Drittel verjüngt sich der Bau stark, und die Stockwerke werden niedriger. Jedes Geschoß hat auf allen Seiten Nischen mit Buddha-Figuren. Die Form ist der kleinen Wildganspagode von Xi'an und der Hauptpagode in Dali (siehe dort) vergleichbar, da auch bei ihr das Erdgeschoß besonders hoch ist.

Wuyou shan (im S des großen Buddha): Der Tempel gleichen Namens wurde unter der Leitung des Tang-Mönchs Huijing gebaut. Allerdings hat man die Bauten mehrmals, zuletzt in diesem Jh., erneuert.

Lhasa	拉萨
Xizang Zizhiqu/Tibet	
Einw.: ca. 100000 Höhe: 3600 m	S. 386 □ B 3

Geschichte: Die Geschichte der Stadt läßt sich bis ins vierte Jahrhundert zurückverfolgen. Zur bedeutenden Siedlung wurde Lhasa aber erst unter dem großen Herrscher Songzangambo, dem es wenigstens für eine Zeit gelang, Teile Tibets, die großenteils schwer zugänglich sind, unter seiner Herrschaft zu vereinigen. Ein Element, das die Vereinigung auch vorantreiben sollte, war die Einführung des Buddhismus und die Unterstützung seiner Verbreitung gegen den Willen der ansässigen Bon-Priester. Ganz ohne erbitterte Fehden ließ sich das Ziel des Königs, das auch in den folgenden Jahrhunderten immer wieder gefährdet war, nicht durchsetzen. Allerdings war der tantrische Buddhismus besonders gut für eine Anpassung an fremde Religionen geeignet, da die Aufnahme fremder Götter ins buddhist. Pantheon keine

Lhasa, Bild der Tang-Prinzessin Wencheng, die den Buddhismus in Tibet förderte

Schwierigkeiten bereitete. Bei der Verwirklichung seines Zieles auf religiösem Gebiet wurde Songzangambo angeblich von seinen beiden Frauen, der chines. Prinzessin Wencheng und einer Dame aus dem nepalesischen Herrscherhaus, unterstützt. Besonders Prinzessin Wencheng bemühte sich sehr um die Belange der Religion. Sie hatte auch Kunstwerke vom Tang-Hof mitgebracht, die heute noch im Yokhang, dem Stadttempel von Lhasa, aufbewahrt werden. Dabei handelt es sich aber wahrscheinlich um spätere Repliken. Herrscher und ihre Frauen gründeten in Lhasa mehrere Tempel, und Songzangambo machte die Stadt zu seinem Regierungssitz. Da der Buddhismus sich zunächst nicht gegen die alte Religion durchsetzen konnte, versuchte man im 8. Jh. bedeutende buddhist. Lehrer nach Tibet zu holen. Unter ihnen befand sich Padmasambhava aus Udyana, der für die Entwicklung des Tantrismus in Tibet von großer Bedeutung war. Er gründete das älteste, heute noch bestehende Kloster, Samye, das ca. 50 km von Lhasa entfernt liegt. In der Folgezeit standen die Herrscher von Tibet immer wieder unter dem Einfluß der Kaiser von China oder der Machthaber in den Randgebieten des Reiches. Unter der Mongolenherrschaft in Zentralasien und China wurden religiöse Machthaber gegenüber den weltlichen von den Yuan gefördert. Kublai Khan unterstützte den Nachfolger des Tsongkapa, des Begründers der Reformbewegung innerhalb des tibet. Buddhismus, und versuchte, ihn zum Herrn über ganz Tibet zu machen, was aber nur zeitweise gelang. Allerdings übernahm von da an immer wieder der Führer der reformierten Sekte, Gelugpa (Gelbmützen), der sog. Dalai-Lama, jedenfalls nominell die Regierung im Staat. Realiter wurden die Amtsgeschäfte von weltlichen Beamten oder aber von speziell ausgebildeten Lamas verwaltet. Der Sitz des Dalai-Lama war in Lhasa. Der Palast des Dalai-Lama, der Potala, wurde im Auftrag des 5. Dalai-Lama in Angriff genommen. Dieser bedeutende Mann, der es verstand, spirituelle und weltliche Macht zu verbinden, ließ sich auch als erster als Reinkarnation des Bodhisattva Avalokiteshvara verehren. Sein Lehrer, der Abt des Klosters Tashilumbo in Shighatse, galt von da an als Reinkarnation des Buddhas Amithabha. Im Mahayana- und Vajrayana-Buddhismus wird Avalokiteshvara für eine Emanation, quasi eine meditative Projektion des Amithabha gehalten. Beide religiösen Führer, Dalai- und Panchen-Lama, wurden von der chines. Regierung immer

Lhasa, Potala

Lhasa, Nobulingka

wieder für politische Zwecke vereinnahmt, da der Einfluß in Tibet für China zunehmend an Bedeutung gewann. Man war gezwungen, sich sowohl im N als auch im NW vor Einfällen z.B. mongolischer Stämme, die ebenfalls so um die Vorherrschaft in Tibet kämpften, zu schützen. Immer wieder versuchte man, mit Gewalt und mit Diplomatie die Entscheidungen des Dalai-Lama in Lhasa zu beeinflussen. So kam es auch, daß nicht nur chines. Gesandte an den Hof von Lhasa gingen, sondern auch mehrere Dalai-Lamas nach China reisten.

Potala: Der riesige Palast des Dalai-Lama, der unter der Regierung des 5. Dalai-Lama begonnen wurde, stellt eine Kombination aus Tempel, Repräsentations- und Wohnbau dar. Wie die meisten tibet. Bauten ist er nicht symmetrisch angelegt. Am Berghang bauen sich die vielstöckigen und farblich voneinander abgesetzten Komplexe auf. Schon unter Songzangambo soll an dieser Stelle eine Burg gestanden haben. Heute erinnern noch Figuren an den Burgherrn und seine beiden Frauen, die sich auch als Förderer der Religion hervorgetan hatten. Die labyrinthähnliche Anlage enthält neben reinen Repräsentationsräumen Versammlungs- und Audienzhallen, Tempelhallen, Meditations- und Studierzimmer sowie Privaträume für den heiligen Herrn. Sämtliche Zimmer und Säle sind mit einer Pracht und Vielfalt ausgeschmückt, die man hinter den strengen Außenmauern nicht vermuten würde. Wände und Gebälk sind überreich mit Malerei verziert. Die Ornamentik läßt sich vielfach von chines. Formen ableiten, die Farben sind jedoch noch kräftiger, manchmal geradezu grell. Diese leuchtende Farbigkeit läßt sich u.a. auch dadurch erklären, daß die Räume sehr dunkel waren und schwache Farben kaum aufgefallen wären. Zu Wandmalerei kommen Seidenbilder, Tangkas und Mandalas sowie Säulenverkleidungen aus Stoff. Die Tangkas zeigen bedeutende buddhist. Lehrer oder Figuren des Pantheons, die umgeben von Schülern

Lhasa, Bibliothek des 14. Dalai-Lama im Nobulingka

oder Mönchen in einer stark stilisierten Landschaft sitzen oder sich im Kreis von zahlreichen Gestalten, die zu ihrem Wesen und ihrer Umgebung gehören, befinden (Emanationen, Erscheinungsformen der gleichen Gottheit oder untergeordnete Götter). Diese Wesen sind meist wesentlich kleiner dargestellt als die Hauptfigur und reihenweise oder in Gruppen angeordnet. Mandalas sind reine Meditationsbilder, um deren Mitte, die Hauptgottheit, auf Kreisen und Quadraten, die ein kosmisches Diagramm bilden, andere heilige Wesen, die der Zentralfigur zugeordnet sind, dargestellt werden. Dem Meditierenden sollen diese Diagramme als Stütze dienen: Von den Rändern der Malerei schreitet er geistig zum Zentrum fort, der Gottheit, die es zu erkennen gilt und mit der man sich spirituell vereinen will. Den Künstlern, die diese Bilder auszuführen hatten, blieb bei der Gestaltung sehr wenig Freiheit. Sie mußten sich sehr genau an Musterbücher halten, die auch die Farbgebung genau festlegten. Willkürliche Veränderungen dieser Vorlagen seitens des Künstlers können die Bilder religiös vollkommen wertlos machen.

Die architektonischen Elemente im Innern sind weitgehend der chines. Baukunst entlehnt. Allerdings wurden die Konsolen mit ihren Hebelarmen und das Gebälk ganz allgemein derart ornamentalisiert, daß man sie als tibet. Neugestaltung chines. Formen verstehen kann.

In vielen Räumen steht Plastik. Man sieht berühmte Lehrer wie Padmasambhava oder Tsongkapa (mit der charakteristischen gelben Mütze), sowie Götter, Buddhas und Bodhisattvas in verschiedenen Erscheinungsformen. Der deutliche Unterschied zur chines. Plastik liegt in der Wachheit des Ausdruckes, bes. der Augen, die den Blick des Betrachters unweigerlich auf sich ziehen und fesseln.

Über die architektonische Gestaltung des Äußeren läßt sich ähnliches sagen wie über die Konstruktion der Innenräume: auch hier wurden chines. und tibet. Elemente kombiniert. Die geschwungenen Dächer

Lhasa, Yokhang, Shakyamuni-Statue

Lhasa, Yokhang-Kloster, Silbernes Schmuckelement

Lhasa, Türklopfer im Yokhang-Kloster

Lhasa, Sera

der Haupthallen, Walm- oder Sattelwalmdächer chines. Prägung sind mit Gold überzogen und tragen ebenfalls vergoldete Aufsätze, Säulen, Stupas oder kniende Tiere zu beiden Seiten eines Rades. Diese sind das Symbol der ersten Predigt des Shakyamuni, der die Tiere des Parks von Benares lauschten. Die hohen, sehr schlichten Unterbauten werden nur von Reihen trapezförmiger Fenster durchbrochen. Deutlich kann man die beiden Hauptteile des Potala, den roten und den weißen Palast, unterscheiden.

WEITERE SEHENSWÜRDIGKEITEN

Nobulingka (1 km w des Potala): Der Sommerpalast des Dalai-Lama, zu dem auch ein Garten gehört, wurde im 20.Jh. stark verändert.

Yokhang/Tsuglagkhang (im Stadtzentrum): Der Yokhang gilt als eines der frühesten Bauwerke der Stadt, hat aber in der Kulturrevolution sehr stark gelitten. Viele der Wandmalereien und Figuren fielen dem Wüten der roten Garden zum Opfer und wurden erst kürzlich restauriert oder ersetzt. Im Zentrum der Verehrung steht eine angeblich aus der Tang-Zeit stammende Figur des Jobo-Buddha, nach dem der Tempel auch benannt ist. Es soll sich um die Figur handeln, die von der Prinzessin Wencheng an den Hof des Songzangambo gebracht, später aber wahrscheinlich erneuert wurde.

Die Hallen sind mit z.T. Ming-zeitlichen Tangkas geschmückt. Die Bauten tragen Dächer im chines. Stil.

Umgebung

Drepung (ca. 10 km w): Das Kloster wurde 1416 von einem Schüler des Reformers Tsongkapa gegründet. Die Haupthalle steht an einem großen Platz. Mehrere 1000 Mönche lebten in den Blütezeiten des

Lhasa, Yokhang-Kloster, Innenausstattung

Klosters in den zahlreichen Bauten, die auch eine Klosterschule beherbergten.

Ganden (60 km ö): Das erste Kloster der Gelugpa-Schule des tantrischen Buddhismus wurde 1409 gegründet. Im Tempel bewahrt man in einem mit Gold verkleideten Stupa die sterblichen Überreste des Tsongkapa auf. Davor steht eine Figur des Sektengründers.

Samye (ca. 100 km ö): Das Kloster wurde angeblich im 8. Jh. von Padmasambhava, dem ersten großen buddhist. Lehrer, gegründet und nach starken Zerstörungen in den fünfziger Jahren teilweise wiederhergestellt. Die Haupthalle ist über einem mandalaartigen Grundriß errichtet.

Sera (ca. 5 km n): Einst faßten die Hallen des Tempels mehrere 1000 Mönche. Das Kloster wurde 1419 von einem der Schüler Tsongkapas gegründet und ist eines der Stamm-Heiligtümer der Gelugpa-Sekte. Der Gründer begab sich auf Einladung des Yongle-Kaisers auch nach China und trug zur raschen Verbreitung der tantrischen Lehre im Kaiserreich bei.
Die durchweg weiß gestrichenen Bauten mit dunklen, breiten Streifen unter den Dächern sind relativ flach. Die Haupthalle mit goldenem Dach entstand 1709. Sie enthält ein Bild des Shakyamuni und Kopien der Luohan-Figuren, die der Yongle-Kaiser dem Kloster schenkte.

Tsethang (ca. 100 km ö): Das Kloster entstand im 8. Jh. Zu sehen sind außerdem Königsgräber, u. a. das Grab des Songzangambo, das 30 km entfernt von Tsethang liegt.

Lianyungang		连云港
Jiangsu		
Einw.: 485200	Höhe: 3 m	S. 387 □ E 3

Schon in der Tang-Zeit war der Hafen der Stadt für den Seehandel mit S- und SW-

Asien von großer Bedeutung. Viele Chinesen, Händler, die in S-Asien Handel treiben wollten, vertrauten sich hier den Schiffen arabischer Seefahrer an. Der Hafen bietet große Sicherheit, da er durch eine vorgelagerte Insel, Liandao, geschützt wird.

Umgebung

Aiyu-Pagode (ca. 15 km nö): Das am Fuß des Huaguo shan gelegene Gebäude entstand 1026 und wurde nach dem indischen König Ashoka (reg. 268–227 v.Chr.) benannt, der der Verbreitung der buddhist. Lehre auf dem indischen Subkontinent wichtige Impulse gab. Der achteckige Bau besitzt 9 Stockwerke und erreicht eine Höhe von 35 m. Er besteht aus Ziegeln, im Inneren finden sich Reste einer Holzkonstruktion.

Huaguo shan (15 km nö): Auf dem Berg, einem der Hauptgipfel der Yuntai shan, stehen mehrere *taoist. Heiligtümer.* Der in 400 m Höhe gelegene *Sanyuan gong* wurde im 7.Jh. gegründet, die Bauten stammen aber aus späterer Zeit. Ebenfalls im 7.Jh. entstand der *Yulin guan,* von dem allerdings nichts übrigblieb als einige Inschriften und Reliefs, die seit der Tang-Zeit in die Felsen gemeißelt wurden.

Kongwang-shan-Reliefs (2 km s): Bei den Reliefs handelt es sich um eines der frühesten Monumente des chines. Buddhismus. Die Felsbilder entstanden wahrscheinlich in der späten Han-Zeit. An einigen Beispielen zeigt sich deutlich, daß die Steinmetze wesentliche Teile der buddhist. Lehre verstanden und korrekt wiedergegeben haben. Das muß deshalb betont werden, da bei Darstellungen aus anderen Teilen Chinas, bei denen man spürt, daß die Künstler buddhist. Themen jedenfalls vom Hörensagen kannten, höchst seltsame Mißverständnisse zu ikonographischen Kuriositäten führten.
Die Reliefs am Kongwang shan wurden großenteils aus einer Felswand gehauen. Vereinzelt sind sie auch auf umliegenden Felsen zu finden. Eindeutig buddhist. Darstellungen sind Buddhas mit Aureole und ein Bild des Buddha beim Eintritt ins Parinirvana, umgeben von trauernden Schülern. Es kommen aber auch Reliefs vor, die unter den Han weitverbreitete Themen zeigen, z.B. Bankettszenen und Beamte in der typischen Tracht mit der steifen Kappe.
Versuche chines. Wissenschaftler, aufgrund der Thematik und mancher Kleidungsformen die Darstellungen am Kongwang shan einer späteren Epoche zuzuordnen, z.B. der Tang-Zeit, sind nur im Ausnahmefall überzeugend. In der sog. *Drachenhöhle* (Longdong) finden sich Inschriften von der Song- bis zur Qing-Zeit.

Yuntai shan (nö der Stadt): Der Gebirgszug, zu dem auch der Huaguo-shan gehört, wurde zur Szenerie wichtiger Teile des Ming-zeitlichen Romans »Xiyou ji« (»Die Pilgerreise nach Westen«) des Wu Cheng'en, einer Verballhornung der berühmten Pilgerfahrt des Tang-Mönches Xuanzang zu den heiligen Stätten in Indien. Manche Gipfel und Höhlen des Gebirges sollen den Autor angeblich inspiriert haben. Abgesehen von diesen Assoziationen bieten sich dem Wanderer herrliche Ausblicke.

Liaoyang 辽阳

Liaoning

S. 387 □ E 2

Geschichte: Liaoyang und seine Umgebung sind altes Kulturgebiet. In der Han-Zeit war die Region offenbar Sitz reicher Familien, die sich große Gräber mit Wandmalereien errichten ließen. In der Sanguo- und frühen Beichao-Zeit wurde das Gebiet dem Gaogouli-Reich einverleibt. Von der Stadt Baiyan, einer Gründung der Gaogouli-Herrscher, blieben 30 km ö von Liaoyang Reste einer 2,5 km langen Stadtmauer aus Stein bestehen. Auch Teile der Jin- und Qing-zeitlichen Stadt haben sich erhalten. Der Dynastiegründer der Qing machte 1622 Liaoyang zu seiner Hauptstadt. Das Gebiet der Qing-Stadt liegt ca. 10 km nö der heutigen Stadt nahe bei den Gräbern, die Nurhaci (Qing Taizu) für Verwandte errichten ließ.

Baita: Die Pagode steht in einem nach ihr

benannten Park. Sie entstand zwischen 1161 und 1189 und erinnert sehr stark an die Zwillingspagoden von Beizhen (siehe Umgebung). Der achteckige, 71 m hohe Bau besitzt 13 Stockwerke und gehört zum Tianning-Typ, der für die Bauzeit (Liao Jin) charakteristisch ist. Wie bei dieser Pagodenform üblich, sind die Scheinstockwerke sehr dicht gesetzt und von schmalen Zwischendächern getrennt. Sockel und Untergeschoß nehmen fast die halbe Höhe des Gesamtbaus ein. Der Sockel ist durch Grate und Scheinkonsolen gegliedert und vom Untergeschoß durch Reihen von Lotosblättern abgegrenzt. Die Wände des untersten Stockwerks schmücken feine Ziegelreliefs: In einer Nische ein thronender Buddha, flankiert von zwei Bodhisattvas. Darüber in Flachrelief Baldachine und fliegende Apsaras. In den 8 Ecken scheinen falsche Säulen die scheinbar darüberliegenden Balken und Konsolen des ersten Daches zu tragen. Die Pagode verjüngt sich vom 2.Stockwerk an leicht und kontinuierlich. An die Stelle der Konsolen am untersten Dach treten bei den oberen vorkragende Ziegelreihen.

Gräber: (im N der Stadt bei Sandaohao, Fengtaizi und Beiyuan): Die Anlagen sind wegen der Wandmalereien berühmt, die von der Han- bis zur Sanguo-Zeit entstanden. Die meist mehrkammrigen Gräber wurden aus großen Steinplatten gebaut. Ebenfalls Steinplatten bilden die flachen Dächer. Die Beigaben in den früh beraubten Grabstätten sind spärlich. Um so interessanter sind die zahlreichen *Wandmalereien*, die meist direkt auf den Stein aufgetragen wurden. Die Gemälde wurden in einem freien Stil ausgeführt und wirken sehr lebendig. Die wichtigsten Themen entstammen durchaus dem Repertoire Han-zeitlicher Grabkunst: Bilder, die den Grabherrn beim Fest zeigen, Jagd- und Ausrittszenen und Tätigkeiten in der Küche werden häufig gezeigt. Manche Merkmale lassen aber erkennen, daß in der Kultur der damaligen Zeit Unterschiede zum Zentralgebiet bestanden. Kleidung und auch gewisse Darstellungskonventionen, ganz abgesehen von der Grabform selbst, lassen Zusammenhänge mit der Kunst Kirins und Ningxias in der frühen Beichao-Zeit erkennen. Das Steinkammergrab war die für die Gaogouli-Gräber Kirins typische Grabform; ebenso wie das frontale, wenn auch stilisierte Porträt des Toten charakteristisch für die etwa gleichzeitigen Grabstätten in den beiden anderen Provinzen ist.

Umgebung

Beizhen (100 km nw): Die Zwillingspagoden des Chongxing si entstanden etwa zur gleichen Zeit wie die vermutlich nach ihrem Vorbild entworfene Baita von Liaoyang. Die beiden Türme sind achteckig, ca. 43 m hoch und besitzen 13 Stockwerke. Aufbau und Schmuck entsprechen fast ganz dem der Baita.

Luoyang 洛阳

Henan

Einw.: 1.08 Mio. Höhe: 150 m S. 387 □ D 3

Geschichte: Luoyang, eine der alten Kaiserstädte Chinas, liegt im N der Provinz Henan. Bereits in der Zhanguo-Zeit war hier der Sitz der zwar vollkommen machtlosen, aber dennoch kulturell und religiös bestimmenden Zhou-Könige. Die Zhou-Stadt war annähernd rechteckig und lag weiter w als die heutige Stadt. Im SW-Teil der Stadt sind noch einige der Königsgräber an den bis 47 m hohen Tumuli zu erkennen. Man weiß allerdings nicht genau, welche Herrscher in ihnen bestattet wurden, da keiner von ihnen geöffnet wurde.
Unter dem ersten Herrn über das Han-Reich, Liu Bang (posthumer Name Gaozu), war Luoyang einige Monate Hauptstadt. Die Residenz wurde dann nach Changan verlegt. In der O-Han- und Sanguo-Zeit war die ö Hauptstadt, wie Luoyang auch genannt wurde, wiederum mehrmals Reichshauptstadt. Eine große Blüte erlebte sie aber unter den Wei-Herrschern im 5. und frühen 6.Jh. Über die zahllosen Tempel und Paläste dieser Zeit berichtet ein Werk aus dem 6.Jh., »Luoyang qielan ji«. Im Auftrag der Wei, die den Buddhismus besonders stark förderten, wurden in der Nähe, beim Long

Luoyang, Museum der Han-Gräber

men, Höhlen mit buddhist. Plastik ausgeschmückt. Die Anlage sollte noch prächtiger werden als die Yungang-Tempel bei Datong (siehe dort). Die Bautätigkeit hielt auch in der Tang-Zeit unvermindert an.
Einige Tang-Kaiser zogen Luoyang Changan als Residenz vor. Seit der Sui-Zeit war die Einwohnerzahl der Stadt auf über eine Million gestiegen. Dementsprechend wurde das bebaute Gebiet weit über das Wei-zeitliche Ausmaß ausgedehnt, und auch die heutige Siedlung nimmt nur einen Bruchteil der Tang-Stadt ein. Die Mauer war 27,5 km lang und von 10 Toren durchbrochen. Das Straßennetz verlief schachbrettartig. Im N der heutigen Altstadt wurden große Speicheranlagen und Fundamente von Gebäuden, die mit dem Staatskult in Zusammenhang standen, gefunden. Die kulturelle Bedeutung von Luoyang war schon in der Nanbeichao-Zeit groß, erreichte nun aber einen Höhepunkt. Bedeutende Maler und Dichter lebten hier, so z.B. Du Fu, einer der größten Tang-Lyriker.

Wenn auch die politische und wirtschaftliche Bedeutung durch die ruinösen Folgen der An-Lushan-Revolte nachließ, verlor die Stadt am Luo-Fluß doch niemals ihren Ruf als kulturelles Zentrum. Noch in der Song-Zeit erinnert man sich wehmütig an den einstigen Glanz, was sich u.a. in Werken wie dem »Dongjing menghualu« des Meng Yuanlao niederschlug.
Heute ist Luoyang eine Industriestadt und ein Touristenzentrum.

Han-Gräber (im Wangcheng-Park im Stadtzentrum):

O-Han-Grab: Neben Wandmalereien, die Themen aus dem täglichen Leben zeigen, sieht man hier Steintüren mit Reliefs.

W-Han-Grab: Die rechteckige Kammer dieses aus Hohlziegeln gebauten Grabes ist durch kleine Gänge mit Seitenkammern verbunden. Die Wandmalereien befinden sich an den Wänden und der Decke der Hauptkammer, sowie an Türstürzen und

über dem Stützpfeiler der Kammer auf einem durchbrochen gearbeiteten Feld. An den Flächen des Satteldachs, das ebenfalls aus speziell zu diesem Zweck gefertigten Hohlziegeln besteht, sieht man astronomische Darstellungen wie Sternbilder u. ä. Auf dem trapezförmigen Feld über dem Stützpfeiler befinden sich mythische Darstellungen: Tiere zwischen Wolkenbändern, Bären, die um Ringscheiben kämpfen. Darunter auf einem schmalen Ziegel »historische« Szenen: Bilder aus in der Han-Zeit beliebten literarischen Werken, z. B. Yanzi chunqiu. Die Malereien sind in sicherem Strich ausgeführt, und die durchbrochen gearbeiteten Teile zeugen von einem hohen Niveau der Han-zeitlichen Ziegelkunst.

Die Seitenkammern sind aus normalen Ziegeln hochgezogen. Die Wandmalereien in Han-zeitlichen Gräbern in und bei Luoyang wurden kürzlich in einem neuen Museum zusammengefaßt

Museum (an der Zhongzhou lu am Rand des Wangcheng-Parkes): Die Sammlung des Museums von Luoyang ist eine der umfangreichsten Chinas. Das liegt sowohl an der langen Geschichte der Stadt als auch an den besonders reichen Funden, die in der Umgebung und im Stadtgebiet zutage traten.

Aus *neolithischer Zeit* stammen Funde, die beim Dorf Yangshaocun, ca. 70 km nw der Stadt, gemacht wurden. Dieser Ausgrabungsort hat einer ganzen Kultur, der *Yangshao-Kultur,* den Namen gegeben, von der wir heute zahlreiche Varianten in Zentral- und N-China kennen. Charakteristisch für die *Miaodigou-Variante* der Yangshao-Kultur von Henan sind kleinteilige Muster, deren Hauptelemente Punkt, Welle, Raute und Ellipse sind, die zu einem sehr schwungvollen Ornamentstreifen an den Oberteilen der Gefäße verwoben wurden. Die Verzierungen der Henan-Gefäße unterscheiden sich deutlich von den großen Spiralmotiven z. B. der *Gansu-Yangshao-Stufe:* Weite Schalen waren offenbar beliebt, seltener sind solche mit eingezogenem Rand.

Sehr bedeutend ist auch die *Sammlung*

< Luoyang, Pagode von Baima si

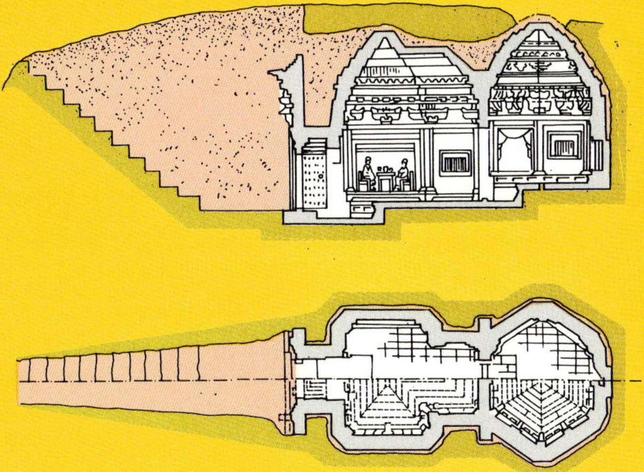

Baisha-Gräber (Luoyang), Grundriß eines Song-zeitlichen Grabes. Auf der Umzeichnung ist das Bild des Grabherrn und der Grabherrin beim Mahl zu erkennen

Zhou-zeitlicher Kulturgüter im Museum. In der Zhongzhou-lu, an der das Museum liegt, fand man große Gräber mit reichen Beigaben aus der Zhou-Zeit.

Ritualbronzen mit sehr feinem Dekor, der sich in seiner ornamentalen Abstraktion von den stärker figürlich geprägten Shang-Bronzen absetzt, kamen aus diesem Grunde in großer Zahl ins Museum. Auch Jade-Ringscheiben und andere Gegenstände aus dem Halbedelstein wurden in den Gräbern entdeckt.

Aus *Wei- Tang-zeitlichen Gräbern* stammen *Keramikgefäße,* die starke w Einflüsse zeigen. Sassanidische Bronzen und Silberarbeiten haben bei vielen der Krüge, Kannen und Schalen als Vorbild gedient. Reitknechte in ausländischer Kleidung oder Damen in für chines. Verhältnisse sehr gewagten und tief ausgeschnittenen Gewändern wurden den Reichen ebenfalls in Form von Grabfiguren mitgegeben, um sie auch im Tode mit Dienerschaft zu versorgen.

Wenfeng-Pagode (im SO-Teil der Altstadt): Der Bau entstand in der Song-Zeit und erhielt seine heutige Form unter den Ming. Er ist quadratisch, besitzt 9 Stockwerke und erreicht eine Höhe von 28,5 m. Die unteren Geschosse haben jeweils auf der N-Seite eine Bogenöffnung, vom obersten bietet sich auf allen Seiten ein herrlicher Blick über die Stadt.

Yiwang fu (an der Xida jie in der Altstadt): Der 24. Sohn des Gründers der Ming-Dynastie wurde mit dem Titel Fürst von Yi (Yiwang) belehnt und durfte sich in Luoyang eine Residenz bauen, von der allerdings nur noch Reste des S-Tores, des Jiufu men, erhalten blieben.

Umgebung

Bai-Juyi-Grab (im S auf dem Pipa-Gipfel des Xiangshan): Bai Juyi (772–846), einer der wichtigsten Dichter der chines. Literatur, verbrachte seine letzten Lebensjahre zurückgezogen auf dem Xiangshan. Deshalb erhielt er auch den Beinamen »Xiangshan jushi«, der »zurückgezogene Gelehrte vom Xiangshan«. Vor seinem Grab steht eine Stele, die die Kunst Bais würdigt.

Baima si (12 km ö): Der »Tempel des weißen Pferdes« ist einer der ältesten buddhist. Tempel Chinas. Angeblich geht die Gründung auf die Zeit des Han-Kaisers Mingdi zurück. Im Jahr 64 n. Chr. soll er einen symbolträchtigen Traum gehabt haben: Ihm erschien ein »goldener Mann«, was im nachhinein als Traum von Buddha gedeutet wurde. Er sandte Boten aus, die das echte Bild holen sollten. Seine Gesandten kehrten, so heißt es, mit einer vergoldeten Plastik, einem Bildnis des Erleuchteten, und buddhist. Schriften nach China zurück, die von einem weißen Pferd getragen wurden. Von diesem Gründungsmythos leitet sich auch der Name des Klosters ab, dessen erste Äbte indische Mönche gewesen sein sollen. Wahrscheinlich handelt es sich bei der Geschichte vom Goldenen Bildnis um ein spät von Buddhisten lanciertes Gerücht, das dazu beitragen sollte, die Einführung der indischen Lehre in China vorzudatieren.
Die beiden Pferdefiguren beim Eingang sollen an die Gründungslegende erinnern, von der eben die Rede war. Sie wurden in der Song-Zeit hergestellt. Die Bauten, an einer Zentralachse orientiert, stammen aus dem Jahr 1556 (Ming). In der Haupthalle, der *Daxiong-baodian,* findet sich *Yuanzeitliche Plastik,* Buddhas der 3 Weltalter. Im vorderen Teil der beiden Seitenhöfe liegen die Gräber der beiden indischen Gründer des Klosters mit Inschriftenstelen. Ca. 200 m sö des Klosters steht die *Qiyun ta.* Der wahrscheinlich aus der Tang-Zeit stammende Pagodenbau ist quadratisch und hat 13 Stockwerke und eine Höhe von 30 m. Aufgrund der schönen Proportionen und der erst im oberen Drittel einsetzenden stärkeren Verjüngung wirkt er sehr schlank und ausgewogen. Die Datierung ist umstritten, aber stilistisch ist er durchaus den Tang-Pagoden von Xi'an (Xiaoyanta oder in den Fangshan bei Beijing) vergleichbar. Inschriften informieren über Renovierungen in der Song- und Jin-Zeit.

Baisha (50 km s): Bei Baisha wurden 3 Doppelgräber von Ehepaaren aus der Song-Zeit entdeckt: Das wichtigste ist das zweikammrige *Grab des Zhao Daweng.* Es besteht aus einer quadratischen Vor- und einer sechseckigen Hauptkammer. Songzeitlichen Gräbern wurde oft das Aussehen kleiner Häuser mit detailiert ausgeführter Scheinarchitektur gegeben. Die Grabtür mit einem Vordach, das von einer doppelten Konsolreihe getragen wird, hat Reihen von Buckeln, eine Anspielung auf die Holztüren in der realen Architektur. Die Wände des Innern sind mit falschen Säulen, Konsolen und Fensterattrappen geschmückt. Auch ein von Konsolen gestütztes Kraggewölbe wird vorgetäuscht. Grabherr und -herrin sind in den *Wandmalereien* dargestellt: Sie sitzen beim Festmahl an einem Tisch. An den Wänden ringsum sind Dienerinnen und Diener abgebildet, die Essen und Getränke herbeitragen. Auch für Unterhaltung ist gesorgt: Eine Musiktruppe spielt für das Paar. In der hinteren Kammer, in der auch die Särge standen, ist in der Rückwand eine halb geöffnete Scheintür zu sehen, durch die eine jugendliche Dienerin hereinblickt. Neben dem vordergründig hübschen Effekt könnte hier durchaus der Gedanke an den Übergang ins Jenseits mit im Spiel gewesen sein.
Eine Grunderwerbsurkunde aus dem Jahr 1099 läßt das Grab annähernd datieren.
Die beiden anderen Gräber sind einkammrig und sechseckig. Die Darstellungen sind denen im Grab des Zhao verwandt.

Bu-Qianqiu-Grab (n von Luoyang beim Dorf Shaogou, am Fuß des Mangshan): In Shaogou wurden seit den 50er Jahren mehrere wichtige *Han-Gräber* entdeckt. Das interessanteste ist das des Bu Qianqiu, der in der Inschrift eines Siegels, das in seinem Grab entdeckt wurde, erwähnt wird. Die Kammern bestehen, wie beim Grab im Wangcheng-Park in Luoyang, aus großen Hohlziegeln. Vom Eingangstor aus sind sowohl die Hauptkammer als auch die beiden Nebenkammern mit kleinen Seitenannexen zu erreichen. Die Wandmalereien sind sehr fein. An der Decke sieht man neben Sternbildern Szenen aus der chines. Mythologie. Fuxi und Nügua mit dem Schlangenleib, andere mythische Mischwesen und fliegende Unsterbliche sind in sehr sicherem Strich und virtuos ausgeführt und legen Zeugnis ab von der großen Kunstfertigkeit der Han-Maler. Ihre Werke sind heute weitgehend verloren und, man kann nur von der Grabausstattung ausgehend (die allerdings meist aus Reliefs besteht) Rückschlüsse ziehen.

Du-Fu-Wohnsitz (ca. 65 km ö): An der Stelle des Geburtshauses des vielleicht bedeutendsten Tang-Lyrikers im S von Gongxian (Yaowang cun) stehen heute ein Museum und eine Inschriften-Stele.

Fawang si (ca. 65 km sö im Kreis Dengfeng am Taishi shan): Der Tempel wurde angeblich 71 n. Chr. von einem der Gründer des Baima si, Zhufalan, begonnen. Die Pagode des Tempels ist vom gleichen Typ wie die des Baima si, allerdings wirkt in diesem Fall der Sockel zu hoch. Der quadratische Bau besitzt 15 Stockwerke und eine Höhe von 40 m und geht wahrscheinlich ebenfalls auf die Tang-Zeit zurück.

Gongxian-Höhlen (55 km nö): Vier der fünf großen buddhist. Höhlen, die heute noch in gutem Zustand sind, zeigen den typischen Höhlenaufbau von Yungang (siehe dort): Die Cella ist quadratisch und hat in der Mitte eine Säule in Form einer kleinen Pagode, die in Nischen buddhist. Plastik trägt. Man begann mit den Arbeiten in Gongxian etwa zur gleichen Zeit wie in Longmen. Die erste datierte Plastik, die heute noch in Gongxian zu finden ist, trägt die Jahreszahl 531. Stilistisch zeigen die Reliefs auch ähnliche Merkmale wie die von Longmen. Im Gegensatz zu den Bildwerken von Yungang, die starke zentralasiatische Einflüsse zeigen, kann man die Kunst der buddhist. Höhlen von Henan als eine Kombination aus s Elementen und n Stilmerkmalen betrachten. Im Zentrum der Verehrung stand offenbar der historische Buddha. In den Hauptnischen an den Pagodenpfeilern tritt er meist mit zwei Assistenzfiguren, Mönchen oder Bodhisattvas, auf. Besonders in den kleinen Begleitszenen, an den Figuren von Adoranten und Stiftern, zeigt sich die Feinheit der Reliefkunst von Gongxian. Die Figuren sind z. T. sehr schlank und weisen die für die Longmen-Kunst charakteristische Körperbiegung auf. Auffällig oft und der geistigen Haltung vieler Intellektueller dieser Zeit entsprechend, wurden gelehrte Einsiedler wie Vimalakirti (Weimojie) bei seiner Diskussion mit dem Bodhisattva Manjusri dargestellt. Diese Bilder finden auch in der buddhist. Kunst des Nordens Entsprechungen. Typisch für die Gongxian-Reliefs sind hingegen Bildstreifen mit Jatakaszenen unter den Haupt-Andachtsbildern.

Nach der Wei-Zeit kamen kaum neue Reliefs hinzu, einige Male wurde aber restauriert. Die Außenwände waren oft Überflutungen ausgesetzt, und ihr Reliefschmuck wurde dabei schwer beschädigt.

Im S von Gongxian liegen 8 *Kaisergräber* der N-Song, die von 960 bis ca. 1100 hier entstanden. Die Grabkammern wurden nicht freigelegt, interessant sind aber die *Reliefs und großen Steinfiguren* der Geisterwege, deren Ornamentik, meist in feiner Liniengravur ausgeführt, sehenswert ist. Die Eleganz der Ranken- und Blütenmotive, die zwar reich, aber nie überladen wirken, ist Zeichen bester Song-Steinmetzarbeit. Die Figuren, Tiere und Beamte, sind in ihrer Noblesse auch kaum mit den etwas plumpen Statuen an den Ming-Geisterwegen zu vergleichen.

Guanlin (sö von Luoyang auf der Straße nach Longmen): In diesem Tempel wird ein General der Sanguo-Shu verehrt, der in späterer Zeit deifiziert und zum Kriegsgott wurde. Es handelt sich um einen Gedächtnistempel, der vor der angeblichen Grabstätte des Guan errichtet wurde. Direkt vor dem Tumulus steht ein achteckiger *Pavillon* mit einer *Inschriftenstele*. Die Hallen stammen aus der Ming- und Qing-Zeit. Neuerdings benutzt man das Tempelareal zur Aufstellung von Steinkunstwerken.

Han- und Wei-Stadt (nö von Luoyang beim Dorf Xincun etwas weiter ö als Baima si): In der O-Han- und Wei-Zeit war Luoyang Hauptstadt. Einige der bedeutenden Bauwerke der Han-zeitlichen Metropole konnten von den Archäologen noch lokalisiert werden. Die Stadt war annähernd rechteckig und besaß im N, NO und SO 3 Palastbezirke. Im NO lagen Arsenale und Lagerhallen für Getreide, im SO mehrere Ämter. Im S außerhalb der Mauern lag die *Kaiserliche Akademie* (Biyong), in der die Prinzen erzogen wurden, die *Taixue,* eine Bildungsanstalt für die Söhne aus edlen Familien aus dem ganzen Reich, und die *Mingtang* (»leuchtende Halle«), ein quadratischer Bau mit 9 Räumen, deren Anordnung ein kosmisches Diagramm bildete. Der Kaiser hatte, symbolisch für das ganze Reich, ja den ganzen Erdkreis, das gesamte Gebäude einmal im Jahr rituell zu durchschreiten. Diese symbolische Reise durch die Welt mußte von Zeit zu Zeit durch reale Inspektionsreisen durch das Reich ergänzt werden, wobei auch alle Landesteile mit dem Charisma des Herrschers beglückt wurden.

Bedeutende Wissenschaftler wirkten am Ende der Han-Zeit in der O-Hauptstadt, z.B. Zhang Heng, der ein Erdbebenwarngerät entwickelte (Rekonstruktion im Lishibowuguan in Beijing) und die Pracht von Luoyang auch in einer fast phantastisch anmutenden Beschreibung, dem »Dongjing fu« verewigte.

Hangu guan (170 km w): Die Stadt ist von berühmten Pässen umgeben, deren Befestigungsanlagen in alter Zeit das Zentralgebiet vor Einfällen aus den n Randgebieten sichern sollten. Der Hangu guan ist einer der wichtigsten unter ihnen. Allerdings blieb von den alten Bastionen kaum etwas erhalten.

Huishan-si-Grabpagode (am Songshan im Kreis Dengfeng, ca: 80 km sö der Stadt). Die kleine Pagode wurde für den 7. Patriarchen der Chan-Sekte wahrscheinlich 746 gebaut. Jingzang, der Nachfolger des Huineng, residierte im Huishan si, und der Grabbau wurde direkt nach seinem Tode in Angriff genommen. Die Pagode ist achteckig und eingeschossig und hat eine Höhe von 6 m. Der Sockel wurde in diesem Jh. schmucklos restauriert, besaß aber möglicherweise ursprünglich eine komplizierte Struktur. An der Außenwand der 1,3 m hohen Cella wurde Holzarchitektur mit

Luoyang, Longmen-Höhlen >

Ziegeln nachgeahmt. An den 8 Ecken stehen Ziegelsäulen mit Konsolkapitellen. Dazwischen befinden sich Blendtür und Fenster mit Gittern. An der Tür deuten runde Buckel die Metallbeschläge einer Holztür an. Über den Rahmen der Tür und der Fenster sieht man V-förmige Träger, ein typisches Element der Tang-Architektur. Durch Kragziegelreihen wird ein mehrstufiges Dach mit aufgesetzter Perle simuliert. Auf der S-Seite führte eine Rundbogentür in die Cella, auf der N-Seite weist eine Inschrift auf den berühmten buddhist. Lehrer hin.

Longmen-Höhlen (13 km s): Nach der Verlegung der Hauptstadt der Wei von Datong in Shanxi nach Luoyang veranlaßten die Tuoba-Herrscher Arbeiten an neuen buddhist. Höhlen. Die Verlagerung des Zentrums der Macht im Wei-Staat hing nicht nur mit politischen Schwierigkeiten im N zusammen, sondern auch mit dem Wunsch, zu demonstrieren, daß die Tuoba sich als chines. Herrscher verstanden wissen und den Ruf der barbarischen Nomaden, den sie bei den Chinesen immer noch hatten, endgültig abschütteln wollten. Das zeigte sich an Äußerlichkeiten, aber auch an der Adaption künstlerischer Stile. In die Reliefkunst von Luoyang wurden verstärkt Elemente aus dem S aufgenommen, dem damaligen Zentrum der chines. Kultur. Anklänge an die Grabkunst S-Chinas sind bei den Bildern von Longmen deutlich zu spüren. Die Arbeiten an den ersten 3 Höhlen, den sog. *Binyang-Höhlen* am N-Ende der Höhlengruppe, wurden kurz nach der Machtverlagerung am Ende des 5.Jh. begonnen und, ähnlich wie bei den Höhlen von Gongxian, 523 vollendet. Bis in die Tang-Zeit sind Reliefs erneuert oder grundlegend verändert worden. Viele der kleineren Darstellungen zeigen aber noch gut den O-Wei-Charakter. Die Hauptfiguren, häufig Maytreya und Shakyamuni, entsprechen oft stilistisch noch am ehesten den Bildern von Yungang bei Datong. Faltenwurf und Haltung wirken streng, und das Gesicht ist zum archaischen Lächeln erstarrt. Allerdings wirken die Körper nicht mehr so kompakt, die Proportionen haben sich verändert, die Körper scheinen in die Länge gestreckt.

An den Stifterbildern und den Darstellungen erzählenden Inhalts werden die stilistischen Veränderungen noch wesentlich deutlicher. Merkmale des s Stils spielen bei den Darstellungen zunehmend eine Rolle. Man achtete bei den Figuren, sowohl was Körperproportionen als auch Haltung anlangt, betont auf Eleganz. Die Kleidung entspricht bei manchen Figuren der auf Reliefs im S gezeigten. Zu denken ist in diesem Zusammenhang an die Sarkophage, die in Kansas City und in der Freer Gallery in Boston ausgestellt sind.

Die Tang-zeitlichen Figuren sind realistischer und bewegter. In der Gesichtsstilisierung herrscht ein fülligerer Typ vor. Der Schmuck an den Bodhisattvas ist sehr reich und mit Liebe zum Detail ausgeführt. Die Assistenzfiguren, Apsaras, Atlanten u.a., wirken nicht mehr so starr wie auf den frühen Reliefs. Auch die Zusammensetzung des dargestellten Pantheons verändert sich. Gegenüber Shakyamuni tritt nun Amithabha in den Vordergrund. In dieser Veränderung spiegelt sich die große Bedeutung der Amithabha-Verehrung in der Tang-Zeit wider, die weite Kreise der Bevölkerung erfaßte. Zur Tang-Gruppe gehört auch der 17 m hohe *Buddha des Fengxian si* im Zentrum der Hauptgruppe. Ihn flankieren Statuen von Mönchen und Himmelskönigen. Zu den Tang-Höhlen gehört auch die *Yaofangdong* (Höhle der Rezepte, so genannt nach den Inschriften mit medizinischen Ratschlägen an der Außenwand der Höhle) und die *Wanfo dong*. Deren Hauptfigur wirkt zwar durch den zu wuchtigen Kopf und Oberkörper etwas plump, die Atlantenfiguren, die den Sockel umstehen, sind aber sehr fein. Die Wand hinter der Figur des Buddha ist überzogen von einem dichten Gerank von Lotospflanzen, auf deren Blüten kleine Buddhafiguren sitzen. Die Höhlenformen unterscheiden sich von denen in Yungang. Die Kammer mit Zentralsäule fehlt hier vollständig. Die Kammern sind entweder rechteckig oder haben eine Nische für die Haupt-Andachtsfigur.

Leider sind manche Höhlen stark beschädigt. Am Anfang des 20.Jh. war es üblich, die Höhlen systematisch auszurauben. Figuren wurden in großer Zahl von den

Luoyang, Buddha des Fenxian si in den Longmen-Höhlen >

Wänden geschnitten. Die Sammlungen w Museen profitierten von dieser Praxis.

Observatorium (85 km sö der Stadt im Kreis Dengfeng, bei Gaocheng zhen): Kublai Khan ließ im Jahr 1276 hier ein Observatorium errichten. Unter der Leitung des chines. Guo Shouqing und mit Hilfe von 26 Observatorien, die über das ganze Reich verteilt waren, nahm man genaue astronomische Beobachtungen vor. Dadurch wurde eine Berechnung der Umlaufzeit der Erde um die Sonne ermöglicht. Der Grundriß des Hauptbaus ist quadratisch. Die vollkommen ungegliederte und schmucklose Ziegelplattform verjüngt sich nach oben. In einem Schacht in der Mitte des Baus steht das Gnomon, mit dessen Hilfe die mit dem Lauf des Jahres sich verändernde Schattenlänge gemessen wurde. Aus den Beobachtungen an dieser und den anderen Stationen ergab sich eine Umlaufzeit, die nur 26 Sekunden von der tatsächlichen abweicht. Die Länge des Schattens wurde an einer geraden und niedrigen Steinmauer zu Füßen der Plattform gemessen.

In den Räumen darüber, die während der Renovierungsarbeiten unter den Ming errichtet wurden, standen wahrscheinlich eine Wasseruhr und eine Armilarsphäre.

Luoyang, Gongfu-Kämpfer

Shaolin si (60 km sö der Stadt im Kreis Dengfeng): Der Tempel, der im 5. Jh. unter den Dong-Wei gegründet wurde, erlangte besondere Berühmtheit, weil der erste Patriarch der Chan-Sekte seine letzten Lebensjahre hier verbrachte. Der bedeutende buddhist. Lehrer kam 527 hierher, nachdem er von Liang Yuandi in S-China nicht angemessen empfangen worden war. Angeblich soll er in einer Höhle, die heute noch gezeigt wird, 10 Jahre lang meditierend gesessen haben, bevor er starb. Viele der Sehenswürdigkeiten im Tempelareal stehen mit dem Patriarchen in Verbindung. Die heutigen Bauten stammen aus der Ming- und Qing-Zeit. Die Anlage ist, wie oft, axial angelegt. Ausnahmen bilden die Klause des Damo, die im NW liegt, und der Pagodenwald im W. Durch ein Tor mit einer Maytreya-Statue in ihrer späten Form (mit kahlem Kopf und dickem Bauch) gelangt man in den *Tempelbezirk*, der dem Besucher neben den Tempelhallen auch zahlreiche Tang-zeitliche und spätere Stelen, sowie herrliche alte Bäume zu bieten hat. Außerdem sind Kalligraphien berühmter Meister ausgestellt. Die beiden Haupthallen, Daxiong baodian und Fatang, sind nicht mehr erhalten. In der hintersten Halle, der *Qianfodian*, sind die Wände mit Ming-zeitlichen Malereien geschmückt (500 Luohan zwischen Wolken). Im O davon steht die *Baiyi dian* mit sehr lebendigen Malereien aus der Qing-Zeit. Dargestellt werden Gongfu-Kämpfer und die Rettung des Gründers der Tang-Dynastie durch 13 Mönche des Klosters, Meistern der Kampfsportart, die ebenfalls auf Bodhidharma (Damo) zurückgehen soll. Die *Halle des Kshitigrabha* (Dizangdian), des Seelen-Führers und Retters in den buddhist. Höllen, wurde 1979 erneuert. Die Stelle des Glockenturms markiert heute nur noch die Jin-zeitliche Glocke, die beim Brand von 1928 zerbrach.

Die Einsiedelei des Bodhidharma (Chuzu an) liegt im NW des Tempels. Die *Haupthalle* stammt aus der Song-Zeit (1125). Über einem Steinsockel erhebt sich die schlichte Halle mit einem Fußwalmdach. Bemerkenswert sind die mit Reliefs verzierten *Steinsäulen* im Innern, die Drachen

Luoyang, Pagodenwald >

Songyue-si-Pagode

und Beschützer der Lehre mit rollenden Augen zeigen. Die reiche Kleidung und die feine Linienführung lassen auf eine sehr gute Vorlage schließen. Auch an den Steinsockeln der Wände sieht man Flachreliefs - Mönche, Drachen und andere Wesen zwischen Wolken und Wellen. Dahinter liegt die *Höhle,* in der Damo seine letzten Jahre meditierend zugebracht haben soll. Im sog. *Pagodenwald* (Talin) im SW des Shaolin si wurden 220 Mönche mit der Errichtung kleiner Grabpagoden geehrt. Die meisten haben die Form kleiner Tang-zeitlicher Stufenpagoden.

Songyue-si-Pagode (am Fuß des Taishi shan im Kreis Dengfeng): Die älteste Ziegelpagode Chinas ist zwölfeckig und besitzt 15 Stockwerke und eine Höhe von 40 m. Die Architektur der Pagode ist für China einmalig. Aufgrund der sorgfältigen Planung und Ausführung, die nicht den Eindruck eines ersten Versuchs mit dieser Form aufkommen lassen, kann man wohl davon ausgehen, daß die Songyue si ta Vorgänger gehabt hat, die aber nicht erhalten blieben. Auf die Ähnlichkeiten mit indischen Tempeltürmen, die möglicherweise als Vorbilder gedient haben könnten, wurde hingewiesen. Allerdings muß betont werden, daß es sich dennoch um eine eigenständige chines. Entwicklung handelt. Über einem schlichten hohen Sockel steht das erste Geschoß mit ungewöhnlicher Scheinarchitektur. Jede der Seiten hat eine Fensteröffnung, an den den 4 Himmelsrichtungen zugewandten Seiten liegen Rundbogentore. Die mandorlenartigen Fenster- und Türeinfassungen erinnern an frühe indische Formen. Auch die Kapitelle der achteckigen Eckpfeiler ahmen indische Formen nach. Unter den Fenstern liegen je zwei ovale Nischen mit Tierfiguren. Die übrigen Stockwerke haben auf jeder Seite 3 Fensteröffnungen, von denen die mittlere eine ähnliche Einfassung hat wie die Fenster des Untergeschosses. Bei den Dachvorsprüngen wurde ganz auf die an späteren Pagoden üblichen Scheinkonsolen verzichtet, man mauerte sie aus abgestuften Ziegelreihen. Die Spitze besteht aus einem lotosblütenförmigen Unterteil mit Perlaufsatz. Die Stockwerke werden zur Spitze hin etwas schmaler und niedriger. Die wunderbare architektonische Harmonie macht die Pagode des Songyue si zu einer der schönsten. Gleichzeitig ist sie durch die noch deutlich erkennbaren fremden Einflüsse, die an anderen Bauten besser kaschiert sind, für die Rezeptionsgeschichte ausländischer Kunstformen in China von großer Bedeutung.

Xiangshan si (auf der O-Seite des Yihe bei Longmen): Der erste Tempel entstand schon in der Wei-Zeit und wurde unter der Kaiserin Wu der Tang im späten 7. Jh. erweitert. Die heutigen Bauten stammen aus der Kangxi-Epoche der Qing. In seinen späten Jahren weilte der Tang-Dichter Bai Juyi, dessen Grabstätte sich in der Nähe befindet, oft mit Freunden im Tempel, um Gedichte zu verfassen.

Zhongyue miao (75 km sö der Stadt im Kreis Dengfeng): Der Tempel wurde nach dem Song shan, einem der 5 Heiligen Chinas (auch Zhongyue) benannt. Die traditionellen Opfer am Song shan lassen sich bis in die Qing-Zeit zurückverfolgen. Shihuang di ließ einen Tempel am Song shan errichten. Die Bauten wurden in der Qing-Zeit unter Qianlong an die Stelle älterer gesetzt. Der Zhongyue miao ist auch heute noch einer der größten Tempel in Henan. Die *Haupthalle*, eine der größten in China, ist mit Ziegeln in kaiserlichem Gelb gedeckt. Sie birgt zahlreiche *Inschriftenstelen*, von denen die früheste aus der Wei-Zeit stammt (456).

Vor dem Tempel stehen zwei kleine Turmbauten aus dem Jahr 118, die sog. *Taishi que*, die zum Han-zeitlichen Heiligtum gehörten. Die Miniaturtürme aus Stein hatten Vorbilder aus Holz, große Türme, die vor öffentlichen Bauten und Palästen standen. Sie haben kleine flache Anbauten. Die Wandungen sind mit teils figürlichen, teils abstrakten Reliefs überzogen. Stilistisch sind sie dem 5 km w gelegenen Shaoshique und dem Qimuque (5 km n von Dengfeng) nahe verwandt.

Lu shan, Kiefer im Lu-shan-Gebirge

Lu shan 庐山

Jiangxi

Höhe: 1474 m S. 387 □ E 3

Geschichte: Der Lu shan, einer der berühmten Berge Chinas, erhebt sich ca. 100 km n von Nanchang am Boyang-See. Er war seit dem 4. Jh. eines der wichtigsten Refugien für buddhist. Mönche und Einsiedler, die Unsterblichkeit suchten. Gelehrte und Mönche zogen sich oft in die Klöster auf dem Berg zurück, und es ergab sich ein fruchtbarer Gedankenaustausch zwischen Taoisten und Buddhisten. Besonders der Donglin si spielte in der Geschichte des chines. Buddhismus eine bedeutende Rolle, da der berühmte Lehrer Huiyuan sich hier im 4. Jh. niederließ. Sein großes Ansehen zog zahllose Gläubige und Intellektuelle auf den Lu shan. In seiner Interpretation des Buddhismus mischten sich Elemente der taoist. Weltsicht mit der indischen Lehre. Daher verwundert es nicht, daß sich Huiyuan und der berühmte Übersetzer buddhist. Texte, Kumarajiva aus Kucha, nicht über die Interpretation der Schriften einigen konnten. Huiyuan initiierte eine Schule, die besonders in der Tang-Zeit eine unvergleichliche Blüte erlebte, die »Jingtu zong«, die »Schule vom Reinen Land«. Der einfache Zugang, den seine Lehre jedem Menschen zu Reinigung und besserer Wiedergeburt eröffnete, machte sie attraktiv: Allein die Nennung des Amithabha-Buddha bringt Loslösung vom angesammelten Karma und Wiedergeburt im westlichen Paradies Sukhavati mit sich. Zunächst lebte Huiyuan in einer einfachen Einsiedelei. Als sein Ruhm aber weiteren Kreisen bekannt wurde, ließ der Gouverneur für ihn das Donglin-Kloster errichten. Quellen und Gipfel des Gebirgsmassivs werden mit historischen und mythischen Persönlichkeiten in Verbindung gebracht und erhielten entsprechende Namen.

Bailu dong shuyuan (am Fuß des Wulao feng): Die Akademie, die schon in der Tang-Zeit existierte, begründete ihren dauernden Ruhm unter den Song. Zwei gelehrte Brüder, Li Bo und Li Bu, ließen sich hier in einer Einsiedelei nieder. Der eine von ihnen hielt sich einen weißen Hirsch,

der ein taoist. Symbol und Reittier der Unsterblichen war. Daher rührt auch der Name »Weiß-Hirsch-Akademie«.

Als Li Bo zu Amt und Würden gekommen war, ließ er an dieser Stelle eine Terrasse mit schöner Bepflanzung anlegen. Der Ort zog auch in späterer Zeit Gelehrte an, und in der Song-Zeit richtete man hier ein Lehrinstitut ein. Das Institut ist mit den Namen berühmter Philosophen verbunden, zu denen auch der wichtigste neokonfuzian. Denker, Zhu Xi, gehört. Während seiner Zeit als Gouverneur in Jiangxi lehrte er auch am Bailu dong shuyuan. Die meisten der Gebäude, die ehemals hier standen, sind heute verschwunden. Von Interesse ist allerdings eine Galerie, in der über *100 Stelen* untergebracht wurden.

Donglin si (im NW des Lu shan): Der Tempel wurde 381 vom Mönch Huiyuan gegründet. In der ersten Zeit lebten die zahllosen Verehrer des großen Abtes in kleinen Hütten um den Tempel. Die Schule des Huiyuan hat auch berühmte buddhist. Lehrer hervorgebracht, die in ganz China und in anderen Ländern Asiens tätig wurden (z.B. Jianzhen, der in Japan missionierte). Von der Gemeinschaft auf dem Lu shan fühlten sich auch Dichter angezogen, wie Tao Yuanming und Xie Lingyun, ein Exzentriker, der allerdings von Huiyuan zurückgewiesen wurde. Der Gedankenaustausch mit den Taoisten brach auch nicht ab. Tao Yuanming, Huiyuan und der Taoist Lu Xiujing waren eng befreundet. Ihnen wurde auch in einer der Tempelhallen, der Sanxiao-Tang (Halle der Drei Lacher), ein Denkmal gesetzt. Der Name geht auf eine Anekdote zurück: Als Huiyuan, der es sich zum Prinzip gemacht hatte, die Schwelle des Tempels nicht zu überschreiten, Tao und Lu einmal verabschiedete, unterhielten sie sich so angeregt, daß sie nicht bemerkten, daß sie sogar schon die Brücke überschritten hatten, die den Tempelbezirk abschloß. Daraufhin sahen sie sich an und lachten laut. Die Bauten des Tempels sind heute meist neu, interessant sind aber die Inschriftenstelen, die Gedichte berühmter Männer wie Li Bo und Bai Juyi tragen.

Im W des Tempels steht die *Pagode des ehem. Xilin si.* Der Bau entstand 1044 und

< *Lu shan, Boyang-See*

wurde später mehrmals erneuert. Er ist sechsseitig, besitzt 7 Stockwerke und erreicht eine Höhe von ca. 30 m. An der S- und N-Seite des Untergeschosses sowie an der S-Seite der übrigen Etagen befinden sich Rundbogentore. Doppelte Konsolreihen trugen früher Holzumgänge.

Guanyin-Brücke (im Qixian-Tal): Die Brücke wurde 1014 errichtet und erhielt ihren Namen von einem Guanyin-Tempel, der in der Nähe stand. In den Brückenbogen kann man Inschriften der Brückenbauer finden.

Haihui si (im S des Berges): Die Anlage entstand 1618 unter den Ming, die Bauten wurden in der Qing-Zeit restauriert. Zu den Schätzen der *Bibliothek* gehört eine *Abschrift* des *Lotossutra* in der Kalligraphie des Yuan-zeitlichen Künstlers Zhao Zi'ang.

N

Nanchang	南昌
Jiangxi	
Einw.:1259700 Höhe:20	S. 387 □ E 3

Geschichte: Nanchang, die Hauptstadt von Jiangxi, liegt im N der Provinz, ö des Gan jiang und sw des Boyang-Sees. Die Stadt wurde in der Han-Zeit gegründet und erhielt unter den Wudai ihren heutigen

< *Brücke im Lu shan*

Namen. In der Qing-Zeit war sie ein bedeutender Porzellanumschlagplatz, hauptsächlich für die Waren aus den Öfen von Jingdezhen (siehe dort).
1927 wurde in Nanchang unter der Führung des späteren Ministerpräsidenten Zhou En-lai ein Volksaufstand initiiert, der in vielen Monumenten und einem Museum (Bayi guangchang) gewürdigt wird.

Da-An si (in der Yuchang houjie): An Shigao, einer der ersten ausländischen Mönche in China, soll den Tempel in der Hou-Han-Zeit gegründet haben. An stammte aus Zentralasien, aus dem Lande An, und war für die Entwicklung des chines. Buddhismus von großer Bedeutung. Ein größerer Tempel entstand im 4. Jh. Zu den größten Schätzen des Da-An si gehört ein *Räuchergefäß* aus der Sanguo-Wu-Zeit mit einer Inschrift, die auch in das berühmte Inschriften-Kompendium Jinshi cuibian aufgenommen wurde.

Glocken- und Trommelturm: Die Geschichte der Bauwerke läßt sich wenigstens bis in die Tang-Zeit zurückverfolgen. Die heutigen Türme stammen aber aus der Qing-Zeit.

Museum (auf der S-Seite des Bayi guangchang): Das Provinzmuseum gibt geographische und erdgeschichtliche Informationen und birgt archäologische Funde. Zu erwähnen sind bes. die hell glasierten *Keramikgefäße und Figuren der Jin-Zeit.* Die z. T. vielfigurigen Gefäße zeigen einen ausgeprägten Stil, anhand dessen man sie sofort der Provinz Jiangxi, bzw. Zhejiang zuordnen kann.

Puxian si (in der Puxian-si-jie): Der Tempel entstand ungefähr im Jahr 400 unter den Dong-Jin. Unter den Nan-Tang der Wudai wurde 944 für den Tempel eine große *Samanthabhadra-Figur* auf einem Elefanten (Puxian) aus Eisen gegossen.

Qingyun si (in einem s Vorort von Nanchang nahe Dingshan-Brücke): Wie der Puxian si ist auch dieser Tempel eine Jin-Gründung von 321. Der Qingyun si war eines der Refugien des großen Malers Zhu Da, der auch und besonders unter seinem Künstlernamen Bada shanren bekannt ist und den Ming loyal gegenüberstand. Zhu zog sich nach der Machtübernahme durch die Qing von der Welt zurück und lebte fortan in Klöstern. Er ist einer der revolutionärsten Vertreter der monochromen Tuschmalerei seiner Zeit.
Wie viele berühmte Einsiedler war auch er in seiner Lebensweise exzentrisch. Eines Tages fand man z. B. über der Tür seines Raumes die Inschrift Wu shuo (»nicht sprechen«). Tatsächlich sprach er von da an kein Wort mehr.
Seine Malerei ist deutlich darauf angelegt, alle Traditionen der Akademiemalerei zu brechen: Manchen seiner aufgeplusterten, skurrilen Vögel oder wilden Landschaften ist deutlich anzusehen, daß der Meister Tuschkleckse nur wenig, dafür aber mit großem Können veränderte und zu Wesen oder Bergen wandelte. Man muß allerdings auch bemerken, daß selbst diese vermeintliche Traditionslosigkeit des Bada shanren zu einer Strömung der chines. Malerei gehört, der besonders Chan-Maler, aber auch frühe Exzentriker zuzuordnen sind, die nicht nur mit Pinsel, sondern auch mit Stöcken, Haaren oder den Fingern malten.
Allerdings sind gerade die Bilder des Zhu Da häufig von so brillantem Witz und großer Treffsicherheit, daß man ihn zu den originellsten Malern der chines. Kunstgeschichte rechnen muß.

Shijin-Pagode (nahe Fushi jie): Die erste Pagode an dieser Stelle entstand 904–907 unter den Tang, wurde aber in der Qing-Zeit vollkommen zerstört und wiederaufgebaut. In ihrer relativ schlichten und nur schwach gegliederten Form hat sie vielleicht Elemente der Tang-Architektur bewahrt. Im Pagoden-Fuß und der Spitze befanden sich Reliquienbehälter.

Tor des Ningwang (in der Xinghuo lu): Das einzige Relikt, das heute noch an die mächtige Residenz des Fürsten von Ningguo der Ming erinnert.

Youmin si (gegenüber dem N-Tor des Bayi-Parks): Der in den Jahren zwischen 502 und 519 unter den Liang gegründete Tempel wurde achtmal erneuert. In einer der Hallen befinden sich ein Gefäß mit ca. 90 Buddhabildern und eine Bronzeglocke

Nanjing, Große Yangzi-Brücke

aus der Ming-Zeit. In einer der hinteren Hallen steht eine große Bronzefigur des Buddha. Die große, 2 m hohe und 5 t schwere *Bronzeglocke* des Tempels von 967 ist in der Huanhu jie zu sehen.

Wanshou gong (im W der Cuihua jie): Das auch Eisensäulen-Palast (Tiezhu-gong) genannte Gebäude entstand unter den Jin. Die Eisensäulen im Tempel sollen angeblich im Auftrag des Gründers Xu Sun gegossen worden sein. In späterer Zeit wurde das taoist. Heiligtum mehrfach verändert und renoviert.

Nanjing		南京
Jiangsu		
Einw.: ca. 2,2 Mio	Höhe: 15 m	S. 387 □ E 3

Geschichte: Das fruchtbare Gebiet um Nanjing zog schon vor Tausenden von Jahren Siedler an, wie sich aus neolithischen Funden der Beiyinyangying-Phase ersehen läßt. Charakteristisch für diese Periode sind einfache Dreifußschalen, hohe Fußschalen und Kannen. Der Dekor wurde eingeritzt oder appliziert, auch Bemalung kommt vor. Typische Steinartefakte sind Beile mit großen Perforationen und rechteckige Messer mit einer Reihe von kleinen Perforationen, mit denen sie am Griff befestigt wurden. Metallwerkstätten der frühen Zhou-Zeit (ca. 11. Jh. v. Chr.) fanden sich auf dem Gebiet des heutigen Chaotian gong (siehe unter »Tempel«). Deshalb wurden diese Siedlungsreste auch als Yecheng (Hüttenstadt) bezeichnet. Die erste größere Siedlung lag in der Nähe des Zhonghua men an der Changan-Brücke (Yuecheng; 5. Jh. v. Chr.). Diese befestigte Stadt entstand als Garnison für die Armeen des Staates Yue, die von hier aus zu Überfällen auf Chu aufbrachen.

In der Han-Zeit blieb das Gebiet um Nanjing ein Zentrum der Bronze- und Eisengießerei. Die Stadt selbst entwickelte sich auf dem Gebiet der Zhanguo-Siedlung weiter. Im W der Stadt, auf den Qingliang-Bergen, haben sich Reste der Steinbefestigung erhalten, die im 3.Jh. n.Chr. zum Schutze der Stadt errichtet wurde. Zur gleichen Zeit entstanden auch die ersten buddhist. Heiligtümer.

Nach der Eroberung N-Chinas durch Fremdvölker, u.a. die Tuoba, wurde Nanjing zum Sitz mehrerer kleiner S-Dynastien, was zur kulturellen und wirtschaftlichen Blüte beitrug. Besonders die Herrscher der Liang-Dynastie, vor allem Liang-Wudi (502 bis 550 n. Chr.), förderten die Künste. Landschaftsmalerei und Kalligraphie erlebten erste Höhepunkte. Gu Kaizhi gab der Malerei im 4.Jh. ganz wesentliche Impulse. Die heute noch erhaltenen Kopien einiger seiner Bilder, die einigermaßen korrekt zu sein scheinen, zeigen, daß die Landschaft bei ihm durchaus schon eine wichtige Rolle spielte, wenn die Elemente auch noch ziemlich stark stilisiert waren. Auch für die Lyrik begann man die Landschaft zu entdecken, die bei Xie Lingyun dominierendes Thema ist. Das mag auch mit der Verlagerung des Schwerpunktes der chines. Kultur in den S zusammenhängen, da der Blick der Literaten hier zunehmend für Naturschönheiten geschärft wurde.

Auch die Kalligraphie entwickelte sich in Nanjing zu einer eigenständigen Kunstform. Einer der wichtigsten Kalligraphen dieser Zeit, Wang Xizhi, lebte in der Stadt. Seine Kurrentschrift wirkt sogar bis zum heutigen Tag prägend. Unter den Liang wurde auch der Buddhismus von seiten der Kaiser stark gefördert. Liang Wudi zog sich am Ende seines Lebens in ein Kloster zurück.

Kulturelles Zentrum blieb die Stadt auch in der Tang- und Wudai-Zeit. Zwei Kaisergräber der Nan-Tang (Wudai) befinden sich in der Nähe der Stadt.

Zwei Herrscher dieses Kleinstaates waren sehr bedeutende Dichter. Besonders Li Yu (wesentlich bekannter als Li Houzhu) glänzte nicht nur als Lyriker, sondern zog auch berühmte Maler an seinen Hof. Die Künstler malten entweder noch in einem weiterentwickelten Tang-Stil, oder sie hatten sich der vom Chan-Buddhismus inspirierten monochromen Tuschmalerei verschrieben.

Zu nennen sind Zhou Wenju, Gu Hongzhong, Xu Xi und Dong Yuan.

Auch in späterer Zeit blieb Nanjing Handelszentrum und zuweilen auch Zentrum der Macht. In der frühen Ming-Zeit diente die Stadt bis zur Fertigstellung der neuen Hauptstadt Peking (Beijing) als Residenz der Kaiser. Die Gräber der ersten Kaiser sind in den Zijin-Bergen zu besichtigen. In dieser Epoche nahm die Stadt ungefähr schon das heutige Gebiet ein, d.h., sie umgab bereits den Xuanwu-See auf dem W- und S-Ufer.

In der Mitte des 19.Jh. stand die Stadt nochmals im Zentrum der Aufmerksamkeit der chines. Regierung: Die Taiping-Rebellen machten Nanjing zu ihrer Hauptstadt. Der Taiping-Aufstand (1850–1854) war eine der vielen religiös geprägten Revolten der chines. Geschichte, und die vielleicht blutigste überhaupt.

Die Aufständischen, meist verarmte Bauern, scharten sich um Hong Xiuquan, einen Führer, der sich selbst zu einem gottähnlichen Wesen stilisierte. Die Glaubens-

Nanjing, Geisterweg am Grab des Zhu Yuanzhang des ersten Kaisers der Ming-Dynastie

vorstellungen der Taiping waren ein seltsames Konglomerat aus taoist. und christlichen Elementen, wobei die christlichen recht gründlich mißverstanden wurden. Sie verbanden Messianismus - Hong sah sich als jüngeren Bruder Christi - und sozialistische Ideen wie Verbot des Luxus und Verteilung des Großgrundbesitzes mit nationalistischen Tendenzen, die sich gegen das Regime der Manjuren richteten. Die Bewegung barg also in vielerlei Hinsicht großen Sprengstoff für den chinesischen Staat in sich. Obwohl die Taiping in S-China zunächst großen Zulauf hatten, mangelte es an Organisation. Der Aufstand wurde nach einigen Jahren mit unglaublicher Brutalität niedergeschlagen. Dabei wurden weite Teile der Provinzen Jiangsu und Zhejiang vollkommen verwüstet.
Auch in der Geschichte der demokratischen Revolution spielt Nanjing eine Rolle: Hier rief Sun Yatsen 1912 die erste Republik aus. Suns Asche wurde von Beijing nach Nanjing überführt und im riesigen Mausoleum bestattet.

GRÄBER

Ming-Gräber mit Geisterwegen:
Grab des Chang Yuchun im W des Zijinshan-Observatoriums.

Grab des Königs von Borneo (w von Yuhuatai, s des Ande men im S der Stadt) Der König starb bei einem Besuch der Hauptstadt der Ming. Das Grab konnte durch einen Inschriftenfund identifiziert werden.

Grab des Li Shu. Im S der Stadt außerhalb des Zhonghua-Tores bei Yuhuacun.

Grab des Li Wenzhong im O des Xuanwu-Sees.

Ming Xiaoling (auf der S-Seite des Zhongshan im O der Stadt) Das Grab des Zhu Yuanzhang (Ming Taizu) und seiner Frau aus der Familie Ma wurde 1381 begonnen und 1383 vollendet. Es war mit zahlreichen Kiefern, einem Symbol der Langlebigkeit,

Nanjing, Chaotian gong

bepflanzt. Hirsche, die in ihrem Geweih Silberplättchen mit einer Inschrift trugen, wurden ausgesetzt. Die Inschrift sollte Grabräuber vor den Folgen ihres frevelhaften Tuns warnen. Eine Truppe war bei der Anlage stationiert, um sie zu schützen. Während der Taiping-Revolte fand hier die Entscheidungsschlacht zwischen den kaiserlichen Truppen und den Streitkräften der Rebellen statt. Deshalb ist die oberirdische Grabarchitektur weitgehend zerstört. Einige der Ruinen sind aber auch heute noch imposant. Die größte *Stele* beim Grab ist mit Schildkrötensockel fast 8 m hoch. Die lange Inschrift schildert das Leben des ersten Kaisers der Ming. Im N davon bilden 12 Tierpaare (Löwe, Kamel, Pferd, Elefant und mythische Tiere) den *Geisterweg*. Die großen Steinskulpturen wirken im Vergleich zu früheren Tierskulpturen plump und ziemlich steif.

Die *Haupthalle* muß einst von gewaltigen Dimensionen gewesen sein, wie man noch an der Stellung der verzierten Säulenbasen erkennen kann. Der heute erhaltene, wesentlich kleinere Bau stammt aus der Qing-Zeit. Hinter dem Grab sieht man an einer Felswand Inschriften, die zu einem Tempel gehörten, der dem Xiaoling weichen mußte (u.a. Text des Song-Dichters Lu You).

Sun-Yatsen-Mausoleum (zwischen Xiaoling und dem Linggu-Tempel, am S-Hang des Zijin shan): Die riesige Grabstätte wurde zwischen 1926 und 1929 für den Gründer der Republik errichtet, der vorübergehend im Biyun si bei Beijing bestattet war. Die Grabbauten steigen in mehreren Stufen am Berghang auf. Durch ein *Ehrentor* geht man über einen 375 m langen gepflasterten Weg zum dreitorigen Haupteingang des Mausoleums. Am Ende einer langen Treppe steht die *Gedenkhalle* für Sun Yatsen mit einem Bildnis des Präsidenten. Den hinteren Teil bildet ein Rundbau, in dem eine weitere Marmorfigur Suns liegt. Die Anlage wurde nach dem Vorbild der Kaisergräber entworfen. Auch die Auswahl des Platzes richtet sich nach den klassischen geomantischen Gesichtspunkten. Allerdings ist das kaiserliche Gelb der Dachziegel dem Blau der republikanischen Flagge gewichen. Man kann an diesem gewaltigen Grabbau erkennen, daß keineswegs radikal mit alten Traditionen gebrochen wurde. Ein seltsames Traditionsbewußtsein läßt sich auch durchaus noch in manchen Elementen des heutigen Staatswesens erkennen. Sun und seine Frau, die vor wenigen Jahren starb, genossen auch in der Volksrepublik hohes Ansehen. Daher wurde die Gedenkstätte gut instand gehalten.

TEMPEL

Baoen si (Guchangganli, im S der Stadt): Die Geschichte des Baoen si läßt sich bis in die Sanguo-Zeit zurückverfolgen. Die Pagode war eine der schönsten Bauten aus glasierten Ziegeln. Aus alten Texten mit Illustrationen läßt sich noch ein Bild von dem berühmten Turmbau rekonstruieren, dessen Geschoßgliederung besonders reich war. Auch die Wände schmückten kunstvolle buddhist. Bilder. Während der Taiping-Revolte gingen Tempel und Pagode in Flammen auf. Die Pagode war

Nanjing, Chaotian gong, Ehrenpforte

ursprünglich errichtet worden, um Teile des Schädels des berühmten Tang-zeitlichen Mönchs und Reisenden Xuanzang aufzunehmen. Sein berühmter Reisebericht, »Xiyou ji«, vermittelt ein lebendiges Bild der buddhistischen Gemeinschaften in Zentralasien und Indien zu Beginn des 7. Jh.

Nur noch wenige Relikte, u.a. eine *Stele,* erinnern heute noch an den großen Tempel und seine herrliche Pagode. 1958 entdeckte man am Furong-Berg im S der Stadt die Öfen, in denen die Keramikkunstwerke für die Pagode entstanden.

Chaotian gong (an der Mochou lu im SW der Stadt): An einer Stelle, an der schon während der Zhou-Periode eine Siedlung lag, entstanden im Lauf der Zeit taoist. Heiligtümer, Bauten für Staatsopfer und buddhist. Tempel im Wechsel. Den Anfang machte im 4. Jh. ein buddhist. Heiligtum, das nach den Zhou-zeitlichen Hüttenbetrieben benannte Yecheng si. Die Ming errichteten ihren Himmelsaltar und Audienzhallen auf den Fundamenten eines taoist. Tempels, der während der Song- und Yuan-Zeit an die Stelle eines taoist. Heiligtums der Tang gesetzt worden war. Während der Qing-Zeit stand hier vor der Taiping-Revolte ein taoist. Heiligtum. Die bestehenden Bauten stammen von 1866. Sie wirken auch heute noch imposant und bilden einen der größten Komplexe des Staatskultwesens in S-China.

Fuzi miao (Konfuzius-Tempel, im S der Stadt w der Gongyuan lu): Der Tempel bestand seit der Song-Zeit. Eine Schule für das Studium der Klassiker war angeschlossen. In der Ming-Zeit befand sich hier die kaiserliche Akademie, bevor Guozi jian in Beijing fertiggestellt wurde. Im 19. und frühen 20. Jh. wurde die Anlage immer wieder zerstört, so daß nur einige Bauten des 19. Jh. erhalten blieben. In der *Gongyuan lu* stehen heute noch 2 *Stelen* aus der Yuan-Zeit, die der Frau des Kongzi und seinem Lieblingsschüler Yan Hui gewidmet sind.

Jiming si (auf dem Jilong shan am S-Ufer des Xuanwu-Sees): Der Tempel wurde bereits im 3. Jh. gegründet und ist somit einer der ältesten der Gegend. Heute ist die Anlage weitgehend zerstört, nur die Eingangs- und die Haupthalle blieben erhalten. Es bietet sich ein schöner Blick über den See.

Linggu si (Zhong shan im O der Stadt): Der Tempel teilte das Schicksal vieler alter Bauten in Nanjing: Er wurde während der Taiping-Revolte stark beschädigt. Das einzige alte Bauwerk im Kloster ist die *Wuliang dian* (»Halle ohne Balken«) von 1381. Vor der Ming-Zeit stand der Tempel weiter im W. Durch den Bau des Xiaoling wurde eine Verlegung notwendig. Der Linggu si ist eine Liang-zeitliche Gründung. Unter den Ming erreichte er aber seine größte Ausdehnung und zog Mönche aus allen Teilen des Reiches an.

Die reine Ziegelarchitektur der *Wuliang dian* ist auf chines. Gebiet ungewöhnlich. In größerem Umfang kam sie, abgesehen von Grabbauten, nur beim Bau von Pagoden und bei den Innenausbauten der Lößhöhlenhäuser von Shanxi zur Anwendung; Kuppeln und Tonnengewölbe sind in der islamischen Architektur Xinjiangs verbreitet. Man nimmt an, daß die Halle des Linggu si und ähnliche Bauten, z. B. im Xiankongsi auf dem Wutai shan (siehe dort), von den w Bauformen inspiriert sind. Die rechteckige Halle des Tempels in Nanjing trägt ein Sattelwalmdach aus glasierten Ziegeln mit Dachschmuck in Form kleiner lamaist. Stupas. Die Seitenlänge beträgt 50 × 30 m. Die Außenmauern sind sehr dick, um die starke Spannung innerhalb des Baus aufzufangen. 3 hintereinanderliegende Hallen nehmen die ganze Breite der Wuliang dian ein. Sie sind ebenfalls über die Gesamtbreite von je einem hohen Tonnengewölbe geschlossen. Die wuchtigen Zwischenmauern werden zur mittleren Halle von 5, zur hinteren von 2 breiten Rundbogentoren durchbrochen.

Die im klassischen Stil gehaltene achteckige *Pagode* besitzt 9 Stockwerke und eine Höhe von 60 m. Sie entstand zum Gedenken an den N-Feldzug gegen die sich nach dem Fall der Republik gegenseitig bekriegenden Warlords, der Jiang Kaishek die Vorherrschaft brachte. Die Dächer sind mit blauen Ziegeln gedeckt. Auf 4 Seiten führen Rundbogentüren auf die umlaufenden Galerien.

Im W liegt das *Grab des Liang-zeitlichen Mönchs Baozhi,* der von Liang Wudi protegiert wurde und 514 starb. Man sieht Stelen mit einer in Stein gravierten Kopie

Nanjing, Ruine des alten Palastes

eines Gemäldes, das den Mönch in der Darstellung des Tang-zeitlichen Malers Wu Daozi zeigen soll, und mit Gedichten des großen Tang-Lyrikers Li Tai bai.

Pude si (im S der Stadt, nw der Heldengedenkstätte Yuhua tai bei Pude cun): Der Tempel entstand Anfang des 6. Jh. unter den Liang. Aus dieser Zeit stammt angeblich noch die *Brunneneinfassung* vor dem großen Versammlungsraum im O der Haupthalle.
Die bestehenden Bauten wurden während der Ming- und Qing-Zeit errichtet. Vor dem *Haupttor* stehen zwei große *Schildkrötenfiguren* mit Inschriftenstelen auf dem Rücken, von denen die eine in den Boden gesunken ist. In der *Tianwangdian* sieht man Figuren der Himmelskönige, das Shakyamuni und des Wächters der Lehre Weituo in Harnisch. In der *Haupthalle* befindet sich eine vergoldete Statue des Maytreya, umgeben von 500 Luohan aus Eisen. Im W und O der Haupthalle liegen die *Speise- und Ruheräume* der Mönche. In der hintersten Halle wird eine 6 m hohe Figur eines *Bodhisattva* von hoher technischer Perfektion aufbewahrt.

PARKS

Mochou-Park (im SW der Stadt): Die Gartenanlage wurde nach einem Mädchen benannt, das sich als Sklavin verkaufen mußte, um ihren Vater in Ehren bestatten zu können. Sie wurde gezwungen, in eine Familie in Nanjing einzuheiraten, vertrug sich jedoch nicht mit ihren Schwiegereltern und ertränkte sich im See. Seit der Song-Zeit war der See ein beliebtes Ausflugsziel. Inschriften und eine weiße Figur erinnern an das unglückliche Mädchen, das sich aus Pietät opferte.

Xuanwu hu (im NO der Stadt): Der See soll schon den Wu der Sanguo-Zeit zu Flottenmanövern gedient haben. In der Liu-Song-Dynastie (5. Jh.) wurden der See und seine Umgebung zum Park gemacht. Die mittleren der 5 Inseln erhielten die Namen der 3 Inseln der Unsterblichen, Penglai, Fangzhang und Yingzhou (siehe auch Xihu bei Hangzhou). Seit der Han-Zeit war es üblich, die kaiserlichen Parks mit solchen kleinen paradiesischen Eilanden zu schmücken.
Auch heute sind rund um den See und auf den Inseln noch viele Pavillons und Aussichtstürme zu finden.

WEITERE SEHENSWÜRDIGKEITEN

Glockenpavillon und Trommelturm (im Stadtzentrum): Der *Glockenpavillon* steht im NO des Trommelturms. Er entstand anstelle eines älteren und wesentlich größeren Turms. Eine der drei Glocken wurde hier nach der Zerstörung des Turms in der Qing-Zeit untergebracht. Das sechseckige, 14,5 m hohe Gebäude hat 2 Stockwerke und sehr weit nach oben geschwungene Traufenden. Die Glocke ist ca. 4,3 m hoch und wiegt 23 t. Am Oberteil wurden Verzierungen angebracht. Der 70 m hohe *Trommelturm* entstand 1382 und ist von Bäumen umgeben. Über einem schmucklosen Torbau mit roten Wänden erhebt sich eine große, zweistöckige Halle mit roten Säulen und einem gestuften Sattelwalmdach. Die Firste sind mit den üblichen Dachreitern und an den Enden mit Ungeheuern verziert. Zu beiden Seiten der Haupthalle stehen Pavillons, die, abgesehen von den vergleichsweise schweren Dächern, ganz aus Gitterwerk bestehen. Im Turm wurden Sätze von Trommeln verschiedener Größe aufbewahrt, die der Zeitanzeige dienten.

Ming-Palast-Ruinen (im O der Stadt): Teile des ehem. Palastes sind heute in einen Park umgewandelt, der sich um das Wuchao-Tor an der Zhongshan donglu erstreckt. Man kann sich die Palastbauten ähnlich denen in Beijing vorstellen, die z. T. dem Palast in Nanjing nachgebaut wurden. Die axiale Anlage mit Zeremonialbauten auf der Zentralachse und Wohn- und Verwaltungsbauten auf Seitenachsen grenzte an den Qian hu und an den Zijin shan, auf dem das Grab des Dynastiegründers liegt. Abgesehen vom Fundament des Tores sind noch Reste der Brücken erhalten, die man zu überschreiten hatte, um in den Palast zu gelangen. Die Anordnung einiger Säulenbasen läßt noch die Grundrisse mancher Bauten erahnen.

Nanjing, Garten des Tianwang fu

Nanjing-Museum (Zhongshan dong lu am Zhongshan men): Das Museum der Provinz Jiangsu besitzt neben einer der bedeutendsten *Gemäldesammlungen* Chinas auch einen wichtigen Bestand an *Keramik*. Besonders interessant sind die für den S charakteristischen hellgrün glasierten Waren aus der Jin- und Nanbeichao-Zeit. Neben rein funktionellen Formen, wie Schalen, Krügen und Kannen, fanden sich in den Gräbern auch reichverzierte Gefäße, deren komplizierte Form schon verdeutlicht, daß sie nicht für den täglichen Gebrauch, sondern wahrscheinlich ausschließlich als Grabausstattung gedacht waren. Nur in Gräbern wurden beispielsweise Gefäße mit hohen Aufbauten gefunden. Auf den Oberteilen der Krüge stehen manchmal ganze Gebäudekomplexe, die von Bäumen, Menschen und Tieren umstanden werden. Manche der Menschen spielen Musikinstrumente oder führen Akrobatik vor. Es ist wahrscheinlich, daß diese Gefäße mit dem Totenkult in Zusammenhang standen. Auch Keramik in Tierform, oft Behälter für Flüssigkeiten, die manchmal den Figuren von den Geisterwegen der Liang- und Chen-Dynastie bei Nanjing ähneln, sind entdeckt worden.

Observatorium (auf dem Tianbao shan im W-Teil der Zijinshan-Gruppe): Das neue Observatorium wurde 1929 eingerichtet und birgt Sammlungen alter astronomischer Geräte. Die frühesten Instrumente stammen aus der Yuan-Zeit und wurden von den berühmten Astronomen Wang Xun und Guo Shouqing konstruiert.

Sancang-Pagode (auf dem Jiuhua shan im S des Xuanwu-Sees): Die quadratische, fünfstöckige Pagode wurde zu Ehren des Tang-zeitlichen Mönches Xuanzang errichtet. Teile seines Schädels sollen als Reliquien in den kleinen Turm, der an die Dayan ta in Xi'an erinnert, eingemauert sein. Einst war der ganze Berg dicht mit Tempeln und Pavillons bebaut, die aber nicht mehr erhalten sind.

Saoye lou (im W der Stadt auf der S-Seite der Qinglian-Berge): Von der Einsiedelei des Landschaftsmalers Gong Xian bietet sich ein herrlicher Blick über die Stadt. Gong Xian gehörte zu den sog. »Acht Meistern von Jinling«, die sich nicht den Qing und ihrer Akademie andienen wollten. Seine Malerei in monochromer Tusche weicht zwar die Formen der Landschaft auf, dennoch wirken die Bilder durch die stereotype Wiederholung gleicher Strichformen, die nur in der Dichte variiert werden, in manchen Fällen unterkühlt und leblos. Dieser Effekt scheint vom Maler durchaus beabsichtigt. Obwohl »der Mönch, der Blätter kehrt« (Sao ye seng) sich den Qing-Herrschern aus Gründen der Loyalität gegenüber der Ming-Dynastie verweigert hatte, ehrten einige seine Einsiedelei mit Inschriften in ihrer Kalligraphie. Den Spitznamen erhielten der Künstler und seine Einsiedelei, da er in Mönchsgewändern herumlief und ständig in seinem Garten tätig war.

Tianwang fu (in der Changjiang lu 292): Die Residenz des Herrschers der Taiping, Hong Xiuquan, der sich als Himmelskönig (Tianwang) und jüngerer Bruder Christi verehren ließ, wurde beim Sturm von Nanjing durch die Regierungstruppen der Qing weitgehend zerstört. Einige Pavillons und Stelen erinnern noch an die einst riesige Anlage. Wandmalereien der Taiping-Zeit sind im Palast eines anderen Würdenträgers der Rebellen, des Ostkönigs Dong wang, im W der Stadt (Tangzi jie Nr.72 u. 74) zu sehen. Die Räumlichkeiten der ehem. Residenz des Ostkönigs dienen seit 1959 als Museum der Taiping-Revolte. Die historische Entwicklung der Taiping-Revolte und gleichzeitiger Aufstandsbewegungen werden anhand von Exponaten aus der Zeit, Schaubildern und Karten verdeutlicht. Die sozialrevolutionären Züge der Taiping werden dabei betont.

Zhongzheng-Akademie (im W der Stadt im Qingliang-shan-Park): Die Akademie wurde von Geng Dingxiang in der Ming-Zeit eingerichtet, brannte aber bald nieder. Der Bruder des Geng erbaute an der gleichen Stelle einen Ahnentempel. Die heutigen Bauten in traditionellem Stil von 1980 werden als Ausstellungsräume genutzt.

Umgebung

Hongjue-si-Pagode (25 km s): Der achteckige, siebenstufige Ziegelkörper mit Holzvordächern entstand ca. 766 und ist 25 m hoch.

Kaisergräber der Liang- und Chen-Dynastien (im NO und SO der Stadt sowie im O und N der Stadt Danyang, 50 km ö von Nanjing): Die Gräber sind nicht nur wegen ihrer Geisterwege mit Skulpturen von hoher Qualität von Interesse. In manchen von ihnen fanden sich auch feine Ziegelreliefs. Besonders auffällig unter den irdischen Kunstwerken sind Paare von Tieren, deren Typus sich schon in der O-Han-Zeit zu entwickeln begann. Die großen geflügelten Mischwesen, die heute oft in Feldern stehen, sind meist fein gearbeitet. Charakteristisch sind das weit aufgerissene Maul, der wie zur Abwehr leicht nach hinten gebogene Hals und die hervorquellenden Augen. Diese Ungeheuer gehörten offenbar zur festen Grabausstattung der Liang-, Chen- und auch noch der Qi-Dynastie. Die Höhe schwankt zwischen 2 und 3 m, die Länge zwischen 3 und 4 m. Diese Tiere werden gemeinhin Qilin genannt und sollten die Grabstätte vor schlechten Einflüssen schützen. Zu diesen Gruppen gehören auch *Inschriftensäulen* von ungewöhnlicher Form: Sie sind kanneliert, ein Merkmal, das sonst an chines. Säulen nie auftritt, und stehen auf abgerundeten oder mit Reliefs geschmückten Basen. Am oberen Ende befindet sich eine Plinthe oder ein Aufsatz in Lotosblütenform, auf dem wohl in den meisten Fällen eine Tierfigur stand, die den großen Mischwesen ähnelte. Kurz unter dem Aufsatz wurden rechteckige oder quadratische Tafeln aus dem Stein gehauen, welche die Inschrift tragen. Die Säulenbasis steht auf einem quadratischen Sockel, der ebenfalls mit Flachreliefs geschmückt ist. In manchen Fällen sind Tiere in wilder Bewegung dargestellt, die, wie die mächtigen Figuren, möglicherweise apotropäische Funktion hatten. Die Kannelierung des Säulenkörpers wird meist noch durch querlaufende Ornamentbänder unterbrochen. Mit Sicherheit handelt es sich nicht um eine chines. Form. Zu denken wäre an einen

Nanjing, Steinskulptur vom Geisterweg, Grab des Kaisers Qi Wu-di

Nanjing, Steinskulptur vom Geisterweg eines Grabes der südlichen Dynastien

Einfluß, der mit dem Buddhismus aus Indien kam, wo chines. Pilgern möglicherweise die berühmten Säulen des Königs Ashoka aufgefallen waren, der sich in Indien als Förderer des Buddhismus hervorgetan hatte.

In vielen der Grabkammern entdeckte man feine Ziegelreliefs, die zum Teil auf die Vorlagen hervorragender Künstler zurückgehen müssen. In einem Grab bei Danyang (Huqiao) sowie einem Grab in der Nähe von Nanjing (Xishan qiao), aber auch in anderen Kammern ließen die Grabherren neben weit verbreiteten Themen auch eine Gruppe von Philosophen, die sog. »Sieben Weisen vom Bambushain« (Zhulin qixian) darstellen. Der Anlage der Bildfläche nach zu urteilen muß es sich bei der Vorlage um eine Querrolle gehandelt haben. Die Philosophen und Staatsmänner dieser Gruppe wurden in feinen Linien wiedergegeben. Die Bilder haben portraithafte Züge. Die meist älteren Herren sitzen in leichter Bekleidung und lässiger Haltung unter Bäumen. Einige trinken, andere halten Musikinstrumente in der Hand. Sie strahlen Ruhe, Gelassenheit und Weltvergessenheit aus. In den Darstellungen drückt sich das neue Ideal der Oberschicht, der zurückgezogen lebende Gelehrte, aus. Die bedeutendsten Denker dieser Gruppe waren Xi Kang und Ruan Ji, wichtige Vertreter des Neo-Taoismus des 3.Jh. n.Chr. Es ist nicht ganz sicher, ob alle 7 Männer jemals zusammengekommen sind. Dennoch galten sie den nachfolgenden Generationen als eine Gruppe Gleichgesinnter, die sich auf einem Landgut des Xi Kang, dem Bambushain, trafen, um sich der Literatur, dem Musizieren oder auch nur dem Trunke hinzugeben. Die betonte Abkehr vom gefahrvollen politischen Treiben dieser Zeit entsprach den Idealen vieler Intellektueller dieser Zeit. Mit großem Einfühlungsvermögen wurden die Sieben auf den Bildern der rund um Nanjing gelegenen Gräber dargestellt. Das künstlerische Niveau ist sehr hoch und läßt sich durchaus mit dem der Gu-Kaizhi-Kopien vergleichen. Die Grabherren gehörten wahrscheinlich dem Kaiserhaus der Qi an. Man kann daran er-

Nanjing, Reliquien-Pagode im Xixia si >

kennen, daß das taoist. Ideal des zurückgezogen lebenden Gelehrten selbst bei den Herrschern nicht verpönt war.

Kaisergräber der Nan-Tang (23 km s von Nanjing im Kreis Jiangning, am Fuß des Zutang shan): Li Bian, der Gründer der Nan-Tang-Dynastie, starb 943, sein Sohn Li Jing 961. Der Aufbau der beiden Gräber, das des Sohnes liegt tiefer am Berg, ist nahezu identisch. Die 2 vorderen der 3 hintereinander auf einer Zentralachse angelegten Hauptkammern haben zu beiden Seiten rechteckige Nebenkammern. Die hintere Hauptkammer ist der eigentliche Grabraum, in dem der Sarg stand. Die Sargkammer des Li Bian hat zusammen 4 Nebenkammern, die des Li Jing 6 Nebenräume. Die Räume sind von Kuppeln überspannt. In den Innenräumen wird Architektur imitiert. Säulenattrappen mit einfachen Konsolen wurden auf die Wände gesetzt. Der Grabeingang Li Bians wird von furchterregend blickenden Schwertträgern bewacht, die neben dem Tor aus Stein gemeißelt wurden. Über der Tür sieht man schreitende Drachen. Die hintere Kammer hat eine Gesamtlänge von 19 m und ist aus Stein aufgemauert. Auf einem Sockel an der Rückwand stand der Sarg. Das Grab des Sohnes ist etwas kleiner und nicht so reich verziert. Auch die Grabbeigaben waren nicht so zahlreich.

Die Grabformen mit ihren sorgfältig gearbeiteten Architekturdarstellungen unterscheiden sich in einigen Punkten von denen der Tang. Die langen Rampen mit Schächten, die für die Sui- und Tang-Grabarchitektur charakteristisch waren, fehlen. Auch spielt die Scheinarchitektur an den Tang-Gräbern nicht eine so dominierende Rolle. Sie war meist nur aufgemalt. Es könnte sich um einen Vorgriff auf die wesentlich komplizierteren Einbauten der Song-zeitlichen Gräber handeln. Allerdings ist die Architekturimitation nicht ganz konsequent durchgehalten, da die großen Bogentore zwischen den Hauptkammern die »Balkenkonstruktion« unorganisch durchbrechen. Dennoch bleibt der

Nanjing, Reliquienpagode des Xixia si. Über dem Lotossockel befindet sich eine Scheintür, die Figuren der Himmelskönige flankieren.

Eindruck eines unterirdischen Palastes erhalten. Die Architekturteile sind in leuchtenden Farben bemalt.

Xixia si (ca. 20 km nö): Im 5. Jh. richteten zwei befreundete Mönche auf dem Berg, auf dem heute der Xixia si steht, eine Einsiedelei ein. Der eine von ihnen, Sengzhao, hatte das Pseudonym Xixia, daher wurden Tempel und Berg so genannt. Bis zur Taiping-Zeit wurde der Tempel immer wieder erneuert und erweitert. Man errichtete Pagoden und meißelte Bilder in die Felswände hinter dem Tempel. Während der Taiping-Revolte ging der gesamte Komplex in Flammen auf, nur die Reliefs und eine kleine, aber berühmte Steinpagode blieben erhalten. In die Wand hinter dem Xixia si wurden über 500 Figuren gemeißelt. Sie stammen z. T. sogar noch aus der Gründungszeit. Allerdings wurden sie durch Renovierungsarbeiten Anfang dieses Jahrhunderts verunstaltet.

Die kleine *Reliquien-Pagode* steht im S der Pilu-Halle. Der heutige Nan-Tang-Bau des 10. Jh. ersetzte einen Vorgänger aus dem Jahr 601. Er ist achteckig und fünfstöckig und hat eine Höhe von 15 m. Über dem Sockel wurden Felder mit Jatakaszenen herausgearbeitet. Das »Untergeschoß« zeigt auf den 8 Seiten abwechselnd eine Blendtür mit Tierkopfklopfer und kräftige Gestalten der Himmelskönige. Stilistisch weisen die Figuren mit ihren wildbewegten Gewändern bereits in die Song-Zeit. Die Geschosse werden durch kleine Zwischendächer abgesetzt. Die Wandungen schmücken je 2 Nischen mit kleinen Buddhafiguren in Flachrelief. Die Spitze ist mehrfach gestuft und hat am oberen Ende die Perle.

Nanning	南宁
Guangxi Zhuangzu Zizhiqu	
Einw.: 998700 Höhe: 122 m	S. 387 □ D 4

Geschichte: Die während der Yuan-Zeit gegründete Hauptstadt von Guangxi war zunächst eine ganz unbedeutende Siedlung, bis in neuerer Zeit Industrie angesiedelt wurde. Ähnlich wie in Kunming wird auch hier das Stadtbild von den Trachten der Minderheiten geprägt. In Guangxi leben 10 Millionen Nicht-Han. Sie gehören hauptsächlich zu den Zhuang, von denen 90% in dieser Provinz leben. Lange Zeit benutzten sie eine Schrift, die der eigenen Sprache angepaßt war, sich aber chines. Schriftzeichen bediente. 1955 führte der Staat eine eigene Schrift für dieses Volk

Nanjing, Kesselgongs

ein. Seit langer Zeit sind die Zhuang als geschickte Bronzegießer bekannt.

Museum der autonomen Region Guangxi: Das Museum der Stadt Nanning beherbergt eine bedeutende ethnographische Sammlung. Einen der Schwerpunkte der Ausstellung bilden die auch in Yunnan verbreiteten Bronzepauken, bzw. Kesselgongs (siehe auch Kunming, Museum). Die Kunstwerke, die von der Zhanguo- bis zur Han-Zeit entstanden, unterscheiden sich im Stil deutlich von denen des Zentralgebietes. Die Form und die Verzierungen weisen auf Verbindungen zur vietnamesischen Dongson-Kultur hin.

Umgebung

Felsmalereien (in den Kreisen Longxian und Chongzuoxian, an den Flußläufen Mingjiang und Zuojiang, nahe der vietnamesischen Grenze): Die Malereien sollen angeblich aus ziemlich später Zeit stammen (Tang-Song), was an Reitern mit bestimmten Helmformen zu erkennen ist.

Huashan-Malereien (20 km n von Ningming, sowie am Gaoshan und Longshan an beiden Ufern des Mingjiang): Man sieht hauptsächlich Menschendarstellungen. Sie bestehen manchmal aus mit Schwertern bewaffneten Gruppen, in denen einer durch seine Größe als besonders wichtige Person hervorgehoben wird. Die Figuren sind zwischen 0,3 und 3 m hoch und bis zu 20 m über dem Boden angebracht.

Huashan-Malereien (30 km nö von Longzhou am N-Ufer des Zuojinjiang): Menschen spielen auch auf diesen Bildern die Hauptrolle. Manche von ihnen halten Trommeln in Händen. Es sind aber auch vereinzelt Hunde und Pferde zu erkennen. Die größten Figuren haben eine Höhe von 2 m.

Wie bei solchen meist sehr einfachen Gemälden nicht anders zu erwarten, ist die zeitliche Einordnung der Bilder aus Guangxi äußerst problematisch.

Freilichtmuseum (32 km s von Nanning am Fenghuang-hu): An diesem Ort errichtete man verschiedene, für die Minderheiten der Provinz typische Bauten. Die charakteristischen bäuerlichen Wohnhäuser sind oft zweistöckig und tragen Satteldächer. Im Untergeschoß befinden sich die Wirtschaftsräume und Ställe, im ersten Stock die Wohnräume. Die Fenster sind klein und meist von Lamellengittern verschlossen. In der autonomen Region der Dong kommen außergewöhnliche Dachformen vor. Die Dachkonstruktionen erinnern zwar entfernt an chines. Bedachungen. Die Zwischendächer sind jedoch auch an relativ niederen Bauten zur reinen Schmuckform geworden: Sie werden vervielfältigt, so daß sie äußerst dicht aneinandergefügt erscheinen. Ein besonders krasses Beispiel hierfür stellt die 20 km von der Hauptstadt der Region entfernte Yongji-Brücke dar: Auf dem Brückenkörper erheben sich 5 Pavillons mit einer großen Zahl von Zwischendächern.

Nanyang 南阳

Henan

Einw.: 312200 Höhe: 127 m S. 387 □ D 3

Nanyang liegt im SW der Provinz Henan und ist berühmt für die Han-zeitlichen Reliefs, die sich in den rund um die Stadt liegenden Grabstätten befinden. Nanyang war auch ein wichtiges Handelszentrum, bevor es diese Stellung an Zhengzhou abgeben mußte.

Grab des Zhang Heng (im W von Shixianzhen): Der bedeutende Han-zeitliche Dichter und Wissenschaftler lebte von 78 bis 139. Er hat ein Erdbebenwarngerät entwickelt, dessen Rekonstruktion heute im Geschichtsmuseum von Beijing zu sehen ist. Bekannt wurde Zhang auch als Verfasser großer Prosagedichte, sog. »Fu«, die beispielsweise die beiden Hauptstädte Changan und Luoyang zum Thema haben (»Xijing fu« und »Dongjing fu«). In diesen sprachlich reichen und komplizierten lyrischen Schilderungen verbinden sich reale und mythische Elemente.

Museum der Steinreliefs (im W am Wolung gang): Die Reliefs sind charakterisiert durch besonders lebendige Darstellung und die Neigung, manche Gestalten komisch zu überzeichnen. Besonders häufig kommen, im Gegensatz zu den Han-Reliefs anderer Provinzen, Tierkampfszenen vor. Auch Kämpfe zwischen Menschen und Tieren sind dargestellt, wobei die Menschen besonders gekennzeichnet werden: Sie tragen auf dem Kopf meist hornartige Aufsätze. Manchmal sind Menschen- und Tiergestalten durch Flügel auch als überirdische Wesen gekennzeichnet. Die Gegner der Menschen sind meist Stiere. Von manchen Wissenschaftlern wurden diese Bilder als Darstellungen von Fruchtbarkeitsriten interpretiert.

Wuhou ci (im W der Stadt am Wolong gang): Hier steht ein Gedächtnistempel für den Sanguo-zeitlichen Helden Zhuge Liang, dem sein Dienstherr Liu Bei den Titel eines Grafen von Wu (Wuhou) verliehen hatte. Heute sind noch zahlreiche Inschriftenstelen zu sehen.

Niya/heute: Minfeng 尼雅/ 民丰

Xingjiang Uygur Zizhiqu

Höhe: 1430 m — S. 386 □ A 2

Die am S-Rand der Taklamakan-Wüste und im NO des Kunlun-Gebirges gelegene Stadt bildete in der Han- und Sanguo-Zeit einen wichtigen Handelsknotenpunkt auf der s Seidenstraße.
Bereits im 5.Jh. richteten einfallende Tuyühun-Horden, die versuchten, sich das Gebiet untertan zu machen, große Verwüstungen an, die von der Stadt wenig mehr als Ruinen ließen. Xuanzang, der berühmte Indien-Reisende, fand die Siedlung vollkommen verfallen vor.
Das antike Stadtgebiet besteht aus einem S- und einem N-Teil, wobei der S-Teil fast bedeutungslos ist. Im N-Teil, der ca. 5 km entfernt vom S-Teil liegt, konzentrierten sich offenbar die Häuser der Reichen, Verwaltungs- und Sakralbauten. Mehrere hundert Fundamente wurden entdeckt. Die größeren Anwesen bestanden aus einer Halle und mehreren kleineren Wohnräumen, denen ein Stall angegliedert war. Obstgärten gehörten ebenfalls zu den Häusern. Um ein Gerüst aus stabilen Holzbalken wurden die Mauern aus Lehmziegeln hochgezogen. Eine andere Baumethode bestand darin, zwischen den Balken Flechtwerk einzuspannen, das dann mit Lehmschichten verkleidet wurde. Ursprünglich waren die Wände bemalt, die Kapitelle und Säulensockel mit schönen Schnitzereien versehen. Funde aus Niya sind im Britischen Museum von London und im Provinzmuseum in Ürümqi gelagert.

Q

Qingdao 青岛

Shandong

Einw.: 1296700 Höhe: 77 m — S. 387 □ E 2

Geschichte: Als Stadt war Qingdao lange Zeit ziemlich bedeutungslos. Erst in diesem Jh. begann die Stadt als Umschlagplatz für den Seehandel zu florieren. Sie hat innerhalb ihres Gebietes auch wenig Sehenswertes zu bieten. Es lohnt sich aber, von hier aus die Laoshan zu besuchen. Das Bild vieler Straßenzüge ist auch heute noch weitgehend westlich geprägt. Das Deutsche Kaiserreich, das in diesem Gebiet Handelsinteressen vertrat, nahm Ende des letzten Jahrhunderts die Ermordung zweier Missionare zum Vorwand, das Gebiet um Qingdao mit Waffengewalt zu annektieren. Die Stadt wurde zur einzigen deutschen Kolonie in China. Die Handelsniederlassungen und die Wohnhäuser errichteten die Besatzer in westlichem Stil.

Stadtmuseum: Hier wird bedeutende buddhist. Steinplastik aus dem 6. Jh. aufbewahrt.

Umgebung

Huayan si (im O-Teil des Gebirges, am Fuß des Huayan shan): Der einzige buddhist. Tempel der Laoshan-Gruppe. Ursprünglich standen die Hallen weiter w. Nach einem Brand wurden sie in der Qing-Zeit an diese Stelle verlegt. Die größten Schätze des Tempels, Sutrendrucke sowie Kalligraphien, die in einem Bau über dem Haupttor aufbewahrt werden, stammen aus der Ming- und Qing-Zeit. In einem Seitenhof stehen mehrere Grabpagoden, von denen die größte neunstufig ist und von 2 alten Kiefern umrahmt wird.
Lao shan (auf der Halbinsel im O von Qingdao): Der bis 1133 m hohe Berg ist in chines. Vorstellung hauptsächlich mit taoist. Konnotationen versehen. Kaiser der Qin- und Han-Zeit und auch spätere Monarchen ließen hier angeblich nach dem Unsterblichkeitskraut suchen. Auch die meisten der Heiligtümer, die heute noch auf dem Berg zu besichtigen sind, wurden taoist. Göttern geweiht.
Shangqing gong (im NW des Gebirges): Er stand seit der Han-Zeit auf dem Gipfel des Laoshan. Nach mehrmaliger Zerstörung durch Naturkatastrophen wurde er in der Yuan-Zeit an seinen heutigen Platz verlegt.
Taipinggong (im O-Teil der Lao shan am Fuß des Shangyuan shan): Von dem Tempel, der in der Song-Zeit gegründet und unter den Jin erneuert wurde, stehen noch mehrere Hallen. Im N davon sind hinter einem Wassersturz 7 Gedichte zum Preis des Laoshan eingemeißelt.
Taiqing gong/Xiaqing gong (im SO des Gebirges): In der Song-Zeit entstand am Meer an einem von Bergen umgebenen Ort ein taoist. Heiligtum. Nach der Zerstörung wurde an seiner Stelle in der Ming-Zeit ein buddhist. Tempel errichtet. Nach einem Brand wurden Bauten wieder taoist. Göttern geweiht. Drei Hallen sind noch erhalten. Besonders reizvoll wirkt die Anlage wegen des schönen Parks und der wunderbaren Umgebung.

< Qingdao, Küste

< *Qingdao. – Oben: Lao shan bei Qingdao*

Quanzhou	泉州
Fujian	
Einw.: ca. 200000	S. 387 □ E 4

Geschichte: Die Lage der Stadt am Jinjiang und an einem sicheren Hafen im SO der Provinz Fujian war für die Entwicklung des chines. Seehandels von großer Bedeutung. Obwohl Quanzhou erst unter den Tang um 700 gegründet wurde, entwickelte es sich bald zu einer der wichtigsten Handelsstädte des Tang-Reiches. In den großen Ausländerkolonien lebten Araber und Bewohner aus südasiatischen Ländern. Sie brachten aus allen Teilen der Welt Handelsgüter für China, dessen Oberschicht sich zu dieser Zeit für alles Exotische begeisterte.
In der Song- und Yuan-Zeit florierte die Stadt weiterhin, da unter diesen Dynastien die Entwicklung des Seehandels ebenfalls begünstigt wurde. Zeugnisse für die vielfachen Aktivitäten der ausländischen Händler zu dieser Zeit sind die zahlreichen Inschriften und Grabstätten, die im Stadtgebiet entdeckt wurden. Der alte Hafen barg für die Archäologen auch wichtige Hinweise auf die Schiffsbaukunst der Song-Zeit. Mehrere Schiffswracks aus dieser Zeit wurden in den letzten Jahren geborgen.
Die zahlreichen Ausländer in Quanzhou brachten auch ihre heimischen Kulte mit. Neben Hinweisen auf den weitverbreiteten Islam fanden sich auch Inschriften und Darstellungen, die die Anwesenheit von nestorianischen Christen und Manichäern belegen. Nach der Vertreibung der Mongolen aus China gewannen allmählich andere Städte in Fujian und Zhejiang an Bedeutung. Quanzhou verlor seine Vormachtstellung im Seehandel, blieb aber bis heute ein Zentrum der Kunst und des Kunsthandwerks. Zahlreiche Dichter, Maler und Kalligraphen ließen sich in der Song-Zeit und davor in der Stadt nieder, die heute nur noch einen Bruchteil ihrer damaligen Bevölkerungszahl hat.
In frühen w Quellen taucht die Stadt als

Zaytun auf, so auch bei Marco Polo, der, wie viele andere auch, ihre Großartigkeit preist.

Chongfu si (im NO der Stadt in der Meishi jie): Der Ende der N-Song-Zeit gegründete Tempel wurde am Ende der Yuan-Periode durch einen Brand zerstört. Die Halle mit ihrem schweren Konsolgebälk bewahrt noch einige Song-zeitliche Elemente, die besonders in dem sehr wuchtigen Dach zum Ausdruck kommen. Die 20 m hohe *Steinpagode* aus der Song-Zeit lehnt sich in ihrem Aufbau an die Zwillingspagoden des Kaiyuan si an, ist aber wesentlich schlichter und wirkt im Gesamteindruck schmaler. Die 7 Geschosse werden nach oben nur geringfügig schmaler. Die kleinen Zwischendächer sind sehr anmutig und leicht geschwungen. An den Geschossen wurden die Fenster nur leicht in Relief angedeutet. Die Spitze ist mehrstufig und relativ dick. Die große Glocke im Tempel stammt vom Anfang der Ming-Zeit.

Kaiyuan si (in der Xijie im Stadtzentrum): Einst eine der größten Tempelanlagen Chinas. Der 669 gegründete Tempel war zunächst von mehreren kleinen Heiligtümern umgeben, die im Jahr 1286 unter den Yuan zusammengefaßt wurden. Die Hauptbauten des Tempels liegen auf einer Zentralachse. In der *Tianwangdian* sieht man die Statuen zweier furchterregend blickender Himmelskönige. Die Halle wurde 687 gebaut und wiederholt erneuert. Das heutige Dach wurde erst während der Zeit der Republik renoviert. Neben der Halle stehen vor Anbauten mehrere kleine Gedächtnispagoden. Auch die *Haupthalle,* Daxiong baodian, entstand unter den Tang. Der heutige Bau stammt aus der Ming-Zeit (Wanli, 1573–1620). Sie trägt ein doppeltes Sattelwalmdach. Interessant an der Ausstattung sind nicht nur die *34 buddhist. Figuren* von hohem künstlerischen Niveau, unter denen die musizierenden Apsaras hervorzuheben sind, sondern auch die *Reliefs an den Terrassen.* Sie entstanden unter den Yuan und verraten, was Thematik und Stil betrifft, deutlich indischen Einfluß, der vermutlich auf hier tätige indische Künstler zurückgeht. Hinter der Halle steht ein achteckiger, fünfstufiger *Weihealtar.* Er ist einer der größten seiner Art, trägt eine komplizierte Dachkonstruktion und wird von fliegenden und musizierenden Apsaras geschmückt.

Aus dem Jahr 1925 stammt der *Sutrenpavillon,* zu dessen kostbarsten Schätzen Teile Song-zeitlicher Sutrendrucke gehören. Die Drucke der Song-Zeit sind für ihre Schönheit und präzise Ausführung berühmt.

Im O-Teil befindet sich eine kleine *Tempelanlage* (Xiao Kaiyuan si). Sie ist nicht zugänglich und birgt das archäologische Institut der Stadt.

Wahrzeichen des Tempels und zugleich seine hervorragendsten Bauten sind die *Zwillingspagoden,* die sich im O der Haupthalle erheben. In den 1228 und 1237 entstandenen Türmen hat man bedeutende Beispiele Song-zeitlicher Architektur vor sich. Die achteckigen, fünfstöckigen Pagoden sind ca. 200 m voneinander entfernt. Der O-Bau erreicht eine Höhe von 48 m, der W-Bau mißt 44 m. Die Stockwerke sind ungefähr gleich hoch und werden fast unmerklich nach oben hin schmaler. Trotz der reichen Gliederung der Wände und dem schönen Schwung der Zwischendächer kann man fast den Eindruck gewinnen, die Pagoden wären ursprünglich höher geplant gewesen. Beide Türme sind aus Stein gebaut, ihr Schmuck ahmt aber Holzarchitektur nach. An den Außenbauten dominieren zunächst die stark betonten Grate, die in diesem Fall die Konsolen unter den Dächern ersetzen. Die Firste der stark geschwungenen Zwischendächer tragen kleine Menschenfiguren, ein relativ ungewöhnliches Schmuckelement. An den Geschoßwänden werden flache Konsolen nachgeahmt. Balkenattrappen teilen die Wände in rechteckige Flächen auf, in deren Mitte sich abwechselnd Türen mit Blendbogen oder Fenster befinden. Die Seitenflächen werden von feinen Reliefs eingenommen, die Wächterfiguren in Rüstung zeigen. An den Ecken stehen runde Scheinsäulen. Das oberste Dach ist mit einer vielschirmigen Spitze bekrönt. Konsequenz und Feinheit der Durchführung des architektonischen Gesamtkonzepts sind äußerst eindrucksvoll.

Quanzhou, Kaiyuan si, sog. Renshou-Pagode, eine der Zwillingspagoden der Anlage

Quanzhou, Laojun yan, Laozi

Moschee/Qingzheng si (in der Tumen jie): Die erste Stele mit arabischer Inschrift, die hier aufgestellt wurde, stammt aus dem Jahr 1009. Der Tempel wurde im Jahr 1309 unter den Yuan von Ahmed aus Jerusalem wiederhergestellt. Die letzten großen Veränderungen an der Anlage fanden 1609 statt. Das große Tor mit Spitzbogen weist den Komplex bereits als islamisches Heiligtum aus. Von der Terrasse (Wang yue tai) aus nahm man astronomische Beobachtungen vor. Von der ehem. Andachtshalle stehen nur noch Reste. Außerdem sind noch Tore mit Spitzbögen und Inschriften (Koran-Suren aus der Song-Zeit) zu sehen.

Museum des Seehandels (im O des Kaiyuan si): Von besonderem Interesse sind die zahlreichen Grabsteine von den Friedhöfen der verschiedenen Religionsgemeinschaften. Man fand Grabsteine mit arabischen und lateinischen Inschriften.
Die nestorianisch-christlichen Monumente sind teilweise durch Kreuze oder Heiligenbilder gekennzeichnet. In manchen Fällen läßt sich auch noch feststellen, aus welchem Land die in Quanzhou verstorbenen Kaufleute und ihre Familien stammten.

Qingyuan shan/Laojun yan: Während der Song-Zeit entstand hier ein taoist. Tempel, der heute jedoch zerstört ist. Erhalten blieb eine 5 m hohe und 7,3 m breite Figur des Laozi, der als taoist. Gott den Namen Taishang Laojun trug. Der Alte ist sitzend wiedergegeben, mit kahlem Kopf, wallendem Bart und langen Ohren, die als Zeichen der Weisheit gelten. Wir haben hier eines der wenigen Zeugnisse taoist. Großplastik vor uns.
Im S davon sieht man eine 5 m hohe Amithabha-Figur aus der Yuan-Zeit auf einer Lotosblüte. An den Hängen des Berges befinden sich zahlreiche andere Reliefs.

Tianhou gong (am S-Tor in der Tianhou lu): Der Tempel ist der Tianfei oder Mazu geweiht, einer Gottheit der Seefahrer. Er wurde unter den S-Song als Zeichen für die wachsende Bedeutung der chines. Seefahrt gegründet. Unter den Ming kam der Mazu noch größere Bedeutung zu, zumal in der Yongle-Periode (1403–1425), als insgesamt 7 Expeditionen unter der Leitung des Eunuchen Zhenghe in die südasiatischen Meere geschickt wurden, um die dort liegenden Länder zu erkunden und die chines. Vorherrschaft zu fördern. Bevor man in See stach, war es üblich, der Tianfei zu opfern. Eine Erneuerung des Tempels in der Yongle-Periode ging auch auf eine Eingabe des Zhenghe zurück. Viele Tempel für die Göttin der Seefahrt in Taiwan wurden nach dem Vorbild des Heiligtums in Quanzhou gebaut. An den erhaltenen Bauten, die aus der Kangxi-Ära (1662–1723) stammen, kann man noch etwas von der alten Pracht spüren. Die Haupthalle, eine kleinere dahinter liegende Halle und zwei Pavillons sind erhalten. Zwei Steinsäulen in der hinteren Halle erinnern stilistisch an die indisch-beeinflußten Steinmetzarbeiten im Kaiyuan si.

Umgebung

Cao an (13 km s am Wan shi shan): Seit

der Tang-Zeit und bis zum Ende der Yuan-Periode spielte der Manichäismus eine bedeutende Rolle bei Randvölkern wie den Uighuren im NW, aber auch in den großen Städten, in denen sich Ausländer versammelten. Der Manichäismus hatte auch einige buddhist. Elemente aufgenommen, die in China sehr stark betont wurden. Die enge Anlehnung an den Buddhismus wird auch durch die Bezeichnung der positiven Gottheit verdeutlicht, deren Bildnis in den *Ruinen des manichäischen Heiligtums* bei Quanzhou gefunden wurde: Moni guang fo (manichäischer Lichtbuddha). An der Figur selbst kann man auch eine seltsame Mischung von Stilelementen erkennen: Der »Buddha« sitzt tatsächlich wie eine buddhist. Figur mit übereinandergeschlagenen Beinen und zusammengelegten Händen, wird aber nicht von einer gewöhnlichen Aureole umgeben, sondern von einem Strahlenkranz, der den Lichtcharakter der Gestalt betonen soll. Auch in der Haartracht unterscheidet er sich von buddhist. Figuren: Die Haare hängen offen über die Schultern herab. Im 20. Jh. errichtete man nach der Entdeckung der Tempelreste Museumsbauten.

Fashi shangdi gong (5 km ö bei Fashi zhen): In diesem Tempel opferte man dem Herrn des Meeres, der in einer Stadt der Seefahrer natürlich eine besonders große Rolle spielte. Das Heiligtum entstand in der Song-Zeit und wurde unter den Ming und Qing renoviert. Am Berghang darüber befindet sich ein buddhist. Heiligtum mit einem Schrein für den neokonfuzian. Philosophen Zhu Xi. Es bietet sich ein schöner Blick übers Meer.

Jiuri shan (15 km w im Kreis Nanan): Abgesehen von der prächtigen Landschaft hat der W-Gipfel ein 4,5 m hohes Buddhabild aus der Wudai-Zeit und viele Inschriften aus mehreren Jahrhunderten zu bieten.

Lingshansheng-Grab (ca. 2 km vom O-Tor der Stadt): Grab eines islamischen Priesters. In der Halle hinter seinem Grab stehen mehrere Stelen, die z. T. arabische Inschriften tragen. Auf der r Seite der Halle sieht man eine Stele, die vom Eunuchen Zhenghe vor seiner 5. Fahrt in den S in Auftrag gegeben wurde.

Longshan si (ca. 20 km s bei Anhai): Die Anlage entstand während der Sui-Zeit und wurde später immer wieder renoviert, zum letzten Mal unter den Qing (Kangxi 1662–1723). In der Haupthalle sieht man eine tausendarmige und -äugige Guanyin und Kalligraphie des Ming-Künstlers Zhang Duan. Vor der Halle befinden sich 2 Säulen aus Stein mit Reliefs, die Drachen zwischen Wolken zeigen.

Luoyang-Brücke (ca. 10 km ö über den Luoyangjiang): Die heute 834 m lange und 7 m breite Brücke wurde in der Song-Zeit gebaut und unter den Qing erneuert. Sie ist eine der berühmten Steinbalkenbrücken Chinas. Auf ihr stehen mehrere kleine Pavillons und Pagoden, am S-Ende ein Gedenktempel. Unter den Bauten befindet sich auch eine kleine *Pagode,* die dem Bau im Chongfu si in der Stadt ähnelt, aber mit Reliefs geschmückt ist.

Shifo si (auf dem Miandai shan, ca. 20 km s): Die große Halle des Tempels wurde zuletzt 1773 erneuert und trägt ein Satteldach. In den Fels neben dem Tempel wurden 1216 während der Song-Zeit 3 Buddhafiguren von 6 m Höhe gehauen.

Qufu 曲埠
Shandong
Einw.: ca. 500000 Höhe: 63 m S. 387 □ E 2

Geschichte: Qufu liegt im SW der Provinz Shandong. Die Stadt, bzw. die in ihr befindlichen Tempel, bilden sozusagen eines der Kernstücke des chines. Staatswesens. Der Gedächtnistempel für den Philosophen Kong zi (Konfuzius), sein Grab und sein zu einer riesigen Residenz erweiterter Wohnsitz, spielten im Staatskult eine bedeutende Rolle. Kong zi (Kong Qiu), der im 6. Jh. v. Chr. lebte, bemühte sich mit recht mäßigem Erfolg um Posten in seinem Heimatstaat Lu, auf dessen Gebiet auch das heutige Qufu liegt. Zu dieser Zeit war es für Philosophen und auch für Politiker üblich, von Staat zu Staat zu ziehen und sich den jeweiligen Herrschern anzudienen. Für die Fürsten galt es als besonders ehrenhaft, möglichst viele solcher Denker und Staatsmänner an ihren Höfen zu versammeln. Kong zi fiel es offenbar schwer, seine Lehre zu vermitteln. Der

Konfuzianismus, der auch niemals eine vollkommen einheitliche Lehre war, spielte auch in der späten Zhanguo-Zeit niemals die bedeutende Rolle, die ihm dann in der Han-Zeit zuwuchs, und die er bis in die Qing-Zeit behielt. Nachdem sich aber unter dem Terrorregime der Qin der Legalismus als untragbar in der staatlichen Praxis erwiesen hatte, bot sich der Konfuzianismus, der Staatstreue und feste innerstaatliche Beziehungen als zentrales Dogma beinhaltete, als ideologisches Gerüst für das neu gegründete Reich an. Seit der Zeit der ersten beständigen Dynastie stand die Stadt daher im Mittelpunkt des offiziellen Kults. Die Familie des Kong zi wurde hoch geehrt und bekleidete immer wieder wichtige Stellen auf Kreis- und Staatsebene.

Der Staat Lu war eines der beständigsten Gebilde der Zhanguo-Zeit. Erst 249 v.Chr. wurde er vom benachbarten Chu vereinnahmt. Die Reste der Hauptstadt sind noch heute zu besichtigen, und Archäologen förderten in den Ruinen zahlreiche interessante Kulturgüter zutage. Neben Keramik, einfachen grauen Gefäßen mit Schnur- und Matteneindrücken, wurden auch schön bemalte feine Gegenstände gefunden, deren Dekor an die gleichzeitigen Bronzen erinnert. Kugelige Topfformen, Dreifüße vom Typ Li (mit hohlen Füßen), und Schalen sind verbreitet. Seltener sind hohe Gefäße vom Typ Hu mit gelappter Mündung. Auch feine Jaden, Ringscheiben, Gürtelhaken und andere Schmuckformen wurden entdeckt.

Die heutige Stadt Qufu nimmt nur etwa 1/7 des ursprünglichen bebauten Gebietes ein und liegt an der SW-Ecke der alten Siedlung. Die Länge der Stadtmauer, von der noch Reste erhalten sind, betrug ca. 12 km. Auf jeder Seite befanden sich 3 Tore. Die Palastanlagen standen im Stadtzentrum. In der Han-Zeit errichtete man für die ehemalige Herrscherfamilie des Staates Lu einen Palast, den berühmten Lingguang, der sogar in einem Fu des Wang Wenkao verewigt wurde. Reste der Hallen sind noch erhalten. In der Tang-Zeit entstanden darauf Tempelbauten für den Herzog von Zhou (Zhougong miao). Die noch sichtbaren Reste der alten Hauptstadt bestehen meist aus gewaltigen Terrassen aus Stampferde.

Kong miao (im N des Stadtzentrums): Der Konfuziustempel entstand an der Stelle, an der Kong zi der Überlieferung nach geboren wurde. In diesem Tempel fanden in allen Jahreszeiten Zeremonien und Staatskulthandlungen statt. Der erste Gedächtnistempel soll schon 478 v.Chr., kurz nach dem Tod des Konfuzius, errichtet worden sein. In dem Bau wurden Kleider, Kappe und Bücher des Philosophen aufbewahrt. Liu Bang (Han Gaozu) führte die kaiserlichen Opfer für Konfuzius ein. In den folgenden Dynastien profitierte die Stadt von den unvermindert fließenden staatlichen und privaten Zuwendungen. Selbst unter den Fremddynastien wurden die Zeremonien nicht abgesetzt. Ganz im Gegenteil – die Qing befleißigten sich beispielsweise einer besonders peinlichen Einhaltung des Rituals, um nicht als »barbarisch« angeprangert zu werden. In Texten zur Geschichte des Kong miao sind über 70 Instandsetzungen verzeichnet. Die heute erhaltenen Bauten stammen aus der Zeit von der Jin- (10.Jh.) bis zur Qing-Dynastie.

Der Tempel ist streng axial angelegt, und die Haupt- und Nebenbauten orientieren sich fast vollkommen symmetrisch an der ca. 1120 m langen Hauptachse. Ähnlich den Ming-zeitlichen Palastanlagen, an denen die Gesamtkonzeption wohl auch orientiert ist, mußte der Besucher zunächst mehrere gewaltige Torbauten durchschreiten, um zu den Hauptgebäuden zu gelangen. Im Zentrum des Tempelareals befindet sich die *Haupthalle* (Dachengdian), die kleinere Nebenhallen flankieren. Abgesehen von den 8 Toren muß auch noch ein kleiner Fluß überquert werden. Es ist tatsächlich so, als begebe man sich zu einer Audienz bei einem Herrscher, eben dem Suwang, dem verborgenen König, wie Kongzi oft bezeichnet wurde, da er selbst niemals zu Amt und Würden gekommen war, aber wie kein anderer den Idealen des konfuzian. Herrscherbildes entsprach.

Bereits das *Haupttor der Stadt* deutet die Ausrichtung der Stadt auf den Kult des Kongzi an: Es heißt *Yangsheng men,* »Tor der Verehrung des Heiligen«. Durch das *Lingxing men* in der äußeren Mauer des Kong miao und das *Shengshi men* kommt man in einen riesigen Hof, der im hinteren Teil von dem kleinen, bereits erwähnten

Qufu, Befestigungsanlage

Fluß durchzogen wird, über den drei Brücken zu einem weiteren großen Tor, dem *Hongdao men,* führen. An der nächsten Mauer, die vom Dazhong men durchbrochen wird, stehen im O und W Glocken- und Trommeltürme. Im Hof erhebt sich vor dem ersten größeren Gebäude ein weiteres Tor, das *Tongwen men.* Im O und W davon befinden sich Stelen, Pavillons und zwei kleine Nebenhöfe mit Räumen, in denen der Kaiser eine Fastenzeit zu verbringen hatte, bevor er im Tempel opferte. Der *Kuiwen-Pavillon,* eine der großen Hallen der Anlage, steht am Ende des Hofes. Der bestehende Bau ist 30 m lang, 17 m breit und 23 m hoch und trat 1483 an die Stelle eines Gebäudes der Song. Im Untergeschoß bewahrte man Opfergeräte auf, in einem Zwischenstock die Druckstöcke für die im kaiserlichen Auftrag hergestellten Klassikerdrucke und im Oberstock die Drucke selbst. Am gesamten Bau wird die Breite sehr betont. Die Geschosse wirken sehr flach, da von den vierfachen Konsolen am obersten der 3 Dachstühle viel Raum der Gesamtfassade eingenommen wird. Die untere Vorhalle stützen achteckige Steinsäulen. Zierliche Balustraden und schmale Zwischendächer nehmen dem Bau etwas von seiner Wucht. Hinter der Kuiwen ge stehen in insgesamt 13 Pavillons 53 in 2 Reihen geordnete Stelen. Sie wurden zu Ehren des Kong zi aufgestellt. Die frühesten stammen aus der Tang-Zeit. Die zunächst etwas willkürlich anmutende Zahl 13 könnte unter Umständen auf die 13 Klassiker des Konfuzianismus hinweisen. Die ältesten der kleinen Gebäude stammen aus der Jin- und Yuan-Zeit (von der Kuiwen ge aus betrachtet die Pavillons 3–6 in der vorderen Reihe). Daß auch unter den Fremddynastien die konfuzian. Traditionen gepflegt wurden, zeigt sich nicht nur am Bau der Pavillons selbst, sondern auch an Inschriften auf den Stelen, die z. T. in Mongolisch und Manjurisch abgefaßt sind. Durch das *Dacheng men* (Tor der großen Vollendung) betritt man den zentralen Teil der Anlage. Am hinteren Ende des Hofes befindet sich die

Halle für Kong zi, zu beiden Seiten liegen die Hallen für seine 72 Schüler. In der Mitte des Hofes erhebt sich der sog. *Xingtan* (»Aprikosenaltar«), wo angeblich Kong zi seine Schüler unterrichtet haben soll und bis zum 11.Jh. die Haupthalle stand. Die kleine Plattform mit einem Pavillon wurde so genannt, da in ihrer Nähe Aprikosenbäume wachsen. Der kleine Bau wird von einer komplizierten, 1569 erneuerten Kreuzdach-Konstruktion gedeckt. Die »Idylle« in der Schule des Kong zi wurde im taoist. Werk Zhuang zi beschrieben: »Kong zi ... ruhte sich auf der Xingtan aus. Seine Schüler lasen, und er sang und spielte Qin dazu.«

Die *Haupthalle* (Dachengdian, Halle der großen Vollkommenheit) wurde 1018 von ihrem ursprünglichen Standort beim heutigen Xingtan in den hinteren Teil des Hofes versetzt. Sie wurde mehrmals stark beschädigt und erst 1724 in ihrer heutigen Form wiederaufgebaut. In der Halle fanden die großen Zeremonien statt, die viermal im Jahr durchgeführt werden mußten. Auch beim Besuch hoher Persönlichkeiten, z.B. des Kaisers, fanden in dem 54 m langen, 34 m breiten und 32 m hohen Bau Opfer statt. Das Äußere der Halle wirkt überaus prächtig. Das liegt nicht nur an der großartigen Verzapfungskonstruktion und der Malerei (Gold auf Blau), sondern auch an den *Steinsäulen* von 1500, die nach einem Brand in der Ming-Zeit (1499) eingebaut wurden. Sie sind ganz mit feinen Reliefs überzogen. Sie zeigen je 2 Drachen, die sich zwischen Wolken von fast blütenartigem Aussehen um den Säulenkörper winden. Der Drache ist hier wohl als Glückssymbol und auch als Zeichen der kaiserlichen Gunst zu sehen. Insgesamt 28 Säulen, von denen allerdings nur die an der Front mit Hochrelief verziert sind, umgeben die Halle. Die übrigen 18 Säulen sind achteckig und von Liniengravierungen überzogen, die ebenfalls Drachen zwischen Wolken zeigen. Insgesamt sind an den Steinstützen 72 Drachen zu sehen, die stellvertretend für die 72 Schüler stehen. Die Fronten verschließen sehr feine Türen aus Schnitz- und Gitterwerk. Im Innern wird das Gestühl aus mehreren Stufen von Zierkonsolsystemen von 15 m hohen Stämmen aus S-Asien getragen. In einem mit Zierarchitektur versehenen Pavillon sieht man eine Sitzfigur des Kong zi. Er ist dargestellt als Kaiser in festlichem Ornat mit der Perlkappe und dem Beamtentäfelchen in beiden Händen. Vor der Figur steht die Ahnentafel. Die die Hauptfigur umgebenden Statuen stellen die 3 wichtigsten Schüler des Philosophen und Meng zi dar. An der W- und O-Wand der Halle stellen 12 Statuen Anhänger niedrigeren Ranges dar. Boerschmann hat darauf hingewiesen, daß einige Merkmale der Zahlenkonstellationen in der Haupthalle und in der Gesamtanlage von den konfuzian. Vorstellungen abweichen und möglicherweise dem buddhist. Gedankengut entnommen sind. Die Darstellungsweise als Kaiser findet sich beispielsweise nicht nur auch bei den Statuen der Kulturheroen in anderen Tempeln, sondern auch bei den obersten taoist. Gottheiten. Man kann daran erkennen, daß selbst in Tempeln des Staatskultes niemals großer Wert auf eine strikte Trennung von anderen Religionen gelegt wurde. Die Dachengdian wird von einer doppelten Marmorterrasse umgeben, auf der manche der Opferhandlungen stattfanden und rituelle Tänze und Musikstücke aufgeführt wurden. Bereits im »Zhouli«, einem Ritualklassiker, der wahrscheinlich in seiner endgültigen Form aus der Han-Zeit stammt, sind die in jeder Jahreszeit durchzuführenden Tänze, Gesänge und Riten genau festgelegt. Die Tänzer und Musiker mußten in einer der Jahreszeit entsprechend gefärbten Kleidung auftreten. Auch bestimmte Töne der zwölftönigen chines. Skala und genau bestimmte Melodien wurden angestimmt, um den harmonischen Ablauf der Jahreszeiten zu fördern. Im O-Annex der Haupthalle werden die ältesten Stelen (Han-Zeit und später) aufbewahrt. Bedeutend ist auch die Sammlung alter Musikinstrumente in der Haupthalle und den Nebenräumen. In der w Nebenhalle sieht man *Han-Reliefs* aus Gräbern der Umgebung. (Eine große Figur eines Beamten, die ebenfalls aus der Han-Zeit stammt, ist beim Shengshi men im vorderen Teil der Anlage zu sehen.) Hinter der Haupthalle steht das Gebäude, in dem die Frau des Kong zi verehrt wurde. Man baute es im 18. Jh. unter

< *Qufu, Haupthalle des Kong miao*

Qufu, Kong-Residenz, Innenraum

Yongzheng im Ming-Stil wieder auf. Die Konstruktion ist ähnlich der Dachengdian, aber von kleineren Dimensionen.
Den Abschluß der Hauptachse bildet die *Shengjidian,* in der Kopien von alten Steingravierungen mit Szenen aus dem Leben des Meisters gezeigt werden (Zyklus von Kopien von Bildern berühmter Meister wie Gu Kaizhi und Wu Daozi).
Parallel zur Hauptachse schließen sich im O und W Nebenachsen an. Im O-Teil soll sich angeblich Kong zis Wohnhaus befunden haben. In der großen Shilidian sieht man Ritualgegenstände. Im N davon wird eine weitere konfuzian. Devotionalie gezeigt, der Brunnen, aus dem Kong zi angeblich Wasser geschöpft haben soll. Noch weiter n steht die berühmte *»Mauer von Lu«,* die für die Entwicklung der Lehre in der Han-Zeit von großer Bedeutung war, da sich um sie ein folgenschwerer Mythos gebildet hatte: Die in der Han-Zeit dominierende konfuzian. Schule zog sozusagen aus dieser Mauer ihre Legitimation.
Qin Shihuang di soll, um sämtliche philosophischen Schulen außer der des Legalismus zu vernichten, eine große Bücherverbrennung veranlaßt haben. So zweifelhaft die Geschichte auch ist - die Werke waren zu dieser Zeit schon ziemlich verbreitet -, sie erschien offenbar den Han-zeitlichen Gelehrten glaubhaft. Nur wenige der konfuzian. Werke sollen diese Katastrophe unbeschadet überstanden haben, u.a. memoriert von Anhängern wie Fu Sheng. Einige dieser Philosophen bemühten sich um eine Rekonstruktion der konfuzian. Texte und wurden etwas irreführend als Begründer der »Neutextschule« bezeichnet. Zur gleichen Zeit entwickelte sich aber eine neue Variante der Lehre, deren herausragender Vertreter der Philosoph Dong Zhongshu (179-104 v.Chr.) war. Diese neue Schule war stark von kosmologischen Spekulationen beeinflußt (Fünf-Elemente-Lehre), welche die gesamte Welt in ein strenges System von inneren Abhängigkeiten drängte. Ein labiles Gleichgewicht zwischen Kaiser und Kosmos, zwischen Mensch und Gesellschaft, zeigte seinen Bestand bzw. seine Zerstörung durch bestimmte Vorzeichen an. Diese zweite Schule stützte ihre Lehren auf eine Gruppe von Texten, die in einer altertümlichen Siegelschrift notiert waren, die in der Zhou-Zeit üblich war. Man fand die Schriften angeblich bei Bauarbeiten in einer Mauer des Wohnhauses des Kong zi - eben jener Mauer von Lu (Lu bi). Obwohl es sich natürlich um Fälschungen handelte, die zur Stützung der neuen Lehre in die Welt gesetzt worden waren, hatten sie großen Einfluß auf die Entwicklung des Han-Konfuzianismus. Die Gruppe um Dong Zhongshu wird ebenso irreführend »Alttextschule« genannt.
Die Haupthalle der W-Achse ist die *Jinsi tang,* in der die Familie Kong, d.h. die Nachkommen des Konfuzius, Feste abzuhalten pflegte. Auf der davorliegenden Plattform führte man rituelle Tänze und Musikstücke auf. Die Musikinstrumente für die Zeremonien wurden in den Seitentrakten aufbewahrt.

Kong-Residenz (im O des Kong miao im Zentrum der Stadt): Die Familie des Kong zi hatte die Aufgabe (seit der Han-Zeit sogar vom Kaiser persönlich), das Erbe des Meisters zu hüten. Deshalb wurde das familieneigene Anwesen immer wieder auf Staatskosten erneuert und erweitert, so daß es im Laufe der Zeit riesige Ausmaße annahm. Viel von der kostbaren Ausstattung der Innenräume blieb bis heute erhalten. Die Residenz nimmt eine Fläche von 16 000 qm ein. Die Verehrung auch der Familie des Kong zi hing damit zusammen, daß sie als lebendes Symbol staatlicher Prosperität angesehen wurde. Seit der Yuan-Zeit waren die Angehörigen Staatsbeamte mit dem offiziellen Auftrag, die Riten zu überwachen. Sie übernahmen häufig auch die Kreisverwaltung und trugen über einen langen Zeitraum hinweg zahlreiche Ehrentitel. Bis in die Neuzeit lebte die Familie auf dem riesigen Terrain, das unter den Ming zu diesem Zwecke angelegt wurde. 1567 fand ein Wiederaufbau statt. In den letzten Jahren wurden die Gebäude nach den Wirren der Kulturrevolution zum Teil renoviert.

Zwei Löwen flankieren das große *Haupttor* im S. Auf einer Hauptachse liegen die wesentlichen Repräsentationsbauten, während sich im O und W weitgehend asymmetrisch die Nebengebäude angliedern. Im hintersten Teil der Residenz befindet sich ein kleiner Park. Die Haupthalle liegt in einem großen Hofe, der von Amtsgebäuden umgeben war. Hier versahen die Führer des Clans ihre offiziellen Pflichten. In der Mitte der Halle werden auf einem Tisch die Zeichen der Macht der Kong-Sippe aufbewahrt (Siegel etc.). Banner, Fächer und Ehrenschirme ergänzen die Ausstattung. Der wichtigste Bau ist durch einen Gang mit einem hinteren Raum verbunden, in dem die Prüfungen zur Rekrutierung der Verwaltungsbeamten stattfanden, und 7 Qing-zeitliche Stelen aufgestellt wurden. Zwischen den beiden Gebäuden stehen weitere Stelen mit Gravierungen in der Kalligraphie von Mitgliedern der Familie. In der dritten großen Halle wurden Amtshandlungen vorbereitet und hohe Gäste empfangen. Vor der Halle sieht man auf Steinpodesten sog. Taihu-Steine. Sie sind fester Bestandteil der Gartenarchitektur Chinas und fallen besonders durch ihre seltsame Form auf.

Der Bau diente auch als eine Art Archiv. Hier wurden die Lokalchronik des Gebietes um Qufu sowie Dokumente aufbewahrt, die für die Geschichte des Ming- und Qing-zeitlichen Konfuzianismus von großer Bedeutung sind. Hinter und neben den Amtstrakten liegen die Wohnhäuser der Familie Kong. Nach der Revolution von 1911 wurde der Gesamtkomplex aus Anlaß der Hochzeit eines Nachkommen des Kong zi in der 77. Generation in den 30er Jahren renoviert. Teile der alten Ausstattung, seit der Yuan-Zeit gefertigte Kleidung und das Familienarchiv blieben bis heute erhalten.

Qufu, Konglin, Ehrenpforte

Der private Teil des Anwesens wird durch eine Mauer vom offiziellen getrennt. Im hintersten Teil der Residenz wurde in der Ming-Zeit ein Park angelegt. Wie in chines. Palastanlagen allgemein üblich, wurde dem streng symmetrisch geplanten offiziellen Teil im Park ein betont asymmetrisches Gegenstück gegenübergestellt. Verschlungene Wege führen zwischen Hügeln und kleinen Pavillons zum See, der ebenfalls eine höchst unregelmäßige Form hat. Selbst im »konfuzianischsten« aller konfuzian. Komplexe dachte man noch an die taoist. Inseln der Unsterblichen: Im See wurden 3 Inselchen aufgeschüttet, die die Namen der 3 Wohnsitze der Xian tragen (Fangzhang, Penglai und Yingzhou).

Yan-Hui-Tempel (Yan miao nahe dem N-Tor der Stadt): Yan Hui, der Lieblingsschüler des Kong zi, war ein Mann von hoher Intelligenz, ja Genialität, der in den Dialogen des Lunyu oft vorkommt. Er starb im Alter von nur 30 Jahren, und Kong zi betrauerte ihn lange. Bereits Liu Bang, der Gründer der Han-Dynastie, führte den Kult des Yan Hui ein. Die Bauten des Tempels stammen aus der Yuan-, Ming- und Qing-Zeit. Auf dem Stelenpavillon aus dem Jahr 1502 sieht man eine mehrsprachige Inschrift. Die Anlage ist ebenfalls axial. Die Haupthalle weist sehr feine achteckige Steinsäulen auf. Die Liniengravierungen (Blütenranken und Drachen zwischen Wolken über stilisierten Bergen) sind eine hervorragende Arbeit. Mehrere Hallen der Nebenachsen sind Familienangehörigen des Yan geweiht.

Umgebung

Jiulong-shan-Reliefs (9 km s bei Xiaoxue cun): Hierbei handelt es sich um feine Tang-zeitliche Reliefarbeiten mit buddhist. Themen. Am gleichen Berg wurden auch große Felskammergräber der Han-Zeit gefunden. Sie wurden für jenen Fürsten von Lu und seine Familie eingerichtet, für den auch der Lingguang-Palast in der alten Hauptstadt von Lu gebaut wurde. Die Grabstätten wurden 1970 geöffnet. Sie bestanden aus mehreren Kammern, die durch lange Gänge verbunden waren. Neben dem Eingang liegen die Räume, in denen Pferde und Wagen geopfert wurden. Der Zugang war mit mächtigen Steinen verschlossen. Das größte dieser Gräber (Nr. 3) hatte eine Gesamtlänge von 72 m. Die Zahl der Beigaben war groß: Allein im beraubten Grab Nr. 4 entdeckte man noch über 1900 Gegenstände. In den Wagenkammern fand man 12 Wagen und 50 Pferde.

Konglin/Friedhof der Familie Kong (1 km n): Seit der Han-Zeit pflegte man auf kaiserlichen Befehl die Grabstätte des Kong zi. Später wurde diese Fürsorge auch auf die Gräber der gesamten Familie übertragen. Es entstanden Opferschreine und Altäre und wurden Bäume gepflanzt. Auch die Größe und reiche Ausstattung des Friedhofs ist wahrhaft königlich. Viele der Gräber haben Geisterwege, der des Kong zi ist mit 300 m der längste. Welch große Ehrung die Kaiser dem Philosophen zukommen ließen, ist auch an den mehrfachen Mauern mit großen Toren und an der Zusammensetzung des Geisterweges zu erkennen: Neben Tieren wachen auch zwei menschliche Figuren über die Unversehrtheit des Grabhügels (Menschenfiguren blieben meist Kaisern vorbehalten). Der Tumulus ist nur 4 m hoch. Dem Hügel vorgelagert sind Opferhallen und Fastenräume, die 1731 umgebaut wurden. Das Grab des Kong zi wird von zahlreichen Hügeln der Kinder und Kindeskinder des Kong zi umgeben. Unter den Nachfahren des Kong waren zahlreiche Staatsmänner, Philosophen und Künstler, deren Biographien den Stelen vor ihren Gräbern zu entnehmen sind.

Kong miao (auf dem Nishan 30 km sö): Auch dieser Tempel markiert eine Stelle, an der Kong zi 551 v. Chr. angeblich zur Welt kam. Er wurde 954 gegr. und mehrmals renoviert und umgestaltet. In der Haupthalle sieht man ein Bild des Meisters und seiner Hauptschüler. Im O liegt eine Höhle, in der Kong zi geboren sein soll. Man könnte hier fast an Dynastiegründungsmythen denken, in denen Geburtshöhlen eine große Rolle spielen.

Meng-zi-Tempel (im Kreis Zou, Nanguan, ca. 20 km sö): Meng Ke (Meng zi, 4. Jh. v. Chr.) war einer der bedeutendsten Denker der konfuzian. Schule. Lange Zeit wurde er aber vom Staats-Konfuzianismus in den Hintergrund gedrängt, der einen anderen Vertreter, Xun zi, vorzog. Erst unter den Song, bes. durch die Bemühungen Zhu Xis, bekam Meng zi den Rang unter den chines. Philosophen, der ihm gebührte. Im Gegensatz zu Xun zi vertrat er die Meinung, daß der Mensch von Natur aus gut sei. Erst durch seine Berührung mit der verderbten Welt wird er nach Mengs Meinung schlecht. Durch Riten und strenge Regelung der zwischenmenschlichen Beziehungen muß er danach zu seinem ursprünglichen Idealwesen zurückgeführt werden. Es ist in diesem Zusammenhang sicherlich auch von Interesse,

Qufu, Konglin, Haupteingang

daß der Tempel Meng zis bei Qufu erst 1121 in der Song-Zeit neben dem Grab des Philosophen Kong zi errichtet wurde. Die heutige Form erhielt er in der Ming-Zeit. Im Tempel werden heute Stelen (Han-Zeit und später) und Han-Reliefs aufbewahrt. Ähnlich wie beim Konfuziustempel in Qufu befindet sich neben dem Heiligtum des Meng zi auch eine Residenz der Familie.

Shaohao-Grab (4 km ö): Shaohao war einer der fünf mythischen Kaiser der Vorzeit. Der »Grabhügel«, der an dieser Stelle in der Song-Zeit aufgeschüttet wurde, ist ganz mit Steinplatten belegt. Auf seiner Spitze wurde ein Pavillon mit einem Bildnis des göttlichen Kaisers errichtet. In unmittelbarer Nähe entdeckte man eine neolithische Siedlung.

Zhou-gong-Tempel (1 km nö in der Nähe des Kong lin): Der Herzog von Zhou (Zhou gong) ist eine der Persönlichkeiten, die angeblich alle konfuzian. Vollkommenheiten in sich vereinigten. Er war Minister im Zhou-Staat und verwaltete für seinen minderjährigen Neffen Cheng wang das Reich, ohne selbst Machtgelüste zu zeigen, und hielt den Thron von Usurpatoren frei. Als Cheng wang volljährig wurde, trat Zhou gong die Macht sofort an ihn ab. Ihm und seinen Nachkommen wurde für seine Uneigennützigkeit das Herzogtum Lu verliehen. Im 5. Jh. n. Chr. errichtete man auf den Ruinen des alten Lingguang-Palastes einen Tempel für Zhou gong. In der Tang-Zeit wurden die alten Bauten renoviert, unter den Song erneuert. Viele der heutigen Bauten stammen aus der späten Ming-Zeit (1573). Im Tempelgebiet steht u. a. ein *Stelenpavillon* mit reicher Schnitzerei (Drachen und andere Tiere). An der Rückwand der 25 m breiten Haupthalle sieht man ein *Han-zeitliches Relief*, das den Herzog neben seinem Zögling zeigt. In der Han-Kunst hatte sich ein festes Darstellungsschema für dieses Thema herausgebildet. Meist wird der Kind-König unter einem Ehrenschirm mit einer Krone auf dem Haupt dargestellt, während Zhou gong als größere Gestalt neben Cheng

wang, gekennzeichnet durch eine Beamtenkappe, zu sehen ist. Er beugt sich herab und scheint den König zu beraten.
In den Nebengebäuden sind mehrere Stelen zu beachten.

R

Ruicheng 芮城

Shanxi

Einw.: 312170 Höhe: ca. 800 S. 387 □ D 3

Der Yongle gong liegt ca. 3 km n von Ruicheng entfernt im Kreis Yongji im SW der Provinz Shanxi. Er ist einer der größten heute noch erhaltenen taoist. Tempel und vielleicht das wichtigste Bauwerk, das aus der Yuan-Zeit erhalten blieb. Der erste, zu Ehren des taoist. Heiligen Lü Dongbin errichtete Tempel lag 20 km w von Ruicheng. An der heutigen Stelle begann man noch unter den Song 1247 mit dem Bau. Nach langer Stagnation wurde er 1297 nach der Machtübernahme durch die Mongolen fortgeführt. Die wichtigen *Wandmalereien* wurden erst 1325 vollendet.
Lü Dongbin war Beamter unter den Tang, zog sich aber während der Huang-Chao-Revolte aus dem öffentlichen Leben zurück. Auf ihn wird die Qingzhen-Schule des Taoismus zurückgeführt. An der Stelle, an der sein Haus gestanden haben soll, errichtete man den Vorgänger des heutigen Yongle gong. Nach einem Brand und dem Wiederaufbau an der jetzigen Stelle verlieh der Kaiser der Anlage die Ehrenbezeichnung gong (Palast). Sie geriet jedoch im Lauf der Zeit weitgehend in Vergessenheit. Deshalb war es eine Sensation, als in den 50er Jahren ein Bildband mit Photographien feinster Yuan-zeitlicher Malerei erschien, die aus dem Yongle gong stammte.
Der Tempel ist streng axial angelegt. Heute sind allerdings nur noch die Hauptgebäude erhalten, die großen Nebenkomplexe wurden zerstört.
Auf der Achse erhebt sich als zweite große Halle die *Haupthalle* von 1263. Das 28,5 m lange und 15,3 m breite Gebäude wirkt, was die Architektur betrifft, bemerkenswert harmonisch. Der auf einem 2,4 m hohen Sockel aufsteigende Baukörper steht zum Dach in einem Größenverhältnis von 1:1. So entsteht hier nicht, wie bei manchen anderen Bauten der Song-Zeit, der Eindruck, das Dach sei übergewichtig. Der sanfte Schwung der Traufe wiederholt sich in der Biegung des Firstes, der besonders schön ausgearbeitete Endverzierungen in Form von Fischungeheuern aufweist. Die Konsolzone ist ziemlich schmal, und die durch Hebelarme verstärkten Systeme wirken ornamental, obwohl sie natürlich noch voll die Stützfunktion übernehmen. Die Fassade gliedern 5 breite Tore. Im Inneren wird das Dach durch eine zentrale Säulenreihe und eine Wand gestützt, vor der (früher) die Figuren der 3 Hauptgottheiten standen (Sanqing). Wand und Säulen sind mit ähnlichen Konsolgruppen versehen wie die Säulen an der Außenwand.
Die bedeutendsten Zeugnisse Yuan-zeitlicher Kunst in der Halle sind die *Wandmalereien,* die eine Gesamtfläche von über 400 qm einnehmen. Weitere Malereien befinden sich in der Chongyang- und der Chuyang-Halle hinter dem Hauptbau. Sie stammen aus der Mitte des 14. Jh. In der Kleidung der dargestellten Personen und in der Gesamtkonzeption spürt man aber noch deutlich die Anklänge an die Song-Malerei. In ihrem strengen Aufbau sind sie buddhist. Andachtsbildern durchaus vergleichbar. Allerdings ist in diesem Fall, wie in taoist. Tempeln üblich, sozusagen der »große Beamtenstab« der himmlischen Herrscher, der Drei Reinen (Sanqing), dargestellt und an den Beamtenkappen und

Ruicheng, Yongle gong, Sanqingdian des taoist. Heiligtums

Täfelchen zu erkennen. Die Gottheiten stehen streng hierarchisch geordnet, der festliche Eindruck wird noch durch den einheitlichen Fluß des Faltenwurfs der Gewänder unterstrichen. Allerdings sind die Gesichter sehr lebendig, z.T. durchaus individuell gestaltet. Durch Unterschiede bei der Kopfhaltung, bei der Haartracht der reichgeschmückten Damen und die unterschiedlichen Stellungen der Beamtentafeln zu den Figurenreihen wirkt die Darstellung doch sehr lebendig. In vielen Fällen handelt es sich um Astralgottheiten, um personifizierte Sterne oder um die Beherrscher der taoist. Himmels- oder Höllenregionen. Die feine und überaus sichere Linienführung kennzeichnet die Bilder als Werke eines großen Meisters: Sie werden Ma Junxiang und seiner Schule zugeschrieben. Das Zentrum der Komposition bilden der Jadekaiser (Yuhuang) und die deifizierten taoist. Philosophen (Laozi, Liezi u.a.). Die zweite große Halle, die *Chunyangdian,* enthält ebenfalls Wandmalereien, bei denen es sich jedoch nicht um Andachtsbilder handelt. Dargestellt werden vielmehr Szenen aus dem Leben des Lü Dongbin. Auch hier lassen sich Anklänge an Bilder buddhist. Legenden erkennen: Episoden oder auch Teile von Geschichten werden direkt nebeneinandergestellt und nur durch Landschaftsbilder getrennt, die sowohl überleiten als auch absetzen sollen. Neben übernatürlichen Erscheinungen sind auch Szenen aus dem täglichen Leben abgebildet.

Die dritte Halle, *Zhongyangdian,* ist Wang Zhongyang geweiht, dem Begründer einer weiteren großen Schule des Taoismus. Zu seiner Lehre bekannten sich die Erneuerer des Tempels. Sie stellte den Versuch dar, Grundelemente der 3 »Religionen«, Konfuzianismus (mit seinen »Tugenden«), Taoismus (Herstellung von Unsterblichkeitselixieren) und Buddhismus (Klosterwesen), noch enger als bisher zu verknüpfen. Die Wandmalereien schildern das Leben des Wang und seiner Schüler.

S

Shanghai	上海
Shanghai	
Einw.: ca. 10 Mio. Höhe: 0–5 m	S.387 □ E 3

Geschichte: Die Stadt liegt am Zusammenfluß des Huang pu und Suzhou he in der Nähe der Yangzi-Mündung. Als während der S-Song-Zeit das wirtschaftliche Zentrum nach S verlagert wurde, kam der Stadt, die schon vorher bestand, wachsende Bedeutung zu. Da Shanghai an 3 wichtigen Wasserwegen und in der Nähe des Meeres lag, wurde es schon bald eine der wichtigsten Hafen- und Handelsstädte Chinas. Nachdem die Westmächte durch den Opium-Krieg und die darauffolgenden bewaffneten Auseinandersetzungen im letzten Jh. die Handelsbeschränkungen für Ausländer beseitigt hatten, entwickelten sich in der Stadt große westliche Handelsniederlassungen. Gerade in den Vierteln am Huangpu ist der europäische Einfluß an den älteren Bauten immer noch deutlich sichtbar. Die Stellung der Fremden wurde noch dadurch gestärkt, daß sie die chines. Regierung bei der Niederschlagung der Taiping-Revolte unterstützten. Das geschah jedoch auch in ihrem eigenen Interesse, da die ausländerfeindlichen Taiping die Handelsmissionen gefährdeten.
In den ersten Jahrzehnten dieses Jahrhunderts wurde Shanghai zu einem bedeutenden Schnittpunkt zwischen östlicher und westlicher Kultur. Japanische Künstler lernten hier den europäischen Expressionismus und Dadaismus kennen, formten diese Kunstrichtungen um und entwickelten sie weiter. In der Zeit des 3. Reiches suchten auch ca. 15000 Juden in Shanghai vorübergehend Zuflucht, was dem kulturellen Leben der Stadt neue, entscheidende Impulse gab. Zur gleichen Zeit entwickelten sich hier erste Zellen der chines. kommunistischen Partei (Gongchang dang). Bis zum Ende der 40er Jahre dominierten aber Jiang Kaishek und seine Goumin dang in der Stadt, nachdem Aufstände gegen sein Regime blutig niedergeschlagen worden waren. Nach dem Ende des Bürgerkriegs im Jahre 1949 blieb Shanghai stets ein Rückhalt für Mao Zedong im Kampf gegen seine innenpolitischen Gegner. Der Hafen der Stadt ist auch heute noch von Bedeutung, und sie ist ein wichtiges Zentrum der chines. Schwerindustrie.

Shanghai

TEMPEL

Jingan si (in der Nanjing xilu): Die heutigen Bauten stammen aus der Guangxu-Periode (Ende 19.Jh.). Schriftlichen Quellen zufolge soll das Heiligtum aber schon im 3.Jh. gegründet worden sein.

Longhua si (im S der Stadt): Der Tempel ist hauptsächlich wegen seiner Pagode bekannt, die auf das 9.Jh. zurückgeht, zum letzten Mal aber 1900 vollkommen umgestaltet wurde. Die schöne Pagode ist achteckig, siebenstöckig und 40,5 m hoch. Sie wirkt besonders reizvoll durch die Kombination aus einem sehr schlanken Körper und weit nach oben schwingenden Zwischendächern, die durch zarte Gitter an den umlaufenden Balkonen noch verfeinert wird. In der Provinz Jiangsu hat diese Form mehrere Entsprechungen, die alle ungefähr aus der gleichen Zeit stammen und einen letzten Höhepunkt der Pagodenbaukunst darstellen (Pagode auf dem Jinshan bei Zhanjiang in der Nähe von Yangzhou und Xilin ta im Kreis Songjiang).

Yufo si (in der Anyuan lu im NW der Stadt): Der Tempel selbst ist ziemlich neu; er wurde erst 1918 an den heutigen Standort versetzt. Die Gebäude sind in leuchtenden Farben bemalt und mit reizvollen, stark geschwungenen Dächern versehen. Die neuen Figuren sind nicht von Bedeutung, in der Sammlung des Tempels sind aber auch einige wichtige Kunstwerke früherer Dynastien erhalten. Der Name, Jadebuddha-Tempel, geht auf Schenkungen zurück, die das Kloster im vergangenen Jh. erhielt: 2 aus weißer Jade gefertigte *Buddhastatuen* aus Burma, die sich heute in der *Daxiong baodian* (Haupthalle) befinden. Die Sitzfigur, die allerdings meist in einem Schrein verborgen bleibt, ist sehr ausdrucksvoll und fein gearbeitet. In der Haupthalle sind auch wichtige buddhist. Schriften aufbewahrt, von denen die frühesten aus der Tang-Zeit stammen. Zu den

Tempelschätzen gehört außerdem eine fein gearbeitete, allerdings etwas manieriert wirkende Guanyin-Figur aus der Ming-Zeit, die ein Ruyi-Zepter in einer Hand hält. Dieses Symbol für ein langes Leben gehört sonst allerdings nicht zu den Attributen der Gottheit der Barmherzigkeit. Auch einige Zeugnisse der Stein- und Bronzekunst sind im Tempel zu sehen. Besonders bemerkenswert ist eine feine, für den Stil der mittleren Wei-Zeit beispielhafte Jadearbeit, ein *thronender Bayshyajaguru* (Buddha der Medizin) mit Assistenzfiguren. Obwohl die Figur nur klein ist, wirkt sie durch die Strenge des Gesichtsausdrucks und die Symmetrie des Faltenwurfs des Gewandes monumental.
Von hoher Eleganz ist die steinerne *Sitzstatue eines Bodhisattva* aus der Tang-Zeit. Das volle Gesicht wird von einem Lächeln erhellt. Die Körperhaltung drückt Ruhe aus. Der rechte Fuß ruht auf einem Lotossockel, während der linke zum Knie des rechten Beines hochgezogen ist. Im Gegensatz zu der ehrfurchtgebietenden Strenge der Wei-Plastik wird hier die Distanz des Gläubigen zur Gottheit gemindert. Das entspricht auch Tendenzen im Buddhismus der frühen und mittleren Tang-Periode. Eine eindrucksvolle Ming-Bronze gehört ebenfalls zu den Schätzen: eine große *Statue des Shakyamuni*, dessen weltentrückter Gesichtsausdruck beeindrukkend ist. Man könnte sich bei diesem technisch hervorragend ausgeführten Kunstwerk an japanische Arbeiten erinnert fühlen.

WEITERE SEHENSWÜRDIGKEITEN

Lu-Xun-Grab und -Museum (im Hongkou-Park im N der Stadt): Lu Xun (1881–1936), ein Sympathisant der Revolution, zählt zu den auch in der w Welt bekannten modernen chines. Schriftstellern. Er lebte von 1933 bis zu seinem Tod in Shanghai. In der Nähe seines Grabes errichtete man ein Gedenkmuseum.

Shanghai-Museum (in der Henannan lu im O der Stadt): Die Schwerpunkte der Sammlung sind *Bronzen, Keramik und Malerei.* Unter den Bronzen überwiegen hervorragende *Zhou-Stücke*, besonders aus der frühen Zeit dieser Periode. In der *keramischen Sammlung* ist besonders die *Song-zeitliche Produktion* zu beachten: einfache, aber schöne Formen, manchmal mit appliziertem, eingeritztem oder mit Modeln eingedrücktem Dekor, der aber niemals die Schlichtheit des Gesamteindrucks beeinträchtigt. Auch *Gebrauchswaren des Cizhou-Typs* mit sehr schwungvoller und in freiem Strich ausgeführter Bemalung (z. B. Nackenstützen), deren Bemalung Genremotive der Malerei auf Seide und Papier wie Kinder beim Angeln etc. aufnimmt, werden gezeigt.
Die *Gemäldesammlung* ist eine der wichtigsten in China.

Xu-Guangqi-Grab (im S der Stadt in der Nandanlu): Xu war einer der wenigen chines. Gelehrten, die sich im 17. Jh. von den Jesuiten zum Christentum bekehren ließen. Die Jesuiten hatten, im Gegensatz zu anderen Orden, einen sehr geschickten Weg zur Missionierung Chinas eingeschlagen: Sie versuchten, indem sie sich scheinbar konfuzian. Lehrsätze zu eigen machten, die chines. Oberschicht für sich zu gewinnen und unter ihrer Protektion dann größere Teile der Bevölkerung zu missionieren. Dies führte zu einem von den anderen Orden geschürten erbitterten Streit innerhalb der katholischen Kirche, dem sog. Ritenstreit, und zum Verbot des Jesuitenordens im 18. Jh. Xu war einer der wenigen, die sich unter dem Einfluß des bedeutenden und eindrucksvollen Paters Ricci tatsächlich zum Eintritt in die Kirche entschlossen und ihren Glauben auch gegen Kritiker verteidigten.

Yuyuan (an der Fangbin zhonglu im SO der Stadt): Der Park entstand im 16. Jh. unter den Ming und wurde später mehrmals zerstört. In allen Teilen des Yuyuan sieht man kleine Seen, die von skurril geformten künstlichen Bergen umgeben werden. Die im für den S des Landes typischen Stil errichteten Bauten tragen weit nach oben geschwungene Dächer. Durch vielfache Verwendung von feinem Gitterwerk wirken die Häuser und Pavillons leicht. Dieser Eindruck wird noch durch

Shanghai, Nanjing-Straße >

新安
上海市第一百货商店

Shanghai, Im buddhistischen Kloster Longhua si

die schmalen Pfosten verstärkt, auf denen manche von ihnen in die Seen hineingebaut wurden. In manchen der Hallen sind noch Teile der alten Einrichtung erhalten, so z. B. in der *Yuhuatang* seltsame Möbel aus Baumwurzeln. In der Dianchun tang trafen sich die Mitglieder einer Verschwörergruppe, die zur gleichen Zeit wie die Taiping-Rebellen in anderen Teilen Zhejiangs und Jiangsus, Mitte des letzten Jh. der chines. Regierung und den Ausländern in Shanghai Widerstand leisteten.

Umgebung

Fahuata (ca. 20 km nw, im S der Kreisstadt Jiading): Das Wahrzeichen von Jiading entstand 1207 und wurde im 17. Jh. vollkommen restauriert. Da der Bau jedoch 1919 zusammenbrach und aus Beton und Stahl neu errichtet wurde, blieb so gut wie nichts von seinem ursprünglichen Charakter erhalten.

Huzhuta (ca. 30 km sw, auf dem Gipfel des Songma-Berges in Songjiang): Der Bau entstand im 11. Jh. kurze Zeit nach der Xingshengjiaosi-Pagode und bestand früher wie diese aus Ziegeln und Holz. 1788 brannte das Gebäude völlig aus. Da das Fundament beschädigt ist, neigt sich die Ruine heute leicht nach W.

Kong miao (im Kreis Jiading, Jiading zhen in der Nanda jie): Die Anlage entstand 1219 unter den Song, wurde in der Yuan-Zeit stark verändert, danach immer wieder renoviert und nach der Revolution in ein Museum umgewandelt. Die Haupthalle bewahrt Merkmale der Mingarchitektur.

Nanxiang-si-ta (in Nanxiang im Kreis Jiading ca. 10 km nw der Stadt): Der angeblich in der Liang-Zeit gegründete Tempel ist heute zerstört. Erhalten blieben *Zwillingspagoden*, die einst vor dem Tor des Heiligtums standen. Im Guyi yuan, einem in der Nähe gelegenen Park, stehen zwei 8 m hohe *Sutrenpfeiler*, die ursprüng-

< *Yufo si, Jade-Buddha*

lich auch zum Nanxiang si gehörten. Sie wurden unter den Tang hergestellt und, nachdem ihre Inschriften undeutlich geworden waren, in der Song-Zeit überholt. In die Pfeiler sind buddhist. Beschwörungsformeln und florale Ornamente eingemeißelt.

Xingshengjiaota (ca. 30 km sw, im O der Stadt Songjiang): An der Pagode des Xingshengjiao si ist die Song-zeitliche Bausubstanz noch sehr gut erhalten. Nicht nur beim Ziegelkern, sondern auch bei den Holzumbauten ist das meiste original. Die schönen, weit nach oben ausschwingenden Dächer sind der Blickfang an diesem quadratischen, neunstöckigen und 48,5 m hohen Bauwerk. Das liegt u.a. auch daran, daß der Ziegelkörper sich nach oben ziemlich stark verjüngt, während die Dächer bis zur Spitze ungefähr die gleiche Breite haben. Die Wände sind durch Säulen, die durch dunkle Färbung hervorgehoben wurden, durch Blendöffnungen und eine Rundbogentür im etwas breiteren Mittelteil aller 4 Seiten gegliedert. Dächer und Galerien werden durch einfache Konsolsysteme getragen, die auf den Säulen und über dem Türsturz aufliegen. Die schöne Spitze bilden mehrere Schirme und die Perle. Das Untergeschoß ist wesentlich breiter als die übrigen Stockwerke. Im Innern werden die Decken von sechseckigen Laternen gebildet. Im obersten Raum stützt eine zentrale Säule die Spitze. Der Bau ist das besterhaltene Beispiel eines einst in der Provinz Jiangsu verbreiteten Pagodentyps.

Zhenru si (ca. 20 km nw, in Zhenru zhen nahe der Kreisstadt Jiading):
An diesem Tempel ist die *Haupthalle* von besonderem Interesse, die fast unverändert den Stil ihrer Entstehungszeit (Yuan, 1320) bewahrt hat. Das Dach wirkt gewaltig, und der obere Teil der Sattelwalmform wird stark betont. Die Wände der Halle blieben, abgesehen von der großen Toröffnung, weitgehend ungegliedert. Bei Restaurierungsarbeiten nach 1960 fand man im Gebälk Inschriften der Bauleute, die darauf hinwiesen, wie die verschiedenen Einzelteile bezeichnet wurden und wie man sie zusammenzusetzen hatte. Diese Hinweise erwiesen sich als wichtig für die Erforschung der Architekturgeschichte der Yuan-Zeit.

Shaoxing	绍兴
Zhejiang	
Einw.: 260 000 Höhe: ca. 5 m	S.387 □ E 3

Geschichte: Shaoxing in N-Zhejiang ist eine der ältesten Städte der Provinz. Sie war Hauptstadt des Zhanguo-zeitlichen Staates Yue, der vom 5. bis zum 3. vorchristlichen Jh. im S des Landes bestand. Seine Einwohner galten bei den Bewohnern des Zentralgebietes als Barbaren. Reste der Residenz der Könige von Yue wurden 4 km n der heutigen Stadt entdeckt. Im S von Shaoxing blieb noch eine ca. 100 m lange Terrasse aus Stampferde erhalten, die zum Fundament der alten Stadtmauer gehörte.

Eine große Blütezeit erlebte die Stadt aber in der Tang- und der Song-Zeit, besonders nachdem die Song ihre Hauptstadt nach Hangzhou verlegt hatten.

Während der Taiping-Revolte war Shaoxing ein wichtiger Stützpunkt der Rebellen. Malereien aus dieser Epoche wurden 1954 an mehreren Stellen entdeckt. Sie zeigen mythologische und historische Szenen, u.a. auch Bilder vom Kampf gegen die Regierungstruppen. 1881 wurde der Dichter Zhou Shuren, der heute unter dem Namen Lu Xun bekannt ist, in Shaoxing geboren. Die Wohngebiete werden von zahlreichen Wasserläufen durchzogen. Daher ist die Stadt berühmt für ihre *Brücken*, z.B. die Tifan qiao auf der Jishan jie im N der Stadt oder aber die Bazi qiao am O-Ende der Bazi qiao zhijie, eine Pfeilerbrücke aus dem Jahr 1256. Von Shaoxing aus kann man auch das 70 km entfernte Ningbo und die Heiligtümer auf der vorgelagerten Insel Putuo shan besuchen.

Dashanta (in der Guangming lu): Der Bau entstand 504 unter den Liang und wurde später mehrmals erneuert. Zu Beginn des 20. Jahrhunderts waren alle Holzumbauten verschwunden, und man hatte selbst die Konsolen aus der Wand gebrochen. Erst nach der Revolution ging man an die Erneuerung des sechseckigen, siebenstöckigen und ca. 40 m hohen Gebäudes.

Shaoxing, Donghu >

Lü fu (Xinhe long): Unter der Devise Jiajing der Ming (1522–1563) residierte hier der Kanzler Lü Ben. Zwischen der Wanan- und der Xiegong-Brücke sind die Bauten des Palastes auf 3 Längsachsen angeordnet. Die Residenz wird auf 3 Seiten von Wasser umgeben und auch von Kanälen durchzogen. Mehrere der Hallen, u.a. der *Ahnentempel des Lü,* sind noch in gutem Zustand.

Lu-Xun-Museum (Dongchang fang im O des Geburtshauses): Mittels handschriftlicher Zeugnisse und Photos wird der Werdegang des Dichters, der hier seine Jugend verbrachte, nachgezeichnet. Lu Xun stand politisch den Sozialisten unter Sun Yatsen nahe und genießt auch in der Volksrepublik hohes Ansehen. Der Stil seiner Prosa ist nicht unproblematisch, da sich klassische und umgangssprachliche Elemente verbinden.

Qingteng shuwu (im Qianguang gang): Wohnsitz des Ming-zeitlichen Malers und Kalligraphen Xu Wei. Xu galt als exzentrisches Wunderkind. Er war zunächst als Beamter tätig, wurde aber durch den Sturz seines Vorgesetzten und durch den Mord an seiner Frau ins Gefängnis gebracht. Nachdem er seine Strafe verbüßt hatte, war er vollkommen verarmt und auf den Verkauf seiner Bilder angewiesen, was unter chines. Literaten verpönt war. Das Haus des Malers diente auch einem der wichtigsten Maler der späten Ming- und frühen Qing-Zeit, Chen Hongshou, als Wohnsitz. Chen zog sich aus Loyalität gegenüber den gestürzten Ming aus dem öffentlichen Leben zurück und lehnte sich in seiner Malerei, zum Zeichen seiner Traditionsgebundenheit, an Stile des 4. nachchristlichen Jahrhunderts an, die er aber verfremdete und zuweilen ironisch überzeichnete. Seine Themen waren oft Einsiedler in der Landschaft. In den Räumen des Qingteng shuwu werden Kalligraphien und Gemälde der beiden Künstler gezeigt.

Shen yuan (bei der Mulian qiao): Der Park wurde in der Song-Zeit von einem reichen Bürger namens Shen angelegt. Hier sollen der Besitzer und der große Dichter Lu You oft zusammengetroffen sein. Von der alten Parkanlage blieb nur noch wenig erhalten.

Umgebung

Donghu (3 km ö): Der See ist ein beliebtes Erholungsgebiet. An berühmte Besucher erinnern Pavillons und Inschriften an den Ufern des Sees und an den Berghängen.
Keyan-Reliefs (12 km w): Aus einem alten Steinbruch wurde nach der Stillegung eine 10 m hohe Amithabha-Figur gehauen. Unter den Qing wurde die Monumentalplastik überholt und z.T. vergoldet.
Kuai ge (am Jianhu 2,5 km w): Die Parkanlage soll angeblich von Lu You, dem bereits erwähnten Song-Dichter, in Auftrag gegeben worden sein. Unter Qianlong der Qing wurde sie erneuert. Die Hallen und Pavillons zieren Gedichtinschriften und Bilder des Lu You. Von der Parkanlage selbst blieben nur Reste.
Lanting (ca. 12,5 km sw, am Fuß des Lanzhu shan): Der sog. *Orchideenpavillon* (Lanting) ist mit einem der wichtigsten Werke der chines. Kalligraphie verbunden. Der O-Jin-zeitliche Kalligraph und Maler Wang Xizhi, einer der ersten namentlich bekannten Schriftkünstler, verfaßte anläßlich einer Dichterversammlung auf seinem Landgut eine Einleitung zu den bei dieser Gelegenheit entstandenen Gedichten, das sog. »Lanting xu«. Die in einer sehr klaren, aber dabei freien Kaishu niedergeschriebenen Zeilen existierten nur in wenigen Kopien und wurden von den Kunstbegeisterten derart hoch geschätzt, daß manche nicht vor Mord und Betrug zurückschreckten, um in den Besitz einer dieser Kostbarkeiten zu gelangen. Dichterversammlungen fanden zur Zeit Wangs oft am 3. Tag des 3. Mondmonats statt, einem Fest der Reinigung. Daher auch die Bezeichnung Orchideenpavillon. Lan war eine der Pflanzen, die bei den rituellen Reinigungen verwendet wurden. Dichter trafen sich an Flußläufen zu wahren Gedichtwettkämpfen.
Die heutige Parkanlage stammt aus der Mitte des 16. Jh. Pavillons und Inschriften Kangxis und Qianlongs sind zu sehen.
Shifo si (20 km n am Yangshan): In einem Steinbruch, der für Bauarbeiten an der Stadtmauer genutzt wurde, schlug man vor der Tang-Zeit eine große Amithabha-Statue aus der Wand. In der Tang-Zeit und später kamen Tempelbauten und Inschriften hinzu.

Shunhuang miao (43 km sö in Shuangjiangqi cun): In den Hallen dieses Tempels auf dem Shunwang shan wird eine *Statue des Kaisers Shun,* einer mythischen Figur der Frühzeit, aufbewahrt. Die Anlage wurde im 18. Jh. gegründet und 1862 renoviert. Vor der *Haupthalle* steht eine Bühne. Das Vordach der Haupthalle wird von Säulen gestützt, die mit Bildern von Drachen und Phoenix, den Zeichen des Kaisers, verziert sind. Shun gilt als einer der 5 mythischen Kaiser und ist der Vorgänger des Großen Yu, der ebenfalls in einem Tempel nahe Shaoxing verehrt wird.

Yu ling und Yu miao (6 km sö): Der Yu-Mythos ist sehr kompliziert und mit einer Sintflutsage verbunden. Gun, der Vater des Yu, erhielt vom Kaiser Shun den Auftrag, eine große Flut einzudämmen. Als Gun scheiterte, wurde er im Auftrag von Shun umgebracht, und seine Leiche verwandelte sich in eine große Schildkröte. Die Aufgabe ging auf Yu über. Er verrichtete seine Arbeit angeblich in Gestalt eines Bären. Yu gelang es, die Fluten in geregelte Bahnen zu zwingen. Daraufhin übertrug ihm Shun das Herrscheramt. Yu soll die Xia-Dynastie gegründet haben.

Das »Grab« des Kulturheroen liegt an einem See und ist von Bergen umgeben. Die Grabstätte, die schon in der ersten Dynastiegeschichte, dem »Shiji«, erwähnt wird, bestand aus einer Höhle, in der ein Sarg stand. Heute erinnert nur noch eine Stele aus der Ming-Zeit daran.

Der *Tempel des Yu* (Yu miao) steht neben dem ehem. Grab. Der erste Gedächtnistempel soll schon während der Xia-Dynastie entstanden sein. Unter den Liang wurde der heutige Tempel gegründet. Die Tradition der Yu-Verehrung war, wie auch die Erwähnung im »Shiji« beweist, demnach seit sehr langer Zeit verbreitet. Die Bauten, die jetzt zu sehen sind, stammen aus dem Jahr 1934, was zeigt, daß man sich auch noch in den Zeiten der Republik den alten Traditionen verpflichtet fühlte. Teile des an einer Zentralachse orientierten Tempels sind noch vom Qing-zeitlichen Vorgängerbau erhalten. Die *Haupthalle* ist 24 m hoch und mit einem sehr steilen Sattelwalmdach gedeckt. Alle Dächer zieren Drachen und Ungeheuergesichter, die Wände sind leuchtend rot bemalt. In der Haupthalle steht eine Statue des mythischen Kaisers, vor dem Haupttor eine Ming-zeitliche *Stele.* Die Inschrift ist in einer phantastischen Schriftform ausgeführt, die sich zwar an die Siegelschrift anlehnt, sich aber dennoch stark von ihr unterscheidet. Es wird erzählt, Yu selbst habe den Text in dieser Form niedergeschrieben.

In einem Pavillon im O des Tempels steht ein spitzer Stein mit einer runden Öffnung an einem Ende. Seit der Han-Zeit wurden in ihn Inschriften eingemeißelt, da man annahm, er habe bei der Bestattung des Yu eine Rolle gespielt.

Shenyang/Mukden 沈阳

Liaoning

Einw.: 4,36 Mio. Höhe: 43–61 m S.387 □ E 2

Geschichte: Die Hauptstadt von Liaoning liegt im O der Provinz. Während der Eroberung Chinas diente Shenyang den Manjuren als provisorische Hauptstadt, die mit prächtigen Bauten versehen wurde. Zu diesen gehörte ein Kaiserpalast nach dem Vorbild des Gugong in Beijing. Nach der Einnahme des gesamten Reiches durch die Qing verlegten die Herrscher 1644 ihre Residenz nach Beijing. Shenyang und sein Palast verloren an Bedeutung. Die Kaiser kamen aber immer wieder in die Stadt, um am Grab des Dynastiegründers die Ahnenopfer auszuführen. Shenyang ist heute ein wichtiges Industriezentrum. Die Besichtigung des Museums, des Palastes und der Gräber in der Nähe ist aber lohnend.

Gugong (Kaiserpalast im Zentrum der Altstadt): Der erste Palast der Qing-Herrscher ähnelt stark dem Gugong von Beijing, ist aber nicht so weitläufig. Von den 3 Hauptachsen ist die mittlere mit den Audienz- und Zeremonialhallen die wichtigste. Mit dem Bau der Residenz begann man 1625. Der erste Kaiser der Qing, Shi zu (1644–1662), ließ sich hier in sein Amt einführen. Auch nach der Verlegung der Hauptstadt kamen die Kaiser immer wieder zu den Ahnenopfern nach Shenyang. Deshalb wurde der Palast auch in den späteren Jahrhunderten instand gehalten und erweitert. Durch das *Daqing men*

Shenyang, Kaiserpalast

im N der Anlage betrat man den inneren Palastteil. Die Wände des Torbaus zieren leuchtend blau und gelb glasierte Ziegelreliefs (Drachen zwischen Wolken).

Am Ende des ersten großen Hofes liegt die *Chongzhengdian,* die Audienzhalle des Palastes. Das Konsolgebälk ist schön bemalt, und die Türen bestehen aus besonders feinem Gitterwerk. Die Ecken der Halle schmücken ebenfalls Ornamente aus glasierten Ziegeln. Im Innern ist die Chongzhengdian äußerst prächtig ausgestattet. Unter einem Baldachin, den Säulen tragen und plastische Drachen schmücken, steht der Thron.

Der *Fenghuang lou* (Phoenixturm) steht am Ende des zweiten Hofes. Da der zweite Hof höher liegt als der erste, wirkt auch der Turm höher, als er eigentlich ist. In diesem Bau fanden Beratungen über Kriegszüge statt.

Der *Qingning gong* schließt die Zentralachse ab. In diesem Teil des Palastes befanden sich Schlafgemächer, und es wurden Rituale durchgeführt, die mit den religiösen Vorstellungen der Manjuren verbunden waren. Einige Kultgegenstände sind heute noch in diesem Bau zu sehen, der außen und innen schlicht gestaltet wurde.

Der Hauptbau der O-Achse ist die *Dazhengdian.* Ein breiter, von 10 Pavillons flankierter Weg führt auf die achteckige Halle mit doppeltem Zeltdach zu. Sie wird von roten Säulen umgeben, um deren vordere sich Drachenfiguren winden. Die Konsolsysteme sind, auch im Innern, reine Zier. Die kuppelartige Decke besteht aus einer prächtigen Kombination von Konsolen, die zur Mitte hin kleiner werden, und Ornamentfeldern. Das äußerste dieser Felder besteht aus floralen Motiven und stilisierten Zeichen, die Glück verheißen. Das Mittelfeld wird von sehr feinen Konsolsystemen umgeben und ist mit einem goldenen Drachen mit blauer Mähne verziert.

Das Hauptgebäude der W-Achse, der *Wansuo ge,* wurde für eines der Exemplare der großen Enzyklopädie der Qing, das

Shenyang, Halle des Zhaoling

»Siku quanshu«, errichtet. Vor dem Bau befindet sich eine Bühne.

Museum (Liaoning sheng bowuguan, ehem. Dongbei bowuguan, in der Sijing jie): Die Sammlung ist besonders interessant, da sich an einigen der Exponate gut zeigen läßt, auf welch vielfältige Weise die verschiedenen Kulturen Asiens zusammentreffen konnten.

Grabfunde der Xiongnu: Unter den Funden in den Gräbern dieses von der Zhangguobis zur Han-Zeit lebenden Nomadenvolkes fallen besonders Bronzen mit Tierbildern und Tierkampfszenen auf, die dem n-asiatischen Tierstil zuzurechnen sind.

Xianbei-Grabfunde: Die Stücke aus den Gräbern der Xianbei-Oberschicht lassen auf eine engere Verbindung mit der chines. Kultur der Jin-Zeit schließen.

Feng-Sufu-Grabfunde: Im Grab des Begründers der Beiyan-Dynastie und seiner Xianbei-Frau fand man Glasgegenstände, die wahrscheinlich aus Syrien stammen, vermutlich zu Diademen gehörende Anhänger, die an koreanische Fürstenkronen der Silla-Zeit erinnern, sowie Keramiken, deren Ornamente sassanidischen Bronzen entlehnt wurden.

Liao-Wandmalereien: Die Bilder aus den Gräbern der Liao-Dynastie zeigen Kleidung und Lebensgewohnheiten der Khitan. Auffallend ist dabei die Haartracht der Männer: Sie haben häufig ausrasierte Köpfe und lange Schläfenlocken.

Gemäldesammlung: Zu den Schätzen der berühmten Kollektion gehört eine vermutlich während der Song-Zeit entstandene Kopie einer Querrolle des Zhou Fang. Sie zeigt Hofdamen und Dienerinnen in einem Palastgarten zwischen blühenden Magnolien und Tieren, auch feine Landschaftsmalerei, u.a. von Don Yuan (Song-Zeit).

Yongan qiao (im W der Stadt 1 km nw des Yuguo-Bahnhofes): Die älteste Brücke im Gebiet von Shenyang wurde 1641 gebaut und ist 37 m lang und 14,5 m breit. Drei weite Bogen, verziert mit Drachen, die mit der Perle spielen, überspannen den Fluß.

Die Pfeiler des Brückengeländers besetzen gut gearbeitete Löwenfiguren. Die Brücke war der wichtigste Übergang über den Puhe und eine bedeutende Verbindung zum großen Shanhaiguan-Paß im W.

Zhaoling (Beiling, im N der Stadt): Die Grabanlage wurde 1643 begonnen und 1651 unter der Devise Shunzhi der Qing vollendet. Sie war für den 8. Sohn des Nurhaci (Qing Tai zu) und seine Frau bestimmt. Der Aufbau entspricht im wesentlichen den Gräbern bei Beijing. Durch ein *Ehrentor* kommt man zum *Geisterweg* mit Elefanten, Kamelen und anderen Tieren. Vorbei an *Lagerhallen* für die Opfergerätschaften und Kleider geht man in den eigentlichen *Grabbezirk* (Fangcheng) mit den Opferhallen. Am hinteren Ende der rechteckigen Einfriedung steht ein *Turm* (Minglou) mit der Inschriftenstele. Innerhalb einer im Halbkreis errichteten Mauer liegt der Tumulus, umgeben von Berghängen. Nach der Revolution wurde der Grabbezirk renoviert und zu einem Park umgestaltet.

Umgebung

Fuling (11 km nö): Die Grabstätte liegt gemäß geomantischen Kriterien sehr günstig zwischen dem Fluß Hunhe und den Tianzhu-Bergen. Sie entstand 1629 für Nurhaci, der als Dynastiegründer Taizu in die Geschichte einging, und erhielt 1651 ihre heutige Form. In ihrem Aufbau entspricht die Anlage dem Zhaoling/Beiling. Die Mauern neben dem Haupttor sind mit glasierten Reliefziegeln (Drachen) belegt, entlang des Geisterwegs stehen Elefanten, Kamele und andere Figuren. Da das Terrain nach N zu ansteigt, liegt der Tumulus an der höchsten Stelle der Anlage.

Suzhou 苏州

Jiangsu

Einw.: 736200 Höhe: 65 m S.387 □ E 3

Geschichte: Seit dem Neolithikum war die Gegend um Suzhou besiedelt. In der Zhanguo-Zeit war die Stadt in S-Jiangsu in der Nähe des Taihu die Hauptstadt des Staates Wu und von einer Mauer umgeben (ca. 5. Jh. v. Chr.). Während der späteren Zhanguo-Zeit wurde das Wu-Reich Chu einverleibt. Unter den Qin- und Han hatte die Kreisverwaltung hier ihren Sitz.
In der Sanguo-Zeit bildete die Stadt unter

Suzhou, Kaiserkanal im Wuxi

Sun Quan noch einmal das Zentrum eines kurzlebigen Reiches Wu. In der Nanchao-Zeit war Suzhou der wichtigste Getreide- und Hanfgewebe-Umschlagplatz der Region. Auch die Seidenproduktion bildete damals einen wichtigen Wirtschaftszweig. Diese Entwicklungen hielten auch in der Sui- und Tang-Zeit an. Unter den Königen von Wu und Yue der Wudai schmückte man die Stadt erstmals großzügig durch Parkanlagen. Die Zeit der höchsten Blüte der Gartenkultur war für Suzhou die S-Song-Zeit. Reiche Privatleute ließen ihren Stadtsitzen weite Parks angliedern. Richteten auch die Jin und Yuan Verwüstungen an, so konnte doch schon Marco Polo wieder von sagenhaftem Reichtum berichten. Die Prosperität blieb auch in den folgenden Jahrhunderten erhalten und wurde höchstens kurz durch kriegerische Wirren beim Dynastiewechsel unterbrochen. Die Schönheit der Lage und der Stadt selbst zog auch immer wieder Künstler hierher. Maler wie Fan Chengda, Shen Zhou und Wen Zhengming lebten in Suzhou.

Unter Kangxi wurde die Stadtmauer noch einmal erneuert. Viele der Straßenzüge und Kanalfronten haben ihren Ming- und Qing-zeitlichen Charakter bewahrt. Die Parks, für die Suzhou in ganz China berühmt ist, wurden zwar immer wieder erneuert, haben aber im Grunde nichts von ihrem Reiz eingebüßt.

GÄRTEN

Die europäische Gartenkunst hat einige wesentliche Impulse aus den Gartenanlagen Chinas empfangen. Sie wurden vermittelt durch die Handbücher des William Chambers oder Jan Nieuhof, die Originale sahen und danach Zeichnungen anfertigten. Die Gartenkultur der englischen und deutschen Aufklärung stand im betonten Widerspruch zum strengen französischen Garten. »Ungezähmte« Landschaft wurde in die Parks einbezogen, manche der Anlagen gingen direkt ins freie Land über. Man kann zwar kaum behaupten, daß die Europäer die chines. Gärten nachahmten. Sie nahmen aber Anregungen auf, u.a. auch die, eine Ideallandschaft von Menschenhand zu schaffen.

Chines. Paläste und Privatanwesen lassen oft ein sehr durchdachtes Spannungsverhältnis zwischen streng gegliederten Repräsentationsbauten und vollkommen asymmetrischen Parks erkennen.

Chines. Gärten haben eine sehr alte Kulturtradition. Jagdparks und Palastgärten

Suzhou, Alte Brücke auf dem Kaiserkanal

Suzhou, Lin yuan

gehörten schon bald zum festen Bestandteil kaiserlicher Architektur. Sie waren das Revier für die rituellen Jagden des Kaisers im Herbst, zugleich aber auch Ideallandschaften, die die Gefilde der Unsterblichen nachbilden sollten. Ja, sie sollten geradezu eine Verlockung für die Unsterblichen sein. Dieses Element ist der chines. Gartenkunst nie mehr ganz abhanden gekommen. Auch in den spätesten Gärten sind manche Teile mit Namen versehen, die Anspielungen auf die Wohnsitze der Unsterblichen enthalten. So spielen beispielsweise Xiao Yingzhou im Xi hu in Hangzhou, oder Xiao Penglai im Liu yuan in Suzhou auf die mythischen Inseln der Unsterblichen im O-Meer an. Eine Art Refugium für diese unirdischen Wesen, und natürlich auch für den Eigentümer, sollten Palast- und Privat-Gärten sein. Die Parks bestehen meist aus einer glücklichen Kombination von leichten Bauten, von Menschenhand geformten Wasserläufen und Bergen und natürlichen Elementen. Dabei wird in manchen Fällen die natürliche Form sogar auf die Gestaltung der Bauten übertragen. Ganz abgesehen davon, daß sich chines. Architektur durch ihre geschwungenen Dachformen und die warmen Farben der Ziegel und Anstriche sehr gut in die Natur einfügt, wird in der Gartenkunst ganz bewußt auf eine symmetrische Anlage der Gebäudekomplexe verzichtet: Dächer, deren First in Wellenlinie verläuft, und Galerien, die im Zickzack verlaufen, sind üblich. Die Fenster sind nicht rechteckig, sondern rund oder gar in Form von Flaschen, Früchten, Rauten oder Sternen gestaltet. Oft wechselt die Fensterform an einem Bauwerk mehrmals. Die natürliche Form wird also sogar direkt in die Architektur mit einbezogen und variiert.

Zum geplanten Kosmos des chines. Gartens gehören auch der See und der, meist künstlich angelegte, Berg. Die Hügel in den Gärten von Suzhou sind oft aus den sog. Taihu-Steinen zusammengesetzt, die ihren Namen dem nahe gelegenen See verdanken. Von Natur sind an diesen Steingebilden die seltsamsten Formen entstanden. Geradezu surreal anmutende Gebirgslandschaften, umstanden von altersgebeugten Kiefern oder anderen Bäumen, entstanden in den Gärten Suzhous durch die Zusammensetzung dieser Steine. Viele der Steine sind berühmt, haben ihren eigenen Namen, und es ranken sich Geschichten um sie. Blumen und Kletterpflanzen beleben das Bild der Anlagen noch zusätzlich. Die Wege sind gewunden, die gerade Linie wird in den meisten Fällen vermieden. Namen der Gartenteile bergen oft literarische Anspielungen, die an berühmte Eremiten oder bekannte Dichter erinnern. Der Garten symbolisierte für die Chinesen die Natur - aber niemals so, wie sie wirklich ist, sondern so, wie man sie gerne haben wollte.

In noch extremerem Maße trifft das auf die Miniaturgärten zu, die man bei uns unter dem Namen Bonsai kennt. Auch die Tradition dieser winzigen Ideallandschaften ist sehr alt. Schon in der Tang-zeitlichen Grabkunst sind sie zu sehen. In dieser Zeit waren sie aber schon voll entwickelt. Auch sie gelten als Refugien der Unsterblichen. Eine der Inseln der Unsterblichen, Fangzhang, soll einen Zhag (ca. 2,3 m) im Quadrat gemessen haben. Meist stehen

diese kleinen künstlichen Welten als zusätzlicher Schmuck in der großen künstlichen Welt des Gartens.
Die Gärten von Suzhou gehörten meist zu Privathäusern reicher Familien. Die noch erhaltenen Wohnräume sind oft prächtig ausgestattet. Seit der Song-Zeit waren die Zimmer der Reichen mit alten Bronzen, feinem Porzellan, Malerei und Kalligraphie geschmückt. Viele der Gartenanlagen Suzhous entstanden in der Song-Zeit, erhielten ihre heutige Form aber in der Ming- und Qing-Zeit.
Im folgenden sollen einige der wichtigsten Parks der Stadt genannt werden:
Canglang ting (an der Renmin lu im S der Stadt): Der Reiz der Anlage geht auf einen 1041-1048 während der Song-Zeit entstandenen Entwurf zurück.
Liu yuan (in der Liuyuan lu im NW der Stadt): Der Ming-Park von 1522 wurde 1800 erweitert.
Shizi lin (an der Beiyuan lin lu im O der Stadt): Die ursprüngliche Anlage entstand 1342 auf Initiative eines Mönchs. Den Namen »Löwenwald« verdankt der Park den löwenähnlichen Steinen.
Wangshi yuan (an der Shiquan jie im S der Stadt): Unter den Qing entstand anstelle eines Regierungsgebäudes der Song ein Park. Er zählt zu den kleinen Anlagen der Stadt, ist aber besonders reizvoll.
Yi yuan (an der Renmin lu im Zentrum): Ein Garten aus der Ming-Zeit.
Zhouzheng yuan (in der Dongbei jie): Der größte Park der Stadt entstand unter den Ming auf dem Gelände eines Tempels aus der Yuan-Zeit.

TEMPEL

Hanshan si (an der Fengqiao lu in Richtung Kaiserkanal, ca. 1 km vor der Stadtgrenze): Die Anlage entstand im 5. Jh. unter den Liang, die bestehenden Gebäude wurden am Anfang dieses Jahrhunderts errichtet. Benannt ist der Tempel nach Hanshan, einem berühmten Mönch, der im 8. Jh. zusammen mit seinem Freund Shide an diesen Ort kam. Die beiden bilden in der Kunst des Chan-Buddhismus ein recht unkonventionelles Paar und werden oft in einfacher Kleidung und mit wirrem Haar dargestellt. Shide trägt auf vielen Bildern

Suzhou, Hanshan si

einen Besen. Hanshan machte sich auch als Dichter einen Namen, und es blieben über 100 seiner Werke erhalten. Shide war dagegen ein einfacher Novize, den man scheinbar zu nichts gebrauchen konnte. Durch seine ungewöhnlichen Interpretationen der hl. Texte und seine Liebe zur Dichtkunst erregte er jedoch die Aufmerksamkeit des Hanshan, und die beiden wurden Freunde. Im Tempel verweisen Inschriften auf das ungewöhnliche Paar, das dem Besucher auch auf zahlreichen Gemälden begegnet.
Eine reizvolle, stark gebogene Brücke *(Feng qiao)* überspannt den kleinen Kanal hinter dem Tempel.
Jiezhuang lü si (an der Xiluan lu im W der Stadt): Einer der größten Tempel der Stadt. Allerdings stammen die Bauten aus dem letzten Jh., da die Vorgänger durch Brände zerstört sind. Ehemals stand auf dem gleichen Gebiet die Residenz eines hohen Ming-Beamten, der sich auch den *Xi yuan* (Westgarten) anlegen ließ, der auch heute noch zum Tempelbezirk gehört.

Suzhou, Yunyan si ta, Pagode

Beachtenswert ist die große *Luohan-tang* mit 500 Luohan-Figuren.

Kaiyuan si (an der Dongda jie im S der Stadt): Der Tempel hat nicht mehr sehr viel zu bieten, da er mehrmals durch Brände verwüstet wurde. Ein interessantes Gebäude blieb allerdings erhalten, die sog. *Wuliang dian* (Halle ohne Balken), ein ganz aus Ziegeln bestehender Bau, an dessen Außenseite, ebenfalls mit Ziegeln, Holzarchitektur imitiert wird. Ähnliche Bauten stehen im Linggu si in Nanjing und im Xiantong si auf dem Wutai shan. Das Innere besitzt ein schönes Tonnengewölbe von 1618 (Wanli).

PAGODEN

Baoen-si-Pagode (an der Xibei jie): Der Tempel wurde bereits während der Sanguo-Zeit gegründet. Die im Auftrag des berühmten Mönchs Senghui errichtete Pagode trat an die Stelle eines Vorgängerbaus aus der Zeit der S-Dynastien. Nach der Zerstörung durch die Jin-Armee erfolgte um 1153 der Wiederaufbau. Der achteckige, neunstöckige, 76 m hohe Bau wurde mehrmals, zuletzt 1965, renoviert. Die unteren Geschosse gehören noch zur Song-zeitlichen Bausubstanz, während die 2 obersten möglicherweise unter den Ming wiederaufgebaut wurden. Das unterste Stockwerk ist wesentlich breiter als die übrigen. Auf allen Seiten befinden sich Tür- und Fensteröffnungen. Die Zwischendächer sind ziemlich schmal und nur wenig aufgebogen. Der schmucklose Bau ähnelt der Lihue ta bei Hangzhou (siehe dort). Im Innern liegen ein Umgang und die Cella. Hinter der Pagode steht ein Pavillon mit einer Stele mit vermutlich aus der Tang-Zeit stammenden Reliefs.

Dinghui-si-Zwillingspagoden (an der Fenghuang jie): Die beiden Ziegelpagoden mit imitierter Holzarchitektur sind die einzigen Relikte eines Song-zeitlichen Tempels, der 982 an die Stelle eines Tang-Baus trat. Die beiden 14 m voneinander entfernten Türme sind fast vollkommen gleich – achteckig, siebenstöckig und ca. 33 m hoch – und zeigen, wie die Ruiguangta einst wohl ausgesehen haben mag.
Allerdings kommt auf jede Außenseite nur eine freie Konsolgruppe. Die Geschosse sind ziemlich flach, und der Bau verjüngt sich nach oben stärker als die Ruiguangta. Auf je 4 Seiten befinden sich Türen mit gestuftem Bogen, nach den Haupt- und Nebenrichtungen alternierend. Zum Schmuck der geschlossenen Wände gehören Blendgitterfenster.
Die Traufenden der Dächer sind sehr stark aufgebogen, und die sehr hohen Spitzen bestehen aus 7 schmalen und einem breiteren Schirm. Die Innenräume liegen nicht genau übereinander, sondern jeder ist gegenüber dem nächstniedrigen um 45 Grad versetzt.

Ruiguangta (an der Dongdajie im SW der Stadt): Die Pagode geht vom gleichen Bauprinzip aus wie die des Baoen si, muß aber mit ihren sehr weit nach oben schwingenden Dächern sehr viel eleganter gewirkt haben. Von den Zwischendächern blieben nur noch Teile erhalten. Man kann die ehem. Konstruktion aber noch aus der Anlage des obersten Daches ableiten (vergleiche auch Dinghui-si-Pagoden). Der

erste Tempel entstand schon unter den Sanguo-Wu und hatte eine dreizehnstöckige Pagode. Die heute bestehende Pagode wurde 1119–1126 unter der Devise Xuanhe der Song gebaut und danach mehrmals renoviert. Der achteckige Bau besitzt 7 Stockwerke und erreicht eine Höhe von ca. 42 m. Das unterste Stockwerk ist kaum gegliedert. Die Etagen 2 und 3 haben auf allen Seiten Türen, während die übrigen nur auf 4 Seiten abwechselnd in die Haupt- und Nebenrichtungen weisende Türen besitzen. Auf den Seiten ohne Türöffnungen liegen Blendfenster. Die Konsolsysteme sind relativ einfach gestaltet: Auf jeder Seite finden sich 2 Gruppen mit je 3 Konsolen. An den Ecken liegen über den Scheinsäulen dreifache Konsolgruppen, die durch Hebelarme verstärkt werden. Im Innern nutzte man den geringen Raum sehr geschickt aus: Die Außenmauern und die zentrale Säule sind sehr dünn. Den nötigen Halt erhält der Bau durch kräftige doppelte Konsolen an der Außenwand, die durch gebogene Träger mit den Systemen der Zentralsäule verbunden sind. Die Stockwerke 6 und 7 wurden zu einem hohen Raum zusammengefaßt.
Die Ruiguangta ist jedoch nicht nur vom architektonischen Gesichtspunkt aus interessant: In einer Reliquienkammer fand man Kostbarkeiten aus der Wudai- und Song-Zeit. Neben Sutrendrucken und Lackarbeiten mit feinen Einlagen kamen auch Bronzekunstwerke zutage: eine Guanyin, ein Sutrenpfeiler in Form des indischen Weltberges Meru mit schwungvoll dargestellten kleinen Himmelskönig-Figuren und ein Reliquienschrein in Form einer Miniaturpagode.

Museum (an der Dongbei jie im NO der Stadt): Die große Schule, in der das Museum untergebracht ist, wurde 1034 in der Song-Zeit auf Befehl eines Gouverneurs errichtet. Sie umfaßte Lehr- und Studienräume sowie Wohnräume für die Studenten. In der Ming- und Qing-Zeit ersetzte man mehrere Gebäude. Die Sammlung enthält, abgesehen von Keramik, auch Inschriften- und Bildstelen. Die sog. *Pingjiang-Karte* stellt Suzhou in der Song-Zeit dar. Die Karte ist zwar stark schematisiert, einige Teile sind aber deutlich zu erkennen. Auch andere geographische und astronomische Bilder, z. B. auch eine Reichskarte, sind zu sehen.

Umgebung

Baosheng si (im O der Stadt im Kreis Wu bei Luzhi zhen): Die Anlage entstand unter den Liang. In der Wudai-, Song- und Ming-Zeit wurden Neuerungen vorgenommen. Im Tempel sind noch einige Zeugen seiner alten Geschichte zu sehen: Inschriftenpfeiler aus der Tang-Dynastie mit in Stein gravierten Kopien von berühmten Tang-zeitlichen Gemälden. Viele Säulenbasen aus den alten Bauten blieben ebenfalls erhalten und wurden an den später errichteten Hallen wiederverwendet.
Guangfu si (ca. 10 km ö bei Guangfu zhen): Die Anlage wird nach einer Bronze-Guanyin aus der Tang-Zeit, die in der Nähe entdeckt wurde, auch Tong Guanyin si genannt. Die heutigen Hallen stammen aus der Ming- und Qing-Zeit. Die einzigen älteren Bauten sind eine siebenstöckige, quadratische Pagode hinter dem und eine Song-zeitliche Brücke mit schönen Steinmetzarbeiten beim Tempel.
Huqiu (ca. 2 km n vom Liuyuan aus zu erreichen): In diesem Hügel soll angeblich der vorletzte König des Reiches Wu mit reichen Beigaben, zu denen u. a. 2 berühmte Schwerter gehörten, bestattet worden sein. Sein Grab wurde einer Legende nach seither von einem weißen Tiger bewacht. Deshalb heißt der Ort »Tigerhügel«. Viele der Sehenswürdigkeiten auf dem Hügel stehen in Zusammenhang mit dieser Legende, die jedoch keine reale Grundlage hat. Dem Berg und dem Fürsten, der in ihm ruhen soll, wurden aber immer wieder beschützende Funktionen zugeschrieben. Deshalb entstanden dort auch eine große Tempelanlage und die berühmte Pagode. Heute ist der Berg zu einem Park umgestaltet. Das zweite Tor des Gartens (Duanliang dian) hat eine interessante Konsol- und Balkenkonstruktion (Duanliang, gebrochene Balken, da die Balken sehr stark gebogen sind). Um die Pagode gruppieren sich mehrere kleine Gedenkstätten, die mit historischen Ereignissen zusammenhängen, aber nicht von kunsthistorischem Interesse sind.

Die *Yunyan-si-ta,* die große Pagode des Tigerhügels, hatte einen Tang-zeitlichen Vorgänger, der aber vollkommen zerstört wurde. Der Neubau entstand zwischen 1077 und 1106 und wurde in der Ming-Zeit mehrmals erneuert und renoviert. Bei Bauarbeiten, die vor kurzem am Pagodenfuß durchgeführt wurden, entdeckte man Reliquien und vorsongzeitliche Plastik. Auch Text- und Textilfunde traten bei der Grabung zutage. Nach starkem Verfall wurde die achteckige, siebenstöckige und 47 m hohe Pagode in den letzten Jahren restauriert. Die Stockwerke waren ehemals von Galerien umgeben, die heute verschwunden sind. Die kleinen Zwischendächer werden von Konsolgruppen getragen. Die gleiche Konsolkonstruktion stützte die Galerien. Die Wände waren mit Zierelementen überzogen, von denen heute nur noch wenig erhalten ist. Der einzige noch gut erkennbare Schmuck sind je 2 Reihen von übereck gestellten Ziegeln über den Dachkonsolgruppen.

Während die Konsolkonstruktion den anderen Song-zeitlichen Pagoden der Stadt entspricht, sind die schmalen Dächer und die wahrscheinlich nie begehbaren Umgänge ungewöhnlich. Das oberste Dach ist zwar ziemlich hoch, aber ganz gerade und schlicht.

Lingyanta (ca. 15 km ö): Die an einen romanischen Kampanile erinnernde Pagode ist fast vollkommen schmucklos. Am achteckigen, neunstöckigen Gebäude von 1147 blieben nur einige buddhist. Figuren erhalten.

Shangfang-shan-Pagode (6 km sw): Die Pagode steht in der Nähe des Taihu auf einem der Ausläufer der Qizi shan. Sie entstand in ihrer heutigen Form 978 anstelle eines Tang-Baus von 608. Der achteckige, siebenstöckige Bau wurde mehrmals restauriert, hat aber durchaus seinen Song-zeitlichen Charakter bewahrt. Das unterste Stockwerk des Ziegelbaus ist nur durch einen schmalen Grat vom zweiten getrennt, der kaum als Zwischendach bezeichnet werden kann. Die übrigen Dächer sind breiter und leicht geschwungen. Die Konsolen sind nur angedeutet. Abgesehen von den Toren mit gestuften Bögen (alternie-

Suzhou, Yunyan si, Pagode

rend zu den Haupt- und Nebenrichtungen) besteht die übrige Gliederung der Wandungen fast ausschließlich aus Scheinarchitektur (Blendsäulen etc.). Die Dächer ruhen ähnlich wie bei der Huqiu ta auf Reihen von übereck gestellten Ziegeln. Die Spitze besteht aus mehreren Schirmen.

T

Tai'an	泰安
Shandong	
Einw.: 1352900 Höhe: bis 1524 m S.387 □ E 2	

Geschichte: Der Tai shan ist einer der fünf heiligen Berge Chinas und spielt sowohl im taoist. als auch im konfuzian. Gedankengut eine große Rolle. Von der Han-Zeit an, also fast seit der Gründung des chines. Kaiserreiches, war es üblich, Opfer an den Berg, bzw. an den Berggott zu entrichten, den man um Unterstützung für das Wohlergehen von Kaiser und Reich anflehte. Diese Zeremonien mußten nicht unbedingt am Berg selbst stattfinden. Deshalb entstanden in späterer Zeit an mehreren Orten Tempel für den Gott des Tai shan, die sog. *Dongyue miao* (Tempel des Ost-Berges). Die Opfer des Kaisers am Tai shan wurden aber dennoch für sehr wichtig gehalten, und zu manchen Zeiten galt es sogar als Zeichen der größten Machtentfaltung, wenn ein Herrscher am Tai shan opferte.
In der Han-Zeit waren zwei Formen des Opfers üblich: Das Shan-Opfer wurde am Fuß des Berges an die Erde gerichtet, während das Feng-Opfer auf dem Berggipfel dem Himmel galt. Man kann daran erkennen, daß zu dieser Zeit wohl noch nicht an eine besondere Berggottheit gedacht wurde. In den Quellen kann man sogar von Menschenopfern zu diesem Anlaß erfahren, die auch in der Han-Zeit noch nicht aus dem Ritualwesen verbannt waren.
Manche Herrscher späterer Dynastien, die sich besonders traditionsbewußt geben wollten, führten die Feng- und Shan-Opfer, wenn auch in modifizierter Form, wieder ein. Der Tai shan ist aber nicht nur eine Stätte des Staatskultes, er spielte auch im Volkstaoismus eine große Rolle. Auch heute noch mühen sich viele Menschen die steilen Stufen empor, um auf dem Gipfel oder an den am Weg gelegenen Altären zu opfern. Die Heiligtümer der Stadt Tai'an und am Berg sind nicht nur dem Himmel oder dem Gott des Tai shan geweiht, sondern es werden hier auch andere taoist. Götter verehrt. Einst war die Stadt Tai'an reich an Heiligtümern, von denen jedoch heute viele zerstört sind.
Dai miao: Der wichtigste Tempel der Stadt nimmt einen großen Teil von Tai'an ein. Der Tempel ist, wie bei taoist. Heiligtümern üblich, palastartig und streng axial angelegt. Die Anlage stammt aus der Song-Zeit und wurde später mehrmals renoviert. Die *Haupthalle* (Tiankuangdian) hat aber durchaus ihren Song-zeitlichen Charakter bewahrt. Der erste Bau entstand 1009, der bestehende hat eine Länge von 49 m, eine Breite von 19 m und eine Höhe von 22 m. Das doppelte Walmdach mit seinen leicht gebogenen Traufenden wirkt sehr flach, wodurch die Breite des Baus sehr betont wird. Der Eindruck wird noch durch die breiten Querbalken und Konsolsysteme verstärkt, die, in leuchtenden Farben bemalt, auf roten Säulen ruhen. Im Innern sieht man eine Figur des Gottes des Tai shan und an den Wänden *Malereien,* die den Herrn des Berges mit seinem Gefolge zeigen. Sie entstanden angeblich in der Song-Zeit, wurden aber wohl später vielfach überarbeitet. Im O des Hauptbaus erhebt sich in einem Hof ein *Bronzepavillon* von 1615, der ursprünglich auf dem Gipfel stand. Im W steht eine kleine Bronzepagode aus dem Jahr 1533. Im Areal des Dai miao finden sich zahlreiche Stelen, von denen eine von Qin Shihuang di in Auftrag gegeben wurde.

Umgebung

Tai shan (Höhe: bis 1524 m): Um den heiligen Berg zu besteigen, kann man 2 Wege wählen: Der direkte, der Hauptweg, liegt im O. Ein zweiter verläuft etwas weiter im W und vereint sich unter dem Gipfel am Zhongtian-Tor wieder mit dem Hauptweg. Zum Gipfel führen fast 7000 Stufen, es gibt eine Raststätte und am Punkt, wo beide Aufstiegswege sich vereinigen, ein Hotel.

Hinter dem Dai miao führt ein *Ehrentor* (Daizong fang) auf den Weg zum Gipfel. Durch ein weiteres Tor, das *Hong men,* kommt man zunächst zum *Doumu gong* (Tempel der Mutter des Scheffels), dem Tempel der Göttin des N-Scheffels (Großen Bären) aus der Ming-Zeit.

Durch einen Kiefernwald steigt man zum *Hutian-Pavillon* auf. Hinter dem bereits erwähnten Zhongtian men wird der Weg wesentlich steiler und windet sich zwischen hochragenden Felsnasen, die von berühmten Kiefern bestanden sind. Schließlich führt eine sehr lange Treppe mit hohen Stufen zum *Nantian men* (Tor des S-Himmels). Das *Hauptheiligtum unter dem Gipfel,* der *Bixia yuanjun ci,* ist wiederum axial angelegt und aufgrund des engen Raumes sehr dicht gebaut. Der Tempel entstand 1008–1016 unter den Song und wurde in der Ming-Zeit erneuert. Die Dächer sind zum Teil mit Bronze- und Eisenplatten gedeckt. In der *Haupthalle* steht die Figur der Göttin der Morgenröte, der Tochter des Taishan-Gottes. Ihr wird die Fähigkeit, Kindersegen zu spenden, zugeschrieben.

Auf dem Gipfel des Tai shan steht der *Yuhuang ge* (Pavillon des Jadekaisers) für den höchsten Gott des taoist. Pantheons. Die Stele ohne Inschrift vor dem Bau soll in der Han-Zeit errichtet worden sein.

Das *Hauptheiligtum auf dem W-Weg* ist der *Puzhao si,* ein buddhist. Tempel. Er entstand in der Liuchao-Zeit, wurde unter den Tang renoviert und in der Song-Zeit umgestaltet.

Die Bauwerke am und auf dem Tai shan sind zwar nicht von großer kunsthistorischer Bedeutung. Der Berg selbst stellt jedoch als *der* Heilige Berg Chinas ein wichtiges kulturhistorisches Denkmal dar, nicht zuletzt durch die zahlreichen Stelen und Inschriften, die seit der Han-Zeit hier

< *Tai'an, Tai shan* *Unten: Tai'an, Bixia yuanjan ci*

Taiyuan, Buddha-Kopf im hist. Museum

immer wieder aufgestellt und angebracht wurden. Die Verehrung des Tai shan als Sitz eines bedeutenden Gottes und als Wohnstätte der Seelen der Verstorbenen wurde auch mit der Etablierung der Volksrepublik nicht unterbrochen.

Taiyuan	太原
Shanxi	
Einw.: ca. 2 Mio. Höhe: 850 m	S.387 □ D 2

Geschichte: Angeblich wurde die Hauptstadt der Provinz Shanxi vom Bruder des ersten Zhou-Herrschers, Tang Shuyu, gegründet. Der Name »Tang« rührt von Lehen her, das später Jin hieß. Zum Schutz gegen die Nomadenvölker des N war Taiyuan für die Region und das Zentralgebiet immer von großer Bedeutung und wurde deshalb immer reich mit Mitteln aus der Staatskasse versehen und mit Befestigungsanlagen umgeben.

Unter den Han gehörte die Stadt zum Abwehrgürtel von Garnisonen, die gegen die Hunnen, die schrecklichsten Feinde des damaligen Reiches, errichtet wurden. Unter den Wei, die selbst nichtchines. Ursprungs waren, blieb die Stadt wichtig und stieg sogar, als das Gebiet an die Qi fiel, zur Hauptstadt auf. Unter den Qi entstanden die ersten buddhist. Höhlen in der Nähe von Jinyang, wie Taiyuan damals hieß.

Li Yuan begann von hier aus einen Bauernaufstand, zu dessen Niederschlagung er eigentlich nach Shanxi beordert worden war, zur Vernichtung des Sui-Reiches zu nutzen und schwang sich selbst zum Hegemon über China auf. Diese Aktion führte schließlich zur Etablierung der Tang-Dynastie.

Die Kaiserin Wu ließ Ende des 7. Jh. Taiyuan erneut zur Festung ausbauen, in diesem Fall gegen die Tujue und andere Turkvölker, die mächtige Reiche in NW-Asien gründeten und für N-China zur Bedrohung wurden. In der Wudai-Zeit übernahmen auch wiederholt türkische Machthaber die Regentschaft über Jinyang.

Song Taizu versuchte mehrmals, die Stadt dem Reich einzuverleiben, scheiterte aber zunächst, wie schon die Khitan-Liao vor ihm. Als es ihm dann endlich gelungen war, die Stadt mit großem Truppenaufgebot zu nehmen, ließ er sie dem Erdboden gleichmachen, um einige Zeit darauf eine neue Siedlung zu gründen, die aber von der Bevölkerung des umliegenden Landes zunächst nicht akzeptiert wurde. Die Einbeziehung Taiyuans ins Liao-Reich führte zwar nach schweren Kämpfen zu neuerlicher Zerstörung, brachte aber auf die Dauer gesehen Handelsvorteile für die gesamte Region. Die Verbindung zum N wurde durch die Stellung des Liao-Reiches und seine Handelsverbindungen mit Zentralasien verbessert.

Am Ende der Ming-Zeit war Taiyuan eine wichtige Stadt für die Widerständler gegen die vordringenden Qing. Die Bevölkerung akzeptierte die neuen Machthaber auch nur ganz zögernd. Auch gegen andere Eindringlinge leisteten Aufständische in Taiyuan erbitterten Widerstand. Im 19. Jh. waren die europäischen Geschäftsleute Stein des Anstoßes, die auf unseriöse

Weise zahlreiche Fabriken in Shanxi an sich gebracht hatten. Zeitweise wurden die Rebellen auch von der Regierung unterstützt, die sich davon Vorteile gegenüber den W-Mächten versprachen.

Chongshan si (im SO der Stadt): Der unter den Tang gegründete Tempel lag bis zur Ming-Zeit außerhalb der Mauern und wurde erst anläßlich einer Erweiterung der Stadtmauern unter den Ming einbezogen. Die Ming-zeitliche Anlage war riesig, wie man noch an einem in Stein gravierten Plan, der sich im Tempel befindet, erkennen kann. 1882 wurde der Komplex durch eine Straße aufgeteilt. Der S-Teil wurde zum Konfuziustempel, in dem heute das Museum untergebracht ist. In den Chongshan-Tempel selbst kommt man durch ein Ziegeltor, vor dem Ming-zeitliche Bronzelöwen stehen. Die Haupthalle gehört noch zu der Ming-zeitlichen Anlage.

Moschee (auf der O-Seite der Jiefang nanlu): Die Haupthalle verbindet, wie in Zentralchina üblich, arabische und chines. Elemente. An den Wänden sind in arabischer Schrift die 29. und 30. Sure des Koran angebracht.
Vor der Halle sieht man Inschriften von Zhao Zi'ang und Huang Tingjian. Eine Stele aus der Qing-Zeit gibt Aufschluß über die Geschichte des Heiligtums, das schon in der Tang-Zeit gegründet worden war.

Museum (im Stadtzentrum, Dinglang gong und Wuyi guangchang): Ein Teil der Sammlung befindet sich im Konfuziustempel (siehe Chongshan si), ein weiterer in einem alten taoist. Heiligtum, dem Chunyang gong. Neben neolithischer Keramik mit großzügigen Mäandermotiven oder thereomorphen Darstellungen in Schwarz sind Grabbeigaben aus der Han- und Tang-Zeit sowie eine wichtige Kollektion Ming- und Qing-zeitlicher Drucke Schwerpunkte der Ausstellung.
Unter den Tang-zeitlichen Relikten sind die *Malereien* aus dem Grab eines Tang-Beamten von besonderem Reiz: Sie zeigen Damen in langen gestreiften Röcken und Herren unter Bäumen oder sogar bei der Arbeit im Garten und stellen möglicherweise eine Art Totenportrait dar. Außerdem sieht man buddhist. Plastik (Qi, Sui, und Tang), die bei der Untersuchung der von den Song zerstörten Stadt Jinyang gefunden wurde.
Yongzuo-si-Pagoden (Shuangta; im SO der Stadt an der Shuangta jie): Die Zwillingspagoden entstanden zwischen 1573 und 1629 in der Ming-Zeit. Vom Tempel sind einige Hallen erhalten, die wichtigsten Bauwerke sind aber die achteckigen, dreizehnstöckigen, ca. 54 m hohen Pagoden. Die leicht schräg stehende soll nach Börschmanns Meinung die ältere sein. Beide Türme sind schlicht. Über einem nur durch mehrere Grate gegliederten Untergeschoß erheben sich die übrigen 12 ganz gleich aufgebauten Stockwerke, die auf allen Seiten je eine teils vermauerte Rundbogentür aufweisen. Die schmalen Dächer werden von Ziegelkonsolgruppen getragen (je drei dreifache pro Seite sowie eine Eckkonsole). Zur Spitze hin verjüngen sich die Pagoden leicht.

Umgebung

Dafo si (20 km nw bei Tutang cun): Die unter den Qi gegründete Anlage wurde 1205 unter den Jin erneuert. Sie ist berühmt für die 9 m hohe Sitzstatue eines Buddha, die Bodhisattvas umgeben. Die übrige Plastik ist Qing-zeitlich und stark restauriert.
Duofu si (24 km nw, am Quwei-Berg): Die in der Tang-Zeit gegründete und unter den Ming erneuerte Anlage liegt in reizvoller Umgebung. Mehrere Hallen des Neubaus blieben noch erhalten. Die Plastik stammt aus der Ming-Zeit.
Jin ci (an der Quelle des Jinshui, 25 km sw am Fuß des Xuanweng shan): Der Tempel wurde zum Gedenken an den zweiten Sohn des Zhou-Herrschers Shuyu, den Herzog von Tang, errichtet, der Taiyuan gegründet haben soll. Sein Lehen wurde später Jin genannt. Der erste Bericht über einen Tempel an dieser Stelle steht im Bei-Wei-zeitlichen Text »Shuijing zhu«. Dort wird eine Episode aus der Geschichte der Zhou berichtet: Der Herzog von Zhou (Zhou gong), uneigennütziger Vormund des noch unmündigen Zhou Chengwang, veranlaßte die Verleihung des Lehens an Shuyu, da ihm der König Cheng im Spiel

Tang verliehen hatte. Er wollte seinem Zögling so klarmachen, daß es nicht königlich ist, mit solchen Dingen zu scherzen. Der Tempel wurde erstmals unter den Bei-Qi erweitert, die ihre zweite Hauptstadt in Jinyang hatten. Zum Tempel trat eine sommerpalastartige Anlage mit Pavillons und Park an den Quellen. In den Jahren zwischen 582 und 600 (Sui) kam eine Pagode hinzu. Li Shimin, der Gründer der Tang-Dynastie, ehrte den Tempel mit einer Inschrift in seiner Kalligraphie, und selbst der Song-Herrscher, der die Stadtmauern hatte schleifen lassen, erweiterte den Jin ci und ließ für die Mutter des Tang Shuyu die *große Halle* erbauen. Vielleicht stellte dieser Akt eine Art Versöhnungsgeste gegenüber den Bewohnern der Region dar. Dem Hüter der Region, Tang Shuyu, wurde auch ein Ehrentitel verliehen. Seit der Song-Zeit stand die Halle der Mutter im Zentrum der Verehrung, und die Halle des Tang Shuyu verlor ihre zentrale Stellung. Die Haupthallen mit der Shengmu dian als Abschluß liegen ebenso wie das Haupttor (Damen;1), auf einer O-W-Achse.

Der erste Bau auf der Achse ist die *Bühne* aus der Ming-Zeit (Shuijing tai;2). Die eigentliche Rampe trägt ein Walmdach, während das Bühnenhaus ein Sattelwalmdach hat. Über eine Brücke kommt man zur sog. *Jinren tai* (Terrasse der Metall-Männer;3), auf der vier Wächterfiguren, ähnlich buddhist. Himmelskönigen, aufgestellt wurden. Die Figur in der SW-Ecke wurde 1097 in der Song-Zeit gegossen. Die Figur und ihre Kleidung sind im Vergleich zu buddhist. Darstellungen schlicht, aber von hohem technischem Niveau. Vor einem Opfer-Pavillon (4), der hauptsächlich aus Gitterwerk besteht, steht ein kleines Tor. Teile der Bausubstanz und der Gesamtentwurf sind Jin-zeitlich. Nur das Dach mit seinen stark vorspringenden Hebelarmen wurde in der Ming-Zeit stark restauriert. Über den Querbalken des Säulengevierts und zwischen den Säulenkonsolen sitzen weitere Konsolgruppen. Die sog. *fliegende Brücke* (Fei qiao;5) überspannt kreuzförmig und von kräftigen Säulen gestützt einen Teich, der vor der Haupthalle angelegt wurde. Das Hauptbauwerk des Tempels, die *Shengmu-dian* (Halle der Erhabenen Mutter;6),

Jin ci (Taiyuan), Gesamtplan. **1** Haupttor **2** Shuijing tai **3** Jinren tai **4** Opferpavillon **5** Fei qiao **6** Shengmu dian **7** Shuimu lu **8** Qi-zeitlicher Pavillon **9** Halle des Tang Shuyu

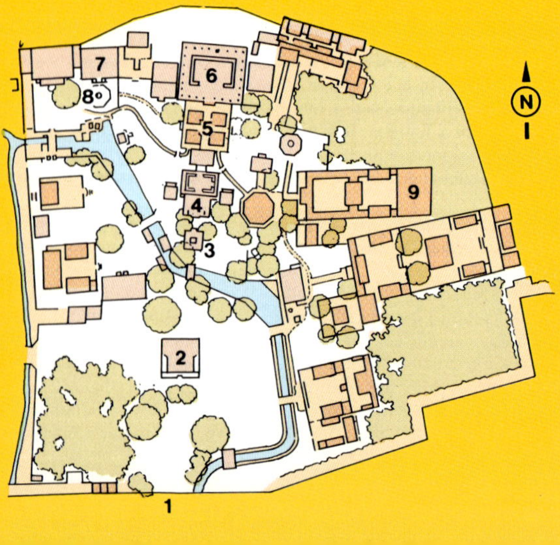

wurde zu Ehren der Mutter des Tang Shuyu zu Beginn der Song-Zeit gebaut. Die schön proportionierte Halle, die jetzt zu sehen ist, ersetzte 1102 die ursprüngliche. Konsolsysteme und die gesamte Dachkonstruktion zeigen deutlich die Merkmale, die im Song-zeitlichen Architekturhandbuch »Yingcao fashi« gefordert werden: Die Konsolen verbinden dekorativen Effekt und Funktion. Die tiefe Vorhalle ist von 8 mit Drachen umwundenen Säulen gestützt. Das Hauptgewicht des Daches ruht aber auf den Mauern der Halle selbst. Unter dem Vordach stehen 2 monumentale Wächterfiguren. Im Innern befinden sich noch Teile der alten Ausstattung. Die zentrale *Figur der Erhabenen Mutter* umstehen 42 feine *Frauenfiguren* von schlanker Gestalt. Die Tonfiguren sind ungefähr lebensgroß und stammen aus der Song-Zeit. Obwohl sie durch späte Übermalung entstellt sind, kann man noch erkennen, daß ein bedeutender Bildhauer am Werk war. Im Gegensatz zu den etwas steril wirkenden Gestalten im Shuimu lou im S der Shengmudian erscheinen die Damen in ihrer schlichten, aber eleganten Kleidung sehr lebendig. Sie sehen so aus, als würden sie sich gerade unterhalten oder auf Befehle ihrer Herrin warten. Manche von ihnen sind durchaus mit den melancholischen oder sinnenden Frauengestalten der Song-zeitlichen Genremalerei zu vergleichen. Sie bilden auch einen Kontrapunkt zum strengen Bild der Mutter in ihrer Mitte. Die Statuen sind auch deshalb wichtig, weil sie zu den wenigen Song-Figuren gehören, die nicht dem Buddhismus zuzurechnen sind.

Im S der Shuimu Lou (7) steht ein achtekkiger Pavillon, der angeblich 550–559 unter den Qi entstand (8).

Im N der großen Hallen liegt der ursprüngliche Kern der Anlage, der *Gedächtnistempel für Tang Shuyu* (9): In der Haupthalle sieht man Ming-zeitliche Plastik, u.a. Musikantinnen.

Longshan-Höhlen (ca. 20 km sw): Zu Beginn der Yuan-Zeit schlug man hier *8 Höhlen* aus dem Fels. Es handelt sich um eine der wenigen taoist. Höhlenanlagen Chinas. Die Tempel wurden im Auftrag des taoist. Meisters Song Defang in Angriff genommen. Song war schon einem berühmten Taoisten an den Hof des Djinghis Khan gefolgt und erfreute sich auch der Gunst von Kublai Khan.

Erhalten blieben ca. 40 Figuren, die sich

Jin ci (Taiyuan), Haupthalle (sog. Shengmudian)

Taiyuan, Tianlong-shan-Höhlen

deutlich von buddhist. Darstellungen unterscheiden (z.B. durch ihre Kronen und Zepter).

Im *Tongzi si* hat sich in der Nähe eine kleine Weihrauch-Pagode erhalten, die angeblich die älteste dieser Art ist.

Taishan si (23 km sw am Beixiang shan): Seit der Tang-Zeit war der Tempel taoist. Heiligtum. Nach der Zerstörung in der Ming-Zeit wurde er in ein buddhist. Heiligtum umgewandelt. In den Hallen sind noch Teile der alten Ausstattung zu sehen, u.a. Plastik aus dem 16. Jh.

Tianlong-shan-Höhlen (40 km sw): Am O-Gipfel des Berges wurden 8, am W-Gipfel 12 Höhlen ausgearbeitet. Die Arbeiten begannen in der O-Wei-Zeit und wurden bis zur Tang-Zeit fortgeführt. Die Gruppe der Tang-zeitlichen Höhlen ist die größte (15 Höhlen). Die Figuren dieser Zeit sind auch die schönsten. An der überaus feinen Oberflächenbearbeitung und am besonders zarten Körperbau der Figuren kann man die Tang-Plastik von Tianlong shan erkennen. Die Kleidung wirkt hauchdünn, dennoch ist der Faltenwurf sehr genau wiedergegeben. Man fühlt sich bei manchen Beispielen an feine Stücke der Guptakunst Indiens erinnert. Die wichtigsten Tang-Höhlen sind Nr. 8a (O-Gipfel) und Nr. 9 (W-Gipfel). Die meisten Höhlen sind quadratisch. Die frühen haben an 3 Wänden Nischen mit den Hauptfiguren (z.B. die Höhlen 10 und 16 am W-Gipfel Bei-Qi). Die Vorbauten aus Holz sind weitgehend verschwunden. Am Eingang zu Höhle 16 wurde aber aus dem Fels Scheinarchitektur gehauen (Ein Dach mit Konsolen und Säulen).

Tianjin		天津
Tianjin		
Einw.: ca. 5 Mio.	Höhe: 4 m	S.387 □ E 2

Geschichte: Tianjin liegt am Haihe im W der Provinz Hebei. Die Geschichte der Stadt begann in der Song-Zeit, als hier ein

Tianjin, Straßenbild

wichtiges Handelszentrum entstand, das auch unter den Jin als Umschlagplatz der Waren für die Hauptstadt wichtig war. Unter den Ming, also überraschend spät für eine chines. Stadt, entstand eine Mauer, die einer Garnison und der Siedlung Schutz bieten sollte. Als Handelsstadt blieb Tianjin auch in der Ming- und Qing-Zeit bedeutend. Im 19. Jh. wurde sie zu einem Wahrzeichen chines. Machtlosigkeit gegenüber den w Handelsmächten, die sich hier mit Waffengewalt Handelskonzessionen und -niederlassungen erkämpften. Engländer, Deutsche, Franzosen und Japaner waren seit der Mitte des 19. Jh. in Tianjin tätig. Die Anwesenheit der Ausländer weckte immer wieder starke Aversionen, die sich im schlimmsten Fall in Aufständen entluden (z. B. Boxeraufstand). Nach den beiden Weltkriegen war die Stadt zur Bedeutungslosigkeit herabgesunken, konnte sich aber durch die Ansiedlung von Industrie wieder eine gute Stellung in der chines. Wirtschaft sichern. Auch in Tianjin richtete das Erdbeben von Tangshan (1976) schwere Verwüstungen an. Zahlreiche Menschen kamen ums Leben.

Dabei yuan (in der Tianwei jie bei der Zhongshan lu): Der Tempel wurde 1649 gegründet, 1940 erweitert und nach dem Erdbeben wiederaufgebaut. Das Hauptinteresse des Besuchers sollte der bedeutenden Sammlung buddhist. *Plastik* gelten: Die frühesten Stücke stammen aus der Jin- und Nanbeichao-Zeit. Einst sollen die Gebeine des berühmten Indienpilgers Xuanzang hier aufbewahrt worden sein.

Lüzu tang (an der Ruyi dajie): Das taoist. Heiligtum wurde 1719 gegründet und im 19. Jh. renoviert. Hier wurde der Tang-zeitliche Taoist Lü Dongbin verehrt.

Moschee (in der Dafeng lu im NW der Altstadt): Sie wurde 1703 gegründet und nur wenig verändert. Neben der Andachtshalle stehen noch die Räume einer Koranschule und die Badeanlage für rituelle Waschun-

Tianjin, Dabei yuan

Tianjin, Stelzengänger in Tianjin

gen. Das Gebälk der Halle zeigt schöne florale und geometrische Ornamente.

Museum (in der Jiefang beilu im Stadtzentrum): Neben bedeutenden keramischen Erzeugnissen und Bronzen aus Gräbern der Provinz Hebei besitzt das Museum auch eine wichtige Sammlung Yuan-, Ming- und Qing-zeitlicher Malerei.

Tianhou gong (am Kaiserkanal in der Nähe der Zhongshan lu): Die Himmelskönigin (Tianhou), die auch als Niangniang (Frau des Kaisers) verehrt wird, galt als Beschützerin der Seeleute. Sie erbaten von ihr durch Opfer Glück für ihre Unternehmungen. In der Ming-Zeit genoß die Göttin besondere Verehrung, da zeitweise eine Flottenpolitik großen Stils betrieben wurde. Auch von den kaiserlichen Admirälen mußten der Gottheit Opfergaben dargebracht werden. In der chines. Volksliteratur und in Romanen finden sich zahllose Geschichten über das »himmlische Fräulein«. Bereits in der Yuan-Zeit entstand an dieser Stelle ein Tempel. An besonderen Festtagen fanden vor dem Tempel auch Theateraufführungen statt, in denen die populäre Göttin sicher auch eine Hauptrolle spielte.

Dule si (Tianjin), Guanyin-Pavillon

Wen miao (am ehem. Osttor der Altstadt): Die Haupthalle des Konfuzius-Tempels entstand 1436 in der Ming-Zeit und wurde später erweitert. Die Ehrentore vor dem Tempel stammen ebenfalls aus der Ming-Zeit. Dem Haupttempel wurden Bauten für die saisonalen Opfer der Provinz- und Kreisverwaltung angegliedert.

Yu huang ge (im NO-Teil der Altstadt): Der zweistöckige Pavillon mit einem Sattelwalmdach wurde 1427 unter den Ming errichtet und später erneuert. Das Gebälk des Tempels, der dem höchsten taoist. Gott, dem Jadekaiser, geweiht ist, schmükken taoist. Figuren.

Umgebung

Dule si (ca. 70 km n im Kreis Jixian): Die 984 errichtete Anlage gehört zusammen mit den beiden berühmten Tempelhallen des Wutai shan (siehe dort) zu den ältesten erhaltenen Holzbauten des Landes. Der wichtigste Teil der Anlage ist die *Guanyin-Halle* (Guanyin ge), die fast in ihrer ganzen Höhe von einer 16 m hohen Statue der elfköpfigen Guanyin eingenommen wird. Am Außenbau sind nur zwei Stockwerke zu erkennen, das Erdgeschoß und der von einem Balkon umgebene Oberstock. Das Zwischengeschoß nimmt den Raum zwischen den Konsolen des Balkons und den Systemen des Zwischendaches ein. Da im Innern die hohe Kammer um die Guanyin-Figur ohne Stützen belassen werden mußte, war man gezwungen, auf besonders komplexe Konsolsysteme auszuweichen. Am Bau kann man 24 verschiedene Konsoltypen sehen. Die wichtigsten Systeme befinden sich unter dem Zwischendach und unter dem großen Walmdach des Obergeschosses, sie sind von außen als sehr wuchtige Bauelemente deutlich zu erkennen. Besonders vielfältig sind die Konsolsysteme unter den beiden inneren Balkonen und im Innern des Daches gestaltet, wo die stärksten Spannungen zu überwinden waren. Die Konstruktion war so stabil, daß sie selbst dem starken Erdbeben von 1976 widerstand.

Die *Statue* ist eines der größten Tonbildwerke Chinas und stammt, wie auch die anderen Figuren, aus der gleichen Zeit wie der Tempelbau. Die 10 kleinen Köpfe der Göttin zieren den großen elften Kopf wie eine Krone.

Die Malereien im Untergeschoß stammen aus der Ming-Zeit. Das Dach ist im oberen Teil gerade und schwingt erst zur Traufe hin leicht nach oben.

Der Torbau, durch den man den Tempel betritt, stammt aus der gleichen Zeit wie die Guanyin ge. Das hohe Walmdach hat Eulenschwänze, die wie Seeungeheuer geformt sind. Auch an ihm sind die Konsolen wuchtig, die äußere Gestaltung ist jedoch einfach: In der Mitte liegt ein breites beschlagenes Tor, an den Seiten befinden sich Fenster mit Holzgittern.

Turfan/Turpan/Tuhufan 吐鲁蕃

Xinjiang Uygur Zizhiqu

Einw.: 209000 Höhe: 154 m S.386 □ B 2

Geschichte: Die Geschichte der Oasenstadt ist von höchstem Interesse, da das Gebiet einerseits lange unter chines. Einfluß stand, andererseits aber mit W-Asien in engem kulturellen und wirtschaftlichen Kontakt stand. Turpan selbst ist eine Kleinstadt, die hauptsächlich von den türkischen Uighuren bewohnt wird. Das Straßenbild wirkt durch die buntbestickten Mützen und Tücher der Einwohner sehr farbenfroh. Der Bazar ist der lebendigste Teil der Stadt. An den Ständen werden bunte Stoffe, Trauben und Melonen angeboten, und in kleinen offenen Küchen bereitet man die typischen Nudelgerichte zu. Die Oase wird seit der Antike von einem Bewässerungssystem durchzogen, was überhaupt erst eine Bewirtschaftung der Felder ermöglichte.

Das Gebiet um Turpan ist schon sehr lange besiedelt: Seit der Han-Zeit bestanden hier Städte, die, je nach der politischen Lage, unter chines. Verwaltung standen oder eigenständige kleine Königreiche bildeten. Ähnlich Kucha oder Khotan entwickelten sich Lokalkulturen, in denen sich hellenistisch-nordindischer, iranischer und chines. Einfluß auf höchst interessante Weise mischten. Von der Han- bis zur Tang-Zeit dominierte Gaochang, das aber auch noch in der Wudai-Zeit blühte: Die Uighuren hatten hier ein Königreich mit Namen Khotcho etabliert. Erst seit der Tang-Dynastie gewann Jiaohe (Jarkhoto) zunehmend an Bedeutung. Durch das extrem trockene Klima haben sich Relikte aus den Kulturen dieser Städte erhalten, die in anderen Teilen Chinas längst verloren wären.

Emin-Moschee (am Stadtrand): Die Moschee ist schon aus der Ferne deutlich an ihrem 44 m hohen Minarett zu erkennen. Der Turm, der sich zur Spitze hin stark verjüngt, besteht aus Ziegeln. Der Bau ist ungewöhnlich, da in Xinjiang sonst auch die bekannten schlanken Formen üblich sind. Die Moschee entstand 1776 unter Qianlong. Obwohl die Qing-Kaiser

eher religionsfeindlich eingestellt waren, förderten sie dennoch, wo es ihnen opportun schien, Religionsgemeinschaften. Ein weiteres Beispiel dafür ist Tibet.
Die Gebetshalle der Moschee ist fast schmucklos. Allerdings wird die Halle von Reihen kleiner Kuppeln überwölbt, und das Dach ist von polygonalen Öffnungen durchbrochen, was schöne Lichteffekte auf den Wänden ergibt.

Museum (im Stadtzentrum): Obwohl am Anfang dieses Jahrhunderts viele bedeutende Kunstschätze der Region in den Westen kamen und heute in Berlin, Paris und London zu bewundern sind, förderten Ausgrabungen der letzten Jahrzehnte besonders aus Gräbern hervorragende Kunstwerke zutage. Im Museum werden hauptsächlich *Gegenstände aus dem 3. bis 8. Jh.* aufbewahrt, die in Gräbern in Astana und Kharakhoto (nw von Gaochang) gefunden wurden. Es haben sich *Stoffe, Texte und Bilder auf Papier, Grabfiguren und Tongefäße* erhalten. An den Stoffen kann man erkennen, daß viele und komplizierte Webtechniken bekannt waren. Während auf den frühen Stoffen chines. Motive vorherrschen, wird seit dem 4. Jh. der Einfluß iranischer Dekorformen immer deutlicher: Gegenständige Tiere zu beiden Seiten eines Baumes, Putti mit Diademen und Motive, die von Perlbändern umgeben sind, kommen häufig vor.
Die Texte aus den Gräbern enthalten erstaunlich häufig Hinweise auf das tägliche Leben. Es handelt sich oft um Geschäftsbriefe, um Verträge oder Amtseinführungsurkunden, die dem Toten mit ins Grab gegeben wurden, wohl um auch im Jenseits seinen Status deutlich zu machen. Seltener im Vergleich zu Funden aus Dunhuang oder anderen zentralasiat. Städten kommen Texte in anderen Schriften, wie Kharoshti oder Tocharisch vor.
Die *Keramik* ist relativ einfach, es kommen häufig grobe Töpfe mit wenigen Ornamentformen vor. Sehr schön sind aber die Ton- und Holzfiguren: Tonfigürchen von Dienerinnen bei der Küchenarbeit, Reiter in Plättchen-Panzern, Reiterinnen mit sog. Weimao, hohen Hüten mit langen Schleiern. Interessant sind auch Formen, die innerhalb Chinas nicht auftreten: Grabfiguren, an denen nur die Köpfe aus Ton bestanden, die übrigen Teile aber aus Stoff und Papier hergestellt wurden. Feine Seidenmalereien (Tang) zeigen Damen mit starkem Make-up in langen Gewändern beim Spiel und anderen Tätigkeiten.

Unten: Turfan – Rechts: Turfan, Emin-Moschee, Minarett

Umgebung

Bäzäklik-Höhlen (ca. 50 km nö): Neben den Höhlen von Kumtura und Kizil (siehe dort) zeigen die buddhist. Höhlen von Bäzäklik am deutlichsten, wie viele verschiedene Kulturströme sich in Xinjiang trafen. Die Höhlen sind von ungewöhnlicher Form, und manche können nicht eigentlich als Höhlen bezeichnet werden. Die einen sind zwar in den Hang geschlagen, haben aber eine aus Lehm aufgeführte Vorkammer, die anderen bestehen ganz aus Lehm und wurden nur an die Felswand gebaut. Diese Höhlenform ist sonst nirgends zu finden. Die meisten Kammern sind rechteckig oder quadratisch. Die frühen Höhlen haben nicht selten eine zentrale Säule. Nur ein Teil der *Wandmalereien* kann heute noch vor Ort besichtigt werden, da viele entfernt wurden und sich heute in w oder japanischen Sammlungen befinden. Die frühen Bilder stammen aus der Tang-Zeit. Sie zeigen die charakteristische Verbindung von w Schmuckformen und einem von der chines. Malerei geprägten Menschenbild. Auf den Malereien des 9. und 10. Jh. sind häufig uighurische Stifter zu finden, Abbilder der neuen Machthaber, die sich u. a. auch als Förderer des Buddhismus zeigten. Die türkischen Herrscher haben meist sehr volle Gesichter. Ihre Gewänder sind sehr stark gemustert, wobei die Motive meist iranischen Ursprungs sind. Die Männer tragen Kappen mit hohen, zungenartigen Aufsätzen, Bischofstiaren ähnlich, während die Frauen ihr Haar mit einer Unzahl reich verzierter Haarnadeln schmückten. Auf Massenszenen, z. B. um den lehrenden Buddha oder Buddha im Paribirvana, sind viele Menschentypen mit deutlich w-asiatischen Gesichtszügen zu sehen. Es entsteht der Eindruck, als sei besonderer Wert darauf gelegt worden, die ethnische Vielfalt der Verehrer zu zeigen. Die Hauptthemen sind an den hinteren Wänden der Hauptkammern zu sehen, während weniger bedeutende Themen, Reihen meditierender Buddhas als Füllmotive oder Jatakaszenen, an den Wandflächen der Vorkammern oder den vorderen der Hauptkammer dargestellt wurden. Die bedeutende Kultur der neuen uighurischen Herren, die offenbar hervorragende Künstler beschäftigten, wird hier lebendig. Ebenso deutlich werden aber auch die Unterschiede zum chines. Gebiet: Manche der Wandgemälde scheinen schon den etwas exaltierten Stil des Vajrayana-Buddhismus Zentral- und N-Asiens anzukündigen.

Turfan, Grabwächtertier der Tang-Zeit

Gaocheng (ca. 40 km ö bei Kharakhoto): Die Reste, die heute noch von Gaocheng erhalten sind, stammen hauptsächlich aus der uighurischen Zeit der Stadt, als im 9. und 10. Jh. auf den Ruinen der Tang-Siedlung neue Bauten entstanden. Zu Beginn dieses Jh. machten sich die Deutschen Albert von LeCoq und Albert Grünwedel, sowie Sir Aurel Stein und Paul Pelliot um die Erforschung der Ruinen verdient. Zahlreiche Kulturgüter, die sich im extrem trockenen Klima Turkestans erhalten haben, kamen so in w Museen. Man entdeckte Wandmalereien und Gemälde auf Papier und Seide, die Zeugnis über die hohe Kultur der Uighuren und ihrer Vorgänger ablegten. Im Stadtgebiet sind noch mehrere Ruinen von Palasthallen, von Pagoden und anderen Bauten zu sehen. Von der Plastik, mit der die Wände ehemals verziert waren, blieb allerdings kaum eine Spur. Reste der Stadtmauer aus Stampferde zeigen, daß es eine innere und eine äußere Stadt gegeben hat. Neben

Spuren buddhist. und manichäischer Heiligtümer stieß man auch auf eine nestorianisch-christliche Kirche, die mit feinen Wandmalereien geschmückt war (heute Berlin). Die Fundamente einer buddhist. Pagode weisen noch die Nischen auf, in denen einst Figuren standen.

Jiaohe (10 km w): Der Name (Fluß-Kreuz) besagt, daß die Stadt an einer Flußgabelung auf einer Landzunge lag. Auf dem Weg zu den Ruinen kommt man an alten Grabstätten von Muslimen, kleinen Kapellen mit Kuppeln, vorbei. Erst unmittelbar, wenn man vor den Ruinen der Stadt steht, werden sie als solche kenntlich: Die warme Farbe der Lehmwände verschmilzt ganz mit der wüstenartigen Umgebung. Durch ihre Lage war der Raum für die Gebäude ziemlich eingeschränkt, deshalb beträgt die Breite der bebauten Fläche nur ca. 300 m. Die Stadt war nur an der SW-Seite durch eine Mauer geschützt. Die Hauptverkehrsachse verlief von SO nach NW. Am NW-Ende dieser Achse steht noch heute als höchster Bau unter den Ruinen der Torso einer Pagode, an dem man mit Mühe noch Reste des alten Stuckschmucks erkennen kann. An der unterschiedlichen Größe der Bauten läßt sich noch heute der soziale Status der Bewohner ablesen. Die Wohnungen der Reichen lagen im O-Teil. Die Häuser bestanden aus Lehm und waren mit Balken gedeckt, die zusätzlich mit Lehm verkleidet wurden. Ziegeldächer fehlen weitgehend, ein Merkmal, das auch an der heutigen Architektur der Region auffällt.

Im Gebiet von Jiaohe gab es mehrere große Tempel, von denen noch Reste erhalten sind. Abgesehen von dem großen Heiligtum am Ende der Hauptstraße wurden auch w Tempel gefunden. Die Mauern sind in relativ gutem Zustand und an manchen Stellen noch ziemlich hoch.

Im S und W von Jiaohe befanden sich Grabanlagen, zu denen meist Dromoi gehörten. Ca. 1,5 km sw sind buddhist. Höhlen mit uighurischen Wandmalereien und Inschriften zu besichtigen.

Kharakhoto/Astana-Friedhof: Viele der Grabbeigaben, die heute im Museum von Turfan aufbewahrt werden, stammen aus dem großen Gräberfeld. In den Kammern können u.a. noch feine Wandmalereien besichtigt werden: In einem Tang-Grab sieht man mehrere Herren bei einer Diskussion. Die Lotoskappe weist sie als taoist. Eremiten aus.

U

Ürümqi	乌鲁木齐
Xinjiang Uygur Zizhiqu	
Einw.:ca.900 000 Höhe: ca. 900 m S.386 □ B 2	

Die Stadt selbst hat, abgesehen von einem wichtigen Museum, wenig Sehenswertes zu bieten. Große Teile sind neu, und auch die zahlreichen Moscheen sind meist kunstgeschichtlich nicht wichtig. Allerdings ist die Region altes Siedlungsgebiet. So sind beim Wulabo-Wasserreservat Reste einer alten Stadt zu sehen, die von der Tang- bis zur Yuan-Zeit besiedelt war.

Stadtmuseum (in der Daqing lu im N des Zentrums): Im Museum werden wichtige Kunstwerke aus allen Teilen der Provinz gezeigt, deren Hauptstadt Ürümqi ist. Darunter befinden sich Gegenstände aus den Han- und Tang-Nekropolen Xinjiangs und aus den buddhist. Höhlen. Viele der frühen Stücke zeigen deutlich hellenistischen Einfluß, der über die n-indischen Reiche nach Zentralasien kam. Teilweise handelte es sich auch um importierte Gebrauchsgegenstände. Durch das aride Klima Xinjiangs haben sich auch Kunstwerke aus vergänglichen Materialien aus frühen Zeiten (Han-Zeit) erhalten. Die *Keramik* ist relativ einfach und grob: Krüge und Kannen mit einfachen geometrischen Verzierungen herrschen vor. Kleidungsstücke zeigen oft deutlich w Einfluß: Trauben- und Akanthusblatt-Dekor und Ornamente im Perlkreis. Sehr reizvoll sind auch die kleinen Holz- und Tonfiguren aus den Gräbern, die Menschen, Tiere und Rinderwagen zeigen. Unter der Tang-Plastik befinden sich Akrobaten und Menschen, die offenbar als Tiere verkleidet waren: der obere Teil ist deutlich als Tierkörper zu erkennen, darunter kommen aber Menschenbeine hervor. Leider ist von der Tang-Malerei auf Seide nur wenig zu sehen, da die Stücke zu empfindlich sind. Auf den ausgestellten Exemplaren sieht man Damen in farbenfrohen Gewändern und mit auffälligen Schönheitsflecken, aber auch Bilder mythologischen Inhalts (Fuxi und Nügua mit Schlangenleibern).

Shanxi da si (im Yonghe zhenggang): An den Bauten der Moschee aus der Qing-Zeit überwiegt das arabische Stilelement, obwohl auch deutlich chines. Einflüsse spürbar sind.

Wuhan	武汉
Hubei	
Einw.: 3106600 Höhe: 24	S. 387 □ D 3

Geschichte: Die Hauptstadt von Hubei liegt im O der Provinz, umgeben von großen Seen und durchteilt vom Yangzi. Heute sind 3 Städte zu einer einzigen Stadt zusammengefaßt: Hankou und Hanyang auf dem W- und Wuchang auf dem O-Ufer des Yangzi. Wuchang ist die älteste Siedlung unter ihnen. In der Sanguo-Zeit war sie Hauptstadt des Reiches Wu, unter den Mongolen Provinz-Hauptstadt. Besonders im 19. Jh. entwickelte sich die Wirtschaft in Hankou. Die Einrichtung europäischer Handelskonzessionen und der Bau einer Eisenbahnlinie führten zur Prosperität. Wuhan war eines der wichtigsten Zentren der Revolution von 1911.

Donghu (im O-Teil von Wuchang): Der größte See im Stadtgebiet wird von Pavillons und Gedenkstätten, sowie einer *Ausstellungshalle für Siegel und Bilder* (Binhu hualang) umstanden. Der dreistöckige *Xingyin-Pavillon* wurde zum Gedenken an den Zhou-zeitlichen Dichter Qu Yuan errichtet. Im Innern sieht man Bilder und Inschriften, darunter eine Steinkopie eines Gemäldes des Dai Wei. Qu Yuan, ein loyaler Staatsmann, wurde von seinem Fürsten verkannt und seines Amtes enthoben. Aus Kummer über die ungerechte Behandlung ertränkte sich Qu Yuan in einem Fluß. Teile der Gedichtsammlung »Chu ci« (»Elegien von Chu«) sollen von Qu verfaßt sein. Auch das *Museum der Provinz* steht am Donghu. Bemerkenswert sind besonders die Funde aus Gräbern der Han-, Nanbeichao- und Tang-Zeit.

Guishan (im SW-Teil von Hanyang, umgeben von Lianhuahu, Changjiang und Yue hu): Auf dem Berg befinden sich mehrere Gräber berühmter Männer dieses Jahrhunderts. In der Nähe liegt auch Guqin-tai (Qin-Spiel-Terrasse), die auf eine taoist. angehauchte Geschichte anspielt: In der Zhanguo-Zeit soll der berühmte Qin-Spieler Boya nur einen Zuhörer gehabt haben, der ihn wirklich verstand. Als dieser starb, soll Boya seine Qin zerbrochen und nie wieder gespielt haben.

Guiyuan si (im Stadtteil Hanyang am W-Ende der Cuiwei jie): Die Anlage wurde Mitte des 17. Jh. unter Shunzhi von einem berühmten Mönch der Qing-Zeit, Baiguang, gegründet. Er wählte dabei das Gebiet eines Ming-zeitlichen Parks, der

Wuhan, Guiyuan si, Bibliothek

seinen ursprünglichen Charakter auch noch nach dem Bau des Tempels bewahren konnte. Zwischen den Hallen, in denen noch verschiedene alte Statuen erhalten blieben, liegen sehr schöne Pflanzungen. Die Taiping-Rebellen richteten auch hier, wie in anderen Städten des Südens, schwere Verwüstungen an, die erst nach 1864 beseitigt werden konnten.

Hong shan (im O des Stadtteils Wuchang): Auf dem Hong shan stehen mehrere buddhist. Heiligtümer:

Baotong chan si: Die Anlage wurde während der Song-Zeit hierher, in den S des Berges, verlegt. Die Gebäude, die überwiegend nach 1864 entstanden, steigen am Berghang auf.

Lingjita: Der achteckige, siebenstöckige und 43 m hohe Bau entstand in der Yuan-Zeit (Inschrift aus dem Jahr 1307). Er besteht im Innern aus Stein, außen wurde mit Ziegeln Holzarchitektur nachgeahmt. Das Äußere ist schlicht: Die Geschosse werden nur durch wenige Grate gegliedert. Die Zwischendächer sind schmal, und der Bau verjüngt sich stark nach oben. Im Innern führt eine Wendeltreppe bis zur Spitze.

Pagode des Fuxing si: Der kleine, achteckige, vierstöckige und 11,3 m hohe Bau entstand 1270 unter den Song und wurde 1963 vom O-Hang auf den W-Hang umgesetzt. Auch hier imitieren Ziegel Holzarchitektur. In den Nischen an den Seiten der Geschosse sieht man buddhist. Plastik: Buddhas, Bodhisattvas, Luohan und Vajradhara.

Sheshan (in Wuchang an der Minzhu jie): Auf diesem Berg stand lange der *Huanghe lou* (Turm des gelben Kranichs), der in vielen Geschichten von Unsterblichen und in der Malerei eine Rolle spielt; angeblich soll hier ein Unsterblicher auf einem gelben Kranich gesehen worden sein.

Shexiangta: Der 9,4 m hohe lamaist. Flaschenstupa wurde beim Bau der großen Yangzi-Brücke abgebrochen, später aber

Wuhan, Turm des gelben Kranichs

Wutai shan, Bishan si, Jade-Buddha

wiederaufgebaut. Der Ziegelkern wurde mit Stein verkleidet. Auf dem Sockel sieht man Reliefs. Im Gegensatz zu anderen Pagoden des gleichen Typs, bei denen entweder die Spitze zu lang oder der Körper zu wuchtig geraten ist, herrscht an diesem Bauwerk perfekte Harmonie.

Wutai shan	五台山
Shanxi	
Höhe: 3058 m	S. 387 □ D 2

Geschichte: Der Gebirgszug in NW-Shanxi ist mit seinen Klöstern und Einsiedeleien eines der ältesten buddhist. Zentren Chinas und war so von großer Bedeutung für das religiöse Leben des Landes. Durch Schenkungen seitens der Kaiser und reicher Privatleute, die Erträge aus Bergwerken und Landbesitz führten zu großer wirtschaftlicher Prosperität. Pilger aus dem ganzen Reich und anderen Ländern O-Asiens, wie Korea und Japan, strömten in die großen Klöster. Auch heute sind in einigen der Kongregationen wieder Mönche zugelassen. Die 5 Hauptgipfel haben dem Bergzug seinen Namen gegeben (Fünf-Terrassen-Gebirge).

Nach schriftlichen Quellen sollen die ersten Sakralbauten am Berg in der O-Han-Zeit entstanden sein. Die ursprünglichen Heiligtümer werden mit den beiden indischen Mönchen in Zusammenhang gebracht, die unter Han Mingdi den Baima si in Luoyang (siehe dort) gegründet haben sollen. Bis zur Nanbeichao-Zeit errichteten Mönche mehrere 100 Tempel im Bereich des Wutai shan. Unter den Buddhistenverfolgungen der N-Zhou im 7. Jh. und unter den Tang im 9. Jh. hatten die Klöster des Gebirges natürlich auch zu leiden. Sie erlangten jedoch nach diesen Rückschlägen rasch wieder ihre alte Bedeutung. Die größte Blüte erlebten sie unter den frühen Tang, als über 300 Heiligtümer Pilger und

Wutai shan, Longquan si, Ehrentor >

Wutai shan, Xiantong si

Wutai shan, Longquan si

Mönche anzogen. Japanische Berichte setzen uns über den Reichtum und das Aussehen der Bauten in Kenntnis. In der Song- und Yuan-Zeit blieben die Klöster nicht von den Kriegswirren verschont, konnten aber unter dem Einfluß des Vajrayana-Buddhismus, der unter den Ming und Qing auch im Zentralgebiet Fuß zu fassen begann, einen neuen Aufschwung erleben.

Gerade an den Mönchsvereinigungen des Wutai shan kann man erkennen, daß sie nicht nur spirituelle Funktionen zu erfüllen hatten, sondern durchaus auch materiell ein bedeutender Machtfaktor waren: Nicht selten wurde der Staat zum Hauptschuldner der Klöster, die keinerlei Steuer abführen mußten. In den Schatzkammern sammelten sich ungeheure Reichtümer, die Gaben der Stifter. In der Wudai-Zeit wurde der kleine Staat Han von den Klöstern des Wutai shan durch massive finanzielle Unterstützung am Leben erhalten: Die immensen Tribute an die Khitan (Liao) wurden aus ihren Mitteln bezahlt.

Wutai shan, Wuljang dian

Kurz soll auf die symbolische Bedeutung des Gebirges eingegangen werden. Die Zahl 5 spielt in der chines. Kosmologie eine große Rolle: China hat 5 Heilige Berge, und der Wutai shan spiegelt diese Anordnung im kleinen wider. Auch im Aufbau der Tempel spielt die Zahl immer wieder eine Rolle. So stehen beispielsweise die Bauten des Xiantong si auf 5 Terrassen, und auf der höchsten befanden sich ursprünglich 5 kleine Pagoden. Man kann also sagen, daß der Wutai shan ein kosmischer Berg ist, in dessen Form sich der Aufbau der Welt wiederholt.
Er ist aber auch der heilige Berg des Bodhisattva Manjushri. In buddhist. Texten heißt es, daß er auf einem Berg mit 5 Gipfeln lebt. Es lag nahe, den Wutai shan als Sitz des Bodhisattvas der Weisheit zu sehen. In vielen der Hallen sind Bilder des Herrn des Berges zu sehen, der auf einem Löwen thront.

Bishan si (im N der zentralen Plattform): Der Bau wurde in der Bei-Wei-Zeit gegründet und mehrmals restauriert: In der *Jie taidian* steht eine burmesische Jadefigur des Buddha.

Longquan si (im S des Zentralplateaus): Die Anlage wurde in der Song-Zeit gegründet und unter den Ming renoviert. Auf der marmornen *Geistermauer* vor dem Tempel befinden sich Bilder des Manjusri und andere feine Darstellungen. Das steinerne *Ehrentor* ist sehr gut gearbeitet, wirkt aber überladen. Der *Marmorgrabstupa* in einer seltsamen Kompositform wurde 1917 für den Mönch Puji errichtet. Über dem üblichen bauchigen Unterbau mit Bildern des Maytreya auf allen Seiten ist er sehr übertrieben mit Zwischendach und Konsolimitationen verziert. Die sog. *Linggong ta,* eine schlichte dreistöckige Pagode, soll aus der Song-Zeit stammen.

Luohuo si (im O des Tayuan si auf dem Zentralplateau): Die Anlage wurde in der Tang-Zeit gegründet und unter Hongwu der Ming 1492 wiederaufgebaut. In der zweiten Halle steht eine ungewöhnliche *Manjusri-Figur*. Der Bodhisattva ist weiß, und sein Löwe ruht auf einer großen Lotosblüte. In der hintersten Halle befindet sich die *Figurengruppe*, die den Tempel zur Attraktion macht, künstlerisch aber eher zweitrangig ist: In einer Lotosblüte mit beweglichen Blütenblättern geben 4 Figuren Aspekte, d.h. Erscheinungsformen, eines Buddha in tantrischer Form wieder. Die geschlossene Blüte zeigt auf ihrer Außenseite weitere Buddhabilder in Goldmalerei. Die Lotosknospe ist drehbar aufgehängt. Wenn man sie dreht, öffnen sich die Blätter, und die Figuren werden sichtbar.

Tayuan si: Der Blick des Besuchers der zentralen Ebene fällt sofort auf die 50 m hohe *lamaist. Pagode* des Tempels, die den Mittelpunkt des Tayuan si bildet. Die komplizierte Kreuzform des Grundrisses geht auf lamaist. Mandalas zurück. Der Sockel, der über diesem Grundriß aufsteigt, trägt einen relativ langen Mittelteil. Der komplizierte Grundriß wiederholt sich noch einmal am Übergang zur hohen und breiten Spitze, an der viele Schirme in Ziegelarchitektur nachgeahmt wurden und einen weiteren Schirm aus Bronze tragen. Im hintersten Teil der Anlage befindet sich ein *Sutren-Pavillon* (Cangjing ge) mit drehbarer Bibliothek.

Xiantong si (hinter dem Tayuan si): Der älteste Tempel des Berges wurde angeblich schon in der Han-Zeit gegründet. Tangzeitliche Berichte verlegen die Entstehungszeit jedoch in die Nanbeichao-Epoche. Der Tempel ist auch heute noch wichtig aufgrund seiner *Sammlung alter Texte und Kunstwerke*. Einer der interessantesten Bauten ist die *Wuliangdian* (Halle ohne Balken), ein ungewöhnlicher Massivbau mit 2 Stockwerken. Die Ziegelwände sind von Rundbogentüren und -fenstern durchbrochen (vergleiche die Halle gleichen Namens im Linggu si von Nanjing). Auf der fünften Plattform am Hang steht ein *Bronzepavillon*. Ehemals gehörten zu den wichtigsten Sehenswürdigkeiten des Tempels 5 kleine Pagoden von höchst ungewöhnlicher Form, die die 5 Gipfel des Berges symbolisierten. Leider

Foguang si (Wutai shan), Buddh. Plastik >

Foguang si (Wutai shan), Haupthalle. Im Gegensatz zur sehr einfachen Konstruktion der Halle des Nanchan si wird an diesem Bau die komplexe Vielfalt der Konsolsysteme der Tang-Architektur deutlich. Besonders elegant ist die Überbrückung des Zentralraums, in dem ebenfalls aus der Tang-Zeit stammende Kultfiguren stehen.

sind nur noch 2 ursprünglich vergoldete Bauten der Ming-Zeit erhalten. Eine davon ist eine vielstufige, sechseckige Weihrauch-Pagode auf einem hohen Sockel: Der untere Teil mit der Öffnung für den Weihrauch ist mit Atlanten, reihenweise angeordneten Buddhafiguren und Paradiesbildern geschmückt. Reihen von Buddhabildern zieren auch die Geschosse.

Umgebung

Foguang si (25 km sw): Die Anlage entstand unter den Bei-Wei. Sie wurde während der Buddhistenverfolgungen am Ende der Tang-Periode zerstört, aber schon 857 errichtete man eine neue Haupthalle, die auch heute noch besteht (1).
Aus dem 9.Jh. stammt wohl auch die Innenausstattung. Die Halle ist nicht nur wesentlich größer als der andere Tang-Bau, der in der Region erhalten blieb (siehe Nanchan si), die Konstruktion ist auch unvergleichlich großartiger. Das Äußere wirkt sehr streng. 5 breite Tore und 2 Gitterfenster nehmen an beiden Seiten die Front ein. Rot und Weiß dominieren an den Wänden. Konsolen stützen nicht nur über den Säulen: Zwischen den Hauptgruppen sind noch kleinere Systeme eingebaut, die auf den Querbalken aufsitzen. Die Konsolen sind schon durch Hebelarme verstärkt, die es ermöglichen, das flache Dach weit nach vorn zu ziehen. Die Zwischengruppen sind an die Stelle der wesentlich einfacheren V-Träger der frühen Tang-Zeit getreten. Die Firste werden von sehr schönen Eulenschwänzen

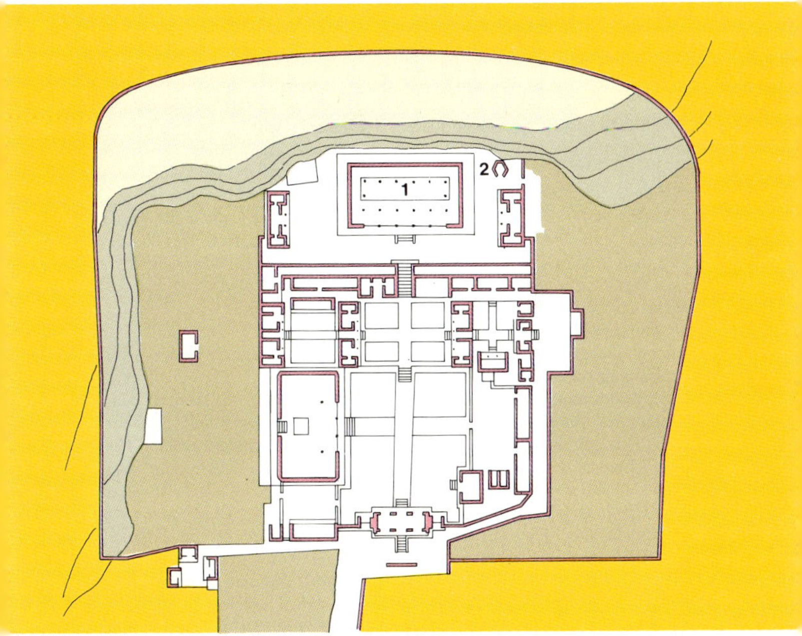

bekrönt, die in Form von Seeungeheuern gestaltet sind. Auch der Innenraum zeigt interessante Entwicklungen der Konsolkonstruktion: Das Dach wird von zwei Säulenreihen gestützt. Die Säulen sind mit den äußeren Pfeilern durch Querbalken verbunden, die auf einfachen Konsolen ruhen. Die untersten Querbalken sind leicht gekrümmt. In der Mitte der Halle wurde zwischen den beiden Säulenreihen auf die unterste Balkenreihe verzichtet, um den Figuren mehr Raum zu lassen. Die stützende Funktion übernehmen in diesem Fall vierfach gestufte Konsolgruppen. Die Dachbalken liegen, eine weitere Neuerung der späten Tang-Zeit, auf Kreuzkonsolträgern, die die Buckelstützen ersetzt haben. Die Funktionalität steht an diesem Bau ganz eindeutig im Vordergrund. Dennoch ist auf schöne Gestaltung nicht verzichtet worden.

Die *buddhist. Plastik* in der *großen Halle* stammt, wie bereits erwähnt, ebenfalls aus der Tang-Zeit, erreicht aber nicht die Feinheit der Figuren des Nanchan si. Die

Foguang si (Wutai shan), Gesamtplan **1** Haupthalle aus der Tang-Zeit **2** Bei-Qi-zeitliche Pagode

knienden und stehenden Gestalten, um die zentrale Trias gruppierte Luohan und Bodhisattvas, wirken vergleichsweise plump. Vor kurzer Zeit wurden sie auch durch einen Anstrich in den grellen Farben verunziert, der sie neu erscheinen läßt. Sehr fein sind allerdings die am Gebälk erhaltenen *Malereien*. Die Gruppen von Buddhas und Bodhisattvas wirken hier sehr still und würdevoll, und die schlanken Gestalten sind durchaus der Tang-Tradition verbunden. Allerdings könnten die wildbewegten Bilder von Himmelskönigen und Dämonen durchaus auch aus der Wudai-Zeit stammen.

In der Umgebung des Tempels sind einige Grabbauten der Wei- bis Tang-Zeit zu besichtigen. Links von der Haupthalle steht eine *Grabpagode* aus der Bei-Wei- oder Bei-Qi-Zeit (2). Der kleine, zweistöckige und sechseckige Ziegelbau weist einige architektonische Besonderheiten auf: Auf charakteristische chines. Elemente wie Konsolen u.ä. wurde ganz verzichtet. Die Dächer und der Sockel des Obergeschosses sind mehrfach gestuft. Sie bilden Kombinationen aus ornamentalen Stützen und Lotosblattmotiven. Der Bau wird gekrönt von einer Perle, die ebenfalls auf Lotosblättern steht. Die Einfassungen von Rundbogentür und Blendfenster an der Front sind mandorlaartig und entsprechen den Fensterfassungen der Pagode des Songyue si auf dem Song shan (siehe Luoyang) und den Nischeneinfassungen in Longmen bei Datong (siehe dort). Diese Form wurde wahrscheinlich aus der indischen oder zentralasiatischen Architektur übernommen. Im Tempelbereich stehen außerdem 2 Tang-zeitliche Grabpagoden und 2 Tang-Ehrensäulen.

Nanchan si (21 km s der Stadt Wutai): Die kleine Haupthalle des Tempels ist für die Architekturgeschichte Chinas ebenfalls von großer Bedeutung, da sie einen früheren Typ repräsentiert als die des Foguang si: Sie entstand 782 anstelle eines früheren Baus, worauf eine Inschrift im Gebälk hinweist. Die übrigen Hallen sind aus der Ming- und Qing-Zeit und mehrmals erneuert. Nur die Haupthalle ist original erhalten. Alles an ihr ist schlicht, auf Bauschmuck wurde fast ganz verzichtet. Aufgrund der kleinen Dimensionen sind auch die Konsolen einfach. Tragende Säulen an den Ecken und je 2 in den Wänden stützen mit dreifachen Konsolen das Sattelwalmdach, das kaum merklich geschwungen ist und von relativ einfachen und kleinen Eulenschwänzen in Seeungeheuerform geziert wird. Die Außensäulen sind leicht nach innen geneigt und etwas höher als die Säulen in der Wandung. Die Wände werden hauptsächlich durch die Balkenordnung strukturiert, d.h. in rechteckige Felder eingeteilt. Das Tor ist zweiflügelig, die beiden großen Fenster sind vergittert. Der Innenraum wurde ohne Stütze belassen. Auch die Innenausstattung ist Tang-zeitlich. Die Fassung der Figuren ist jedoch älter als im Foguang si. Die Statuen sind allerdings in schlechtem Zustand. Um eine zentrale große Buddhafigur stehen anbetende Bodhisattvas. Diese Assistenzfiguren sind schlank und von schönem Ausdruck. Die Körper zeigen die leichte S-Krümmung (Tribangha), die für die Tang-Plastik typisch ist. Der Schmuck

Nanchan si (Wutai shan), Grund- und Aufriß der Haupthalle

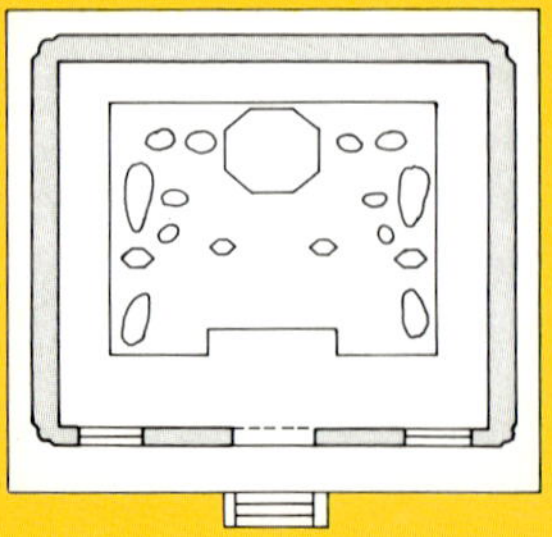

ist reich aber nicht zu üppig. Stilistisch stehen diese Plastiken den aus der mittleren Tang-Periode stammenden Statuen von Dunhuang (siehe dort) nahe.

X

Xi' an	西安
Shaanxi	
Einw.: ca.1,7 Mio. Höhe: ca. 400 m S.387 □ D 3	

Geschichte: Xi' an ist die Hauptstadt der Provinz Shaanxi und liegt in deren Zentrum, im fruchtbaren Lößland, das schon in frühester Zeit Ackerbauern angezogen hat. So wurde bei Banpo cun im O der Stadt eine neolithische Siedlung ausgegraben. Aber auch schon in der Urzeit wurde das Gebiet um Xi' an von Hominiden bewohnt, den sog. Lantian-Menschen, die man nach einem Fundort im O von Xi' an benannte. Seit der Zhou-Zeit war Xi' an bzw. Changan immer wieder Sitz von Regierungen. In der Zhou-Zeit lagen städtische Siedlungen, *Feng und Hao*, im W des heutigen Gebietes. Neben großen Terrassen für Palastbauten, bei denen auch Traufziegelenden mit schönen eingestempelten Ornamenten gefunden wurden, kamen bei den Ausgrabungen in den 30er Jahren auch Wohnungen von Familien anderer Gesellschaftsschichten zutage: Wie in der Shang-Zeit und davor waren sie halb oder ganz unterirdisch mit einer oder mehreren Feuerstellen, rund, quadratisch oder rechteckig. Die großen Grabstätten sind meist ohne Terrasse, aber mit Taillengrube angelegt. Es kommen Menschen- und Hundeopfer vor. In Nebengruben wurden Pferde und Wagen bestattet. Die Hauptkeramikformen sind Li, Fußschalen, Henkeltöpfe und tiefe Schalen, anhand deren Veränderung sich eine ziemlich genaue Chronologie aufstellen ließ. Die

Wutai shan, Xiantong si, Bronzepavillon

Wutai shan, Buddist. Plastik, Nanchan si

Lage der Palastanlagen der Zhou-Herrscher und die Werkstätten der Bronzegießer sind bisher nicht gefunden worden. Auf dem Gebiet der Städte wurden mehrere Bronze-Horte gefunden, die bei Angriffen als Verstecke dienten (Funde heute im Museum). In der Qin-Zeit war das ca. 20 km w vom heutigen Xi' an gelegene Xianyang erste Hauptstadt des Reiches. Qin Shihuang, der erste Herrscher der Qin, ließ seine Hauptstadt prächtig ausstatten. Reste von Palästen des alten Xianyang wurden seit 1970 im O der heutigen Stadt ausgegraben. Die Palastanlage untersuchte man 1974/75. Die Bauten waren mehrstöckig und standen auf Terrassen aus Stampferde, die heute noch gut sichtbar sind. Man konnte noch die Lage einiger Räume feststellen. Es handelte sich um Schlaf- und Wohnräume, auch Badezimmer, die durch ein Kanalsystem mit Wasser versorgt wurden. Die Wände der Säle waren mit Malereien geschmückt, von denen Teile erhalten blieben. Auf dem Gebiet der ehem. Städte Feng und Hao entstand ein weiterer riesiger Palast, der *Afang gong,* dessen Fundamente ebenfalls noch zu sehen sind.

Liu Bang (Han Gaozu) ließ seine Residenz zunächst in Luoyang errichten, verlegte sie aber bald wieder in die Nähe des alten Machtzentrums. Changan, im NW der Tangstadt, wurde zur neuen Metropole. Ein Großteil der Stadt wurde von den prächtigen Palästen eingenommen, die in Prosagedichten der O-Han-Zeit verewigt sind (Zhang Heng). Der Changle gong im SO der Stadt entstand auf den Grundlagen eines Qin-zeitlichen Baus. 194 v. Chr. begann man mit der Stadtmauer. Der Plan der Stadt war unregelmäßig. Dennoch hatte die Mauer auf allen Seiten 3 Tore, deren Unterbauten heute freigelegt sind. Die Hauptstraßen, die die Tore miteinander verbanden, waren, wie in den späteren Städten auch, absolut gerade. Der Kaiser bewohnte den Mingguang gong im N des erweiterten Changle gong, der der Kaiserin vorbehalten war. Ausgrabungen förderten Reste der Palastanlagen zutage, deren Teile durch Inschriften auf Ziegeln oder anderen Gegenständen lokalisiert werden konnten. Im S der Stadt lagen die mit der Staatsreligion verbundenen Bauten wie z. B. Piyong, 1,5 km außerhalb des Anmen. Der Bau stand wahrscheinlich mit kosmologischen Spekulationen in Zusammenhang, worauf noch die streng geometrische Anlage hinweist. Er erhob sich auf einer kreisrunden, ca. 30 cm hohen Erdterrasse, die einen Durchmesser von 62 m hatte. Der Mittelteil war quadratisch und hatte symmetrisch auf 4 Seiten Anbauten, die den Grundriß kreuzförmig machten. Die zentrale Plattform war von einer quadratischen Außenmauer von 235 m Seitenlänge umgeben. Den gesamten Komplex umlief schließlich ein runder Wassergraben mit einem Durchmesser von ca. 360 m. Die Kombination aus Kreisen und Quadraten läßt darauf schließen, daß es sich bei diesem Heiligtum um ein ins Riesige übertragenes kosmisches Diagramm handelte. Möglicherweise hatte es etwas mit der in den Quellen erwähnten Mingtang zu tun, die der Kaiser einmal im Jahr stellvertretend für eine Reise durch den ganzen Erdkreis rituell zu durchschreiten hatte. Diese rituelle Reise ist aus der Vorstellung vom engen Zusammenwirken von Herrscher und Welt zu erklären, die das Glück des Reiches vom Wohlverhalten des Herrschers abhängig machte.

Anhand der erhaltenen Reste kann man sich heute nur schwer vorstellen, wie prächtig die Stadt einst gewesen sein muß. Sie war ein Zentrum der Künste und Wissenschaften. Bedeutende konfuzian. Philosophen wie Dong Zhongshu oder Yang Xiong waren hier tätig. Das erste große historische Werk der chines. Literatur, das »Shiji«, wurde hier von Sima Qian mit kritischem Geist und literarischem Können verfaßt. Sima war Großhistoriograph (Taishi gong) unter Han Wudi und konnte sich auf die wichtige Sammlung von Annalen in der Hofbibliothek stützen. Ban Gu erweiterte später das von Sima zusammengestellte Material und ergänzte es durch eigene Forschungen. Das Ergebnis war »Han shu«, die Geschichte der Han-Dynastie. Changan war auch ein Zentrum der Fu-Dichtung. In einer an seltenen Worten reichen Sprache beschrieb man die Pracht der Städte oder besondere Ereignisse. Der bedeutende Wissenschaftler und Fu-Dichter Zhang Heng verfaßte lyrische Beschreibungen der beiden Hauptstädte Changan und Luoyang. Einen unvergleichlichen kulturellen Höhepunkt erlebte die

Stadt jedoch unter den Tang. Große Maler, Dichter und Prosaschriftsteller wohnten in Changan. Die Klöster der Stadt zogen Mönche aus allen Teilen Asiens an. Von hier aus brachen auch chines. Pilger auf, um in den heiligen Stätten Indiens zu lernen und heilige Schriften und Bilder nach China zu bringen. Händler kehrten mit nützlichen oder kuriosen Waren aus ganz W- und S-Asien zurück. Gesandte machten dem Kaiser mit Tributgaben ihre Aufwartung und zogen reich beschenkt von dannen. Auch die ausländischen Geiseln, die von unterworfenen Staaten an den Hof geschickt werden mußten, dürfen nicht unerwähnt bleiben. Sie spielten eine wichtige Rolle bei der Vermittlung ausländischer Kultur am Hof. Sowohl im Kaiserpalast als auch in den Vergnügungsvierteln erklangen ausländische Melodien, zu denen sich verführerische und exotisch anmutende Gestalten im Tanz bewegten. Eine große Zahl von Gedichten, die im Kompendium der Tang-Lyrik zusammengefaßt wurden, enthält Anspielungen auf die Ausländer in Changan und ihre Kultur. An den Tempeln und in den Palästen arbeiteten Künstler aus Kucha, Khotan und anderen Städten Zentralasiens.

Der Entwicklung der Tang-zeitlichen Großstädte kamen auch die günstigen wirtschaftlichen Verhältnisse zu Beginn des Tang-Regimes zugute. Im 1. Jh. der Dynastie (616–ca. 700) herrschte im Innern Friede. Niedrige Steuern und gute Ernten ließen den Lebensstandard allenthalben ansteigen. Ab Mitte des 8. Jh. führten jedoch militärische Fehlschläge wie Korea und die vernichtende Niederlage chines. Heere gegen die Araber am Talas und eine verheerende Wirtschaftspolitik zu sozialen Spannungen. Diese zogen Rebellionen wie die des An Lushan in den 50erJahren des 8. Jh. nach sich. Luoyang und Changan wurden während der Aufstände mehrmals geplündert und in Schutt und Asche gelegt. So ging ein unvergleichlicher kultureller Aufschwung in Bürgerkriegswirren unter. Das Tang-zeitliche Changan war fast doppelt so groß wie die heutige Stadt und reichte wesentlich weiter in den S. Das Gebiet war rechteckig und nur im SO und NO durch Parks erweitert. Die Ruinen des im NO gelegenen Daming gong wurden in den letzten Jahren genauer untersucht (heute außerhalb der Stadt HS Daminggong). Die Stadt war von einem schachbrettartigen Straßennetz durchzogen. Wie schon in der Han-Zeit, hatte die Mauer auf allen Seiten je 3 Tore. Der Kaiserpalast nahm ein weites ummauertes Geviert im N ein. Im O und W der Stadtmitte lagen die großen quadratischen Marktplätze, im NO des O-Marktes befand sich ein weiterer Palast, der Xingqing gong (heute Park). Abgesehen von den Ausgrabungen bei den Palästen kennt man heute die Lage einiger Tempel und konnte Erkenntnisse über die schöne Ausstattung der Heiligtümer gewinnen. Bei den Zerstörungen wurden einige wichtige Kulturgüter verschüttet, die heute für die Forscher sehr aufschlußreich sind. Eine Vorstellung von Tang-zeitlichen Palastanlagen kann man sich heute noch aus Wandmalereien im Grab des Kronprinzen Yide beim Qianling vor der Stadt machen (siehe dort).

Obwohl sich die Stadt nach den Verheerungen durch mehrere Revolten und die Buddhistenverfolgung Mitte des 9. Jh. nur langsam erholen konnte, blieb sie auch in der Ming- und Qing-Zeit ein wichtiges Zentrum N-Chinas. Xi' an, wie die Stadt seit der Ming-Zeit heißt, wird auch heute noch von einigen alten Bauten geprägt,

Xi'an, Dayan ta

z. B. der *Dayanta*, oder der gut erhaltenen 11,9 km langen *Stadtmauer* aus der Ming-Zeit. Die Torbauten mit Innenhöfen haben je zwei Türme. Der innere trägt ein doppeltes, der äußere ein einfaches Sattelwalmdach. An der Außenseite befinden sich zahlreiche Fenster. An manchen Stellen führten Rampen auf die Mauer, um es Reitern zu ermöglichen, die Befestigung mit ihren Tieren zu besteigen. Im *W-Tor* wurde eine Art *Stadtmuseum* eingerichtet, das über die Ausgrabungen der alten Städte um Xi' an informiert: Einige Modelle Han- und Tang-zeitlicher Bauten, Bauschmuck u.ä. sind zu sehen.

TEMPEL

Da ci'en si (am SW-Rand der Stadt): Nach seiner Rückkehr aus dem Westen, seiner beschwerlichen Reise in die buddhist. Reiche Indiens und Zentralasiens, lehrte der bedeutende Buddhist Xuanzang (Sancang fashi, 602–664) im Da ci'en si in Changan: Seit der Sui-Zeit war der Tempel wichtiges Heiligtum mit mehreren 100 Mönchen. Danach verlor er aber seine Stellung. Die heutigen Bauten haben nichts mehr vom einstigen Glanz.
652 erbat sich Xuanzang die Gunst, eine Pagode errichten zu dürfen, die mit kaiserlichen Mitteln gefördert wurde. Xuanzang ließ den Entwurf angeblich nicht nach chines. Vorbild, sondern vermutlich in Anlehnung an indische Pagodenformen entwerfen. Anfang des 8. Jh. wurde anstelle des alten Turms, der bereits verfallen war, ein neuer errichtet, der wieder chines. Formen zum Vorbild hatte. Der quadratische, siebenstöckige und 60 m hohe Bau wirkt zugleich schlicht und gewaltig. Es handelt sich um eine typische Stufenpagode, die jedoch durch die besonders starke Abstufung der Geschosse aus dem Rahmen fällt. Die Zwischendächer der Geschosse sind durch vorkragende Ziegelreihen gebildet, darunter befinden sich 2 Gesimse aus übereck gestellten Ziegeln. Auf allen Seiten liegt je eine kleine Rundbogentür. Die Wandgliederung ist durch Balkenattrappen erzielt, die ganz einfach und ohne Konsolen dargestellt wurden. Im Innern kann man über Treppen nach oben steigen. Man sieht Inschriften der Kaiser Taizong und Gaozong der Tang mit schöner Verzierung (Apsaras, Gruppen heiliger Figuren und Stelenkopf aus sich windenden Drachen). Die Pagode wird die »Große Wildgans-Pagode« (Dayanta) genannt.

Dongyue miao (beim O-Tor, Changren li): Der Tempel des taoist. Taishan-Gottes wurde in der Song-Zeit gegründet und nach wiederholten Zerstörungen in der Ming-Zeit wiederhergestellt. Die *Wandmalereien* in der Haupthalle entstammen der Yuan- oder Ming-Zeit.

Jianfu si (im S der Stadt, Youdao xilu): Das Heiligtum wurde im Jahre 710 unter den Sui gegründet und besonders unter Gaozong und seiner Frau und Nachfolgerin Wu Cetian begünstigt. Danach wurde es immer wieder zerstört und war Anfang des 20. Jh. ganz verfallen. In der Tang-Zeit soll sogar der berühmte Maler Wu Daozi an der Ausschmückung beteiligt gewesen sein. Im Hof steht die sog. *»Kleine Wildgans-Pagode«* (Xiaoyanta). Sie ähnelt stark der Pagode des Xiangji si (siehe dort), ist aber schlichter. Der quadratische Bau besitzt 3 Stockwerke und erreicht eine Höhe von 45 m. Das Erdgeschoß ist hoch, während die übrigen einheitlich wesentlich flacher sind. Der Bau verjüngt sich allmählich zur Spitze hin. Die Zwischendächer sind durch vor- und zurückkragende Ziegelreihen imitiert, auf der N- und der S-Seite befinden sich Rundbogenöffnungen.

Wolong si (in der Boshulin jie): Das in der Tang-Zeit gegründete Heiligtum wurde wiederholt erneuert und birgt noch einige seit der Wei-Zeit entstandene Kunstwerke.

WEITERE SEHENSWÜRDIGKEITEN

Banpo (am ö Stadtrand): 1954–57 wurde bei dem Dorf Banpo cun eine neolithische Siedlung freigelegt, die einen der bedeutendsten Funde der Yangshao-Kultur im Zentralgebiet darstellt. Das Dorf, das in den Zeiten seiner dichtesten Besiedlung 40 Häuser umfaßte, liegt, wie viele neolithische Dörfer, am Hochufer eines Flusses, des Chan he. Man konnte bei der Ausgrabung mehrere Siedlungsperioden feststellen, zwischen denen es aber auch Zeiten gab, in denen das Gebiet offenbar vollkommen unbewohnt war. Das Dorf war oval und von einem Wall umgeben, der aus dem Aushub eines um den Ort gezogenen Grabens bestand. Die Behausungen waren halb unterirdisch und unregelmäßig verteilt. Über Stufen oder primitive Leitern konnte man die Räume betreten. Runde und quadratische Bauten herrschten in den frühen Siedlungsperioden vor. In der Mitte des in manchen Fällen von einer Kalkschicht überzogenen Bodens befand sich eine Kochgrube. Die Wände waren aus Lehm und Matten hochgezogen. Die über einem einfachen Holzgerüst aufragenden Dächer waren mit Stroh gedeckt. In der Nähe der Häuser befanden sich Vorratsgruben. Friedhof mit Einzel- und Mehrfachbestattungen und Keramiköfen lagen außerhalb der Umfriedung. Nur Kleinkinder wurden in zusammengelegten Töpfen bei den Häusern beerdigt.

In einer späteren Siedlungsphase läßt sich eine stärkere Strukturierung erkennen: Im Zentrum der Siedlung stand ein größeres, rechteckiges Bauwerk, das als Versammlungshaus interpretiert wird.

Besonders interessant ist die *Keramik* von Banpo: Neben einfacher grauer Ware mit Gravur oder Matten-Eindrücken kennt man auch feinere rote Keramik mit schwarzer Bemalung. In der Ornamentik dominieren Fische. Auf den frühen Gefäßen sind diese Tiere deutlich zu erkennen. In der weiteren Entwicklung wurde das Motiv immer stärker stilisiert, bis es zu einem fast rein geometrischen Muster degenerierte. Ein weiteres wichtiges Dekorelement ist ein Bild, das wie ein menschliches Gesicht aussieht und ganz klar in farblich unterschiedliche Fläche aufgeteilt wird und von Fischen sowie fühlerartigen oder dreieckigen, manchmal gezahnten Aufsätzen umgeben wird. Manchmal kann man Augen erkennen. Dennoch ist auch heute noch unklar, ob tatsächlich ein menschliches Gesicht dargestellt werden sollte oder aber eine Tierform, möglicherweise ein Wasserkäfer. Die Malereien sind auf der Außenseite im oberen Teil oder innen am Boden der Gefäße angebracht. Seltener kommen unter den Ornamenten auch Kröten, Wasservögel oder Säugetiere vor.

Xi'an, Kleine Wildgans-Pagode

Unter den Gefäßformen sind Flaschen mit sehr schmalem Hals und Wulstmündung sowie Amphoren charakteristisch. Oft kommen auch Schalen und hohe Töpfe mit sehr schmalem Fuß vor. Die Töpferscheibe war noch unbekannt, und die Gefäße wurden beim Hochziehen auf Matten gestellt, deren Abdrücke noch an den Füßen vieler Gegenstände zu sehen sind. Der Dekor ist bereits mit einer Art Pinsel aufgemalt. Pfeilspitzen, Nadeln und Ahlen, Schmuck (Ketten, Reifen) wurden aus Stein oder Knochen hergestellt. Für die z.T. sehr schön ausgeführten Meißel, Sicheln und Beile bearbeitete man mit großer Sorgfalt oft sehr feinen Stein. Die Bewohner von Banpo betrieben Ackerbau und Viehzucht. Reste von Haustieren und Getreide traten in den Häusern und Gräbern zutage.

Moschee (Qingzhen da si, im NW des Trommelturmes, Xuajue Xang): Im Gegensatz zu den Bauten in Xinjiang oder der Inneren Mongolei, die arabischen Stil nachahmen, sind die meisten Elemente an

Xi'an, Stelenwand

der größten Moschee von Xi' an chines. Sie entstand unter den Tang (742), zu einer Zeit also, in der Muslime, die hauptsächlich Händler waren, auf die Märkte der Stadt drängten. 1393 wurde der Bau unter den Ming wiederhergestellt. Die Moschee besteht aus schönen Anlagen mit Brunnen und kleinen Pavillons in 4 hintereinanderliegenden Höfen. Im W liegt die Gebetshalle. Die Stelen tragen meist arabische und chines. Inschriften und sind für die Erforschung der Geschichte der Gemeinde in Xi' an von Interesse. Die *Haupt-Halle* aus der Ming-Zeit trägt ein Sattelwalmdach mit grün glasierten Ziegeln. Im 1300 qm großen Innenraum vereinen sich chines. und arabische Elemente. Das reichgeschmückte Gebälk ist mit chines. Ornamenten und arabischen Inschriften (u. a. Korantexten) verziert.

Im dritten Hof steht einer der ältesten Bauten des Tempels, **Chixiudian**. Über dem Tor befindet sich eine Inschrift in der Kalligraphie des Ming-Kunstkritikers und Malers Dong Qichang.

Museum (an der Boshu lin jie im S der Altstadt noch innerhalb der Mauern): Das Museum ist eines der bedeutendsten Chinas und im alten Kongzi-Tempel beim berühmten »Stelenwald« (Beilin) untergebracht. Es stellt bedeutende Kunstwerke aus allen Epochen der chines. Kultur aus.

Man sollte den Rundgang in der W-Halle beginnen. Zu sehen sind: Zhou-zeitliche *Ritualbronzen* mit feinem theriomorphen Dekor aus Gräbern bei den Städten Feng und Hao, *Architekturschmuck,* wie z. B. Traufziegel mit eingestempeltem Dekor aus der Zhou- und Qin-Zeit, von denen einige Inschriften tragen. *Qin-Gewichte und Hohlmaße,* die auf die Vereinheitlichungsbestrebungen der Qin-Herrscher hinweisen. Han-zeitliche Architekturmodelle, die von der hohen Baukunst dieser Zeit zeugen. Erste Papierfunde.

Im O befinden sich Sui- und Tang-zeitliche Relikte. Besonders hervorzuheben ist die große Zahl schöner *Grabkeramik:* Figuren, die häufig Ausländer zeigen – Diener und Reitknechte mit w Gesichtszügen, Händler, aber auch feine Damen mit hohem Haarschmuck. Die frühen Figuren sind oft schlicht, während die späteren immer aufwendigeren Schmuck tragen und z.T. in wilder Bewegung dargestellt sind. Grabwächter in Form buddhist. Himmelskönige und »Tiere« (eines mit monströsem Menschenkopf, eines mit ebenso fürchterlichem Tierhaupt) wurden zu Gruppen zusammengefaßt und in den Grabeingängen aufgestellt. Die Gefäße zeigen deutlich w Formen, der Dekor ist manchmal von sassanidisch-iranischen Metallarbeiten übernommen. (Kopien einiger *Wandmalereien* aus den kaiserlichen Nekropolen bei Xi' an.) Sassanidische und byzantinische *Münzen*.

Im NW der Zhou-Halle liegt die *Skulpturensammlung*, Großplastik von den Kaisergräbern um Xi' an seit der Han-Zeit enthält: Von den Geisterwegen wurden große Tierfiguren und Menschengestalten nach Xi' an gebracht, u.a. Figuren vom Han-zeitlichen Mao ling und 2 der berühmten Pferdereliefs vom Zhaoling, die Lieblingspferde des hier bestatteten Tang-Kaisers zeigen und angeblich vom Tang-Maler Yan Liben entworfen wurden.

Auf der Zentralachse des Museums schließt sich ganz im N der wichtigste Teil der Sammlung, der sog. *Stelenwald* an. In vielen Jahrhunderten wurden Tausende von Stelen gesammelt, die von der Entwicklung der Kalligraphie der vergangenen 2 Jahrtausende zeugen und auch historisch eine bedeutende Quelle sind: Grabstelen, die Biographien berühmter Leute wiedergeben, Edikte, auch offizielle Klassikerversionen, von denen immer wieder Abklatsche genommen wurden, um sie über das ganze Reich zu verbreiten, bevor die einfachere Drucktechnik erfunden war.

Glockenturm (im Stadtzentrum): Der 36 m hohe Glockenturm erhebt sich auf einem weiten Platz. Er entstand 1582, wurde in den Wirren am Ende der Republik stark beschädigt und danach renoviert. Der zweistöckige Bau besitzt einen hohen Sockel mit Toren, das Zeltdach stützen rote Säulen.

Der Trommelturm steht im NW des Glokkenturms. Das 1380 errichtete Gebäude ähnelt einem Stadttor.

Huaqing chi (Xi'an), Thermalquellen

Umgebung

Changjia-po-Gruben (ca. 20 km sw): Hier und an anderen Orten der Umgebung fand man mehrere Opfergruben mit Pferde- und Wagenbestattungen, die aus der W-Zhou-Zeit stammen. In einem Museum bei Changjia po sind Gruben vor Ort zu besichtigen. In der Nähe von Großgräbern war es üblich, Pferde, Wagen und auch die Wagenführer zu bestatten. Die Archäologen waren imstande, die Wagen aus den Funden ziemlich genau zu rekonstruieren. Wagen waren in der späten Shang-Zeit aufgekommen. Das Pferd wurde als Zugtier genutzt, bevor man dazu überging, es auch zu reiten. Die Wagen der W-Zhou waren noch einfach. Sie bestanden aus einem flachen Wagenkasten, unter dem die Achse direkt befestigt war. Die Speichenräder wurden durch Achskappen aus Bronze gehalten, die z.T. schön verziert sind. Die Deichsel endete in einem Jochbaum, an dem 2 mit Metall verkleidete

Gabeln zur Befestigung am Hals der Tiere hingen. In den Gruben von Changjia po fand sich verschiedenartig verziertes Zaumzeug. Die Tiere trugen ein netzartiges Geschirr aus kleinen Metallteilen und einen Kopfaufsatz, den Tiergesichter schmückten. Trensen, Knebel und andere Teile der Pferdeausrüstung waren mit kleinen Scheiben mit Rolltier- oder Tiergesichtsdekor verziert. Bei manchen Wagen anderer Fundorte war auch die Ausrüstung der Wagenkrieger deutlich zu erkennen: Dazu gehörten Dolchaxt, ge (eine Art Hellebarde), Messer und Bogen.

Daxingshan si (ca. 3 km s): Das aus der W-Jin-Zeit stammende Gebäude ist einer der ältesten Tempel des Landes und für die Entwicklung des chines. Tantrismus von großer Bedeutung. Hier wirkten viele indische und ceylonesische Lehrer. Der Bau wurde Mitte der Tang-Zeit zerstört und wesentlich später wiederaufgebaut. Zur alten Ausstattung gehören ein Tang-zeitlicher Steinlöwe und eine Song-zeitliche Guanyin mit 1000 Armen.

Huaqing chi (25 km ö bei Lintong): Der Bau gehörte zum Tang-zeitlichen Palast Huaqing gong und war einer der bevorzugten Aufenthaltsorte von Tang Xuanzong und seiner geliebten Nebenfrau Yang (Guifei). Die Ende der Tangzeit beschädigte Anlage wurde immer wieder erneuert und verfügt über Thermalquellen.

Huayan si (10 km s): Im 803 gegründeten Tempel entwickelte sich die Huayan-Schule, die auch in Japan bald Einfluß gewann. Der Bau verfiel nach der Song-Zeit und wurde erst unter den Ming renoviert. Heute stehen noch 2 Pagoden aus der Tang-Zeit. Die 13 und 7 m hohen Türme wurden für den ersten und den vierten Patriarchen der Schule errichtet.

Maoling (ca. 30 km w): Hier liegt Wudi (reg. 140–87 v. Chr.) begraben, einer der bedeutendsten und mächtigsten Kaiser der W-Han-Zeit. Unter seiner Herrschaft gelang es dem Feldherrn He Qubing, der Xiongu Herr zu werden. Dieses an der N-Grenze des Reiches lebende Volk hatte sich zu einer Großmacht entwickelt und stellte lange eine große Gefahr dar, die zeitweise nur durch immense Warenlieferungen gebannt werden konnte. Maoling

< Thermalquellen von Huaqing chi

ist 46,5 m hoch und von einer Mauer umschlossen. Erhalten blieben teilweise 3 der 4 Ehrentürme.

Dem General He Qubing wurde die Ehre zuteil, im kaiserlichen Grabbezirk bestattet zu werden. Seine Begräbnisstätte liegt 1,5 km nö des Tumulus. He war 117 im Alter von nur 23 Jahren gestorben. Vor seiner Grabstätte stehen noch die großen Tierfiguren eines Geisterweges: Elefant, Pferd, Fisch, Tiger, Schwein und Schaf, ein Pferd, das auf einen besiegten bärtigen Xiongnu tritt, und ein Ungeheuer, das ein Schaf frißt.

Qianling (ca. 85 km nw): Hier liegt die Grabstätte des Kaisers Gaozong (628–683) der Tang und seiner Hauptfrau Wu Cetian (624–705). Als Gaozong zunehmend durch Krankheit von den Regierungsgeschäften abgehalten wurde, übernahm die Kaiserin Wu die Regentschaft und führte sie nach seinem Tode fort, was für konfuzian. denkende Männer ein Unding darstellte. Um sich an der Macht zu halten, versuchte die gesamte Sippe des Kaisers, alle Erbberechtigten auszurotten. Diese Taten sind jedoch nicht allein für ihren schlechten Ruf in der chines. Historiographie verantwortlich. Einige ihrer Opfer wurden posthum mit Ehrentiteln versehen und im Gebiet des Qianling beigesetzt.

Die Kaisergräber der Tang waren von immensen Dimensionen. Der Grabbezirk erstreckte sich über ein Gebiet von 80 km. Durch große Tore und vorbei an Tempelgebäuden, die für die jährlichen Opfer an die Ahnen bestimmt waren, und 2 Ehrentürmen auf Hügeln zu beiden Seiten der Hauptachse gelangte man zum Geisterweg, der auch heute noch steht. Am Eingang stehen 2 Ehrensäulen, dahinter geflügelte Pferde, daneben Reliefs, die Strauße, die sog. Kamelvögel der chines. Quellen, zeigen. Dahinter stehen 5 Pferdepaare und zwei Reihen von je 10 Beamten. Etwas abseits befinden sich Figuren von ausländischen Gesandten, in die Inschriften eingraviert sind, die ihr Herkunftsland mitteilen. Die Figuren wirken zwar fast plump, sind aber dennoch ebenso imposant wie die gewaltigen Löwen, die hinter dem Tumulus stehen. Einige Stelen sind ebenfalls noch im Gebiet der Qianling erhalten. Die Tore zum Grabbezirk waren nach den 4 Richtungstieren benannt. Auf allen Seiten waren den Toren Ehrentürme, sog. Que, vorgelagert, die seit der Han-Zeit offizielle Bauten kennzeichneten.

Im Grabbezirk liegen mehrere Nebengräber: *Grab des Kronprinzen Yide* (Yide taizi, 706): Das Grab des Li Zhongrun, der posthum den Ehrentitel Kronprinz erhielt, war eines der Opfer der Säuberungskampagne der Wu Cetian. Die Gesamtlänge der Anlage beträgt 100,8 m. Sie besteht aus einem sehr langen Dromos mit mehreren Schächten, einem Grabgang und 2 hintereinanderliegenden Kammern. Das gesamte Grab ist mit feinen Wandmalereien geschmückt, die für die Architekturgeschichte von besonderem Interesse sind. Am Anfang des Dromos sieht man Drache und Tiger, dahinter *Stadttor mit Que* und hohen Mauern mit Turmaufbauten aus Holz. Es folgt ein Ehrengeleit von Offizieren, deren Rang an ihren Abzeichen erkennbar ist. Im Grabgang befinden sich Falkner, Leopardenführer und Dienerinnen. In den Schächten sind Reihen von aufgepflanzten Hellebarden zu sehen, die den Rang des Verstorbenen anzeigen. In den Kammern sieht man gemalte Scheinarchitektur, an der Decke Sternbilder. Der Steinsarg ähnelt einem kleinen Haus. Diese Form für den Außensarg war in der Sui- und Tang-Zeit bei Xi' an üblich.

Grab der Prinzessin Yongtai (Li Xianhui): Auch sie war ein Opfer der Wu. Das Grab liegt im SO des Qianling. Die Länge der Kammer beträgt 87,5 m. Der Dromos hat 6 Schächte und 2 Kammern. Die *Malereien* dieses Grabes sind besonders schön. Wahrscheinlich sind die Bilder von Hofdamen in langen Gewändern, die in Gruppen dastehen, das Werk eines bedeutenden Künstlers des Tang-Hofes. Auch die Vorlagen zu den Liniengravierungen auf dem Außensarg, die ebenfalls Damen vor Pflanzen mit Vögeln zeigen, verraten die Handschrift eines Meisters. Die Atmosphäre auf den Bildern ist friedlich, man fühlt sich an die Stille der Palasthöfe und Gärten erinnert. Die Figuren haben noch die Schlankheit und Zartheit des frühen Tang-Frauenideals bewahrt.

Grab des Kronprinzen Zhanghuai (Zhanghuai taizi, im SO des Qianling): Auch dieses 71 m lange Grab entstand 706 für ein Opfer der Wu. Im Dromos sieht man interessante Darstellungen von Gesandten

Qianling (Xi'an), Kaisergräber

aus verschiedenen Ländern Zentral- und O-Asiens. Sie sind sehr realistisch nachempfunden und stehen in ehrerbietiger Haltung hinter einer Gruppe von chines. Beamten, die arrogant die Köpfe zusammenstecken. Außerdem sieht man Diener, Landarbeiter und Polospieler vor einer Landschaft. Der Sarg hat wiederum die Form eines Hauses.

Qin-shihuang-Grab (ca. 25 km ö bei Lintong): Man warf dem ersten Kaiser von China sicher nicht zu unrecht Größenwahn und Geltungssucht vor. Seine gigantischen Paläste in Xianyang und die Ausstattung seines Grabes beweisen diese Behauptung. Man muß jedoch auch bedenken, daß dieser Herrscher die alte Struktur der feudalistischen Kleinstaaterei zu beseitigen und deshalb die Macht des Alleinherrschers wirkungsvoll demonstrieren mußte. Das Grab ist auch heute noch deutlich zu erkennen, der Tumulus hat immer noch eine Höhe von 44 m. Die Kammer wurde bisher nicht geöffnet, soll aber kostbar und aufwendig ausgestattet sein. Das gesamte Reich mit seinen Bergen und Flüssen wurde en miniature nachgebaut, wobei die Gewässer aus Quecksilber bestehen sollen. Dem Quecksilber schrieb man, ebenso wie der Quecksilberverbindung Zinnober, lebensverlängernde Wirkung zu. Automatische Armbrüste sollten den Schutz der Anlage gewährleisten. Einen Bericht über die Grabausstattung findet man im bereits erwähnten Geschichtswerk »Shiji«. Daß die märchenhaft anmutenden Beschreibungen sicher nicht übertrieben waren, konnte in den letzten Jahren eindrucksvoll bewiesen werden: 1,5 km ö des Hügels wurden *Gruben* von weit über 100 m Länge gefunden, die ca. 6000 überlebensgroße Tonfiguren enthielten, die zum Schutz des ersten Herrschers in Bohlengängen unter der Erde aufgestellt wurden. Die Soldaten und Pferde sind überaus realistisch dargestellt und waren bemalt. Die Panzer, Gewänder und Frisuren sind so genau wiedergegeben, daß man bei vielen Figuren noch den Rang bestimmen konnte. Die

T2

Gesichter sind sehr schön modelliert, die Körperhaltung ist individuell gestaltet. Manche der Figuren knien, andere stehen still oder scheinen zu gestikulieren. Die steinernen Menschen begleiten prächtige, realistisch dargestellte Pferde. Die Schweife sind aufgebunden oder geschnitten, und auch die Mähnen sind kurz gehalten. Die Ausrüstung der Soldaten und Wagen war aus Bronze. In anderen Gruben entdeckte man Menschenopfer und Bronzewagen mit halb lebensgroßen Führern. Es wurden jedoch nicht Streit-, sondern Planwagen dargestellt. Die Muster der Stoffe sind in feinen Linien in die Bronze graviert. Im Stil stimmen diese Arbeiten mit den Tonfiguren überein.

Qinglong si (2,5 km sö bei Caitai cun): Der Tempel entstand unter den Tang und war im 9.Jh. ein Zentrum für den kulturellen Austausch zwischen China und Japan. Immer wieder wurden japanische Mönche zum Studium an den Tempel geschickt. Zu den bedeutenden Lehrern gehörte auch Huili, Biograph des Xuanzang.

Xiangji si (ca. 24 km s): Hierbei handelt es sich um den Tempel des vierten Patriarchen der Schule vom Reinen Land (Jingtu zong), Shandao. Die Bauten stammen aus der Qing-Zeit. Wichtig ist die um 700 entstandene *Pagode,* ein quadratischer Bau mit 11 Stockwerken und einer Höhe von 30 m. Abgesehen vom untersten Stockwerk befinden sich in allen Etagen auf allen Seiten Rundbogentüren. Das Untergeschoß ist hoch und hat nur an der Front und an der Rückseite Tore. Die übrigen Stockwerke werden zur Spitze hin niedriger und sind durch vorkragende Ziegelreihen getrennt. Die Wände der oberen Stockwerke gliedern Gitterfensterattrappen. Die kleine *Grabpagode des Shandao,* ein quadratischer, 6 m hoher Bau mit 3 Stockwerken, ist sehr einfach und entstand etwa zur gleichen Zeit.

Xingjiao si (10 km s): Der Tempel war der Alterssitz des großen Mönches und Reisenden Xuanzang. Abgesehen von Stelen und der schönen *Grabpagode* des buddhist. Lehrers ist nichts mehr alt, da der Tempel Anfang dieses Jahrhunderts verbrannte. Die quadratische, fünfstöckige und 20 m hohe Pagode steht in einem Hof.

< *Terrakotta-Armee von Xi'an*

Details der Terrakotta-Armee aus der Qin-Dynastie, aus den Ausgrabungen des Qinshihuang-Grabes

Xi'an, Bronze-Quadriga beim Qinshihuang-Grab

Sie ähnelt in ihrer einfachen Form der Dayanta in der Stadt, ist aber kleiner und reicher an Bauschmuck. Die Geschosse nehmen nach oben an Höhe ab und werden durch Zierleisten aus übereck stehenden Ziegeln und durch kragende Ziegelreihen, die Zwischendächer nachahmen, getrennt. Türöffnungen befinden sich nur im unteren und im 3. Geschoß. Die Wandgliederung imitiert Holzarchitektur: achteckige Säulen mit Konsolen, auf denen die Zierleisten aufsitzen. Die Spitze fehlt. Die Pagode wurde wohl Anfang des 8. Jh. von Schülern des Xuanzang errichtet. Zwei weitere Grabbauten für Schüler stehen neben der Pagode.

Zhaoling (ca. 100 km nw im Kreis Liquan): Das Grab des Dynastiegründers der Tang, Li Shimin (Tang Taizong). Beim Tumulus wurden Reste der Grabarchitektur wie Eulenschwänze u.ä. gefunden. Die Bilder der 6 Lieblingspferde des Kaisers mit ihren Wärtern sind in Amerika, bzw. im Museum von Xi' an zu sehen.

Xigazê/Zhigatse/Rikaze 日喀则
Xizang Zizhiqu/Tibet
Einw.: ca. 50000 Höhe: 3836 m S.386 □ B 3

Xigazê war einst Hauptstadt eines eigenständigen Reiches, das sich in dauerndem Konkurrenzkampf mit Lhasa befand. Die Burg, die früher hoch über der Stadt thronte, liegt heute in Trümmern.

Tashilumbo: Das große Kloster, Sitz des Panchen-Lama, stellt heute die Hauptattraktion der Stadt dar. Einer der Meisterschüler des Tsongkhapa (1357–1419), des Reformators des Lamaismus und Begründers der »Gelben Kirche«, gründete das Kloster. Tsongkhapa prophezeite seinen beiden vornehmsten Schülern, daß sie sich als Oberpriester ständig neu verkörpern würden. So gilt bis heute der Dalai-Lama mit Sitz in Lhasa als Inkarnation des Bodhisattva Avalokitesevara, der Panchen-Lama als die Inkarnation des Buddha

Xigaze, Tashilumbo

< *Xigaze, Avalokitesevara-Statue in Tashilumbo. – Goldenes Dach d. Tashilumbo (o)*

Amitabha. Unter den Anhängern dieser beiden ranghöchsten Hierarchen des tibet. Priesterstaates ist der Streit, welchem Lama der Vorzug gebührt, nie ganz abgeflaut. Auch die chines. Kaiser, die eine Vormachtstellung in Tibet anstrebten, versuchten immer wieder, Dalai- und Panchen-Lama gegeneinander auszuspielen. Seit dem 17. Jh. hatte der Dalai-Lama allerdings politischen Vorrang. 1959 floh der 14. Dalai-Lama vor den Chinesen nach Indien, während der Panchen-Lama immer noch im Land residiert.

Die Hallen und Gräber der Panchen-Lamas ähneln zwar denen der Dalai-Lamas im Potala von Lhasa (siehe dort), sind aber nicht ganz so reich ausgestattet.

Die Gebäude des Tashilumbo stehen an einem Berghang. Ihre Fassaden zeigen im Gegensatz zu denen des Potala reicheren Schmuck. Die Hauptbauten sind reicher gegliedert und mit Altanen und Fenstern versehen. Auch hier kennzeichnen, wie an anderen tibet. Tempelbauten, goldene Dächer in chines. Form die Haupthallen.

Xining		西宁
Qinghai		
Einw.: 1 Mio.	Höhe: ca. 2200 m	S. 386 □ C 2

Die Hauptstadt der Provinz Qinghai liegt an einem Schnittpunkt zwischen tibet., mongolischer und chines. Kultur. Heute wird die Stadt weitgehend von Mongolen bewohnt, zu deren Missionierung für den Lamaismus u.a. die Mönche des berühmten Kumbum bei Xining beigetragen haben. Die Stadt selbst hat außer einer Moschee wenig Sehenswertes zu bieten.

Kumbum/Taersi: Deutlicher als die meisten anderen lamaist. Bauten zeigen die Tempel der Randgebiete, z. B. auch in Qinghai, den chines.-tibet. Mischstil. Die Gebäude des Taersi sind im Gegensatz zu den äußerlich strengen Bauten des tibet. Buddhismus reich gegliedert. Chines. Dachformen und niedrige Bauten herrschen vor. Die Wände der Bauten sind aber gemauert und weisen

Xining, Kumbum

die für tibet. Häuser charakteristischen trapezförmigen Fenster auf.

Der Tempel wurde 1560 gegründet und gehört zur reformierten Schule des Lamaismus (Gelugpa-Sekte). Die *Haupthalle* mit dem goldenen Dach ist der früheste Bau des Tempels. In der Halle steht ein *Silberstupa* über der Stelle, an der angeblich Tsongkapa, der Gründer der Gelugpa, geboren sein soll. In der kleinen Halle im N der Anlage, die ebenfalls ein Golddach trägt, wird eine Figur des Padmasambhava aufbewahrt, jenes Magiers und Buddhisten, der von einem tibet. König Songzangambo im 8. Jh. nach Tibet geholt wurde, um die Buddhisten zu organisieren. Die große, sehr weiträumige *Sutrenhalle* entstand 1606. 1913 wurde sie durch ein Feuer zerstört und später wieder aufgebaut. In dieser Bibliothek des Klosters werden zahlreiche, auch alte, Texte gelagert. Der Stil des Dekors im Gebälk und an den Wänden ist stark von chines. Vorbildern geprägt, aber wesentlich überladener und bunter. Die Figuren zeigen einen anderen Stil als die tibet., aber auch als die chines. Darstellungen. Die Gestalten sind schlanker. Den Gesichtern wurde aber auch in der Kunst des Taersi ein besonders lebendiger Ausdruck verliehen. Die 8 *Flaschenpagoden* beim Eingang sollen die 8 Stufen der Erleuchtung des Shakyamuni symbolisieren.

Xuzhou		徐州
Jiangsu		
Einw.: 700000	Höhe: 45 m	S. 387 □ E 3

Die Stadt liegt im NW der Provinz Jiangsu. In den letzten Jahren wurden in der Nähe mehrere Han-zeitliche Gräber ausgegraben. Die Beigaben sind z.T. heute im Museum zu besichtigen.

Grab Fan Ceng (hinter dem Palast des Qianlong in der Pengcheng lu): In diesem Grab soll angeblich der Berater des großen Widersachers des Liu Bang (Han Gaozu)

Xining, Kumbum, Prinzessin

bestattet sein. Allerdings wurde kein Hinweis auf Fan Ceng gefunden, sondern das Grab eines Han-zeitlichen Edlen, der zur kaiserlichen Familie gehörte: Ihm wurde ein Jadepanzer, der mit Silberdraht zusammengenäht war, mit ins Grab gegeben.

Museum (beim Yunlong shan): Seit der späten Qing-Zeit wurden in und um Xuzhou immer wieder Han-zeitliche Grabstätten entdeckt. Erst nach 1949 führte man jedoch systematische Grabungen durch.
Die Gräber der O-Han-Zeit waren meist mit Reliefs geschmückt. Die frühen Gräber bestanden ganz aus Stein und hatten nur 2 Kammern, während die späteren aus Stein und Ziegeln errichtet wurden und bis zu 3 Kammern besaßen.
Die Szenen der Reliefs zeigen die für die Han-Zeit typischen Themen: Szenen des täglichen Lebens (Ackerbau); die Grabherren beim Ausritt oder beim Fest; mythische Wesen wie Xiwang mu und Dongwang gong; Szenen aus dem konfuzian. Bereich, Zhougong und Chengwang von Zhou, pietätvolle Kinder usw. Die Beigaben waren häufig geraubt. Wo aber noch Teile erhalten blieben, kann man die Feinheit des Kunsthandwerks um Xuzhou erkennen: Es fanden sich Jaden mit sehr sorgfältig gearbeitetem Dekor, Teile von Jade-Panzern, Lampen und Spiegel, aber auch große Grabfiguren aus Ton mit aufgemaltem Dekor.

Qianlong-Palast (im N des Yunlong shan an der Heping lu): In den noch erhaltenen Hallen ist heute das Museum untergebracht.

Yunlong shan (im S der Stadt bei der Heping lu): Der Berg mit seinen schönen Pflanzungen ist berühmt wegen des *großen Buddha des Xinghua si.* Der Kopf stammt aus der N-Wei-Zeit, der Körper wurde aber erst unter den Ming hinzugefügt. Neben dem Buddhakopf sieht man weitere Figuren aus der Tang- und Song-Zeit sowie Inschriften.

Umgebung

Maocun-Grab (13 km s im W des Fenghuang shan): Das 175 n. Chr. datierte Han-Grab ist mit einer Länge von 14 m und einer Breite von 7 m eines der größten Steinkammergräber. Es besteht aus großen Steinplatten und umfaßt mehrere Kammern. An den Türen und an den Wänden befinden sich Reliefs: Die dargestellten Akrobaten stehen vielleicht im Zusammenhang mit Han-zeitlichen Jenseitsvorstellungen. In einem Pavillon sieht man Figuren, die möglicherweise den Grabherrn bei einem Fest zeigen.

Yangzhou 扬州

Jiangsu

Einw.: 408400 Höhe: 604m S. 387 □ E 3

Geschichte: Die erste städtische Siedlung entstand am Ende der Chunqiu-Zeit als Regierungssitz der Herrscher des Staates Wu. In der Folgezeit geriet das Gebiet unter den Einfluß der Könige von Yue und

Yangzhou, Gedächtnishalle für Jianzhen

schließlich Chu. Reste des Zhou-zeitlichen Kanals, des Vorgängerbaus des Kaiserkanals, blieben im NW der Stadt bei Shugang erhalten. Der alte und der neue Kanal führten durch die Stadt oder an ihr vorbei und brachten wirtschaftliche Prosperität. Yangzhou wurde in der Tang-Zeit zu einem der Hauptumschlagplätze für Waren, die ins Zentralgebiet gelangen sollten. Ihren heutigen Namen bekam die Stadt ebenfalls bereits unter den Tang. Die Ruinen der damaligen Siedlung liegen im NW des Ping shan im N der heutigen Stadt. Zu sehen ist nur noch wenig, aber die Ausgrabungen waren ergiebig, und die gefundenen Gegenstände können im Museum besichtigt werden. Kurz vor der Tang-Zeit waren unter Sui Yangdi Zehntausende von Fronarbeitern damit beschäftigt worden, den großen Kanal auszuheben, der mehrere Flußläufe verbinden und den Warentransfer erleichtern sollte. Durch die verkehrsgünstige Lage von Yangzhou entstanden bald Kolonien ausländischer Händler. Ihre Grabstätten mit seltsamen Grabsteinen mit arabischen und syrischen Inschriften kamen immer wieder bei Grabungen ans Licht. Besonders der Salzhandel machte die Stadt reich. In der Song-Zeit konnten die Umsätze der vorhergehenden Epoche nicht mehr ganz erreicht werden, Yangzhou verlor aber seine wichtige Stellung im Handel zwischen S und N nicht ganz. Yangzhou besitzt, wie auch Suzhou, schöne und ehemals private Gärten: z. B. Geyuan mit sehr großen Bambuspflanzungen in der Stadtmitte, Xiyuan, Hongyuan und Yechun yuan, ebenfalls in der Stadtmitte, Heyuan und Xiao Pangu im SO der Stadt.

< *Yangzhou*

Daming si (im NW der Stadt): Die Tempelanlage wurde in der Daming-Zeit der Liu-Song (457–465) gegründet. Von der großen Pagode, die einst das Tempelgeviert überragte, sind nur noch die Fundamente erhalten. Die heutigen Bauten stammen vom

風流宛在

Ende der Qing-Zeit. Im Tempel wurde 1962 eine Gedächtnishalle für den buddhist. Lehrer Jianzhen errichtet, der für die Entwicklung des japan. Buddhismus wichtig wurde. Er war Mitte des 8. Jh. nach Japan gefahren, um dort zu lehren. Quyang Xiu ließ sich in der Song-Zeit ein *Anwesen* im W des Tempels anlegen. Auch sein Schüler, Su Shi, einer der wichtigsten Dichter des 11. Jh., gab hinter dem Landsitz des Quyang eine Gedächtnishalle in Auftrag, die *Gulin tang*. Der Bau mit Malerei und der eigentliche Gedächtnistempel für Quyang wurden in der Qing-Zeit erneuert.
Das gilt auch für die sog. Qingshan tang, von der aus man einen herrlichen Blick hat. Die quing-zeitliche Inneneinrichtung ist erhalten.

Moschee/Xianhe si (an der Wenhe lu im Stadtzentrum): Die Anlage wurde angeblich in der S-Song-Zeit von einem Nachkommen Mohammeds, Puhaddin, gegründet. Sein Grab liegt im O der Stadt. Der Bau wurde 1390 erneuert und in der Qing-Zeit renoviert. Die Haupthalle mit Vorhalle ist zwar in großen Zügen chines., zeigt aber, wie alle islamischen Bauten in China, Besonderheiten und arabische Elemente (Verzierung und Inschriften).

Puhaddin-Grab (auf der O-Seite des alten Kaiserkanals): Die letzte Ruhestätte des islamischen Geistlichen, eine quadratische Kammer mit Kuppeldach, ist im arabischen Stil gehalten. Inschriften und chines. Inschriftenstelen, die über das Leben des Puhaddin berichten, umgeben den Bau. Puhaddin war 1275 gestorben und nach Yangzhou überführt worden. Im Hof des Grabes ließen sich auch andere Muslime bestatten, und die Archäologen ließen an anderen Orten ausgegrabene Grabsteine hierher bringen.

Shigong ci (an der Shi-Kefa lu im Zentrum): Gedächtnistempel für einen General, der die Stadt gegen den Ansturm der Qing zu verteidigen versuchte (1601–1645).

< Yanzhou, Halle im Anwesen des Quyang Xiu

Shita (in der Shita lu w des Wenchang ge): Die Pagode gehörte in der Tang-Zeit zu einem Tempel und nahm Reliquien auf, die dem Heiligtum gestiftet worden waren. Seitdem ist sie mehrmals restauriert worden und hat wahrscheinlich wenig von ihrem ursprüngl. Charakter bewahrt. Der sechseckige, fünfstöckige Steinbau hat auf der ersten, dritten und fünften Stufe an der N- und S-Seite eine Tür. Die übrigen Seiten sind mit Nischen mit buddhist. Plastik, der Sockel mit Tierfiguren verziert.

Shou Xihu (im NW der Stadt): Der »Schmale Westsee« und seine Umgebung wurden zu einem Park umgestaltet. Am S-Ende steht eine schöne gekrümmte Brücke, die sog. *Regenbogenbrücke* (Dahong qiao). Am W-Teil des Sees erhebt sich der zu einem Tempel der Yuan-Zeit gehörende *Qianlong-Stupa*. Das 13 m hohe Bauwerk ist eine Imitation der Beihai-Pagode von Beijing. Im W der Pagode steht die *Wuting qiao*, eine 53 m lange Brücke mit 5 Pavillons. Die vielen geschwungenen Dächer machen sie besonders reizvoll. Die äußeren Pavillons tragen einfache Dächer, der mittlere besitzt ein doppeltes Dach. Alle werden durch kurze Galerien verbunden.

Tianning si (im N der Stadt): Die Anlage entstand 385 unter den Jin als Wohnsitz des Xie An. Sie wurde im 19.Jh. durch ein Feuer zerstört und zwischen 1865 und 1911 wiederaufgebaut. Im Lauf der Zeit diente der Tempel Song- und Qing-Kaisern als Unterkunft. Auch die malenden Mönche der frühen Qing-Zeit, zu denen Shitao gehörte, lebten im Tianning si. Sie wollten sich durch ihren wilden, individualistischen Stil von den Akademiemalern ihrer Zeit absetzen.

Wenchang ge (im Zentrum auf der Wenhe lu): Der einstige Tempel des Gottes der Literatur und Kultur wurde 1585 vor der Provinzschule auf einer Brücke über den Wenhe errichtet und später mehrmals, zuletzt unter den Qing, erneuert. Die Konstruktion des achteckigen, dreistöckigen Baus erinnert vage an die »Halle des Erntegebets« beim Himmelsaltar von Beijing.

Wenfeng ta (im S der Stadt an der Baota lu): Die achteckige, siebenstöckige, ca. 45 m hohe Pagode entstand 1582 unter Wanli. Nachdem die Holzteile verbrannt und nur der Ziegelkern erhalten geblieben war, erhielt sie 1853 ihre heutige Form. Die Dächer und Galerien bestehen aus Holz.

Umgebung

Guanyin shan (2 km nw): Einst standen auf dem Gipfel mehrere Tempel. Heute sind noch einige Hallen aus der Qing-Zeit zu sehen. In der Nähe des Berges steht das *Museum der Tang-Stadt*. In den Ruinen der Tang-Stadt traten zahlreiche Funde zutage: Man fand Architekturschmuck buddhist. Tempel, buddhist. Plastik und auch Grabplastik. Bedeutend waren auch die Keramiköfen von Yangzhou. Ihre Produktion erreichte in der Tang-Zeit einen ersten Höhepunkt, erlebte aber unter den Song ihre Blütezeit. Charakteristisch für die sog. Yaozhou-Ware der Song-Zeit ist feiner Dekor, der mit Modeln in die ungebrannte Masse eingedrückt oder mit Messern eingeschnitten wurde. Schöne Sancai- (Dreifarben-)Keramik ist in den Tang-Gräbern verbreitet.

Shizi-shan-Gruben: In der Nähe des Dorfes Shizi shan wurde 1984 eine mehrere 1000 Figuren umfassende Tonarmee aus der W-Han-Zeit gefunden. Die bis zu 40 cm hohen Statuen lassen sich zwar nicht mit denen vom Qin-Shihuang-Grab vergleichen und haben in der chines. Archäologie bisher nur eine Parallele gefunden: In einem Grab in Yangjiawan bei Xianyang in Shaanxi wurden stilistisch sehr ähnliche Figuren entdeckt, die, wie die Funde am Shizi shan, in die W-Han-Zeit gehören.

Je nach ihrer Funktion sind die Soldaten unterschiedlich gekleidet. Meist tragen sie aber knielange Obergewänder, die übereinandergeschlagen wurden und an beiden Seiten des Körpers in Zipfeln auslaufen, weite Hosen, die in Stiefel gesteckt wurden, und auf den Köpfen meist flache Kappen. Manche haben auch kapuzenartige Mützen auf dem Kopf. Viele der Figuren hielten wohl Waffen aus Holz, die aber heute verloren sind. Die Pferde sind kräftig und haben aufgebundene Schwänze. Die Köpfe von Menschen und Pferden

wurden fast realistisch wiedergegeben, während die Körper stark stilisiert sind. Die Figuren waren reihenweise in Gruben aufgestellt und sollten offenbar eine wirkliche Armeeformation nachahmen, die die Aufgabe hatte, das Grab zu schützen.
Sui-Yangdi-Grab (3 km nw): Yang Guang (569–618) wurde ermordet und zunächst provisorisch bestattet. Erst unter den Tang richtete man ihm offiziell eine Grabstätte, in der später auch seine Frau bestattet wurde. Die Stele, die an ihn erinnert, stammt aus der Qing-Zeit.

Z

Zhao Xian 赵县

Hebei

Einw.: 450900 Höhe: 37 m S.387 □ D 2

Die Kleinstadt im S Hebeis ist aufgrund einiger Bauwerke interessant.

Bolin si (am O-Tor): Die bestehenden Hallen stammen aus der Ming- und Qing-Zeit. Interessant ist die achteckige, 40 m hohe Pagode von 1330 (Yuan-Zeit). Sie erhebt sich über einem mehrfach gegliederten quadratischen Sockel und ist mit Reliefs (Vajradhara, Musikanten) verziert.

Dharani-Pfeiler (Tuoluoni jingzhuang): Der Inschriftenpfeiler entstand 1038 unter den N-Song und ist mit 18 m Höhe der höchste Pfeiler seiner Art in China. Die eingravierten Sutren entstammen einem Text mit Beschwörungsformeln. Der Pfeiler erhebt sich auf einer Basis, die ornamentale Säulchen in einzelne Abschnitte gliedern. Die Basis ist mit Nischen mit figürlichem Schmuck und mit Atlanten geziert. Über einem mehrgliedrigen Sockel mit Ornamentfriesen (Musikanten, lotosblattartige Motive, Architekturimitation mit von Konsolen geschmückten Säulen) erhebt sich eine Miniatur-Gebirgslandschaft, auf der kleine Häuser zu sehen sind. Auf diesem Motiv baut sich die eigentliche Säule auf. Der achteckige Körper wird durch lambrequinartige Vorsprünge, durch Lotosblätter und kleine Tierfiguren unterbrochen. Unter der Spitze, die aus Lotos, Kugel und Perle besteht, und einer Ornamentleiste mit weiteren Atlantenreliefs wurde ein befestigter Turm mit Außenmauer dargestellt. An den Wänden des Turmes befinden sich Buddhareliefs. Es handelt sich bei dieser Säule um eine interessante Verbindung von traditionell taoist. Vorstellungen und buddhist. Inhalten. Das Bergmotiv und die Befestigung an der Spitze des Steinmonuments könnten auf die Paradiesinseln der Unsterblichen oder auf den Wohnsitz der Xiwang-mu hinweisen, einer Gottheit, die auf dem Kunlun, einer Art Weltenberg, thronen soll. Die Darstellungen, Figuren und Tiere sind aber ganz der buddhist. Ikonographie entnommen. Diese Kombination ist wieder ein Hinweis darauf, daß sich die beiden Religionen gegenseitig beeinflußten.

Umgebung

Anji qiao (2,5 km s): Die berühmte Brücke stammt aus der Sui-Zeit. Die 51 m lange und 9,6 m breite Konstruktion verbindet, wie kaum eine andere Brücke, Schönheit und Zweckmäßigkeit. In einem weiten Bogen überspannt sie einen Flußlauf. Um den Fluten nicht zuviel Widerstand entgegenzusetzen, wurden zu beiden Seiten des Hauptbogens je 2 Segmentbogen angesetzt, die den Brückenkörper durchbrechen. Die Oberflächenkrümmung der Brücke ist minimal, was auch schweren Fahrzeugen das Passieren ermöglichte. Die Anji qiao wurde mit feinen Reliefs geschmückt (Drachen und florale Motive). Teile davon sind erneuert. Reste der ursprünglichen

Reliefverzierung sind bei Renovierungsarbeiten im Flußbett gefunden worden und können im Lishi bowuguan in Beijing besichtigt werden.
Im Kreis Zhao liegt auch die *Yongtong qiao*. Sie entstand unter den Jin nach dem Vorbild der Anji qiao.

Zhengding		正定
Hebei		
Einw.: 491700	Höhe: 70 m	S. 387 □ D 2

Die Stadt ist seit der Sui-Zeit ein wichtiges buddhistisches Zentrum.

Huata des Guanghui si (in der Shangmin jie): Die *Pagode* stammt wahrscheinlich aus dem 10. Jh. Der achteckige, dreistöckige, ca. 40 m hohe Bau fällt durch seine ungewöhnliche Form auf. Auf 4 Seiten des Ziegelbaus sind am unteren Stockwerk sechseckige kapellenartige Anbauten zu sehen, die mit Blendfenstern verziert sind. Die Dächer der Kapellen und die kleinen Vordächer der Stockwerke schmücken Reihen von Scheinkonsolen. Auch die Seiten des zweiten Stocks, die nicht mit einer echten Fensteröffnung versehen sind, weisen Blendfenster auf. Das dritte Stockwerk wird wiederum durch Konsolreihen und ein kleines Dach vom darunterliegenden getrennt, ist aber wesentlich schmaler. Das Dach erinnert an den Oberteil einer Flaschenpagode der lamaist. Art, ist aber nicht glatt, sondern besteht aus Reihen von plastischen Blattformen, die zusätzlich mit buddhist. Bildern verziert sind. Unter der Spitze verläuft eine weitere Konsolreihe. Ähnliche Formen findet man unter den Pagoden N-Chinas nur selten (z. B. an der Pagode der Wanfo tang bei Beijing, in den Fangshan oder bei den Qianfo dong von Dunhuang). Sie alle stammen ungefähr aus dem 10. Jh.

Kaiyuan si: Vom Tempel, der angeblich 540 unter den Wei entstand, sind heute nur noch der *Glockenturm* und eine *Pagode* erhalten. Die beiden erhaltenen Bauten sind zwar vielfach renoviert, in der Grundsubstanz jedoch vielleicht Tang-zeitlich. Die quadratische, neunstöckige Pagode ist sehr schlicht, und die Stockwerke werden zur Spitze hin schmaler. Sie haben auf jeder Seite ein Fenster. Einfache Stufenpagoden entstanden in der Tang-Zeit relativ häufig.

Linji-si-Pagode (im SO der Stadt): In diesem Tempel entwickelte sich im 9. Jh. die von Yixuan begründete buddhist. Schule gleichen Namens. Die Pagode entstand 867, um das Gewand und die Almosenschale des Gelehrten aufzunehmen. Der achteckige, neunstöckige und 33 m hohe Bau wurde in der Jin-Zeit renoviert.

Longxing si: Er ist der bedeutendste Song-zeitliche Tempelkomplex in Hebei. Die Anlage weist einige strukturelle Besonderheiten auf, die an anderen Tempelanlagen nicht zu entdecken sind. Besonders die *Haupthalle,* deren Grundriß quadratisch ist, und die von 4 Kapellen umgeben wird, erstaunt. Haupthalle (2) und Kapellen tragen Sattelwalmdächer mit steilem Sattel und fast waagerechtem Fuß. Allein schon die vielfältigen Dachschrägen machen die Dachkonstruktion ungewöhnlich. Die zentralen Andachtsfiguren Shakyamunis und seiner Hauptschüler Mahakashyapa und Ananda stammen noch aus der Song-Zeit. Die beiden anderen Hauptfiguren mit tantrischen Kronen wurden in der Ming-Zeit ergänzt. Die Wände sind mit Jatakaszenen, Bildern aus den vorangehenden Existenzen des Buddha, geschmückt. Die Konsolsysteme des Innenraumes sind wohlproportioniert, und ihre Maße entsprechen wohl in etwa den Vorstellungen der Verfasser des Architekturhandbuches »Yingzao fashi«. Im N folgt eine quadratische *Weiheterrasse* (3), auf der die Novizen ihre Weihen empfingen. W davon liegt die *Zhuanluncangdian,* die »Halle mit der drehbaren Bibliothek«. Sie ist zweistöckig und hat eine Entsprechung in einer Halle des Shanhua-Tempels in Datong (siehe dort). Im Vergleich zur Haupthalle wirkt der Bau schlicht. Zwischendach, Balkon und oberes Sattelwalmdach sind von Konsolreihen gestützt. Im O liegt die Vorhalle. Die um eine im Dachstuhl verankerte Achse drehbare achteckige Bibliothek ist reich mit Scheinarchitektur versehen. Die Halle findet ein Pendant in der im O errichteten Cishi ge. Der größte Bau des Tempelkomplexes ist die 33 m hohe

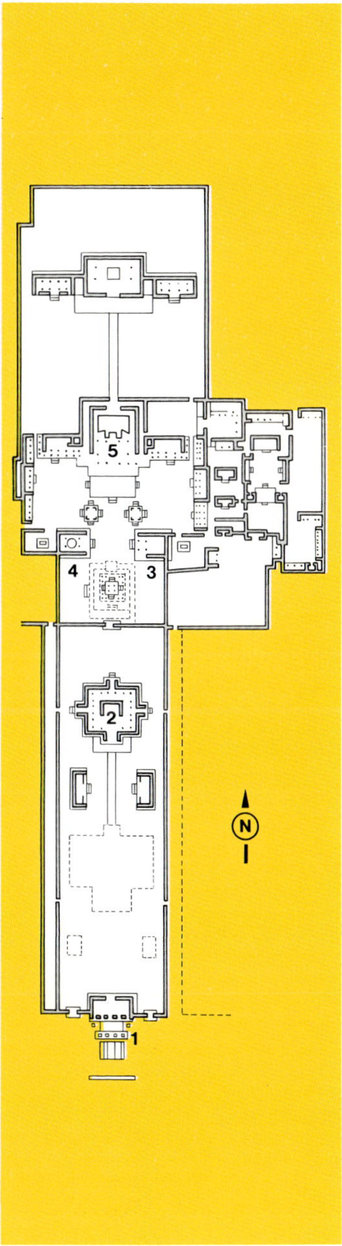

Foxiang ge (Buddhaduft-Pavillon;5) aus dem Jahr 969. Im Zentrum steht eine über 22 m hohe *Guanyin-Figur* mit 42 Armen, die im kaiserlichen Auftrag für den Tempel aus Bronze gegossen wurde. Leider wurde die Halle durch ein Unglück bei Restaurierungsarbeiten in diesem Jh. stark zerstört und danach wiederaufgebaut. Im O des beeindruckenden Foxiang ge steht eine *Stele* aus der Gründungszeit des Tempels (586). Die O-Annexe des Tempelbezirks wurden später als die Hauptbauten errichtet und passen deshalb auch nicht zu der axial konzipierten Anlage. Obwohl auch am Longxing si viel zerstört wurde, bildet er eines der geschlossensten Song-zeitlichen Tempelensembles Chinas.

Tianning-si-Holzpagode (im W des Longxing si): Bei der 860 errichteten Pagode handelt es sich nicht um einen reinen Holzbau, da nur das den Ziegelkern umgebende Gerüst aus diesem Material besteht. Der Bau wurde mehrmals erneuert und 1966 bei einem Erdbeben schwer beschädigt.

Zhengzhou	郑州
Henan	
Einw.: ca. 1,9 Mio. Höhe: 107 m S. 387 □ D 3	

Geschichte: Als in den 20er Jahren dieses Jahrhunderts ersten Funde in Anyang (siehe dort) gemacht wurden, konnte die Existenz der in den historischen Texten erwähnten Shang-Dynastie durch Grabungen als bewiesen gelten. Die Quellen nannten aber nicht nur eine Hauptstadt der Shang. Mehrmals wurde der Sitz des Herrschers gewechselt und Yin, die Shang-Metropole, die bei Anyang entdeckt wurde, war der späteste.

Mit der Ausgrabung mehrerer Stufen städtischer Besiedlung in Zhengzhou, mit einer Bronzetechnologie, die offensichtlich noch nicht so weit entwickelt war wie die von

Zhengding, Longxing si, Gesamtplan. **1** Haupttor (Shanmen) **2** Haupthalle (Monidian) **3** Weiheterrasse (Jietan) **4** Zhuanluncangdian **5** Foxiang ge

Yin, konnten auch diese historischen Berichte bestätigt werden.
Die städtischen Siedlungen der Shang-Zeit von Zhengzhou, denen offenbar Longshan-Niederlassungen vorausgegangen waren, umgab man bereits mit einer Mauer aus Stampferde. Auch ein Palastbezirk ließ sich lokalisieren, dessen Bauten auf ebenfalls aus Stampferde errichteten Terrassen standen.
Die Mauern sind an ihren breitesten Stellen um 32 cm dick und ca. 5 m hoch. Datierungen nach der C^{14}-Methode ergaben ein Alter, das ungefähr dem Jahr 1600 v. Chr. entspricht. Der Palast lag im NO der Mauern. Andere größere Bauten sind noch an den Plattformen in anderen Teilen des Mauergevierts zu erkennen.
Die sog. *Erligang-Periode*, der die Shangstadt von Zhengzhou angehört, läßt sich in zwei Stufen einteilen. Die Funde im Volkspark (Renmingongyuan) von Zhengzhou gehören der späteren Phase an, während die bei Nanguanwai und Luodamiao gemachten der früheren zuzurechnen sind. An den Resten der Shang-Stadt zeigt sich bereits, daß die Gesellschaft schon einen hohen Grad an Spezialisierung erreicht hatte. Die Werkstätten der Töpfer lagen im NW der Stadt, während die Bronzewerkstätten im SO angelegt wurden.
Die Errichtung der großen Bauten war mit Menschenopfern verbunden: In den Fundamenten der Palasthallen und in den Gräbern fanden sich zahlreiche Skelette von Menschen, die offenbar eines gewaltsamen Todes gestorben waren. In manchen Fällen wurden Körper und Rumpf der Opfer getrennt bestattet bzw. beigegeben. Abgesehen von den Menschen wurden auch Tieropfer (vornehmlich Hunde) dargebracht.
Im W, O und S der Stadt wurden Gräberfelder entdeckt. Großgräber mit Erzengtai und Rampe sind noch selten, die meisten sind klein bis mittelgroß. Rechteckige Kammern herrschen vor. In den Ruinen der Werkstätten, in den Palästen und den Gräbern, aber auch in Hortgruben haben sich zahlreiche Bronzegegenstände erhalten. Zusätzlich konnte aus der Entdeckung von Formteilen aus Ton der Schluß gezogen werden, daß der Guß mit Teilgußformen schon voll entwickelt war. Charakteristische Shang-Formen wie gu (hoher schlanker Kelch) oder jue, ein Gießgefäß mit langem, schnabelartigem Ausguß, 2 pilzförmigen Aufsätzen am Rand und sehr hohen schlanken Beinen, kommen bereits in Bronze und, als Nachahmung der Bronzeform, in Keramik vor. Die Typen sind allerdings noch nicht so gut ausgebildet wie später in Anyang. Weitere Gefäßformen sind Dreifüße und Schalen. Seltener kommen viereckige Gefäße vor, die manchmal bis zu 1 m hoch sind. Sie könnten auch von Holzformen abgeleitet sein.
Die Ornamentik ist sehr fein, allerdings noch nicht so reich wie in Anyang: Die Linien sind fein und erhaben. Das symmetrische Tiergesicht ohne Unterkiefer (Taotie), das oft die ganze Breite eines schmalen Ornamentstreifens einnimmt, herrscht vor. Auch Waffen wie Messer und Dolchäxte mit langer, schmaler Klinge wurden aus Bronze gegossen.
Dolchäxte (ge) stellten die Shang-Handwerker auch aus Stein und Jade her, ebenso wie lange schmale Steinbeile. Die Beilklingen ähneln aber wahrscheinlich Abzeichen sog. Yazhang. Außerdem gab es Ringscheiben und die bereits aus neolithischen Fundstätten bekannten zong, lange Röhren mit quadratischem Querschnitt und runder Röhrenöffnung. Die grobe graue Keramik der Yangshao- und Longshan-Kulturen wurde weiter produziert. Es kommen aber auch sehr feine, auf Scheiben gedrehte Gefäße vor, deren Ornamentik manchmal Bronzeverzierungen imitiert. Selten sind kleine Tier- und Menschenfiguren aus Ton. Als Ausnahmen müssen Goldplättchen, die möglicherweise Applikationen auf Textilien darstellten, betrachtet werden. Orakel wurden, wie schon im späten Neolithikum, durch Erhitzen von Tierschulterblättern, meist von Rindern, oder von Schildkrötenpanzern gestellt. Die Knochen wurden mit Inschriften versehen. Die Schrift ist noch sehr einfach und stark piktographisch.
Tempel des Stadtgottes (im N der Dongda jie): Der Ming-zeitliche Komplex ist u. a. mit einer alten *Theaterbühne* ausgestattet.

Museum: Abgesehen von den bedeutenden Shang-zeitlichen Funden sind im Museum auch Relikte aus der neolithischen Siedlung von Dahe cun ausgestellt. Es konnte eine sehr klare Stratigraphie erstellt werden: Unter den frühen Shang-Funden befanden sich 2 Schichten der Long-shan-Periode und 2 Schichten, die der Yang-shao-Kultur zuzurechnen sind. Die Yang-shao-Keramik fällt durch weiße Bemalung auf rotem Grund auf: Man sieht augenartige Ornamente, Schachbrettmuster und Rauten, meist auf einen schmalen Streifen am oberen Rand der Gefäße. Ausgestellt wird außerdem eine neue Kopie (Steingravierung) eines Textes des Song-Dichters Su Shi (Su Dongpo).

Umgebung

Mixian-Gräber (ca. 50 km sw): Hier wurden mehrere Han-zeitliche Grabstätten entdeckt. Einige waren mit Wandmalereien, andere mit Reliefs ausgestattet.

Grab 1 ist aus einer Kombination aus Ziegeln und Steinen errichtet, während Grab 2 nur Steintüren hat, sonst aber aus Ziegeln besteht.

Die Reliefs von Grab 1 zeigen den Grabherrn beim Fest, umgeben von Dienerinnen und Dienern. Die Steintüren sind ganz mit feinen Gravuren überzogen, die stilisierte Türklopferattrappen, Wolkenvoluten, Pflanzenranken und figürliche Motive zeigen. An der Decke sieht man Unsterbliche und andere Mischwesen aus der chines. Mythologie.

In Grab 2 dominiert auf einer Fläche von ca. 200 qm die Wandmalerei. Auf den Wänden sieht man Ausritt- und Festszenen mit akrobatischen Vorführungen, an der Decke Wolkenbänder mit Wesen aus der Mythologie.

Die Gravuren auf den Türen entsprechen ungefähr denen von Grab 1.

Kunst und Kultur Chinas im Überblick

Der kleine kulturgeschichtliche Exkurs, der hier folgen soll, kann natürlich nur einen ganz geringen Teil des riesigen Spektrums chines. Kultur beleuchten. Um dem Leser die weitere Information zu erleichtern, werden auch einige bibliographische Hinweise angefügt.

»Alchemie«

Alchemie ist nur als Umschreibung der Suche nach einem Unsterblichkeitsmittel zu verstehen. Seit der späten Zhou-Zeit verbreitete sich unter den Taoisten die Hoffnung auf eine physische Unsterblichkeit. Dieser Gedanke hat mit dem früheren taoist. Gedankengut nichts gemein. Vorstellungen von den *Pfirsichen der Unsterblichkeit,* einem *Unsterblichkeitskraut* oder *Drogen,* die unsterblich machen, faszinieren weite Kreise der Oberschicht. Manche Kaiser umgaben sich mit zwielichtigen Gestalten, die versprachen, diese Drogen zu erstellen. Oder sie sandten Expeditionen aus, die nach dem Unsterblichkeitskraut suchen sollten. In der Sanguo- und frühen Nanbeichao-Zeit wurden sogar Handbücher verfaßt, in denen Körperübungen, die die Lebenskraft, das qi, erhalten sollten, Amulette mit magischen Zeichen und Unsterblichkeitsdrogen »wissenschaftlich« und systematisch zusammengefaßt wurden. Die Entwicklung der chines. Medizin ist eng mit ernst zu nehmenden Teilen dieses Systems verbunden.
Eine der Hauptingredienzien der Unsterblichkeitsmittel war Zinnober, eine Quecksilberverbindung.

Literatur: Max Kaltenmark: *Lao-tzu und der Taoismus,* Frankfurt 1981.

Antiquitäten und Inschriftenkunde

Das Sammeln alter Bronzen und Malereien hat in China eine lange Tradition. Schon in der späten Nanbeichao-Zeit begannen besonders die Kaiser, aber auch Privatleute, große Gemäldesammlungen anzulegen. Da in den Kriegswirren bereits viele Bilder alter Meister der Sanguo- oder frühen Nanbeichao-Zeit verlorengegangen waren, wurden für Originale hohe Preise bezahlt. Fälscher erlagen der Verlockung, den Markt mit neuen »alten Meistern« zu beschicken. Einen ersten Höhepunkt der Antiquitätenleidenschaft erlebte China in

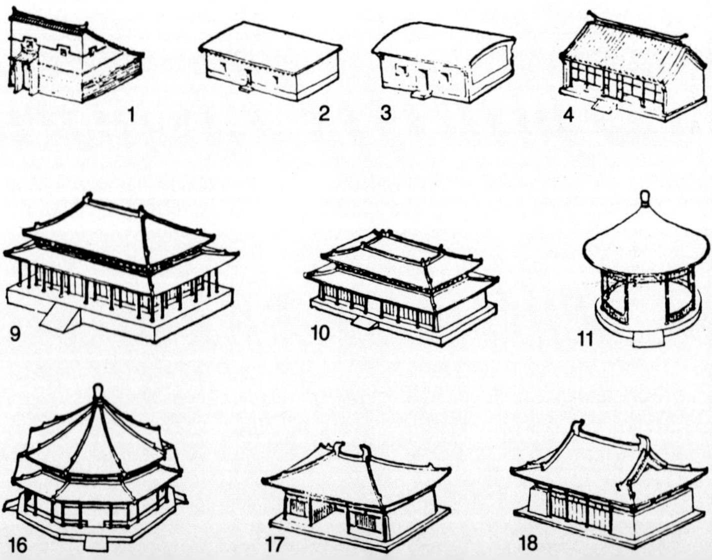

Einfachere Dachformen: 1 - 16 Qing-Zeit, 17, 18 Tang-Zeit, 19, 20 Xinjiang, 21 Tibetische Form.

der Song-Zeit, was vielleicht auch unter dem Aspekt der konfuzian. Renaissance dieser Zeit zu betrachten ist: Nicht nur den herausragenden Herrschern, auch den Produkten der ersten Dynastien wurde besondere Qualität zugeschrieben. Shang- und Zhou-zeitliche Bronzen wurden besonders in kaiserlichem Auftrag in großen Mengen aufgekauft und in Katalogen bearbeitet, die z.T. auch die Inschriften wiedergeben. In diesen Werken (z.B. »Xuanhe bogutu« und »Xuanhe huapu«, die Kataloge der Sammlungen des Kaisers Huizong der N-Song) setzte man sich, allerdings nicht immer sehr kritisch, mit den Stücken auseinander. Manche Gelehrte versuchten aber auch bereits, die alten Schriftformen zu klassifizieren und Sammlern so die Möglichkeit zu geben, Fälschungen zu erkennen, die in großer Zahl auf den Markt kamen. Nicht immer sind aber Gefäße, die den alten Stil nachahmen, als Fälschungen zu betrachten. Manche sind ganz offensichtlich nachempfunden und dem Song-zeitlichen Geschmack angepaßt. Die Kataloge der Malereien in kaiserlichen und privaten Sammlungen unternehmen häufig eine Klassifizierung der Maler nach bereits zur Song-Zeit alten Kriterien, die z.T. schon unter den Tang oder noch früher entwickelt wurden.

Architektur

Neolithikum: Die Häuser sind meist halb unterirdisch, nur die Dächer oder Teile der Wände ragen über den Boden. Sie wurden zu Dörfern zusammengefaßt, die oft auf Flußhochufern liegen. Sie sind rund oder quadratisch, oft auch rechteckig mit Sattel- oder Kegeldach, der Boden ist gestampft und in manchen Fällen mit einer Kalkschicht überzogen. In der Mitte liegt eine versenkte Feuerstelle. Reste von Repräsentativ- oder Sakralbauten sind noch sehr selten.

Shang-Zhou-Zeit: Städtische Siedlungen kommen auf, die mit einer Mauer aus Stampflehm umgeben sind. Die Wohnungen der Bevölkerung ähneln noch neolithischen, aber man kann Palastkomplexe erkennen, die sich durch Plattformen aus Stampferde vom übrigen Gebiet abheben. Es gibt meist große, rechteckige Hallen, deren Form sich noch aus der Stellung der steinernen Säulenbasen ermitteln ließ. An manchen Ruinen (z.B. in Gaocheng/Hebei, Lehmwände) sind noch Satteldächer zu erkennen. Zur Dachdeckung benutzte man noch vergängliche Materialien. Der Architekturschmuck bestand wahrscheinlich aus Stein (z.B. Tiere).

In der Zhou-Zeit gab es auch Hallen mit 2 oder 3 Stockwerken. Die Dächer der O-

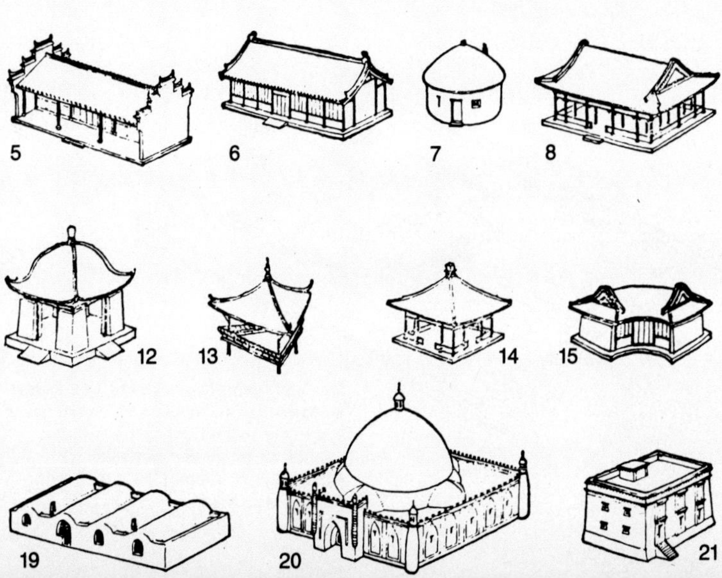

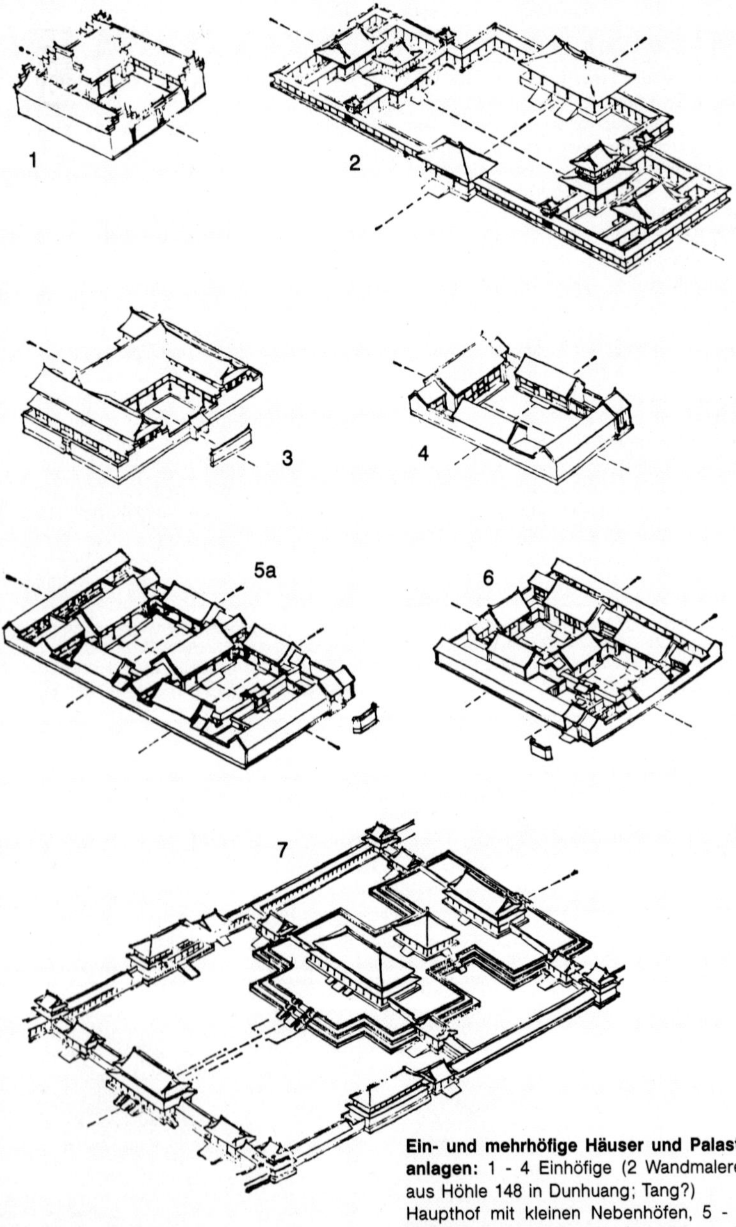

Ein- und mehrhöfige Häuser und Palastanlagen: 1 - 4 Einhöfige (2 Wandmalerei aus Höhle 148 in Dunhuang; Tang?) Haupthof mit kleinen Nebenhöfen, 5 - 7 Mehrhöfige (7 Haupthallen des Gugong in Beijing, Ming/Qing)

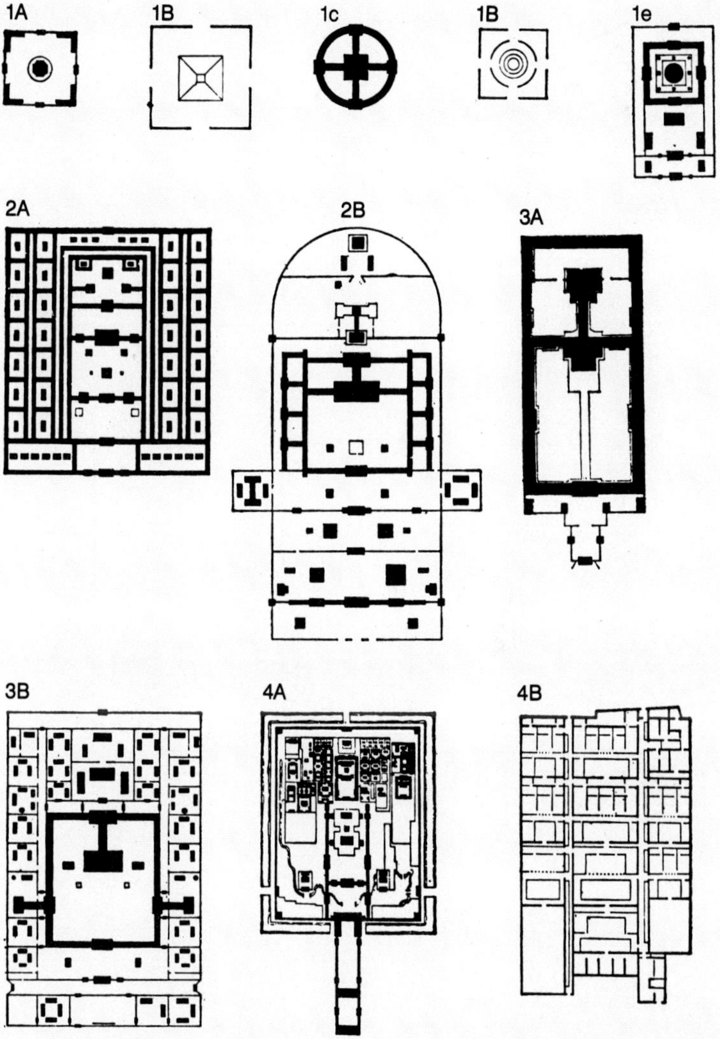

Tempel und Palastanlagen: 1a - 1b Han-Zeit, Zentralanlagen (1a Tempel bei Xi'an, 1b Grab des Han Wudi), 1c Song-Zeit, 1d - 1e Ming- und Qing-Zeit (1d Himmelsaltar Beijing, 1e Chengde Pule si), 2a Tang-Zeit, Tempelanlage, 2b Jin-Zeit/Song-Zeit, Tempelanlage, 3a - 3b Ming-Qing-Zeit, Tempelanlage, 4a - 4b Ming-Qing-Zeit, Palastanlagen (4a Gugong in Beijing)

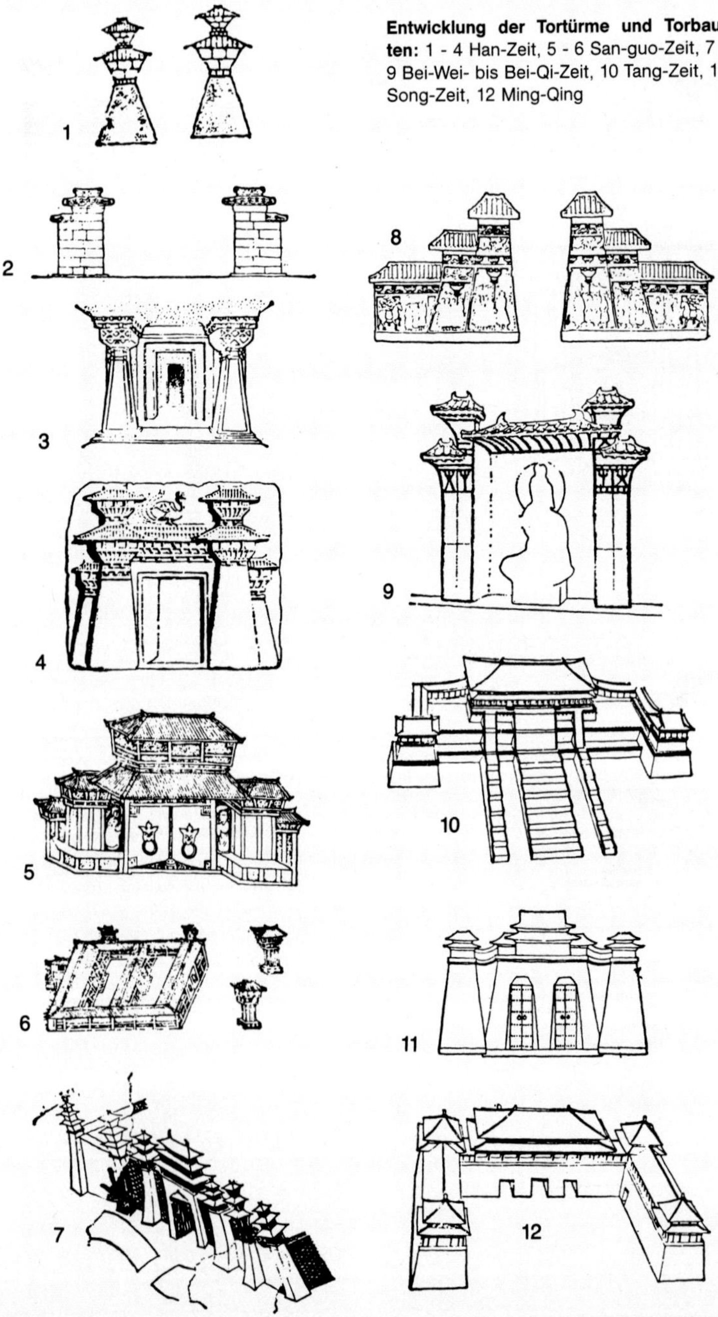

Entwicklung der Tortürme und Torbauten: 1 - 4 Han-Zeit, 5 - 6 San-guo-Zeit, 7 - 9 Bei-Wei- bis Bei-Qi-Zeit, 10 Tang-Zeit, 11 Song-Zeit, 12 Ming-Qing

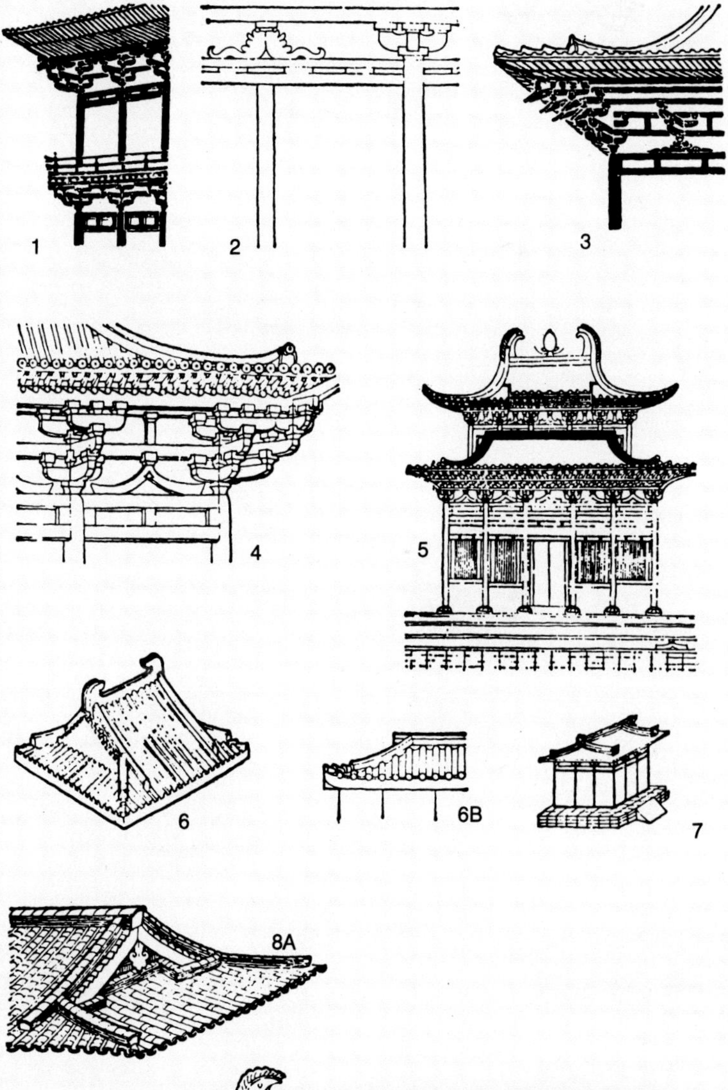

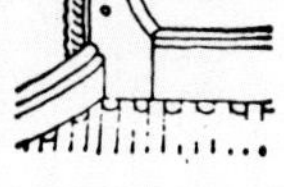

Dachschmuck und Konsolgebälk: 1 - 4 Tang-zeitliche Konsolformen (2 und 4 mit V-Trägerkonstruktionen), 5 - 8 Tang-zeitliche Dachkonstruktionen (5, 6a und 8b mit sog. Eulenschwänzen)

1

2

3

4

5

6

7

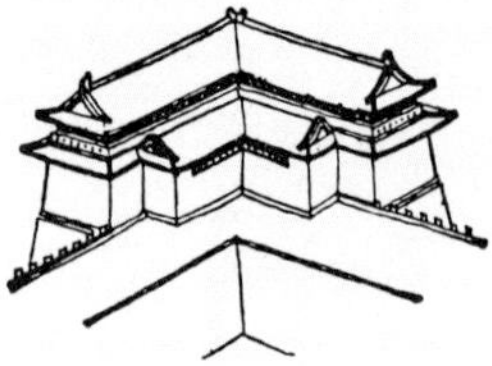

8

9

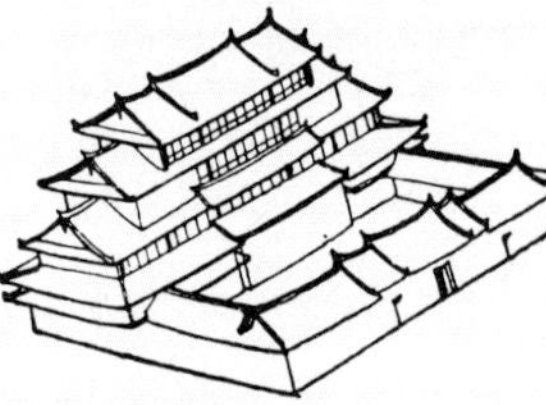

10

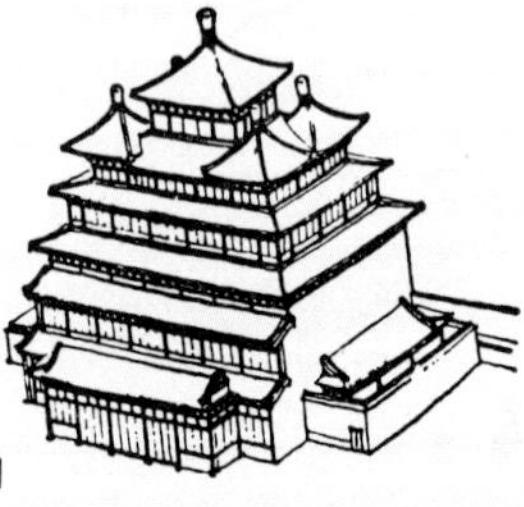

11

12

13

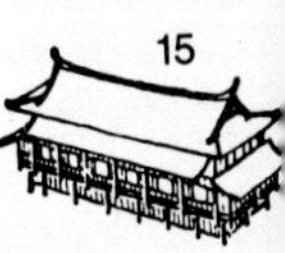

14

15

Komplizierte Dachformen: 1 - 11 Qing-Zeit, 12 Zhejiang, 13 Zhejiang, Haus der Hakka-Minorität, 14, 15 Guizhou, Häuser der Dong-Minorität, 16 - 19 Dachformen auf Gemälden der Song-Zeit, 20, 21 Tibetische Formen

17

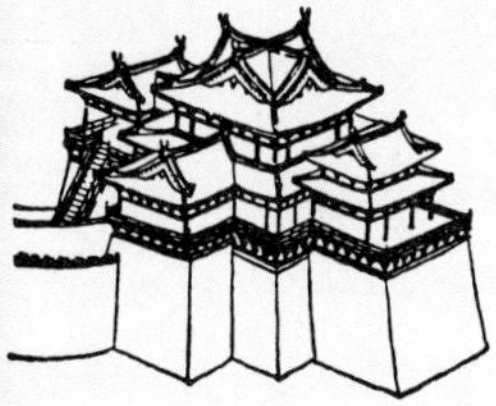

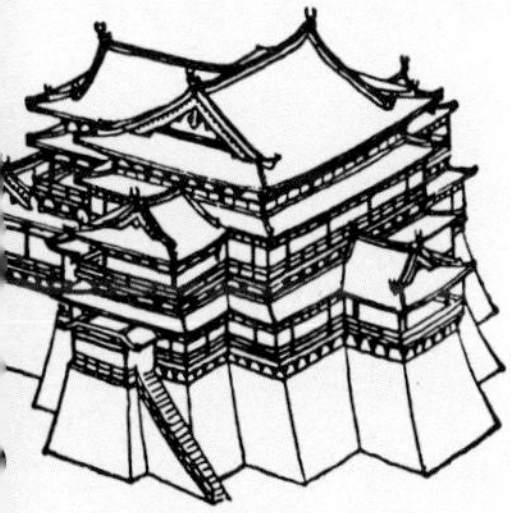

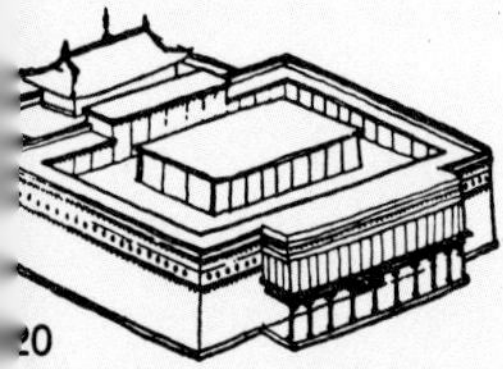

ℓ0

1

Zhou waren mit Ziegeln gedeckt, die Enden der runden Traufziegel mit Ornamenten verziert. Die Dächer hatten schon Schmuckaufsätze, die vielleicht auch Unheil abwenden sollten. Die Repräsentativbauten standen, wie zuvor, auf Plattformen, was auch in späterer Zeit und bis heute beibehalten wurde.

Han-Zeit: Einige der Charakteristika der späteren Architektur sind bereits ausgebildet, z.B. die Holzgerüstbauweise. Die Größe der Häuser wird wohl schon nach Säulenzwischenräumen bemessen (Jian), die allerdings noch nicht, wie in späterer Zeit, normiert sind.

Über die Han-Architektur gibt es vielfältige Informationen. Zahlreiche Architekturmodelle aus Ton fanden sich in Gräbern, und auch die Reliefs und Malereien liefern Informationen. Dargestellt wurden mehrstöckige, von Mauern umgebene Turmbauten, Paläste mit Ehrentürmen vor ihren Türen (que), kleinere Anwesen mit um einen Hof gruppierten Gebäuden, Kornspeicher (rund oder rechteckig), die manchmal auf Stelzen oder hohem Sockel stehen und hochliegende Fenster haben, Ställe mit Schweinen u.ä.

An den Bauteilen gibt es Neuerungen: Vorformen von Konsolen, die zunächst nur zweiarmig sind, statt Plinthen oder Kapitell, vergitterte Fenster, sehr fein ausgearbeitete Verzierungen und Inschriften an den Traufenden, Dachaufsätze wie Vögel, Fische (z.T. Feuer abwehrende Beschützer des Hauses).

Seit der *Qin-Zeit* werden Palastanlagen sehr ausgedehnt. Bei Xi'an in Shaanxi entdeckten Archäologen Reste großer Paläste der Qin- und Han-Kaiser. Es kommen auch Sakralbauten von symbolträchtiger Gestalt und Grundriß auf: Kombinationen aus Kreis und Quadrat. Die Grundrisse könnten Hinweise auf kosmische Diagramme (Kreis: Himmel; Quadrat: Erde) sein. Manche der Plattformen und Mauern wurden mit Steinen belegt. Wandmalereien und Schnitzereien am Gebälk sind verbreitet, was man aus poetischen Beschreibungen der Paläste (fu-Form) erfahren kann.

Sanguo- und Nanbeichao-Zeit: Die Grundelemente werden beibehalten, an den Details verändert sich aber viel: Die Dächer sind leicht geschwungen, was eine Erweiterung des Konsolsystems nötig

1

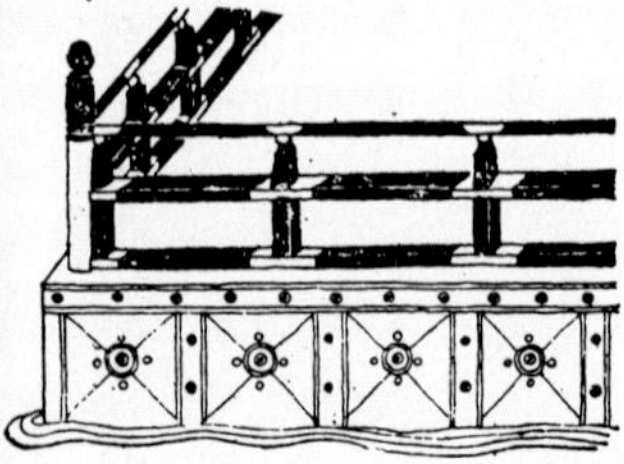

2

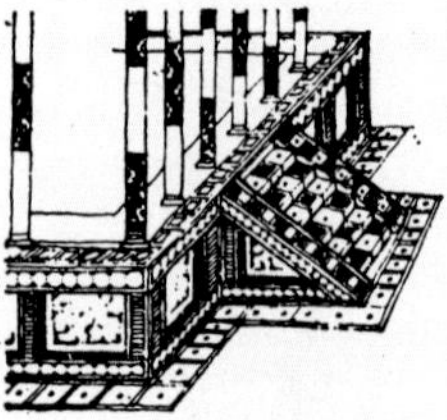

3

5

6

7

8

10

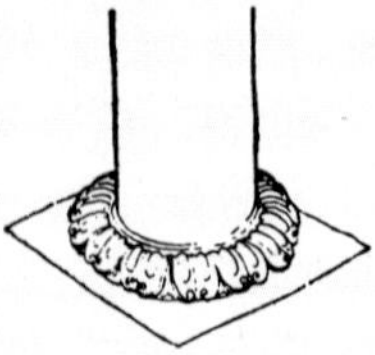

11

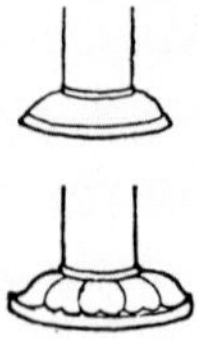

12

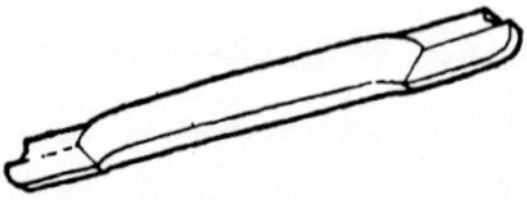

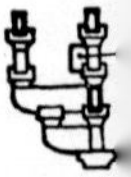

15

16

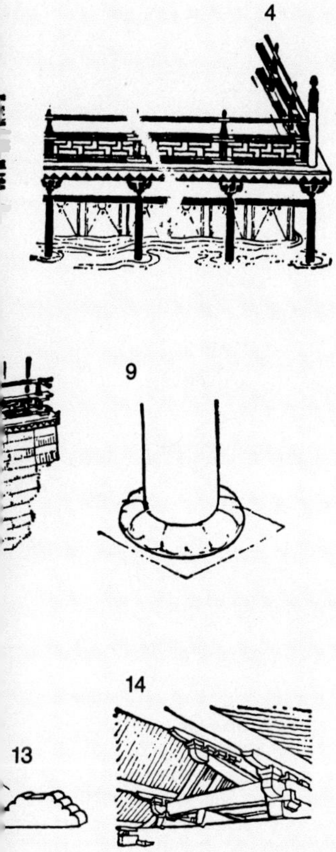

Erweitertes Konsolgebälk: 1 - 8 Tang-zeitliche Balkon- und Geländerkonstruktionen, 9 - 11 Tang-zeitliche Säulenbasen, 12 - 14 erweitertes Konsolgebälk Tang, 15, 16 Fenster- und Türformen

machte. Den beiden Konsolarmen, die in der Wandebene liegen, werden Querarme hinzugefügt, die auch schon weitere Aufbauten tragen. Auch die soliden Dachstühle werden ausgebaut (Längs-, Quer- und darauf aufliegende Rundbalken). Es gibt Eulenschwänze, flügelartige Dachaufsätze, die in späterer Zeit durch Tierformen bereichert werden. Zum üblichen Architekturschmuck treten Darstellungen von Mischwesen, die aus dem zentralasiatischen Bereich stammen könnten.

Tang-Zeit: Die Konsolsysteme werden verfeinert. Zwischen die Gruppen über den Säulen werden zusätzliche Träger eingeführt (V-Träger, da sie die Form eines auf dem Kopf stehenden V haben). Sie werden später durch zusätzliche Konsolgruppen ersetzt. Um die Ausbaumöglichkeiten des Dachstuhles noch zu erweitern, wurden überbreite Querbalken statt einfacher Stützbuckel und Kreuzkonsolen eingeführt, die mehr Druck abfangen und mehrere Balken (Quer- und Längsbalken) zugleich stützen konnten. Alle Dachformen und Dachverdopplungen können schon an Architekturdarstellungen beobachtet werden (Sattel-, Walm-, Sattelwalmdach u.a. Formen).

Song-Zeit: In der Architektur wird stärker auf die schöne Form geachtet. Die Schönheit und Wohlproportioniertheit eines Baus steht zwar nicht im Vordergrund, aber gleichberechtigt neben der Funktionalität. Abgesehen von der Betonung der aufgebogenen Traufe werden auch andere Konturlinien verändert. In manchen Fällen bekommt nun auch der First eine leichte Biegung nach unten, gerade Linien werden häufig vermieden. Die komplizierten Konsolen sind zugleich Ornament und erfüllen ihre Stützfunktion. Sie sind oft durch schräg nach unten stehende Hebelarme (ang) verstärkt, die den Systemen einen noch lebendigeren Ausdruck verleihen. Gleichzeitig wird eine Tendenz zur Vereinheitlichung und Normierung der Baugrößen und ihrer Teile erkennbar. Architekturhandbücher, wie das »Yingzao fashi«, werden verfaßt.

Ming- und Qing-Zeit: Die charakteristischen Formen werden beibehalten, manche Teile verlieren aber ihre Funktion. Die Konsolen degenerieren zur reinen Schmuckform. Die tragenden Teile sind

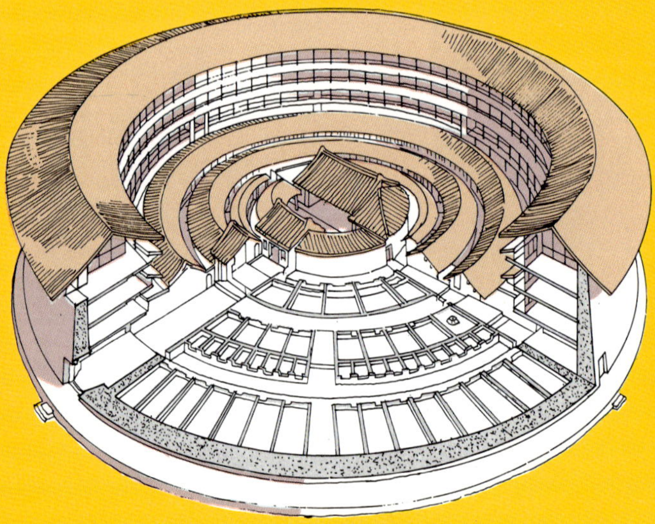

Yongding, sog. Chengli lou, Wohnkomplex der Hakka-Minorität. Die ca. 1 m dicke Außenmauer besteht aus Lehm, die Bauten im Innern sind aus Holz. An der Außenmauer befinden sich die Wohnräume. Im Erdgeschoß liegen die Lagerräume, darüber die Küchen. Die eigentlichen Wohnräume sind in den obersten Stockwerken untergebracht. Die Gebäude im Zentrum stellen Repräsentationsräume für Hochzeiten und andere Festveranstaltungen dar

Balken, die zum Teil von den Zierkonsolen verdeckt werden. Vielfach wirken die Bauten dadurch überladen.

Die *moderne Architektur* in der Volksrepublik China war und ist stark von der sowjetischen Repräsentations- und Monumentalbauweise geprägt. Regierungs- und Verwaltungsgebäude, sowie große Kaufhäuser verbergen häufig nüchternste Funktionalität hinter gigantischen Fassaden, die oft mit Symbolen des chines. Sozialismus, z. B. dem Roten Stern, verziert sind. In manchen Fällen wurde das Bild einer Stadt durch große Aufmarschplätze und die Monumentalarchitektur verändert und zerstört. Besonders an Museen, aber auch an einigen offiziellen Bauten versuchte man eine Kombination klassischer chines. Elemente und der eben beschriebenen Formen, was meist unharmonisch wirkt (z. B. geschwungene Dächer an Hochhäusern). Das Gesicht vieler Städte veränderte sich in den letzten Jahren auch in anderer Weise: Alte Wohnviertel aus ein- und zweistöckigen Bauten müssen neuen Betonwohnblöcken weichen, die allerdings, man muß es der Gerechtigkeit halber sagen, helfen, die katastrophalen sanitären Verhältnisse in den Ballungsräumen zu verbessern.

Literatur: Andrew Boyd: *Chinese-Architecture and Town Planning 1500 B. C. – A. D. 1911*, London 1962; Thomas Thilo: *Klassische chinesische Baukunst.* Strukturprinzipien und soziale Funktion, Wien/Leipzig 1977.

Bronzeschale der Zhou-Zeit

Berge. *Fünf heilige:*
Die Zahl 5 ist sehr wahrscheinlich auf eine Systematisierung der Zhou- oder frühen Han-Zeit zurückzuführen (5 Elemente, 5 Richtungen). Der wichtigste von ihnen, der auch schon sehr lange verehrt wird, ist der Tai shan. Den Han-Kaisern und manchen Herrschern späterer Dynastien galt es als Höhepunkt ihrer Macht, am Tai shan die an den Himmel und die Erde gerichteten Feng- und Shan-Opfer auszuführen. Möglicherweise wurde der Berg als eine Art Weltachse gesehen, eine Verbindung zwischen himmlischen Gefilden und einer unterweltähnlichen Region. Diese Annahme wird auch deshalb wahrscheinlich, da der Tai shan in späterer Zeit auch als Sitz der Seelen galt, von dem sie zur Belebung eines Körpers ausgesandt wurden, und zu dem sie auch nach dem Tode zurückkehrten. Man nahm daher auch an, daß der Herr des Tai shan über das weitere Schicksal der Seelen zu befinden habe. In den Tempeln des Tai-shan-Gottes im ganzen Land konnte man daher auch Bilder der Höllen und ihrer Richter finden. Auf dem Berg wurde auch die Tochter des Herrn, das sog. *Jademädchen* oder auch -fräulein, verehrt, das für reichen Kindersegen zuständig war. Auch an den anderen Bergen fanden Opfer statt, und sie wurden auch als heilig betrachtet. Der gleiche Rang wie dem Tai shan kam ihnen aber niemals zu. Die übrigen 4 heiligen Berge sind: Song shan in Henan als Berg der Mitte, Heng shan in Hunan als S-Berg, Hua shan in Shaanxi als W-Berg und Heng shan in Shanxi als N-Berg. Allen diesen Gebirgen wurde eine stabilisierende Wirkung auf das ganze Gebiet zugeschrieben, sie galten auch als Herren der Region.

Bronzeguß:
Man nahm zunächst an, daß die chines. Bronzen in verlorener Form hergestellt worden seien, da man zwar die Bronzeobjekte, nicht aber die Produktionsstätten kannte. Als die Ausgrabungen in Anyang Mitte der 20er Jahre begonnen wurden, fand man aber auch Formen oder Teile

Bronze der Shang-Dynastie

davon. Es stellte sich heraus, daß die frühen Bronzen in Teilgußformen hergestellt wurden. Die Formen entstanden, indem man zunächst ein Modell des Gefäßes aus Ton um einen Tonkern aufbaute, davon einen Abdruck, wiederum in Ton nahm, der dann die eigentliche Form bildete. Der Abdruck wurde in Teile zerlegt und das Modell zerbrochen. Inschriften und die Feinstrukturen des Dekors wurden nachträglich in die Form eingeschnitten. Danach konnte die Form wieder über dem Tonkern zusammengesetzt und mit Bronze gefüllt werden. Die Gußnähte, die oft mit Graten der Gefäße zusammenfielen, wurden nach dem Erkalten überarbeitet. Das in Europa verbreitete Wachsausschmelzverfahren tritt erstmals in größerem Umfang in Randkulturen der *Zhan-guo-Zeit* auf (Dian-Kultur, siehe auch Kunming). Da die Kunst des Bronzegießens schon sehr weit gediehen war, man aber mit dem Schmieden von Metallen kaum Erfahrung hatte, wurde seit dem 5. Jh. v. Chr. auch Eisen gegossen. Die Gefäßformen sind sehr vielfältig, wobei einige Formen besonders charakteristisch für die *Shang-Zeit* sind (jue, gu und li).

Die Ornamentik beschränkt sich zunächst hauptsächlich auf stilisierte Tierformen (Tiergesichtsmaske, eine Art Drachen, Ele-

Bronzepferd der östlichen Han-Dynastie

fanten). Der Dekor ist meist streng symmetrisch auf dem Gefäßkörper angeordnet, wobei das Tiergesicht dominiert. Freie Flächen werden mit Spiralen oder Punkten gefüllt.

In der Zhou-Zeit wurden die Tierformen immer stärker zum Ornament, manchmal erkennt man kaum noch, daß es sich um Tierdarstellung handelt. Drachenkörper werden zu einem flächendeckenden Muster verwoben und überziehen plastisch Henkel und Gefäßränder. In der *späten Zhou-Zeit* kommen Gold und Silbereinlagen hinzu. Die Technik wird in der *Han-Zeit* noch erweitert.

Neue Impulse erhielten die Bronzegießer durch die Einführung des Buddhismus. Viele der Tempel wurden mit Bronzeplastik ausgestattet, die aber während der zahlreichen Buddhistenverfolgungen immer wieder eingeschmolzen wurde.

Die meisten der heute erhaltenen buddhist. Bronzen entstanden während und nach der Song-Zeit.

Literatur: Christian Deydier: *Chinesische Bronzen*, München 1981.

Buddhismus

Von der Lehre des historischen Buddha und der ersten Form der Religionsgemeinschaft, die dem heute sog. *Hinayana* folgte, haben sich in China nur wenige Spuren erhalten. Im Zentrum dieser buddhist. Schule stehen der Erleuchtungsweg des Shakyamuni, d.h. des historischen Buddha, und seine Lehre von der Scheinhaftigkeit allen Seins und vom Gesetz der Wiedergeburt, die ausgelöst wird durch die Anhäufung guter oder schlechter Taten, aus deren Summe sich die Stellung des Neugeborenen in der Welt ergibt. Die Überwindung dieses Gesetzes durch die Erkenntnis der Scheinhaftigkeit der Welt und ihrer Verlockungen war eines der Hauptziele des Anhängers des Hinayana.

Der historische Buddha galt auch, im Gegensatz zum *Mahayana-Buddhismus,* der für die Entwicklung der Religion in China von besonderer Bedeutung war, im Hinayana nicht als gottähnliches Wesen, sondern er war einer von vielen Lehrern, der es allerdings in seiner Erkenntnis am weitesten gebracht hat. Im *Mahayana-Buddhismus* hingegen treten andere Vorstellungen in den Vordergrund: Er gibt unzählige Buddhas aller Zeitalter, die, irdischen Gefilden entrückt, in paradiesischen Regionen weilen. Die Funktion des Lehrers und Retters übernehmen mit übermenschlichen Fähigkeiten ausgestattete Bodhisattvas, Wesen, die zwar die Erleuch-

Bronzespiegel aus der Tang-Dynastie

Bodhisattvas, Deckengemälde aus der Tang-Dynastie

tung erlangt haben und dadurch aus dem Kreislauf der Wiedergeburten treten könnten, aber aus Mitleid mit der gequälten Kreatur in der Welt bleiben und ihr auf dem Weg zur Wahrheit weiterhelfen. Diese barmherzigen Wesen sind umgeben von einer Schar von Gottheiten und dem wahren Glauben unterworfenen Dämonen, die ihnen zu helfen haben. Diese Form des Buddhismus hat in den ersten nachchristlichen Jahrhunderten den wichtigsten Einfluß auf das religiöse Leben Chinas ausgeübt. Dabei bezog der chines. Buddhismus ganz wesentliche Elemente aus der Form, in der er mühsam von den Intellektuellen adaptiert wurde. Die ersten Buddhisten in China hatten nämlich immense Schwierigkeiten bei der Übersetzung der Sanskrit-Termini zu überwinden, da es für die meisten unter den Begriffen der chines. Philosophie keine Entsprechungen gab. Man entlehnte für die Übersetzungen Teile der taoist. Terminologie, die sich allerdings nur partiell mit den buddhist. Vorstellungen deckten. Das führte einerseits zu Mißverständnissen, andererseits war die Koppelung für beide philosophischen Richtungen fruchtbar. Gerade die zentralen Begriffe des Nichts, des Seins und des Scheins bekamen dadurch für Taoisten wie für chines. Buddhisten neue Aspekte, die für viele der in China anwesenden indischen oder zentralasiatischen Lehrer nicht recht vertretbar waren.

In der *Tang-Zeit* und auch schon kurz vorher ist auch das Auftreten der tantrischen Schulen des Buddhismus in China zu verzeichnen. Der *Tantrismus* führte, abgesehen von anderen Formen des Ritus, neue Dimensionen der göttlichen Wesen ein: Das Wesen der Buddhas, Bodhisattvas und Gottheiten besteht aus Erscheinungsformen, furchtbaren und friedlichen, den männlichen Wesen werden weibliche beigegeben, die ebenfalls Teil ihrer göttlichen Erscheinung sind (Einfluß des Hinduismus). In China selbst spielte diese Form aber nie eine dominierende Rolle, wohl aber in Randgebieten, wie der Mongolei oder in anderen Ländern, wie Tibet (Lamaismus).

Vielleicht eine Art Gegenreaktion gegen diese Vervielfältigung und andererseits Verflachung des buddhist. Gedankenguts stellt eine weitere Schule dar, die sich seit dem 6. Jh. entwickelte und in der Tang-Zeit eine erste Blüte erlebte - der *Chan-(Zen-)-Buddhismus.*

Im Chan-Buddhismus spielt wieder die Suche nach der Erleuchtung eine große Rolle. Dabei wird aber weitgehend auf Schriften und heilige Bilder verzichtet, ihnen wird kaum Bedeutung zugemessen. Jeder Mensch kann nach der Meinung der Chan-Lehrer die Erleuchtung erlangen. Zur Erleuchtung kann man nicht schrittweise kommen, sondern sie geschieht plötzlich und vollständig, ausgelöst in manchen Fällen durch ein schockhaftes Schlüsselerlebnis.

Gestalten des Pantheons

Die Gestalten des Pantheons sind keineswegs immer eindeutig zu bestimmen, in einigen Fällen treten aber gewisse Merkmale immer wieder auf.

Amitabha: Die Verehrung des Buddha Amitabha wurde ganz besonders in der Tang-Zeit propagiert, als die Sekte vom Reinen Land (Jingtu-zong) großen Zulauf hatte. In den Höhlen von Dunhuang und an Tempelwänden wurde der Buddha oft in seinem Paradies thronend dargestellt (Sukhavati), in das man allein schon durch die Anrufung da Amitabha gelangen konnte. Die Entrücktheit dieser Paradiese versuchten die Künstler durch strengste Symmetrie und spiegelperspektivische Architektur wiederzugeben. Im Vordergrund, vor dem thronenden Amitabha, ist oft ein Lotosteich zu erkennen, dessen Blüten kleine Kinder entsteigen, die im Paradies Wiedergeborenen. Orchester himmlischer Musikanten erfreuen das göttliche Auditorium. Der Buddha ist von Bodhisattvas, Arhats und Gottheiten umgeben. Auch andere Buddhas wurden in Paradiesen dargestellt, am häufigsten aber Amitabha.

Ananda: Einer der beiden Hauptschüler Buddhas. Steht oft mit Mahakashyapa zu seiten des Shakyamuni (kahlgeschorene Mönchsgestalten).

Apsara: Niedrige weibliche Gottheit des Mahayana-Pantheons. In der chines. Kunst meist, wie in der indischen, leichtbe-

Bodhisattvastatue der Tang-Dynastie

kleidet und herabschwebend dargestellt, manchmal mit Instrumenten in den Händen. An den Decken der buddhist. Höhlen sind die anmutigen Gestalten oft um eine zentrale Lotosblüte angeordnet.

Avalokiteshvara →Guanyin.

Babao (8 Kostbarkeiten): 8 buddhist. Symbole, die oft zu einer Gruppe zusammengefaßt werden: Rad der Lehre, Schnecke, Schirm, Baldachin, Lotos, Flasche, Fischpaar und endloser Knoten.

Da Mo (Bodhidharma): Der erste Patriarch der Chan-Schule wird oft in der monochromen Tuschmalerei, dem Hauptmedium der Chan-Maler, dargestellt. Meist erscheint er mit weitaufgerissenen großen Augen, ausgeprägt unchines. Zügen und Bart. Manchmal ist eine Gewandfalte über seinen Kopf gelegt. Seltener wird der Lehrer bei seiner Überquerung des Yang zi wiedergegeben, wozu er ein Schilfrohr benutzt haben soll.

Dizang (Kshitiga rbha): Der einzige Bodhisattva, der als geschorener Mönch mit dem Rasselstab dargestellt wird. Er gilt als

Führer der Seelen durch die buddhist. Höllen und als Fürsprecher der Gemarterten.

Guanyin (Avalokiteshvara): Der Bodhisattva tritt in verschiedenen Formen auf. Sehr oft wird er als fürstlich Gekleideter dargestellt, der in seinem Diadem ein Bild des Buddha Amitabha, aus dessen Meditation er entstanden sein soll, trägt. Oft hält er eine Lotosblüte (Padmapani) oder eine Flasche in der Hand. Er gilt als Bodhisattva der Barmherzigkeit und Retter in Notsituationen. In seiner tantrischen Form hat er oft eine Vielzahl von Armen und Köpfen (12, 42 und bis zu 1000). In der Song-Zeit fand eine Veränderung in der Darstellungskonvention statt: Der Bodhisattva wird zu einer weiblichen Gottheit. Man nimmt an, daß eine Verbindung mit einer lokalen Meeresgöttin des S und mit einer Gottheit des Kindersegens stattgefunden hat, denen ähnliche Eigenschaften wie Guanyin nachgesagt wurden. Seither wurde Guanyin oft als weibliche Figur in weißem Gewand, auf einem Felsen im Wasser sitzend, dargestellt.

Luohan (Arhat): Im engeren Sinne sind hiermit die Hauptschüler des Shakyamuni-Buddha gemeint. Später wurde der Begriff aber auf alle nach der Erleuchtung suchenden Menschen, die schon weit auf ihrem Weg fortgeschritten waren, übertragen. Daher sind in den Tempeln oft große Gruppen von Luohan-Figuren zu finden. Meist handelt es sich um individuell dargestellte oder sogar karikaturhaft überzeichnete Gestalten. Eine besonders wichtige Rolle spielten Luohan-Bilder in der Kunst des Chan.

Mahakasyapa →Ananda.

Mile (Maytreya): In der frühen Kunst Chinas wird der Buddha des zukünftigen Zeitalters in w Manier sitzend und mit übereinandergeschlagenen Unterschenkeln dargestellt. In der späteren Entwicklung nahm er eine seltsame Form an: Er wird als fette, grinsende Gestalt dargestellt, die mit übereinandergeschlagenen Beinen dasitzt oder halb liegt.

Patriarchen: Im Chan-Buddhismus spielen die Darstellungen der ersten Patriarchen eine große Rolle (siehe auch Da Mo). Besonders beliebt war der sechste Patriarch, Huineng, der sich besonders engagiert gegen die buddhist. Schriften und den Ritus wandte. Er wird beim Bearbeiten von Bambus oder beim Zerreißen von Sutrenrollen dargestellt.

Puxian (Samanthabhadra): Der Bodhisattva wird oft mit Manjushri (Wenshu) als Trias mit Shakyamuni gezeigt. Das charakteristische Reittier des Bodhisattva ist ein weißer Elefant mit 16 Zähnen.

Shakyamuni: Auch der historische Buddha wird in mehreren Formen dargestellt: als entrücktes und gottähnliches Wesen, umgeben von Bodhisattvas, meist Manjushri und Samanthabhadra, als Lehrender, umgeben von Schülern, die als Mönche abgebildet sind; als bis auf die Knochen abgemagerter Asket; oder bei seiner Rückkehr von seinem langen Fasten, das ihm nicht die Erleuchtung brachte. Auch sein Tod (Eingang ins Nirvana) wurde oft dargestellt (der liegende Shakyamuni zwischen trauernden Schülern).

Oft wird der historische Buddha auch mit einem anderen Buddha zu einem Paar zusammengestellt (Shakyamuni und Prabhutaratna).

Tianwang (Lokapala): Himmelskönige werden oft an den Eingängen zu buddhist. Klöstern in Gruppen zu 4 Figuren aufgestellt. Sie tragen Rüstungen und sind von furchterregendem Aussehen.

Tribangha: Die charakteristische dreifache Körperbiegung stehender buddhist. Figuren, die in China seit der Tang-Zeit vorkommt.

Weituo: Ebenfalls gerüstete, stehende Gestalten, die oft auch in der Halle der Himmelskönige mit einer Figur des Maytreya aufgestellt wurden.

Wenshu (Manjushri): Der Bodhisattva der Weisheit wird mit einem Schwert oder auf einem Löwen reitend dargestellt. Eine Sonderform ist in den zahlreichen Bildern der buddhist. Höhlen von Yungang, Longmen und Dunhuang zu sehen, in denen der Bodhisattva, umgeben von großer Gefolgschaft, in der Disputation mit dem gelehrten Eremiten Vimalakirti (meist auf einer breiten Bank) gezeigt wird.

Literatur: Kenneth Ch'en, *Buddhism in China, a Historical Survey,* Princeton 1964; Dietrich Seckel, *Kunst des Buddhismus,* Werden, Wanderung und Wandlung, Baden-Baden 1962.

Druck
Man hat den Ursprung der chines. Drucktechnik wohl in zwei Verfahren zu sehen:

1. Im *Fertigen von Abklatschen* wichtiger Bilder und Texte, die in Stein graviert wurden.
2. In der *Vervielfältigung* von religiösen Bildwerken, nach denen seit der Popularisierung des Buddhismus große Nachfrage bestand.

Die ersten heute noch erhaltenen gedruckten Texte sind aus Dunhuang bekannt. Der früheste ist ein Blockdruck des Diamantsutra mit Anfangsillustration (lehrender Buddha mit Hörern aus der Mitte des 9. Jahrhunderts). Beim Blockdruckverfahren werden keine beweglichen Lettern benutzt, sondern der gesamte Text einer Seite wird aus einer Holzplatte geschnitten. Versuche mit beweglichen Lettern wurden schon früh unternommen, erwiesen sich aber zunächst als zu aufwendig. Im Zuge der immer weiteren Verbreitung literarischer Erzeugnisse in den Großstädten der Song-Zeit erlebte die Druckindustrie bald einen großen Aufschwung. Die bis in dieses Jh. verbreitete Buchform mit weichem Umschlag, Fadenbindung und Doppelseiten entwickelte sich zu dieser Zeit. Die guten *Song-Drucke* gelten als die besten überhaupt. Sie sind sehr klar geschnitten, und auf die schöne Form der Zeichen wurde besonderer Wert gelegt. Es werden aber auch illustrierte Werke herausgebracht, z.B. Architekturhandbücher (»Yingzao fashi«) und Kataloge berühmter Sammlungen (»Xuanhe huapu«, »Xuanhe bogutu«).

Unter den *Yuan* kam eine weitere Funktion der Druckkunst hinzu: Papiergeld wurde allgemeines Zahlungsmittel. In der späten Ming-Zeit kamen erste Drucke in mehreren Farben auf. Neben Einzelblättern, wie Glückwunschbildern in leuchtenden Farben, wurden auch Sammlungen bedeutender Bilder (»Shizhu-zhai«- Briefpapiere und -Gemälde) und Mallehrbücher herausgegeben (»Jiezi yuan huazhuan«). Die vielfarbigen Blätter wurden mit mehreren Stöcken gedruckt, wobei die Farben ganz exakt eingepaßt wurden. Blindprägung (d.h. Bilder in leichtem Relief) kommt vor.

Da die Beliebtheit der Roman- und Novellen-Literatur stetig wuchs, wurden während der *Qing-Zeit* viele illustrierte Ausgaben produziert.

Eunuchen
Seit der Han-Zeit spielen diese Palastbeamten eine bedeutende Rolle in der chines. Politik. Obwohl sie oft aus wenig geachteten Kreisen stammten, war ihre Stellung in der Nähe der Kaiserinnen und der Herrscher selbst doch sehr stark. Immer wieder versuchten einzelne oder Gruppen von ihnen, die Zentrale in ihre Hand zu bekommen. Dabei kam es oft zu äußerst heftigen Fehden zwischen den anderen Beamten und den Eunuchen, die zu manchen Zeiten die Handlungsfähigkeit der Regierung gefährdete oder sogar lahmlegte. Ihr Wirken war aber nicht durchweg negativ. So war es z.B. in der Ming-Zeit unter der Devise Yongle dem Eunuchen Zhenghe zu danken, daß eine aktive Flottenpolitik betrieben wurde, die wenigstens zeitweise das Piratenwesen an den SW-Küsten eindämmte und Handelsschiffe bis an die Küsten N-Afrikas brachte.

Literatur: Ulrike Jugel: *Politische Funktion und soziale Stellung der Eunuchen zur späteren Han-Zeit* (25–220 n.Chr.), Stuttgart 1978.

Feste
Hier kann nur sehr allgemein auf dieses komplexe Gebiet eingegangen werden. Seit der Han-Zeit ist eine deutliche Trennung zwischen dem Staatsfestwesen und den Volksfesten erkennbar.

Das System der chines. Feste wurde dadurch sehr kompliziert, daß offiziell 2 Kalender (siehe dort) zur gleichen Zeit gültig waren, ein *Mond- und ein Sonnenkalender.* Hinzu kamen Feste der verschiedenen Religionen. Besonders Buddhismus und Taoismus haben das Festwesen sehr bereichert.

Allerdings wurden die Daten der meisten Feste vom Mondkalender bestimmt. So konnte das Neujahrsfest des Volkes zwischen Mitte Januar und Mitte Februar des Sonnen-Kalenders stattfinden. Aber auch die Riten, die der Kaiser auszuführen hatte, waren vielfach vom Mondkalender bestimmt. In den Riten dieser Feste bestimmten die Naturkräfte Yin (negativ, weiblich, Mond) und Yang (positiv, männ-

lich, Sonne) die Symbolik. Da man annahm, daß der Mensch und die Natur eng miteinander verbunden sind, war es auch wichtig, Yin und Yang, die im Jahreslauf abwechselnd stärker und schwächer werden, in die richtigen Bahnen zu lenken.

Im folgenden seien 3 der wichtigsten Feste kurz erwähnt:

Neujahr: An der Jahreswende läßt sich eine deutliche Ballung von Staats- und Volksfesten feststellen. Im Volk spielte die Vorstellung von Tod und Neubeginn eine große Rolle. Den Ahnen wurden Opfer dargebracht, und man nahm an, daß der Herdgott das Haus verlasse und zum Tai shan reise, um seinem Herrn, dem Gott des Tai shan, Bericht über das Verhalten der Familie im vergangenen Jahr zu erstatten. Diese Gottheit wurde deshalb um Neujahr besonders verehrt, um sie gnädig zu stimmen. Riten, die unheilvolle Einflüsse vertreiben sollten, waren verbreitet und wurden auch auf Staatsebene ausgeführt. Heute noch ist es üblich, Bilder von Behütern des Tores aufzuhängen. Heute handelt es sich dabei um Bilder von zwei Generälen, während z.B. in der Han-Zeit Bilder von zwei Dämonenbändigern, die Geister zu fangen hatten, üblich waren.

Auf Staatsebene fanden an den Neujahrstagen Empfänge für die ausländischen Gesandten statt, die ihre Tributgaben bringen durften und reich beschenkt wieder abziehen konnten. Aber auch Dämonen-Austreibungsriten waren üblich.

Qingming: Das Frühlingsfest im dritten Mondmonat war dem Totengedenken gewidmet, zugleich aber auch ein weiteres Fest der Erneuerung. Die Familie ging auf den Friedhof, um die Gräber zu fegen. Für einige Tage wurde auch das Herdfeuer gelöscht (Hanshi, Kaltessen) und mittels eines Brennglases erneuert. Unter Literaten war es üblich, sich in schöner Landschaft an Flußläufen zu versammeln und Gedichtwettbewerbe zu veranstalten.

Drachenbootfest (5.5. des Mondkalenders): An diesem Fest wurden Bootswettkämpfe veranstaltet, die für Bootsmannschaften nicht selten tödlich endeten. Man kann wohl annehmen, daß die Verbindung mit dem Dichter Qu Yuan, zu dessen Gedenken das Fest stattfinden soll, nur eine Konstruktion der Gelehrten ist (Qu Yuan soll sich aus Gram über sein Schicksal ertränkt haben).

Wahrscheinlicher ist, daß ursprünglich das Yin, das mit dem Wasser verbunden wurde, durch ein Opfer gestärkt werden sollte.

Literatur: Derk Bodde: *Festivals in Classi-*

< *Darbietungen zu Neujahr. – Unten: Stukapferde beim Frühlingsfest*

Löwentanz am Neujahrstag

Drachenbootfest

cal China, Princeton 1975; Wolfram Eberhard: *Chinese Festivals,* New York 1952.

Geomantik

Die Geomantik hatte die Aufgabe, die richtige Zeit und den richtigen Ort für die Errichtung eines Baus, einer Grabanlage, oder auch die Gründung einer Stadt zu finden. Dabei spielte eine für den Laien nicht erkennbare Konstitution der Landschaft eine Rolle, die durch die positiven und negativen Strömungen innerhalb der Erde, die man sich ebenfalls als einen Kosmos, wie den menschlichen Körper im kleinen, vorstellte, bestimmt war. Der günstigste Ort für einen Bau mußte daher von ungünstigen Einflüssen abgeschirmt, den positiven aber frei zugänglich sein.

Diese Orte wurden von den Geomanten teils intuitiv, teils aber mit Hilfe von Handbüchern und einer Art Kompaß herausgefunden. Auf diesem waren aber nicht nur die Haupt- und Nebenrichtungen, sondern auch die 64 Hexagramme und 8 Trigramme des Yijing (siehe auch Orakel), die 5 Elemente und andere kosmische Erscheinungen auf konzentrischen Kreisen angeordnet.

Manchmal wurde auch die Eignung einer bestimmten Stelle für ein Bauwerk durch schon bestehende religiöse Bauten, wie Pagoden und Tempel, mitbestimmt.

Glück verheißende Zeichen

Schon vor der Han-Zeit ging man davon aus, daß man an ungewöhnlichen Zeichen der Natur, sog. Omina, erkennen kann, ob z.B. die Regierung eines Herrschers gut oder schlecht ist. Die Beamten aller Landesteile hatten den Auftrag, Glück oder Unglück verheißende Zeichen dem Hof zu melden. Natürlich wurden auch immer wieder derartige Zeichen gefälscht, um gewisse politische Ziele zu erreichen. Es konnte sich um atmosphärische Erscheinungen handeln, wie bunte Wolken, aber auch um seltsam geformte Tiere und Pflanzen. Als glückverheißend galten z.B. das Auftreten eines Einhorns, von Bäumen, deren Äste ineinander verwachsen sind, oder von Fischen mit zwei Körpern, aber nur einem Kopf. In manchen Gräbern und Grabschreinen der Han-Zeit wurden solche Omina dargestellt.

Glückwünsche drückte man oft in symbolischen Bildern und im Lautrebus aus. Bilder, die auf einen Lautrebus zurückgehen, entstehen aus einem Wortspiel: Dabei wird ein Zeichen, z.B. für Glück (fu), durch ein anderes gleichlautendes Zeichen fu (Axt) ersetzt. Auf den Glückwunschbildern wird dann die Axt dargestellt. Seit der Ming-Zeit waren solche Spielereien mit der Sprache besonders beliebt und in der Volkskunst sehr verbreitet. Andere Bilder sind symbolisch zu verstehen, z.B. der Granatapfel als Wunsch für reichen Kindersegen, oder der Unsterblichkeitspilz für langes Leben. Besonders auf Glückwunschkarten sind diese Motive häufig zu sehen.

Grabformen

Neolithikum: Meist einfache rechteckige Gruben, wohl ohne Einbauten. Es gibt Einfach- und Mehrfachbestattungen, ausgestreckte Rückenlage herrscht vor. Bei Mehrfachbestattung gibt es auch die Hockstellung. Beigaben sind: Keramikgefäße; Werkzeuge aus Stein, Knochen und Ton; feine Jadegegenstände die u.U. mit religiösen Vorstellungen in Zusammenhang stehen.

Shang-Zeit: Es gibt rechteckige Kammern, die bei großen Bestattungen mit Holzeinbauten versehen sind. In der Taillengrube (yaogeng) lag meist ein Tieropfer (Hund). In der späten Shang-Zeit verläuft um die Kammer eine Plattform (erzeng tai), auf der in manchen Fällen Menschenopfer mit Beigaben lagen. Auf und in der Kammer finden sich Menschenopfer ohne Beigaben. Lange Rampen, oft ebenfalls mit Menschenopfern, führen in die Kammern. Beigaben sind: Ritualbronzen mit Inschriften; Lack- und Holzgegenstände mit Ornamentik, die der auf Bronzen ähnelt. Keramik, die Bronzeformen nachahmt; Knochenarbeiten, Waffen und Schmuck aus Stein und Nephrit; auch kleine Tier- und Menschenfiguren kommen vor. Nebengruben enthielten Pferde-, Wagen- und Wagenlenkeropfer.

Zhou-Zeit: Es gibt zunächst kaum Veränderungen gegenüber der Shang-Zeit. Erzeng tai und Rampen sind jedoch seltener, auch die Menschenopfer wurden reduziert und in einigen Fällen durch einfache Grabfiguren ersetzt.

Zhanguo-Zeit: Es kommen besonders in

Mittel- und S-China Holzkammergräber mit mehreren Kammern auf. Beigaben sind: Ritualbronzen und Keramik mit groben Glasuren, feinbemalte Rotlackgefäße; Seiden; Texte auf Bambusstreifen und Seide. Sätze von Musikinstrumenten (Klangsteine, Glocken). Besonderheiten der Lokalkulturen sind: im N kurganartige Gräber (Tumulus und Stein- oder Holzkammer). Beigaben werden verziert im n-asiatischen Tierstil (Tierkampf, Rolltiere etc.). *Yunnan: Dian-Kultur* mit Bronzepauken und Kaurimuschelbehälter mit vielfigurigen Szenen, hergestellt im Wachsausschmelzverfahren. *Zhongshan-Kultur von Hebei:* Manche der Bronzeobjekte sind stark von n-asiatischem Tierstil beeinflußt. Es gibt Hinweise auf kulturelle Sonderformen (Teile von großen Zelten, ca. 1 m hohe Bronze-Dreizacke, möglicherweise Insignia, die auf hohe Pfosten gesteckt wurden).

Han-Zeit: Es gibt mehrkammrige Ziegelgräber, die oft eine Kombination aus normalen Ziegeln und großen Hohlziegeln darstellen, in die mit Modeln Ornamente eingedrückt wurden. Auch Malerei kommt vor. Es gibt Felsgräber mit mehreren Kammern, z.T. mit Holzeinbauten, im S auch weiterhin Holzkammergräber. Auch Gräber aus Steinplatten mit Reliefs existieren. Beigaben sind: bei hochgestellten Personen Jadeplättchen-Panzer; teilvergoldete Zierbronzen; Gefäße; Lampen; Räuchergefäße; Spiegel; Geld. Manche der Tonformen ahmen Bronzeobjekte nach. Es gibt Grabfiguren aus Holz und Ton; manche von ihnen sind in Seide gekleidet, bei anderen ist die Kleidung aufgemalt. Menschenopfer sind selten. In den Gräbern bei Changsha blieben, dank besonderer Konservierungsmethoden, Mumien, Kleidung und Lebensmittel erhalten.

Themen der Malereien und Reliefs sind: konfuzian. beeinflußte Bilder wie tugendhafte Frauen und pietätvolle Kinder, mythische Kaiser. Bilder aus der Mythologie, Fuxi und Nügua, Mischwesen mit mehreren Köpfen, oder Menschenleib und Tierkopf. Astronomische Darstellungen wie Sternbilder, Sonne, Mond. Bilder, die mit dem Verstorbenen zusammenhängen (Totenmahl, Empfang der Gäste u.ä.).

Es werden erstmals *Geisterwege* mit Tier- und Menschenfiguren errichtet, die wohl eine Art dauerhaftes Ehrengeleit darstellen.

O-Han-Zeit: Es gibt große Ziegelkammergräber, auch mit Kuppeln, weiterhin Steinkammern mit Reliefschmuck und Malerei. Viele Themen ähneln denen der W-Han-Zeit, Xiwang-mu und fliegende Unsterbliche sind besonders beliebt. In den S- und N-Gebieten wird auch Wert auf die Darstellung des Landlebens gelegt. Oberirdisch entstehen Grabschreine für besonders verdiente Persönlichkeiten. Sie haben die Form kleiner Häuser, sind mit Reliefs verziert und besitzen kleine Ehrentürme (Que), an denen, was sonst selten vorkommt, Verzierungen in Hochrelief auftreten.

Jin- und Nanbeichao-Zeit: Die Gräber bestehen oft aus Ziegelkammern, die weiterhin mit Malerei oder Relief geschmückt werden. Themen sind neben den bereits erwähnten mehr Motive aus dem taoist. Bereich (Unsterbliche, Einsiedler), aber auch schon Soldaten und Musikanten. In der Ornamentik zeigt sich der Einfluß der sassanidischen Kunst (Geißblattranken, Perlband, gegenständige Tiere). Sonderformen in der Keramik sind: sog. Huzi (Tigergefäße) in Form von hockenden Tigern, die aber anstelle des Gesichts eine weite runde Öffnung haben; Hühnerkopfkrüge mit kleinen angesetzten Hühnerkopfausgüssen. In Jiangsu gibt es Gefäße mit hohen Aufbauten in Hausform mit zahlreichen Figuren wie Musikanten, Akrobaten u.ä. Helle Glasuren herrschen vor. Die Grabfiguren werden immer vielfältiger: Diener, Beamte, auch Grabwächterfiguren in Rüstung und Grabwächtertiere entwikkeln sich in der späten Nanbeichao-Zeit. Unter den Dienern sieht man immer mehr Menschen mit ausländischer Physiognomie und Kleidung, besonders im N unter den Fremddynastien. Auf der Grabinschriftplatte werden die Vita der Verstorbenen in Normalschrift und Name und Titel in verschiedenen Siegelschriftformen dargestellt. Im S (z.B. bei Nanjing) entstehen schöne Geisterwege mit mächtigen mythischen Tieren und Ehrensäulen, die sich an indischen Formen orientieren.

Sui- und Tang-Zeit: Lange Dromoi mit Schächten, deren Sinn unbekannt bleibt, und Nischen, in denen Grabfiguren stehen. Die Gräber bestehen aus einer oder mehreren quadratischen oder rechteckigen Kammern, wobei die Sargkammer etwas außerhalb der Hauptachse liegen kann. Sie sind meist aus Ziegeln gemauert und tragen Kuppeln. Die Wände sind oft bemalt, wobei die mythischen Themen in den Hintergrund treten. (Dienerinnen und Diener, Pferde- und Kamelknechte, Falkner, Musik und Tanz, auch »Totenportraits« sind häufig.) Besonders in den Gräbern bei Xi'an haben die steinernen Außensärge Hausform, die Wände sind mit feinen Liniengravuren ähnlicher Thematik wie bei der Malerei geschmückt. Beigaben sind: Gegenstände aus Gold und Silber, entweder Importe aus Iran oder sassanidisch-iranischen Gefäßen nachgebildet, getrieben mit floralen und figürlichen Ornamenten; sassanidische und byzantinische Gold- und Silbermünzen; meist importierte Glasgefäße. In der Keramik dominieren oft fremde Formen mit ähnlicher Ornamentik, wobei meist Metall imitiert wird: Schalen, Krüge mit kleinen Henkeln, Kannen mit Hahnenkopfmündung (anderer Typ als in der Nanbeichao-Zeit). Vielfarbenglasuren kommen auf, die z. T. frei am Gefäßkörper herabfließen. An anderen Objekten sind sie in genau abgegrenzte Farbflächen gegliedert, um Metallarbeiten zu simulieren. In der späten Tang-Zeit liegen die Anfänge der S-Seladone (gut gebranntes Steinzeug mit grünlicher durchscheinender Glasur). Es gibt »marmorierte« Ware, aus mehreren verschiedenfarbigen Tonen - erste Formen von echtem Porzellan sowie größte Formenvielfalt unter den Grabfiguren. Kleidung ausländischen Stils wird bevorzugt: Damen tragen hochgegürtete Gewänder oder auch Reiterkleidung, Herren knielange Röcke mit breiten Revers. Man sieht ausländische Diener, Pferdeknechte, Händler, schöne Pferde und Kamelfiguren. Die Gruppe der Grabwächter ist voll ausgebildet: Es gibt geharnischte wildblickende Krieger, ähnlich buddhist. Lokapala, und 2 sitzende Tiere, das eine mit Menschen-, das andere mit Tierkopf, meist mit Zacken auf dem Rücken und Flügeln. Die Textilien tragen iranisch beeinflußte Ornamente. Die oberirdische Grabanlage wird wesentlich erweitert. Vor den Kaisergräbern, die ein Areal mit einem Radius von 40 und mehr km umfaßten, entstehen Opferhallen, Ehrentürme und Stelenpavillons, lange Geisterwege mit Tieren, Beamten und Gesandten.

Song- und Yuan-Zeit: Die Grabgänge werden kürzer. Die Form der Kammern ist rund, vieleckig oder quadratisch. Kammern und Grabtüren sind mit Scheinarchitektur verziert, die Innenräume von Häusern, in denen die Toten beim Tee oder beim Essen sitzen, werden auf Wandmalereien dargestellt. Manchmal Landschaften. In den Gräbern reicher Khitan der Liao-Oberschicht gibt es kaum Unterschiede in der Grabform, wohl aber in der Thematik der Wandmalerei. Die Khitan werden mit ihrer charakteristischen Haartracht (ausrasierte Schädel mit Schläfenlocken, die manchmal durch Ohrringe gezogen sind) dargestellt. Die *Keramik* bevorzugt schlichte, aber sehr harmonische Formen, geachtet wird besonders auf die schöne Glasur. Es gibt flache Schalen, auch mit gelappten Rändern, Töpfe, Kannen. Der Dekor, meist floral, ist mit Modeln eingedrückt, oder eingeschnitten und von durchsichtiger oder farbiger Glasur überzogen. Die große Bandbreite der Glasuren reicht von stark farbig und sehr dekorativen Effekten bis zu mild bläulichen oder ganz weißen Tönungen. Es gibt Experimente mit Krakelet, s Seladone und Porzellan erleben eine Hochblüte. Der Stil ist regional verschieden und nach den jeweiligen keramischen Öfen benannt. Die sehr feine Ornamentik der Gebrauchskeramik ist mit dem Pinsel aufgetragen oder in den farbigen Anguß geschnitten (Cizhou-Ware). Unter den Liao-Formen gibt es Sondergruppen, z.B. Imitationen von Lederflaschen.

Die Beigaben sind nicht so zahlreich, da manche aus Papier bestanden und bei der Bestattung verbrannt wurden. Unter den Grabfiguren finden sich auch Schauspieler. Selten blieben feine Seiden erhalten.

Ming- und Qing-Zeit (z. B. die Minggräber, Beijing): Beigaben: In seltenen Fällen blieben Malerei, Kleidung und kostbarer Goldschmuck erhalten. Porzellan mit Unterglasurblau-Dekor ist sehr verbreitet, der bei den frühen Ming-Waren noch sehr lebendig wirkt und Blumen, Drachen zwischen Wolken, figürliche Szenen zeigt. Die *Qing-Waren* sind zwar meist technisch perfekt, und es wird mit gewagten Formen experimentiert, sie wirken aber steril. Es gibt Nachahmungen der klassischen Ritualbronzen in Porzellan und Steinzeug, wie schon unter den Song. In der Qing-Zeit wurden auch die Song-Waren und ihre Glasuren imitiert.

Literatur: Helmut Brinker und Roger Goepper: *Kunstschätze aus China 5000 v. Chr. bis 900 n. Chr.* Katalog Zürich/Berlin/Hildesheim/Köln 1981/82; Margaret Medley: *The Chinese Potter. A Practical History of Chinese Ceramics,* Oxford 1976.

Jade

Es ist zu erkennen, daß seit dem Neolithikum der Nephrit, ein Halbedelstein aus der gleichen Gesteinsgruppe wie Jade, im religiösen Leben eine Rolle spielte: Ritualobjekte wie Ringscheiben oder zong-Röhren wurden aus diesem importierten Stein hergestellt. Welche Bedeutung ihm zu dieser Zeit zukam, läßt sich heute nicht mehr feststellen. Auch in der Shang- und Zhou-Zeit wurden nur besonders kostbare und bedeutsame Gegenstände aus Nephrit gefertigt: Verschiedene Formen von Ringscheiben, Beile und Dolchäxte, die im Ritualbereich benutzt wurden, und auch schmale Jadetafeln, die manchmal wie Beile geformt sind, aber wahrscheinlich Ehrenabzeichen (zhang) darstellten. Seit der Han-Zeit wurde echte Jade für die Objekte und in seltenen Fällen auch für feine Gebrauchsgegenstände (Gürtelhaken) verwendet. Aus Texten der Han wird auch deutlich, welche Vorstellung man mit dem Gestein verband. Man sprach ihm lebensverlängernde Wirkung zu und die Fähigkeit, den menschlichen Körper zu konservieren. Deshalb wurden Verschlüsse für die Gesichtsöffnungen der Toten, aber auch ganze Jadeplättchenpanzer für Mitglieder des hohen Beamtentums und der kaiserlichen Familie hergestellt. In taoist. Traktaten über die Verlängerung des Lebens werden Elixiere erwähnt, die von bestimmten Jadesorten abgesondert werden sollen. Jade war auch in der Nach-Han-Zeit als Schmuckstein, dem zugleich wunderbare Kräfte innewohnen, sehr beliebt. Aufgrund seiner Verbindung mit taoist. Unsterblichkeitsvorstellungen gehört das Zeichen für Jade (yu) auch zum festen Bestandteil der Götternamen (z. B. Yuhuang, der Jadekaiser, eine der höchsten Gottheiten; Jademädchen etc.).

Literatur: Berthold Laufer: *Jade. A Study in Chinese Archaeology and Religion,* repr. New York 1974.

Unten: Eßgeschirr aus Jade, Qing-Zeit

Grabfigur (Beamter) der Ming-Zeit. >

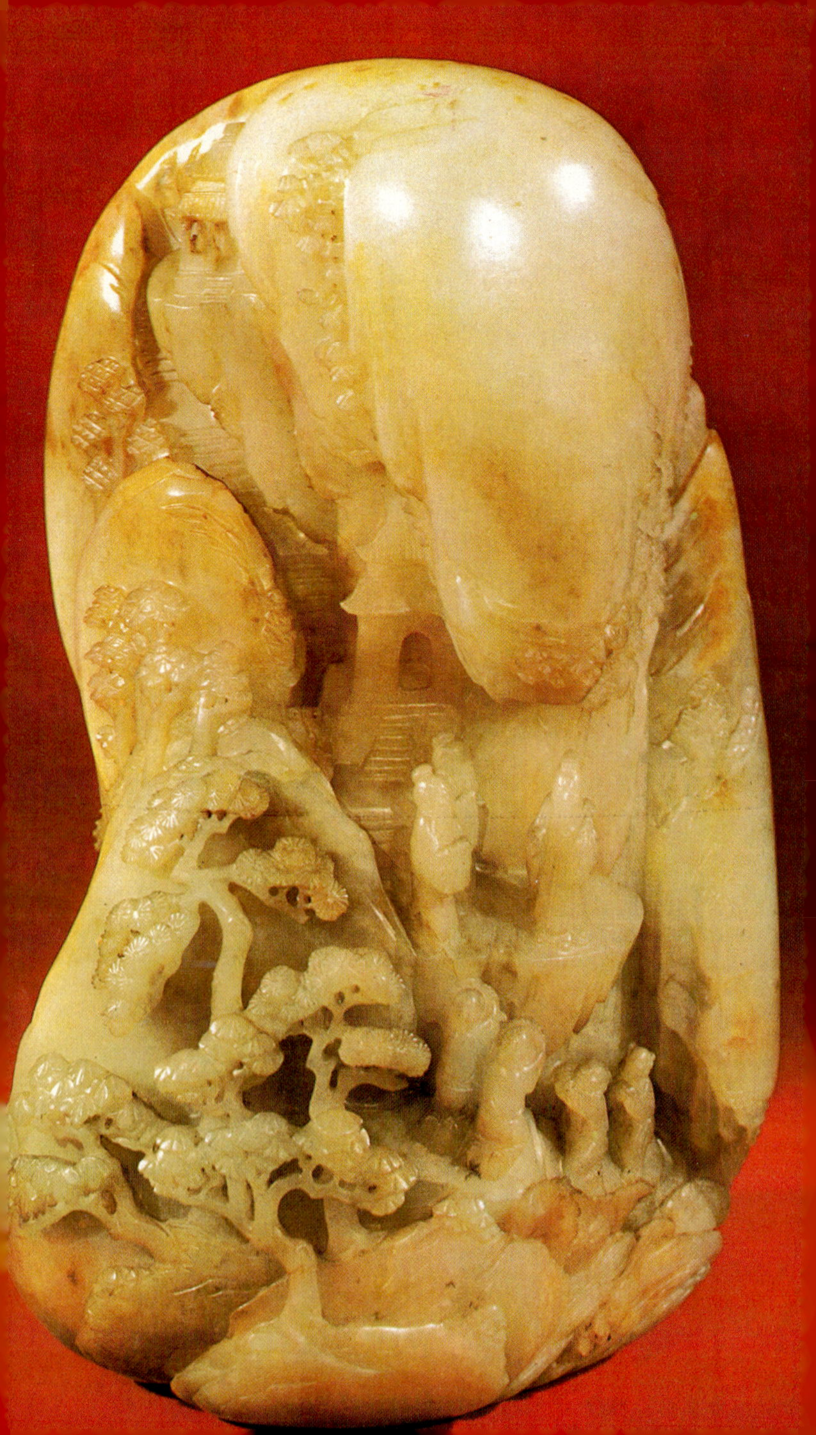

Kalender

Das chines. Kalendersystem ist von 2 Formen geprägt, dem Sonnen- und dem Mondkalender. Entsprechend den beiden kalendarischen Systemen gibt es auch 2 Festzyklen, die nicht miteinander übereinstimmen, da die Mondmonate entsprechend den Umlaufzeiten durchschnittlich um einen Tag kürzer sind als die Monate des solaren Kalenders. Das ist besonders auffällig beim Neujahrsfest, dessen Datum im Sonnenjahr zwischen Mitte Januar und Mitte Februar fällt. In den klassischen Texten wird eine sehr seltsame Datierungsweise angewandt: Es handelt sich bei den Daten nicht etwa um Tageszahlen innerhalb eines Monats, sondern um Positionen in einem Zyklus von 60 Zeichenpaaren, der aus der Kombination von einer Zehner- und einer Zwölfer-Reihe von kalendarischen Zeichen besteht. Die Reihe der 12 Zeichen tritt schon in den Namen der Shang-Herrscher zutage.

Die kombinierten Zyklenzeichen wurden nicht nur zur Bezeichnung der Tage, sondern auch zur Bezeichnung der Jahre benutzt, die seit der Nanbeichao-Zeit auch mit dem chines. Tierzyklus verbunden wurden. In den Texten findet man aber meist etwa folgende Angaben: Im Jahr xy der Devise yz am Tag dinghai ..., was meist eine sehr genaue Bestimmung des Datums zuläßt, vorausgesetzt, im Text wird auch noch vermerkt, zu welcher Jahreszeit sich das Ereignis abgespielt hat. Die 12 Zeichen der einen Reihe wurden auch mit den 12 Doppelstunden des Tages und mit den Himmelsrichtungen in Zusammenhang gebracht.

Regierungsdevisen sollten dem Amtsantritt eines Herrscher ein glückliches Vorzeichen setzen und waren seit der Han-Zeit üblich. Manche Herrscher wechselten ihre Devise mehrmals, seit der Ming-Zeit wurde es aber üblich, daß jeder Kaiser nur eine Devise annahm. Deshalb werden die Herrscher auch häufig nach ihrer Devise benannt (z.B. Kangxi, Qianlong, Yongle).

Literatur: Juliet Bredon und Igor Mitrophanow: *The Monn Year, a Record of Chinese Customs and Festivals*, Schanghai 1927.

< *Geschnitzter Jadeberg mit den drei Sterngottheiten, Ch'in-Dynastie*

Kalligraphie und Schrift

Erste Schriftformen können vielleicht in den Zeichen auf den Tongefäßen des Neolithikums gesehen werden. Ein direkter Zusammenhang mit der Shang-Schrift oder Zwischenstufen konnten aber bisher nicht nachgewiesen werden. Ein entwickeltes Schriftsystem entdeckte man tatsächlich erst auf Shang-zeitlichen Bronzen und Orakelinschriften (Knochen und Schildkrötenschalen). Die Zeichen, die heute keineswegs vollständig entziffert sind, sind in vielen Fällen noch Piktogramme. Abstraktionen vom reinen Bildzeichen sind aber nicht selten. Die Schriftform ist noch nicht geregelt, von einzelnen Zeichen kennt man mehrere Varianten. Das Radikal-System, das für die spätere Schrift charakteristisch ist, wurde noch kaum entwickelt. Die Inschriften sind sehr kurz.

In der *Zhou-Zeit* kommen wesentlich längere Inschriften vor, die mehrere hundert Zeichen umfassen können. Das Schriftbild ist einheitlich, und man kann einen Sinn für schöne Gestaltung der Zeichen erkennen. Dies trifft nicht nur für die Inschriften aus der späten Zhou-Zeit zu, bei denen die Zeichen zum reinen Ornament werden. Die Entwicklung von Radikalen wird erkennbar. Radikalen deuteten ursprünglich die Zugehörigkeit zu einer Gruppe an (z.B. alles, was mit Holz zu tun hat). Manche Zeichen haben sich heute ziemlich weit von ihrem ursprünglichen Sinn entfernt. Der zweite Teil der Zeichen wird gemeinhin Lauter genannt, was aber heute irreführend ist, denn nicht von allen kann man die Aussprache noch ablesen. Die Schriftform der Bronzeinschriften ist noch sehr kompliziert und für den schnellen Schreiber vollkommen ungeeignet (sog. große Siegelschrift, da zhuan). In den *Zhanguo-zeitlichen Seidentexten* erkennt man aber bereits deutlich einen Hang zur Vereinfachung, der nur auf den Bronzen nicht nachvollzogen wurde (kleine Siegelschrift, xiao zhuan). Die Zeichenformen haben sich in ihrer Abstraktion nun schon sehr weit von den ursprünglichen Bildern entfernt. Noch weiter ging dieser Prozeß im Zuge des Aufbaus der großen Beamtenapparate der Qin und Han. Man war einfach darauf angewiesen, den Zeichen ein einheitliches Aussehen zu verleihen, allein schon, um den Informationsfluß in-

nerhalb der Verwaltung zu beschleunigen. Die ersten Schritte zu einem einheitlichen Schriftsystem wurden durch Qin Shihuang unternommen: Er führte eine klare und gut lesbare Form der Siegelschrift ein (Qin zhuan), die zunächst auch in der Han-Verwaltung noch beibehalten wurde. Eine weitere Abkürzung der Zeichen wurde aber angestrebt. Man entwickelte die sog. Lishu (geregelte Schrift), die den heutigen Zeichen schon sehr nahe kommt. Allerdings sind die Strichenden stark verdickt und die Zeichen etwas in die Breite gezogen. Eine letzte Entwicklungsstufe ist in der Kaishu (Normalschrift) zu sehen, in der selbst noch die Verdickungen verschwunden sind. Alles ist auf ein klares Schriftbild ausgerichtet. Wahrscheinlich zur gleichen Zeit, also am Ende der Han-Zeit, wurde aber auch schon eine freiere Form verwendet, die ein sehr rasches Schreiben dadurch ermöglichte, daß sie die Zeichen zu einem flüssigen Strich zusammenzog (Caoshu, Grasschrift). Kaishu, Caoshu und Xingshu (Kurrentschrift), die die Merkmale der beiden anderen verband, wurden auch von den frühen Kalligraphen für ihre Kunstwerke benutzt. Der erste namentlich bekannte und für die chines. Schriftkunst eminent bedeutende Kalligraph ist *Wang Xizhi* (ca. 303-379), dessen Schrift, besonders die Kaishu, vielen Chinesen auch heute noch als die schönste gilt. Besonders ein Vorwort zu einer Gedichtsammlung, die bei seinem Landsitz, dem Orchideenpavillon (Lanting), entstand, war schon zu seinen Lebzeiten so berühmt, daß später manche Sammler kein Mittel scheuten, um in den Besitz einer der wenigen Kopien zu gelangen. Einen Eindruck von der Schönheit der Kaishu des Wang Xizhi bekommt man noch in Steinkopien einiger Werke, die ihm zugeschrieben werden.

Bewahrte die Caoshu noch einige Verwandtschaft zur Kaishu, so verlor eine wilde Variante dieser Form fast vollständig den Bezug zur normierten Schrift: Sie wird deshalb auch Kuangshu (verrückte Schrift) genannt. Die Liebhaber dieses Stils waren nicht mehr auf Lesbarkeit bedacht, sondern einzig auf die Kraft des Ausdrucks und der Intuition, die ein Schrift-

Der Maler Li Kaonan beim Ausführen einer Kalligraphie

bild wild erscheinen ließ und ihm dennoch inneren Zusammenhang verlieh. Im Laufe der Entwicklung kamen neue Techniken hinzu, die z.T. auch in der Malerei angewendet wurden, z.B. Pomo (Gebrochene Tusche), wobei mit sehr trockenem Pinsel geschrieben wurde, was dem Schriftbild besondere Spontaneität verleiht.

Für den Kenner der chines. Kunst drückte sich in keinem anderen Medium der Charakter eines Künstlers so deutlich aus wie in der Kalligraphie. Deshalb wurde sie in manchen Epochen allen anderen Kunstgattungen vorgezogen.

Literatur: Chiang Yee: *Chinese Calligraphy*, London 1954.

Konfuzianismus

Kong zi, auf dessen Lehren sich die Konfuzianer berufen, soll angeblich einer jener reisenden Philosophen gewesen sein, die in der Zhanguo-Zeit Fürsten ihre Dienste anboten, die Berater suchten. Er wurde 551 v.Chr. im Staat Lu geboren (siehe

< *Darbietung am Frühlingsfest*

Qufu) und starb angeblich 479 v.Chr. Im zentralen Werk, das die Lehren des Kong zi wiedergibt, dem »Lunyu« (in etwa »Disputationen«), läßt sich kein philosophisches System im w Sinne finden. Es handelt sich um aneinandergereihte Aussprüche und Dialoge, die jedoch insgesamt ein recht klares Bild davon ergeben, was der Meister meinte. Der Konfuzianismus ist eine Sozialutopie. Sie geht davon aus, daß die Gesellschaft von unumstößlichen, quasi naturhaften Beziehungen geprägt ist. Durch dieses Netz innergesellschaftlicher Beziehungen ist der Mensch in ein festes System eingebunden, das sein Verhalten bestimmt. Allerdings ist für Kong zi, im Gegensatz zu den Legalisten, kein Gesetzeskodex zur Erhaltung dieser Ordnung nötig, da sie von Natur aus besteht.

Kinder haben sich ehrerbietig den Eltern gegenüber zu verhalten, ebenso die Frau dem Manne gegenüber, der Untertan dem Herrscher und der Minister dem Herrscher gegenüber. Der Herrscher aber hat seine Macht nur als Mandat vom Himmel erhalten, und dieser entzieht es ihm wieder, wenn er sich nicht entsprechend seiner Verantwortung verhält. Auch diese Verantwortlichkeit ist auf die niedrigen gesellschaftlichen Ebenen übertragbar. Verstoßen der Kaiser oder andere Mitglieder der Gesellschaft gegen diese ungeschriebenen Gesetze, so zieht das notwendig Unheil nach sich. Diese Ideen legten den Konfuzianismus als staatstragende Ideologie des Kaiserreiches nahe. Die eben beschriebenen Grundprinzipien werden auch von den verschiedenen Schulen der Lehre nicht angetastet. *Meng zi* (Meng Ke, 4.Jh. v.Chr.) betont die Natürlichkeit dieser Ordnung, die im Menschen schon bei seiner Geburt angelegt ist, und von der er nur durch seine Entwicklung abgebracht werden kann. Durch Riten und die konfuzian. Prinzipien kann der Mensch jedoch zu seiner ursprünglichen guten Anlage zurückgebracht werden. *Xun zi* (3.Jh. v.Chr.) hingegen behauptet, der Mensch sei von Natur aus schlecht. Dieser Mangel kann seiner Ansicht nach nur durch die konfuzian. Ordnung behoben werden.

Die *5 klassischen Bücher* (wujing), die dem konfuzian. Kanon zunächst zugerechnet wurden, waren *Liji, Shujing, Shijing, Yijing* und *Chunqiu*. Sie wurden angeblich von Kong zi neu zusammengestellt, die Konfuzianer unterlegten ihnen nachträglich gemäße Inhalte.

In der Han-Zeit wurde die Theorie der Natürlichkeit der gesellschaftlichen Gesetze durch die Einbeziehung eines kosmologischen Systems ergänzt, das sich schon in der späten Zhou-Zeit entwickelt hatte (Yinyang-Theorie und 5-Elemente-Lehre). Durch diese Spekulationen wurde nicht nur die Natur, sondern auch die Gesellschaft in ein System von Naturgesetzen einbezogen. Jede Handlung der Menschen, vor allem aber des Kaisers, hatte eine Wirkung auf das Gesamtsystem. Ob diese Einwirkung positiv oder negativ war, zeigte sich in natürlichen Zeichen (Omina) wie z.B. abnorm geformten Tieren oder Naturkatastrophen. Denn der Kaiser war mitverantwortlich für den richtigen Wechsel der Kräfte Yin und Yang im Jahreslauf, von dem das natürliche Gleichgewicht abhing. Durch die korrekte Durchführung verschiedener Rituale mußte der Herrscher die Abfolge der Einwirkung der Elemente auf die Natur in Gang halten. Der Hauptvertreter dieser komplizierten Theorie war *Dong Zhongshu* (2.Jh. v.Chr.). Seine und seiner Schule Thesen wurden auch durch gefälschte Klassikerversionen geschützt, die in einer altertümlichen Schriftform niedergeschrieben waren und angeblich im Haus des Kong zi in Qufu gefunden wurden. Die Neuerungen wurden von anderen Konfuzianern jedoch keineswegs ohne Widerspruch hingenommen. Nach den Bücherverbrennungen durch die Qin hatte man mit einigem Erfolg die alten Texte rekonstruiert, die keines dieser neuen Elemente enthielten. Man versuchte, die Lehre von Auswüchsen und Wucherungen zu befreien.

Schon in der Sanguo-Zeit, verstärkt aber seit der Tang-Zeit, suchten führende konfuzian. Denker den Ausgleich mit dem Taoismus und dem Buddhismus, auch wenn das wohl nicht direkt zugegeben wird. Besonders der Song-zeitliche Philosoph *Zhu Xi* bereicherte die konfuzian. Philosophie um eine idealistische Komponente. Als Verehrer des Meng zi, der lange Zeit ein Schattendasein unter den Philosophen der Schule geführt hatte, ging er von einem kollektiven guten Prinzip aus, von dem der einzelne jedoch weit entfernt ist.

Durch die Erkenntnis dieses guten Prinzips erhält der Mensch die Möglichkeit, das Gute in sich selbst zu verwirklichen. Mittel dazu sind die konfuzian. Riten. *Wang Yangming,* ein Ming-zeitlicher Philosoph, versuchte diese Trennung des Menschen vom guten Prinzip dadurch aufzulösen, daß er ein angeborenes Wissen des Menschen um das Richtige postulierte, das nur verschleiert ist und wiedererweckt werden kann. Ist der Mensch einmal zu dieser Erkenntnis gelangt, so handelt er auch ganz von selbst nach dem guten Prinzip.
Literatur: Die *Übersetzungen* von Richard Wilhelm (Diederichs Gelbe Reihe); *I Ging.* Das Buch der Wandlungen; Kungfutse, *Gespräche; Li Gi.* Das Buch der Sitte, *Mong Dsi.*

Lack
Chines. Lacke werden aus dem Saft des Lackbaumes hergestellt, der durch Anschneiden der Rinde gewonnen wird. Der Lackbaum kommt hauptsächlich in S-China vor.
Erste Spuren der Verwendung von Lack kennt man schon aus *neolithischen Gräbern.* In einer Grabstätte der *Liangzhu-Kultur* entdeckte man ein lacküberzogenes Fragment, wohl den Griff eines Gegenstandes. In *Shang-zeitlichen* Fundstätten wurden vereinzelt Reste von Lackdekor gefunden, die Wände und Pfosten, aber auch Gefäße zierten. Rotlack mit Einlagen aus Stein oder Schwarzlackverzierung kommt vor. In *Zhou-zeitlichen* Lack-Ornamenten kann man Imitationen der Bronzekunst erkennen. Eine große Blüte erlebte die Lackherstellung in der *Zhanguo-Zeit,* besonders im Staat Chu in S-China. Man überzog Holzgegenstände mit feinen Lackschichten, die schwarz oder auch mehrfarbig bemalt waren. Geometrischer Dekor herrscht vor, verschlungene Ornamentbänder, die allerdings in theriomorphe Motive übergehen können, Kreise und Rauten werden zu dichten Mustern verbunden. Szenen, in denen Menschen oder Tiere vorkommen, sind selten, aber meist besonders fein ausgeführt. In dieser Zeit entwickelte sich auch die sog. *Trockenlack-Technik.* Stoffe wurden in Lacksaft getränkt und in die Form von Gefäßen gebracht. Nach dem Trocknen überzog man die Gegenstände mit weiteren Lackschichten und bemalte sie schließlich. In *Zhanguo-* und *Han-zeitlichen* Gräbern gruben Archäologen ganze Sätze von Gefäßen, Kosmetikutensilien, Musikinstrumenten u. ä. mit Lacküberzug oder aus Trockenlack aus. Auch Grabfiguren und Grabwächtertiere bemalte man mit Lack.
Die Ornamentik der *Han-Zeit* ist der Zhanguo-zeitlichen durchaus verwandt. Allerdings kommen figürliche Darstellungen öfter vor. Neben mythischen Wesen sind Bilder aus dem konfuzian. Themenkreis, z. B. pietätvolle Kinder, zu entdekken.
Die Herstellungs- und Dekortechniken der Han-Zeit wurden unter den *Sanguo* und *Nanbeichao* beibehalten und verfeinert. Neu ist allerdings, daß auch schon großflächige Lackmalereien ausgeführt wurden. In einem Grab bei Datong, in dem ein hoher Würdenträger der Bei-Wei bestattet war, kam ein Stellschirm, dekoriert mit feiner Lackmalerei, zutage. Dargestellt sind wieder Szenen konfuzian. Prägung.
Wahrscheinlich begann man noch vor der *Tang-Zeit* damit, Figuren aus mit Lack getränkten Tüchern über Holzkernen, die nach dem Trocknen entfernt wurden, zu formen und lebendig zu bemalen. Jedenfalls seit der Tang-Zeit ist diese Technik durch zahlreiche Figuren in buddhist. Tempeln besonders Japans belegt, während in China infolge der häufigen Brände und Kriege kaum mehr ein Stück erhalten ist. Die alten Dekorarten verfeinerte man. Auch das läßt sich noch an Gegenständen feststellen, die in einem buddhist. Kloster in Nara, Japan, aufbewahrt werden. Auf Musikinstrumente, Tabletts und andere Gebrauchsgegenstände trug man feine Lackschichten auf. Perlmutteinlagen oder Malerei, florale und figürliche Motive von großer Eleganz erhöhen den Reiz der feinen Arbeiten. Besondere Effekte erreichten die Künstler durch die Mischung des Lacks mit Gold- oder Silberstaub.
Die meisten Techniken, die auch heute noch bei der Lackherstellung angewendet werden, waren in der *Song-Zeit* bereits entwickelt. Wie bei den Porzellanen bevorzugte man aber unter den Song sehr schlichte Gefäßformen aus Trockenlack, deren Oberflächen besonders fein poliert

sind. Auch die Typen ähneln denen der Keramik.

Einige Dekorformen, die unter den *Ming und Qing* besonders beliebt waren, sollen ebenfalls noch kurz beschrieben werden.

Schnitzlack: Schnitzlack erfordert einen besonders langwierigen Arbeitsprozeß. Um die nötige Dicke für Hochreliefschnitzerei zu erhalten, mußten unzählige dünne Schichten aufgetragen werden. Erst danach konnte man mit der eigentlichen Dekoration beginnen. Schalen, Dosen, Gürtelanhänger versah man mit floralem oder figürlichem Dekor, auch mit Architekturdarstellungen. In China herrscht roter Schnitzlack vor, aber auch rein schwarzer Lack, dessen Schnitte verschiedene Farbschichten zeigen, ist nicht selten. Verwandtschaft mit der Porzellanmalerei ist in manchen Fällen nicht zu übersehen.

Ritzlack: Die Technik erinnert an Metallgravuren. Mit feinen Nadeln wurden Dekorelemente aufgetragen, die denen des Schnitzlacks ähneln, aber wesentlich feiner und detailreicher ausgeführt werden konnten. Die Linien hob man schließlich mit Blattgoldeinlagen hervor.

Lack mit Einlagen: Wie in der Tang-Zeit und früher waren auch noch in der Ming- und Qing-Zeit Einlagen in Lacke üblich. Bevorzugt verwendete man Gold- und Silberblech, aber auch Perlmutt war beliebt. Besonders bei großflächigen Arbeiten, wie auf Schränken und Stellschirmen, kam Perlmutt auf schwarzem Lack hervorragend zur Geltung.

Schleiflack: Bei dieser Technik trug man zwei verschiedenfarbige Lacke übereinander auf, wobei die obere Schicht bedeutend dünner sein mußte als die untere. Nach dem Trocknen schliffen die Handwerker die obere Schicht an manchen Stellen wieder ab, so daß eine uneinheitliche Oberflächenfärbung entstand, die wie Wolken wirkt.

Literatur: K. Stephan: *Chinesische und japanische Lackmalerei,* München 1962.

Lamaismus

Der Lamaismus ist eine Sonderform des tantrischen Buddhismus und fand besonders in Tibet und in der Mongolei Verbreitung. Er entstand aus einer Verbindung aus Mahayana-Elementen, Tantrismus und der traditionellen tibetischen Religion, *Bön.* Die Einführung des Buddhismus in Tibet geht auf das 7. Jh. zurück, als der König Songzangambo und seine beiden Frauen, die aus Nepal und China stammten, nach der Tradition versuchten, die alten Kulte zugunsten der neuen und fremden Religion zurückzudrängen. Es gelang dem Herrscher nicht, auf Dauer eine buddhistische Gemeinde zu etablieren, zu groß waren noch die Widerstände im Land. Der Durchbruch gelang erst einem berühmten indischen Tantriker, *Padmasambhava,* der durch seine Persönlichkeit und angeblich seine Zaubermacht dem Buddhismus Ansehen verschaffte. Auf ihn soll die Gründung eines der ältesten Klöster, *Samye,* zurückgehen. Padmasambhava suchte die widerstreitenden Kulte zu versöhnen, indem er Merkmale des Bön in den Tantrismus einbrachte. Die Bön-Götterwelt der buddhist. einzuverleiben, bereitete aufgrund der Flexibilität der indischen Lehre keine Schwierigkeiten. Allerdings war der Konflikt dadurch nicht aus der Welt geschafft. Noch Jahrhunderte später entbrannten immer wieder Kämpfe zwischen den Vertretern der bodenständigen Religion und den Buddhisten. Dem stark synkretistischen Charakter der neuen Schule entsprechend veränderte man die Klosterregeln. So waren die Mönche beispielsweise nicht an den Zölibat gebunden. Gegen die starke Entfremdung von der ursprünglichen Lehre wandte sich ein bedeutender religiöser Neuerer, *Tsongkhapa,* der im 14. Jh. eine grundlegende Reform zu erreichen suchte. Er führte den Zölibat und strenge Klosterregeln ein. Die neue Richtung eroberte sich bald eine dominierende Stellung im religiösen Leben Tibets. Ihre Vertreter setzten sich durch ein leuchtend gelb gefärbtes Gewand von den rotgekleideten Anhängern des alten Buddhismus und den schwarzgekleideten Bön-Priestern ab.

Durch die Verschmelzung des Bön-Pantheons mit der großen Götterwelt des tantrischen Buddhismus entstand eine komplexe Hierarchie von Gottheiten. An deren Spitze stehen die sog. Adhibuddhas, Urbuddhas, aus deren Meditationen sämtliche Wesenheiten entstanden sind.

Goldene Buddhastatue im Palastmuseum in Beijing >

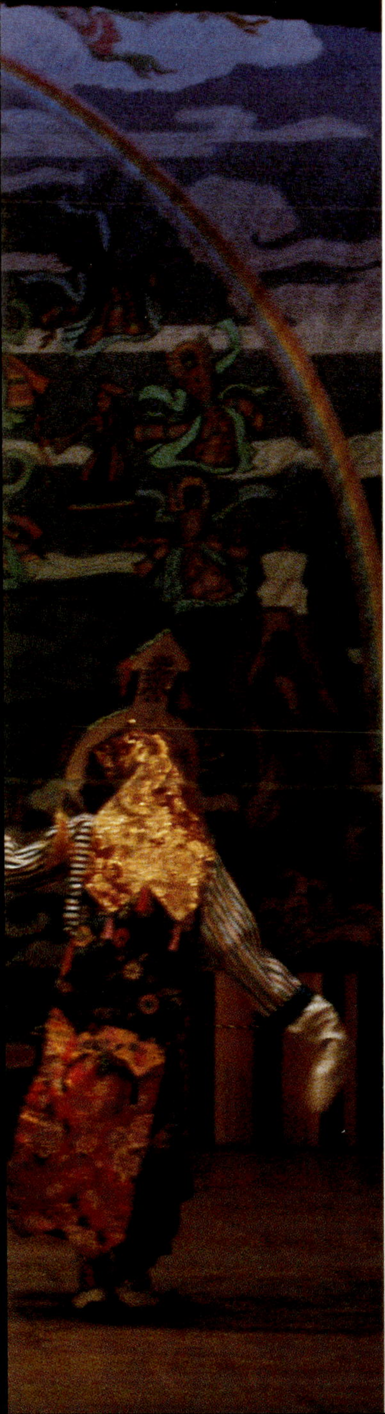

Ein weiteres Merkmal des Tantrismus, das auch in der tibetischen Form eine große Rolle spielt, ist der sog. *Shaktismus*. Jeder Gottheit gehörte eine Göttin zu, die das geistige Element der Gottheit verkörpert. Die meisten göttlichen Wesen können auch in zwei Formen auftreten, einer friedvollen und einer furchtbaren, in der sie den Feinden der Lehre entgegentreten. Der Kultus des Lamaismus besteht aus zahlreichen symbolischen Gesten, dem Rezitieren von Sutren und dem Aussprechen von magischen Formeln. Im Gegensatz zu den anderen Ausprägungen des Buddhismus sind im Lamaismus blutige Opfer üblich. Ebenso wie die Betonung der Magie hat man darin wohl den Einfluß des Bön zu sehen.

Das geistige und politische Leben Tibets wurde lange Zeit von den religiösen Führern mitgeprägt. Die Äbte der großen Klöster galten als Reinkarnationen göttlicher Wesen, bedeutender buddhistischer Heiliger, Buddhas oder Bodhisattvas. Sie übten aber zur gleichen Zeit weltliche Funktionen aus. An der Spitze der priesterlichen Hierarchie stehen der Panchen-Lama, Inkarnation des Buddha Amithabha, und der Dalai-Lama, Inkarnation des Bodhisattva Avalokitesevara.

Legalismus

Die Legalisten gingen, im Gegensatz zu den meisten konfuzian. Schulen, davon aus, daß ohne einen festen Gesetzeskodex ein Staatswesen nicht existieren kann. Das reichte ihnen aber noch nicht: Die Gesetze mußten auch von drakonischer Härte sein. Eine der Hauptthesen der Schule war, daß die Strafen für Übertretungen so hart sein müssen, daß es keiner mehr wagt, gegen ein Gesetz zu verstoßen. Wenn dieser Zustand erreicht ist, kann, nach der Doktrin der Legalisten, der Herrscher das Staatswesen sich selbst überlassen. Da sich auch die Untertanen schließlich gar keine anderen Verhältnisse als die vollkommen gesetzmäßigen vorstellen können und nicht mehr das Bedürfnis empfinden, gegen die Ordnung zu handeln, erübrigen sich gar die Gesetze.

Die Legalisten übernahmen während der Herrschaft der Qin wichtige Funktionen

< *Tanz bei einem Klosterfest in Tibet*

im Staat. *Qin Shihuang* ließ einen Kodex ausarbeiten, der in seiner Brutalität in der chines. Rechtsgeschichte nicht seinesgleichen fand. Auch die Han schafften in der ersten Zeit ihrer Herrschaft nicht alle Gesetze der Qin wieder ab. Erst nach der vollständigen Konsolidierung des Reiches machten sie sich an eine Entschärfung der Gesetze.

Lyrik

Shijing: Erste Gedichtsammlung, die wohl in ihrer heutigen Form in der Zhanguo-Zeit aus bereits bestehenden Sammlungen zusammengestellt wurde. Da man annahm, daß Kong zi die Auswahl getroffen hat, wurde das »Buch der Lieder« unter die konfuzian. Klassiker aufgenommen. Viele der Gedichte wurden in Kong zis Sinn uminterpretiert. Offenbar handelt es sich aber z.T. um schlichte Liebeslieder, die eine derartige Deutung nicht zulassen. Kunstlieder und solche, die bei religiösen Zeremonien vorgetragen wurden, wurden ebenfalls in die Anthologie aufgenommen. Die Volkslieder sind in Ländern aufgeteilt. Die Sprache ist reich an Reimen, lautmalerischen Wortkombinationen und Pflanzennamen. Anspielungen und symbolische Bedeutung, die viele der Begriffe sicher enthalten, lassen sich heute nicht immer erkennen. Die Verse bestehen meist aus vier Zeichen.

Chu ci (Gedichte aus Chu): Die meisten von ihnen werden dem Dichter und Staatsmann *Qu Yuan* (4. Jh. v. Chr.) zugeschrieben. Er war als Minister tätig und ertränkte sich in einem Fluß, nachdem er aufgrund von Verleumdungen von seinem Herrn entlassen worden war. Manche der Gedichte aus den Chu ci könnten auf diese Ereignisse Bezug nehmen. Die Sprache ist kraftvoll und voller ungewöhnlicher Bilder, die Thematik nicht einheitlich. Neben der Trauer über das Scheitern als Berater und Liedern, die möglicherweise bei Opferzeremonien gesungen wurden, findet sich ein sehr merkwürdiges Gedicht, das aus Fragen besteht, in denen viele mythische Gestalten erwähnt werden (Tianwen, Himmelsfragen), und von dem man annimmt, es könnte sich auf die Verzierungen an einem Bauwerk beziehen. Ein anderes Gedicht steht im Zusammenhang mit einem Ritus, der nach dem Tod für die Verstorbenen durchgeführt wurde (Zhaohun, Zurückrufen der Seele). Bei diesem Versuch, die Seele aus dem Reich der Toten zurückzurufen, wird dem Verstorbenen das Leben in dieser Welt in den leuchtendsten Farben ausgemalt.

Unter den Gedichten, die von anderen Verfassern stammen sollen, befinden sich die Beschreibung einer Himmelsreise und ein Poem, das einen Eremiten aus der Wildnis zurückrufen soll.

Fu-Dichtung: Sie war in der Han-Zeit in höfischen Kreisen sehr verbreitet. Charakteristisch sind zum Teil streng parallele Versbildungen und seltene Ausdrücke, die den Gedichten Glanz verleihen sollten. Es handelt sich um Preisgedichte zu wichtigen Anlässen und Beschreibungen der kaiserlichen Paläste und Jagdparks sowie der Hauptstädte. Hauptvertreter sind: W-Han: *Sima Xiangru, Dongfang Shuo;* O-Han: *Zhang Heng.*

Yuefu: Die Gedichte sind nach einem Amt benannt, in dem Lieder gesammelt und auch neue komponiert wurden. Gesammelt wurden vor allem Lieder aus dem Volk, da man ihnen prophetischen Charakter nachsagte. Teilweise wurden die Lieder des Yuefu auch für höfische oder religiöse Ereignisse komponiert und mit Instrumentalbegleitung aufgeführt.

Gushi: Ebenfalls in der Han-Zeit entstanden. Die Form mit fünf- oder siebensilbigen Versen fand immer wieder Verwendung. Reimform und Rhythmik waren sehr flexibel. Sie war eine der Hauptformen der Lyrik der Sanguo- und Nanbeichao-Zeit und blühte besonders unter den Cao-Wei. *Cao Cao* und *Cao Pi,* die ersten Herrscher dieser Dynastie, besonders aber der Bruder des Cao Pi, *Cao Zhi,* waren selbst große Dichter. Es gab inhaltliche Neuerungen: In den politischen Wirren der Zeit war die Not der Bevölkerung und auch der Literaten sehr groß. Mit Einfühlungsvermögen betrachten die Dichter die Zustände und schildern sie voll Mitleid. In der Jin- und frühen Nanbeichao-Zeit gab es ebenfalls einige namhafte Vertreter der Gushi-Tradition: *Ruan Ji, Tao Qian* und *Xie Lingyun.* Ihre Lyrik ist von Weltflucht und, wie die Malerei der gleichen Zeit, von der Entdekkung der Natur und des Lebens auf dem Lande geprägt. Die Natur wird zum Rückzugsgebiet der Verfolgten und verliert ihre

Schrecken. Eine weitere Form, die aber in die gleiche Richtung geht, ist die sog. *Yonghuai-Lyrik,* in deren Zentrum Gedenken an vergangene Pracht und verlorenes Glück stehen. Im S war Liebeslyrik in sehr elegantem Stil verbreitet.

Lüshi und Jueju: Diese Gedichtformen begannen sich in der Tang-Zeit zu verbreiten. Beide sind wesentlich strengeren Regeln unterworfen als die Gushi. *Lüshi:* Insgesamt 8 Verse, von denen sich der dritte und vierte sowie der fünfte und sechste reimen mußten. Die kurzen *Jueju* umfassen nur 4 Verse.

Die Themen lassen sich in verschiedene Gruppen aufteilen: *Naturidyllik:* Der kleine Garten als Refugium des Gelehrten, in diesem Sinne auch Veränderung der Eremitenlyrik - man ruft ihn nicht zurück, sondern man besucht ihn. *Höfische Themen:* Hofdamen in ihrem Glanz oder ihrer Trauer um die verlorene Gunst des Herrschers. *Sozialkritik:* In der mittleren Tang-Zeit verstärkt sich auch eine sozialkritische Komponente wieder, die schon einmal in der Sanguo-Zeit hervorgehoben worden war. Die Not der Armen, der entwurzelten Bauern, die durch Mißernten und Unterdrückung geschunden sind, auch das Unglück der Stadtbevölkerung, die durch die großen Aufstände um ihre Habe gebracht wurde, werden beschrieben. *Freundschaft, der Abschied* von Freunden, die in entfernte Provinzen aufbrechen. *Erinnerung* an vergangene Größe oder den Glanz vergangener Epochen als kritisches Gegenbild zu den deprimierenden Verhältnissen nach der An-Lushan-Revolte. Wichtigste Vertreter sind: *Du Fu, Li Bai, Yuan Zhen, Bai Juyi.* Gegen Ende dieser größten Epoche der chines. Lyrik wurde eine *literarische Gegenbewegung* erkennbar, die sich von dem z.T. gekünstelten Stil der Prosa der Tang abwandte und gleichzeitig auch den alten Gedichtformen wie Gushi wieder den Vorzug gab. Hauptvertreter dieser Bewegung sind *Han Yu* und *Liu Zongyuan,* die versuchten, sich in betont schlichter und prägnanter Sprache auszudrücken.

Ci-Dichtung: In Texten aus der Tang-Zeit, die in Dunhuang gefunden wurden, kann man erkennen, daß diese Gedichte in Liedform sich bereits entwickelt hatten. Die Ci wurden nach einer Melodie komponiert und waren zunächst von Instrumentalmusik begleitet. Der Dichter konnte aus einem bestimmten Fundus von Lied-Melodien auswählen. Die Verszahl und Länge ist von Melodie zu Melodie unterschiedlich, und die Verslängen sind auch innerhalb eines Liedes nicht einheitlich. Der Sprachrhythmus war durch die Abfolge der Worttöne bestimmt, wobei dem Dichter gewisse Freiheiten gegeben waren (Das heutige Chines. besitzt vier Worttöne. Jedes Wort bzw. Silbenzeichen ist mit einem bestimmten Ton verbunden. In der Tang-Zeit klang die Sprache aber noch ganz anders als heute, und viele Worte, die damals Reimpaare ergaben, sind heute nicht mehr zu kombinieren. Auch an den Gedichten selbst und an alten Reimwörterbüchern kann man diese Veränderung erkennen. Die Tangzeitliche Sprache hatte auch noch mehr Töne). In der Ci-Dichtung wird auf eine leicht verständliche Sprache geachtet, was nicht nur auf den volksliedhaften Charakter, sondern auch auf einen veränderten Geschmack der Leserschaft in der Song-Zeit, der Blütezeit der Ci-Form, zurückzuführen ist. Zu den bedeutendsten Ci-Dichtern der Song gehören *Su Shi, Huang Tingjian, Mei Yaochen, Yang Wanli* und besonders *Lu You.*

Diese Aufstellung von Gedichtformen soll nicht etwa eine Einteilung der Dichtung in Epochen darstellen. Die meisten Dichter waren nicht auf eine Form festgelegt und zeigten höchstens Vorlieben Das zeigt sich auch an der Lyrik der Ming und Qing.

Die moderne chinesische Lyrik ist von zwei Grundtendenzen geprägt: In der einen sind die Einflüsse der alten Lyrik unverkennbar. Haben sich auch die Themen stark verändert und wird auch der Bezug zur Gegenwart gesucht, so sind dennoch die alten Gedichtformen, die traditionelle Metrik und die Vorliebe für Anspielungen auf alte Vorbilder beherrschend. Mao Zedong ist ein typisches Beispiel für diese Tendenz.

Die andere Tendenz hat sich aus der Ablehnung oder jedenfalls kritischen Haltung gegenüber der alten Literatur entwickelt. Freiheit der Versform, Fehlen vom Reimen und Fehlen der Bindung an bestimmte Versmelodien können hier als charakteristisch gelten. Auch die Abwendung von den herkömmlichen Themen, die Integration des politischen Tagesgeschehens wird angestrebt. Besonders seit der Revolution hat das u.a. auch dazu geführt, daß Gedichte nicht selten zum Propagandamittel, zum Instrument der Verherrlichung maoistischer Politik verflachten. Das sollte jedoch nicht zu der Annahme verleiten, in der neuen Form seien nicht auch bedeutende Kunstwerke entstanden. Besonders in den Jahren nach der Kulturrevolution hat die Lyrik der ungebundenen Form einen großen Aufschwung erlebt. Die ausdrucksstarken Bilder und die Metaphorik sind durchaus auch als Fortentwicklung der Mittel traditionell chinesischer Lyrik zu verstehen, Einflüsse des europäischen Symbolismus und Expressionismus sind jedoch ebenfalls spürbar.

Literatur: Hans H. Frankel: *The Flowering Plum and the Palace Lady*. Interpretations of Chinese Poetry, New Haven/London 1976.
Wolfgang Kubin (Hrsg.): *Nachrichten von der Hauptstadt der Sonne. Moderne chinesische Dichtung,* Frankfurt 1984.

Malerei

Wahrscheinlich waren schon die Palasthallen der Shang mit Malerei geschmückt, von der sich jedoch keine Spur erhalten hat.

O-Zhou-Zeit: Es waren bereits Gemälde auf Seide üblich: Das berühmte Seidenmanuskript aus Chu mit einer langen Inschrift weist auch eine Reihe von Bildern seltsamer Mischwesen auf, die mit Monatsgottheiten in Verbindung gebracht werden. Auch zwei Gemälde, die einen feingekleideten Herrn und eine Dame mit Drachen und »Phoenix« zeigen, wurden gefunden.

W-Han-Zeit: Die Seidenmalerei war bereits sehr weit entwickelt, wie sich an sog. Seelenbannern, die ebenfalls aus dem ehem. Gebiet des Staates Chu stammen, zeigt. Man nimmt an, daß auf diesen großen T-förmigen Hängebildern die Reise der Verstorbenen in himmlische Gefilde dargestellt wird. Die Komposition ist sehr streng, und die Details sind sehr schön ausgeführt. Die großen Flächen der Hohlziegel wurden ebenfalls bemalt. Themen aus der Mythologie und dem konfuzian. Bereich herrschen vor, aber auch astronomische Bilder wurden gefunden. Die Darstellungen von Menschen sind bereits sehr sicher, und die Bewegungen gut erfaßt. Jedoch beschränken sich Architektur- und Landschaftsdarstellungen auf Andeutungen (herabhängende Lambrequins deuten den Innenraum an, einzelne Bäume und Pflanzen zeigen, daß sich eine Szene im Freien abspielt). Es kommt zur Entwicklung der Parallelperspektive.

O-Han-Zeit: Aus der Reliefkunst läßt sich schließen, daß sich klare Lokalstile herausgebildet hatten, die wahrscheinlich auch Einfluß auf die Malerei gewannen. Vereinzelt kommen in N-China auch großflächige Bilder mit großen Ausrittszenen oder Stadtdarstellungen vor.

Sanguo- und frühe Nanbeichao-Zeit: Die Landschaftsmalerei nahm einen ersten Aufschwung. An Kopien von Bildern eines der ersten berühmten Maler, *Gu Kaizhi* (ca. 344–406), kann man erkennen, daß diese frühen Landschaften schon weit über bloße Andeutungen hinausgingen. In der Rolle mit der Illustration zum Gedicht über die Göttin vom Le-Fluß sind durchaus schon ganze Landschaftspanoramen mit Bergzügen und stilisierten Baumgruppen angelegt, die, wie häufig in der Nanbeichao-Kunst, von einem leisen Wind bewegt scheinen. Allerdings sind die Figuren noch unproportional groß gemalt, was auch als Hinweis dafür gelten kann, daß immer noch der Mensch im Mittelpunkt des künstlerischen Interesses stand. Das zeigt sich auch an Bildern mit höfischen oder konfuzian. geprägten Themen des Gu Kaizhi und anderer Maler, die uns z.T. nur als Steingravierungen erhalten blieben. Auch in der religiösen Kunst spielte die Landschaft eine Rolle: In den frühen Bildern von Dunhuang wird Landschaft (sehr ornamentale Bergmotive u.ä.) als Strukturelement verwendet, das einzelne Szenen von buddhist. Jatakaerzählungen voneinander trennt. Die großen Andachtsbilder in den Höhlen sind von ganz anderem Charakter, und man sieht in den Malereien des 5. u. 6. Jahrhunderts noch deutlich die zentralasiatischen Einflüsse.

Auch bei der Entwicklung der buddhist. Kunst in Zentralchina spielten Künstler aus den Oasenstädten Mittelasiens eine große Rolle. Die Bilder von Einsiedlern,

Suzhou, Gemälde von Xu Yang, 18. Jh. >

die in dieser Zeit entstanden, lassen sich sowohl aus der taoist. Erneuerung als auch der Blüte des Buddhismus erklären.

Sui- und Tang-Zeit: Es kommt zu einer stärkeren Spezialisierung der Maler. Manche Künstler waren auf höfische Szenen spezialisiert, malten Damen beim Fest oder einsam in Palastgärten. Dabei wird häufig sehr flächig und dekorativ gearbeitet. Andere waren berühmt für ihre Bilder von Pferden aus dem kaiserlichen Marstall mit ihren meist ausländischen Wärtern. Bilder von ausländischen Gesandtschaften kommen vor. Viele der Bilder wirken realistisch oder ein wenig ironisch überzeichnet.

In der buddhist. Kunst kamen zu den bekannten Themen Paradiesbilder, auf denen große Menschen- und Göttergruppen symmetrisch vor einer spiegelsymmetrischen Scheinarchitektur aufgestellt sind.

In der Landschaft dominiert immer noch der Mensch, obwohl die Proportionen ausgewogener sind. Auf Tiefenwirkung wird kaum Wert gelegt, die Bergmotive wirken flach. Es kommt zur Einführung des sehr dekorativen Blau-Grün-Stils für die Landschaft. Die monochrome Tuschmalerei wird zum Lieblingsmedium von Künstler-Gelehrten, die sich in ihrer Freizeit der Malerei widmeten. Auch die Maler, die dem Chan-Buddhismus anhingen, bevorzugten diesen Stil, da er ihnen am besten das spontane Erleuchtungserlebnis wiederzugeben schien. Bilder von Luohan werden bei ihnen besonders beliebt.

Song-Zeit, N-Song: Die Landschaft wird zum Selbstzweck und stellt nicht mehr nur die Umgebung dar, in der sich etwas abspielt. Allerdings wird der Blick in die Raumtiefe immer noch, wie schon bei den Tang-Malern, durch Bergmassive verstellt. Tiefenwirkung wird durch Pfade, auf denen Wanderer ziehen, oder durch Flußläufe nur angedeutet.

Die Techniken werden wesentlich vielfältiger: Gemalt wird mit sehr feuchtem oder auch ganz trockenem Pinsel. Oberflächenstruktur wird durch eine große Zahl verschiedener Punkt- und Strichvarianten herausgearbeitet. An Bäumen und Pflanzen zeigt sich ein Stil, der von der Kalligraphie inspiriert ist. In der *mittleren Song-Zeit* wird die Schwere, ja Bedrohlichkeit des zentralen Bergmotivs durch Nebel und Wolken abgeschwächt, größere Tiefenwirkung erreicht. Diese Entwicklung wird unter den *S-Song* durch eine Auflösung der Konturlinien fortgeführt. Im sog. Eineckstil werden sogar weite Flächen des Bildes vollkommen freigelassen. Oder es lassen nur zarte Konturlinien die Landschaft ahnen, während das Hauptmotiv, meist ein Betrachter, der in die Nebellandschaft schaut, in einer Ecke konzentriert wird. In der *kaiserlichen Akademie* wurde ein dekorativer Stil bevorzugt, starke Spezialisierung war typisch. So gab es beispielsweise Bambus-, Vogel-, Drachen-Maler. Kennzeichnend ist auch die *Genremalerei,* die Szenen aus dem täglichen Leben zum Inhalt hat: Krämer mit einer Kinderschar, eine Dorfschule, Frauen bei der Toilette u. ä. wurden mit viel Liebe zum Detail dargestellt.

Yuan-Zeit: Die intellektuelle Verweigerung vieler Yuan-Maler als Reaktion auf den Mongoleneinfall zeigt sich in ihrem Rückgriff auf alte Meister (meist aus der Tang-Periode oder sogar früher, z. B. Qian Xuan, Zhao Mengfu). In der *späten Yuan-Zeit* werden andere Mittel angewandt: Die Bilder strahlen Ruhe, manchmal sogar Kälte aus. Monochrome Tuschmalerei herrscht vor. Aber bei der Wirkung spielen auch die strenge Konstruktion und die Einförmigkeit der Strukturstriche eine Rolle *(Wang Meng, Ni Can).*

Ming-Zeit: Es entwickelt sich ein wachsender Gegensatz zwischen Akademiemalern und Literaten. Die Akademiker bedienen sich oft sehr dekorativer Stile und behalten den Stil der S-Song-Zeit bei. Die Bilder der Literaten sind entweder betont exzentrisch oder wirken kühl und distanziert.

Qing-Zeit: Besonders während der Umbruchphase zwischen Ming und Qing sind Maler tätig, die äußerst exzentrische Stile entwickeln. Dies geschieht als ein stiller Protest gegen die neuen Machthaber, deren Akademie in Traditionalismus erstarrt ist. Andere bedeutende Maler (z. B. Chen Hongshou) versuchten durch den Rückgriff auf sehr alte Malkonventionen und Themen (Einsiedler, frühe Nanbeichao-Malerei) und deren ironische Zerrung ihr Widerstreben gegen die Umstände, unter denen sie zu leben hatten, zu zeigen.

Literatur: James Cahill: *Die chinesische Malerei,* Genf/Stuttgart 1979.

Manichäismus

Über den Manichäismus in China ist man durch die Erforschung der Texte aus Dunhuang und anderen zentralasiatischen Oasen recht wohl informiert. Die Handschriften sind nicht nur in Chinesisch, sondern auch z.B. in Sogdisch und Uighurisch abgefaßt. Besonders die Uighuren, die seit dem 10. Jh. in Khocho (Turfan) ein Königreich errichtet hatten, förderten die Religion, die sie in China während der Besetzung von Changan kennengelernt hatten. Der Stifter dieser iranischen Religion ist Mani (3. Jh. n. Chr.), der auf seinen weiten Reisen u.a. auch mit dem Buddhismus in Berührung gekommen war. Aus mehreren Religionen, u.a. dem Buddhismus, dem Mazdaismus und dem Christentum, entlehnte er Elemente für ein eigenes religiöses Gebäude. Zunächst konnte er die Gunst eines sassanidischen Herrschers erlangen, dessen Nachfolger jedoch den Mazdaismus förderten. Mani fiel in Ungnade und starb in Haft. Seine Anhänger flohen nach Europa und Asien. Es fiel ihnen vielerorts nicht schwer, Gefolgsleute zu finden, da Mani seine Glaubenssätze mit der Bereitschaft zur Assimilierung fremder religiöser Ideen verband. Augustinus z.B. war vor seiner Bekehrung zum Christentum Manichäer und verfolgte später seine ehemaligen Glaubensbrüder mit besonderem Eifer. Im Manichäismus wird der Dualismus zwischen Wesen des Lichts und Wesen der Finsternis (in der Erkenntnis der Vermischung von Elementen des Lichtes und der Finsternis im Menschen liegt der Weg zur Erlösung der Wesen) mit dem christlichen Menschenbild verbunden. Ähnlich hellenistischen Mysterienreligionen hatten die Manichäer verschiedene Weihegrade, die sich an bestimmten Verhaltensregeln orientierten. Die Vorstellung, daß im Menschen Teile des ursprünglichen Lichtes gefangen sind, die es zu befreien gilt, machten die Manichäer, ähnlich wie die Christen, zu Weltverächtern. Wiedergeburtslehren, nach deren Gesetzen nur die Auserwählten von der Wiederkehr ausgenommen waren, wurden vom Buddhismus übernommen. In China selbst war der Manichäismus nie sehr verbreitet, fand aber dennoch in schriftlichen Quellen Niederschlag. Selbst manche Aufstandsbewegungen der Song-Zeit erinnerten noch an manichäische Gemeinschaften.

Musik

Bestimmte Formen von Musik hatten in China nie Unterhaltung allein zur Aufgabe. Musik war ein essentieller Bestandteil des Ritualbereiches. Okarinen, kleine Blasinstrumente aus Ton, kennen Archäologen schon aus neolithischen Kulturen. Seit der *Shang-Zeit* sind fein verzierte Musikinstrumente, meist trapezförmige aufhängbare Klangsteine und Sätze von Glocken, üblich. Vielleicht schon damals, mit Sicherheit aber seit der *Zhou-Zeit,* wurde bei bestimmten Anlässen des Staatskults rituelle Musik gespielt, die strengen Regeln unterworfen war. Im Zuge der Systematisierungen der *Han-Zeit* waren den Jahreszeiten Töne einer Fünf-Ton- und einer Zwölf-Ton-Skala zugeordnet, nach denen die Instrumente des Staatskultwesens eingestimmt wurden. Für diese Riten waren besondere Beamte zuständig, die auch für andere jahreszeitlich bedingte Riten verantwortlich waren. Den Jahreszeiten waren auch bestimmte Lieder und Tänze zugeordnet. Die traditionellen Instrumente, die auch auf Han-zeitlichen Darstellungen immer wieder erscheinen, waren Qin und Se (2 Zitherarten), Okarina,

Tanzende, Tonplastik der Han-Zeit

Mundorgel (Instrument, dessen Mundstück mit einem breiten gefäßartigen Teil verbunden ist, in den unterschiedlich lange Pfeifen gesteckt wurden, und das nicht durch Blasen, sondern durch Einziehen der Luft gespielt wird), Klangsteine und Glocken. Seit dem Ende der Han-Zeit fand ein reger kultureller Austausch mit Zentralasien statt. Das äußerte sich auch darin, daß in den chines. Orchestern neue Instrumente auftreten, z. B. eine Art Laute (Pipa) und mehrere Varianten, verschiedene Flötenarten, Horn, eine Harfe mit rechtwinkeligem Rahmen etc., die sich z. T. bis heute gehalten haben.

Der ausländische Einfluß wurde in der Nanbeichao- und Tang-Zeit immer stärker. Ganze Orchester mit Sängern und Tänzern wurden als Tributgaben nach China geschickt, was das Repertoire der Aufführungen am Hof und in den Städten nachhaltig beeinflußte. Neben Tänzen wurden zur Musik auch Pantomimen oder kurze Stücke aufgeführt, die möglicherweise als Vorformen des chines. Theaters betrachtet werden können.

In der *Song- und Yuan-Zeit* begann sich das Musiktheater rasch zu entwickeln. Heute sind aus der Yuan-Zeit noch über 100 Stücke erhalten. Das Instrumentarium wurde noch durch weitere w Instrumente bereichert, z. B. kleine zweisaitige Streichinstrumente (Banhu, Erhu) mit rundem Klangkörper. Auch das Schlagwerk wurde um verschiedene Klapperformen erweitert. Regionale Musikstile bildeten sich heraus.

Nach der Revolution unterdrückten die neuen Machthaber zwar zunächst nicht die alten Formen, wie sie in klassischer Pipa- oder Zither-Musik zum Ausdruck kamen. Man setzte ihnen aber neue Typen propagandistischer Musikstücke entgegen, die mit großem Pathos die Revolution verherrlichen oder die heroischen Taten der Kämpfer schildern sollten. Westliche Musik konnte in kleinem Umfang gepflegt werden.

Das änderte sich während der Kulturrevolution radikal. Westliche Einflüsse waren verpönt, Musik durfte nur zu Propagandazwecken aufgeführt werden. Auch traditionelle chines. Musik galt als reaktionär. Die Musikschulen mußten schließen, und die Musiker verschickte man aufs Land, wo sie die revolutionäre Gesinnung der Landbevölkerung durch der Regierung genehme Stücke zu stärken hatten. Auch Oper konnte nur in Form von Agitprop-Theater aufgeführt werden.

Nach dem Ende der Kulturrevolution entwickelte sich schon bald reges Interesse an Musikformen, die so lange verpönt waren. Man zog daraus Anregungen, instrumentierte chines. Musikstücke für w Orchester. Die weitreichenden Zerstörungen der Kulturrevolution, der Mangel an Nachwuchs (in dieser Zeit durfte ja nicht ausgebildet werden) sind auf allen Gebieten des Musiklebens noch deutlich zu spüren. Man ist aber heute bemüht, die klassische chines. Musik mit ihrer langen Tradition ebenso wie die Musik der Minderheiten intensiv zu pflegen. In zahlreichen regionalen Instituten wird die Vokal- und Instrumentalkunst der Minoritäten gesammelt und aufgeführt.

Literatur: Kurt Reinhard: *Chinesiscne Musik*, Eisenach/Kassel 1956.

Mythologie

Besonders in den Gräbern der Han-Zeit kann man zahlreiche Darstellungen aus dem Bereich der Mythologie sehen. Allerdings können sie und die Erwähnungen in den schriftlichen Quellen nur einen kleinen Ausschnitt von dem bieten, was in der Qin- und Han-Zeit verlorengegangen ist. Viele der Mythen, die bis heute erhalten sind, blieben nur fragmentarisch, da vieles, was Qin- und Han-zeitlichen Systematikern ungut erschien, eliminiert wurde. Seit der O-Zhou-Zeit wurde versucht, die Götter und Geister der chines. Mythologie in ein System zu zwängen, das mit den sich entwickelnden Staatsmodellen in Einklang stand: Man ging von der Herrschaft von mythischen Kaisern der Vorzeit aus, die mit Weisheit regierten und übermenschliche Taten vollbrachten. Ihnen werden die Erfindung der Kulturgüter und die Regelung der Naturgewalten zugeschrieben. Dem Drang zur Systematisierung entsprach, daß den Shang 5 Kaiser vorausgegangen waren, die auch mit je einem der 5 Elemente verbunden wurden. Ihnen werden Minister beigeordnet, denen ebenso bedeutsame Verdienste zukamen (Erfindung der Schrift etc.).

Demgegenüber gibt es auch finstere Er-

scheinungen, die das Werk der Herrscher zu unterminieren suchten und dafür bestraft und an den Weltrand verbannt wurden, um das »Reich der Mitte« vor noch fürchterlicheren Plagen zu schützen. Manchen der göttlichen Heroen und Dämonen wurden auch in ihrem Äußeren noch übermenschliche Züge zugebilligt: So sollen beispielsweise der »Kaiser« Fuxi und die »Kaiserin« Nügua Schlangenleiber gehabt haben. Fragmentarisch sind Sintflutmythen, Sonnenmythen u.ä. überliefert, die u.a. auch in einer mythischen Geographie zusammengefaßt wurden (»Shanhaijing«). Auch bei diesem Werk fällt auf, daß die Verfasser darauf bedacht waren, die Erscheinungen streng systematisch zu ordnen.
In der *Han-Kunst* wurden mit Vorliebe mehrere Wesen dargestellt: *Fuxi* und *Nügua,* oft mit verschlungenen Schlangenleibern, und *Xiwang mu,* die »Königinmutter des Westens«, die angeblich in einem paradiesischen Reich im W auf dem Berg Kunlun thronen sollte und Besuchern die Pfirsiche der Unsterblichkeit vorsetzte. Die Gottheit wird auf seltsamen Bergformen thronend, umgeben von fliegenden Unsterblichen und anderen mythischen Wesen, dargestellt. Viele der Mischwesen, die auf Reliefs und Malereien wiedergegeben wurden, lassen sich heute nicht mehr eindeutig bestimmen.
Literatur: J.J.M.de Groot: *The Religious System of China,* Repr. Taipei 1982; E.T.C.Werner: *Myths and Legends of China,* London 1924 u. Repr.

Nestorianismus
Die nestorianischen Christen wurden im 5.Jh. n.Chr. aus der Kirche ausgestoßen. Nestorius, ihr Führer und zunächst Patriarch von Konstantinopel, leugnete die Union Christus-Gottessohn, Maria-Gottesmutter und die leibliche Geburt Gottes auf Erden, was im frühen Mittelalter als eine der schlimmsten Häresien galt. Nach der Absetzung des Nestorius hatte die nestorianische Kirche ihren Hauptsitz im Iran. Zahlreiche Kaufleute, die nach China kamen, gehörten dieser Glaubensgemeinschaft an. Auch Wilhelm von Rubruck, der Mitte des 13.Jh. im Auftrag des Papstes und des französischen Königs an den Hof des Mongolenkhans Möngke geschickt wurde, mußte sich zum Amüsement des Herrschers Streitgesprächen mit Nestorianern am Mongolenhof stellen.
Die Aufmerksamkeit der Wissenschaft wurde durch die Wiederentdeckung einer Stele aus der Tang-Zeit auf die Nestorianer von Changan gelenkt. Auf ihr wird die Herkunft und die Geschichte der Kirche aus chines. Sicht beschrieben.

Orakel
Hinweise auf Orakel mit Knochen und Schildkrötenschalen, die ins Feuer geworfen wurden, lassen sich schon an neolithischen Stätten finden. Beim plötzlichen Erhitzen bekamen Knochen und Panzer Risse, aus deren Verlauf der Orakelspruch abgelesen wurde. In der *Shang-Zeit* wurde diese Form beibehalten und die benutzten Stücke zu einer Art Archiv zusammengefaßt. Die kurzen Inschriften informieren über den Auftraggeber, die Frage und die Antwort. Auskünfte über die Gunst oder Ungunst der Zeit für Kriegszüge und Jagdunternehmungen werden verlangt. Während der Shang-Zeit baute man das System noch weiter aus: man bohrte die Knochen vor dem Erhitzen an, um die Form der Risse zu beeinflussen.
In der *Zhou-Zeit* ging man zu einem anderen System über, dem Schafgarben-Orakel. Dabei hatte der Orakelpriester in einem komplizierten Verfahren, das mehrmals wiederholt werden mußte, Schafgarbenstengel so zu handhaben, daß Zahlenkombinationen entstanden, die in Gruppen aus 6 gebrochenen und ungebrochenen Linien niedergeschrieben wurden. Es stellte sich heraus, daß 64 solcher Kombinationen möglich wurden, die schließlich in einem Orakelhandbuch, dem »Yijing«, niedergeschrieben wurden. Dazu kamen zunächst sehr unklare zweideutige Interpretationen, die in späterer Zeit unter dem Einfluß der Konfuzianer in ihrem Sinne umgedeutet wurden. Auch heute noch ist in Hongkong und Taiwan das »Yijing« eine der Grundlagen für die Horoskope, die man sich erstellen lassen kann. In neuerer Zeit kamen noch andere Formen der Wahrsage-Literatur hinzu. Es entstanden, z.T. illustrierte, Traumbücher. Auch aus von Medien in Trance auf Papier geschriebenen Zeichen werden Orakelsprüche gewonnen.

Pferdeknecht, Tonplastik der Tang-Zeit, gefunden bei Xi'an.

Bodhisattva-Statue aus Shanxi

Literatur: Michael Loewe (Hrsg.): *Oracles and Divination*, S. 3 - 62

Pagoden

Die frühesten Pagodendarstellungen finden sich in den buddhist. Höhlen von Yungang bei Datong und anderen Höhlenanlagen. In wenigen Fällen nur lassen sich bei diesen Bildern Anklänge an die Formen des indischen Stupa finden. Vielmehr scheinen sich die ersten Stufenpagoden aus den chines. Turmbauten entwikkelt zu haben. Lediglich bei wenigen Bauten, wie der großen Pagode des Songyue si am Song shan (6. Jh.), sind Parallelen zu indischen Turmbauten festzustellen. Hingegen sind kleine frühe Reliquienpagoden, die in den Tempeln aufbewahrt wurden, entweder aus Indien eingeführt oder indischen Vorbildern nachempfunden.

Die sechs- oder achteckigen Turmbauten mit sehr flachen Geschossen, die sich zur Spitze hin verjüngen (späte Tang-Song-Zeit), könnten unter Umständen von indischen Tempeltürmen des 9. und 10. Jahrhunderts beeinflußt sein. Ein anderer Typ allerdings, der lamaist. Flaschenstupa (Chorten), stellt ganz eindeutig eine Replik nepalesischer und tibet. Stupas dar.

Die Galerie- und Holz-Pagoden der Song-Zeit und späterer Dynastien sind dagegen wiederum eine sehr stark von der chines. Bauweise geprägte Neuerung, die Pagodenbauten in Korea und Japan beeinflußte.

Sonderformen wie Bronze- und Porzellanpagoden bilden häufig die Holzbauelemente nach. Reiche Varianten der eben beschriebenen Typen lassen sich unter den Grab- und Reliquienpagoden finden, die bei Klöstern häufig zu ganzen Friedhöfen zusammengefaßt sind.

Literatur: Ernst Boerschmann: *Die Baukunst und religiöse Kultur der Chinesen, III: Pagoden*, 1. Berlin/Leipzig 1931.

Pferde

In der späten Shang-Zeit wurden die ersten, von relativ kleinen Pferden gezogenen Streitwagen eingesetzt. Zu Reittieren wurden die Pferde erst in der späten Zhou-Zeit. Für die Chinesen erwies es sich zunehmend als strategische Notwendigkeit, berittene Truppenteile aufzubauen, da die

Sitzender Löwe (oben) und stehendes Pferd (unten), Plastiken am Geisterweg der Ming-Gräber bei Beijing

sehr wendigen Reiterkrieger der Xiongu und der Parther den schwerfälligen Streitwagen und Fußsoldaten überlegen waren. Problematisch war allerdings die Beschaffung, da die in China gezüchteten Tiere sich nicht für den Einsatz im Kampf eigneten. Man war weitgehend darauf angewiesen, Reitpferde zu importieren. Das führte natürlich zur Abhängigkeit von den Züchterländern. Besonders begehrt waren sog. himmlische Pferde aus Ferghana (auch blutschwitzende genannt). Man schrieb ihnen wunderbare Schnelligkeit und Ausdauer zu. Deshalb wurden sie in der Han-Zeit auch manchmal mit Flügeln dargestellt.

Literatur: Magdalene von Dewall: *Pferd und Wagen im frühen China,* Bonn 1964.

Plastik

Man nahm zunächst an, daß es, mit wenigen Ausnahmen, erst seit dem Auftreten des Buddhismus in China Großplastik gegeben hat. Seit den Funden großer Bronzefiguren einer Lokalkultur der Übergangszeit zwischen Shang- und Zhou-Periode und der Ausgrabung der Tonfiguren am Grab des Qin Shihuang bei Xi'an (siehe dort) wird immer deutlicher, daß es Großplastik gab, sie aber weitgehend verloren ist. Aber auch aus schriftlichen Quellen weiß man von Bronzeriesen, die im Auftrag von Qin Shihuang gegossen wurden und 12 unterworfene »Barbarenstämme« symbolisieren sollten.

Seit der *Zhanguo-Zeit* war es üblich, den Toten eine »Dienerschaft« aus Ton oder Holz mitzugeben. Diese Beigaben sind oft schon sehr fein gearbeitet. Die Menschenfiguren sind schlicht, die schlanken Körper und feinen Gesichter wirken nobel. Besonders reizvoll sind auch die Pferdebilder aus Ton und Bronze mit feinen Köpfen, zarten Beinen, aber relativ schweren Körpern. Figuren wurden auch an Grabwegen aufgestellt, große Menschen und Tierplastik sind in wenigen Fällen noch erhalten. Die Grabwege wurden in der Nanbeichao-Zeit mit anderen Typen bestückt, die möglicherweise von iranischen Formen beeinflußt sind. Mit dem Einfluß des Buddhismus wird das Bild der chines. Plastik vielfältiger. Die *buddhist. Großplastik* wirkt zunächst noch recht unfrei und noch nicht ganz akzeptierten fremden Vorbildern verhaftet. Die Figuren der *Wei-Zeit* scheinen sehr streng, woran auch das häufig auf den Gesichtern liegende feine Lächeln nichts ändert. Die Plastiken wirken manchmal sogar steif, und der Faltenwurf der Gewänder ist ganz symmetrisch. Freier werden die Künstler da, wo es um die phantasievolle Ausgestaltung der Flächen zwischen den Hauptfiguren geht; die Bilder der Jatakaszenen oder niedriger Gottheiten wirken sehr lebendig.

Die *späte Nanbeichao-Kunst* zeigt in den fließenden Bewegungen der Linien und dem weichen Faltenwurf Neuerungen, die einerseits eine eigenständige Entwicklung erkennen lassen, andererseits aber den Einfluß indischer Kunstwerke verraten. Die ehrfurchtgebietende Strenge weicht Anmut und Wärme im Ausdruck. In der buddhist. Kunst der *Tang* sind die Körperproportionen der Natur besser angepaßt als zuvor, allerdings werden die Gestalten manchmal überdehnt und überschlank gearbeitet. Die Tendenz, den immer mitleidigen und barmherzigen Aspekt der buddhist. Götterwesen zu zeigen, setzt sich fort. Allerdings bleiben die Distanz durch die Erdenferne und Verklärtheit und auch die starke Stilisierung der Gesichter erhalten. Die Figuren an den Grabwegen (Pferde und Menschen, auch Löwen) sind entsprechend den gigantischen Anlagen, in denen sie stehen, gewaltig und massig. Dagegen ist an der Grabplastik in den Kammern, die meist aus Ton, seltener aus Stein besteht, ein deutlicher Hang zum Realismus, zur genaueren Darstellung der Details an Kleidung und Pferdeschmuck zu bemerken. Während die sehr schlanken Figuren der frühen Tang-Zeit, ähnlich denen der vorangegangenen Epochen, meist still und ruhig dastehen, sind die späten Figuren (besonders die Grabwächter) nicht selten in wilder Bewegung wiedergegeben.

Seit der *Song-Zeit* wird die Grabplastik in den Kammern seltener. Die Figuren sind oft nicht sehr sorgfältig gearbeitet. Diener, auch Musikanten und Figuren aus dem Theater, seltener mythische Wesen, sind vertreten.

Die *späte buddhist. Plastik* zeigt wieder eine Tendenz zum Strengen und Unnahbaren, obwohl der Schmuck der Bodhisattvas und Götter sehr reich ist. Die starre

Haltung, der zugleich weltabgewandte und herrische Gesichtsausdruck, erzeugen, wenngleich mit anderen Mitteln, einen ähnlichen Eindruck wie die Vor-Tang-Plastik. Tantrische Formen, vielarmige und -köpfige Gestalten, kommen zu den bis dahin bekannten hinzu.

Ein neuer Bereich ganz anderer Art wurde mit der *Kleinplastik* aus Speckstein, Jade und Elfenbein geschaffen: Wenn es auch unter diesen Gegenständen Stücke von hohem künstlerischen Wert gibt, steht doch bei vielen die skurrile Thematik und die witzige Darstellung im Vordergrund.

Porzellan

Durch Porzellane, besonders durch die Blauweiß-Waren wurde man in Europa auf den hohen Standard der Technologie in der keramischen Produktion Chinas aufmerksam. Schon im Barock entstanden die ersten großen Sammlungen chines. Porzellane.

Die Geschichte dieser leuchtendweißen Ware geht jedoch wesentlich weiter zurück. In der *Shang-Zeit* machte man erste Versuche mit der sehr hellen Kaolin-Erde. Allerdings waren die schön geformten Gefäße bei sehr niedrigen Temperaturen gebrannt und nicht verglast. Sie wurden offenbar nur für den Grabkult hergestellt. Der Dekor ist der Bronzeornamentik verwandt. Die weiße Ware wurde nach der Shang-Zeit nicht weiterentwickelt. Erst in der *Nanbei-chao-* und *Tang-Zeit* entstanden durch die immer höheren Brenntemperaturen, die bei der Produktion von grünglasiertem Steinzeug erreicht wurden, die Voraussetzungen zur Herstellung von echtem Porzellan.

Porzellan besteht aus Kaolinerde und einem Zusatz, Petuntse, einem Flußmittel. Diese Mischung bewirkt bei einer Brenntemperatur von 1350°C das Verglasen des Scherbens. Dadurch ist echtes Porzellan rein weiß und durchscheinend, sein Klang ist hell und klar, und der Scherben läßt sich nicht mit einer Metallklinge ritzen. Die weißen Waren wurden meist mit einer farblosen Glasur überzogen.

Die *Tang-zeitlichen* Stücke sind meist sehr klein und in vielen Fällen noch nicht vollständig verglast. Unter den *Song* erreichte man aber bereits wesentlich bessere Ergebnisse. Wie auch bei anderen Gegenständen, bevorzugte man unter den Song sehr schlichte Formen, die durch ihre Schönheit und Eleganz wirken. Ritz- und Model-Dekor kommen aber vor, wobei jedoch das Ornament niemals eine dominierende Rolle spielt. Die Farben der Glasuren reichen von reinem Weiß über Zartblau bis zu einem Lavendelton.

Den bedeutendsten Aufschwung erlebte die Porzellanherstellung seit der *Yuan-Zeit*. Mit Unterglasurblau hatte man schon in der Tang-Zeit experimentiert. In der Yuan-Zeit jedoch meisterte man die Probleme mit Kobaltblau endgültig. Waren bei den frühen Stücken noch Unsicherheiten zu entdecken (das Blau verfärbte sich manchmal zu Grau), so sind die meisten Stücke aus der späten Yuan- und frühen Mingzeit schon von einem klaren und leuchtenden Blau. Bald waren die Porzellane in W-Asien und Nordafrika beliebt und wurden exportiert.

Der Dekor des frühen Blauweißporzellans ist meist deutlich in Ornamentstreifen aufgeteilt und erinnert an iranische Metallarbeiten. Florale Elemente herrschen vor. Auch einige der Gefäßformen lassen deutlich ausländischen Einfluß erkennen, z.B. Kannen mit stark gebogenem Henkel und schmalem geschwungenen Ausguß sowie gedrungene, kleine Trinkgefäße mit kugeligem Körper, schmalem Hals und, in der Spätform, ebenfalls kugeligen Ausgüssen, sog. kendi (sanskrit Kundika). Traditionelle Formen, wie weite Schalen, Vasen und Schultertöpfe, sind ebenfalls verbreitet.

Seit dem 15. Jh. war man auch in der Lage, Unterglasur-Rot-Dekor zu produzieren. An den frühen Exemplaren mißlang dies noch, die Ornamente erscheinen an ihnen grau oder braun. Die Ornamentik wird freier, Motive bleiben nicht mehr auf die Streifen beschränkt, überziehen manchmal den gesamten Gefäßkörper. Auch figürliche Szenen sind nicht mehr selten, Episoden aus Romanen und Opern werden illustriert. Im Laufe der *Ming-Zeit* entwickelten die Kunsthandwerker auch die Technik der *Überglasurmalerei* mit Emaillefarben, die in der *Qing-Zeit* für das Exportporzellan besonders wichtig wurde.

Die Keramikherstellung der Qing-Zeit läßt sich durchaus schon als Massenproduktion beschreiben. Die Arbeitsprozesse waren stark rationalisiert, und die Gefäße wurden in sehr großer Zahl gefertigt. Die Porzellane sind von leuchtendem Weiß, die Ornamente erscheinen sehr klar, aber meist etwas steril. Die Qualität ist oft hervorragend, aber künstlerisch mit vielen Ming-Waren nicht zu vergleichen.

Einen auch künstlerischen Höhepunkt erreichte allerdings noch das sog. *Dehua-Porzellan* (Blanc de Chine). In Dehua wurden vornehmlich Figuren aus Porzellan hergestellt, buddhist. und taoist. Gottheiten darstellend. Der Scherben ist sehr gut gebrannt und von einer durchscheinenden und besonders glatten, glänzenden Glasur überzogen. Eines der wichtigsten Zentren der Porzellanindustrie war bereits in der Ming-Zeit *Jingdezhen* (siehe dort). Neben den traditionellen Blauweiß-Waren produzierte man hier Gefäße mit Überglasuremaille-Dekor für den Export. Die oft technisch perfekten Gefäße wurden nach der vorherrschenden Farbe der Malerei auf ihrer Wandung im W als zur »famille rose«, bzw. »famille verte« gehörig bezeichnet.

In der späten Qing-Zeit imitierten die Töpfer auch zahlreiche Dekor- und Gefäßformen der Ming und Song.

Literatur: Harry Garner: *Oriental Blue and White,* London 1970.

Richtungstiere

Die Tiere der 4 Hauptrichtungen, der grüne Drache (O), der Weiße Tiger (W), der Rote Vogel (S) und der sog. Dunkle Krieger (Schildkröte, umwunden von der Schlange; N), wurden erstmals in der Han-Zeit dargestellt und entstanden wahrscheinlich im Zusammenhang mit den Systematisierungen der Elemententheorie. Sie werden auch mit je 7 der 28 Mondstationen (Mondhäuser, Bezeichnung für Sternkonstellationen am Himmel), mit Jahreszeiten und Elementen in Verbindung gebracht. Weshalb die Schildkröte (Verkörperung des Yin-Prinzips und des N) als dunkler Krieger bezeichnet wird, ist unklar. Darstellungen der Richtungstiere finden sich in der Grabkunst oft an den Türen (meist nur Drache und Tiger) und an den Wänden und Decken der Kammern. Auch auf Spiegeln, denen hoher symbolischer Wert innewohnt, wurden die Richtungstiere abgebildet.

Roman

Erzählungen von wunderbaren Begebenheiten, Liebesgeschichten und Novellen über historische Ereignisse begannen sich schon in der frühen *Nanbeichao-Zeit* zu entwickeln. In der *Tang-Zeit* hatte die Novellenliteratur schon einen großen Umfang angenommen und war in weiten Kreisen sehr beliebt. Gespenstergeschichten und Berichte über andere wunderbare Ereignisse, auch Erzählungen, die mit den zahlreichen Ausländern im China der Tang und ihren wunderbaren Taten zusammenhingen, verbreiteten sich rasch. Es blieb aber zunächst bei Sammlungen, in eine größere zusammenhängende Form wurden sie niemals gefaßt. Seit der *Song-Zeit* kommen aber romanhafte Formen auf: Bei der Abfassung der ersten dieser Werke wurden wohl die Geschichtensammlungen durch eine lockere Rahmenhandlung verbunden. Bei dieser Form stand wohl auch Erzählweise professioneller Geschichtenerzähler Pate. Die meisten Kapitel werden an einer spannenden Stelle abgebrochen, und es wird ein Verweis auf das nächstfolgende gemacht (»Wenn ihr nun wissen wollt, wie der Kampf zwischen X und Y ausgegangen ist, müßt ihr das nächste Kapitel lesen«). Das hatte mit der Praxis der Erzähler zu tun, an den spannenden Stellen ihrer Geschichten zu unterbrechen und Geld einzusammeln. Bevorzugte Themen des *Ming-Romans* sind historische Geschichten, z.B. aus den Kämpfen zwischen den Sanguo-Staaten (Sanguo yanyi) oder anderen historischen Ereignissen, wie einer Aufstandsbewegung der N-Song (Shuihu zhuan). Diese Geschichten sind noch recht deftig und manchmal nur recht lose zusammengefügt. Ein wahres Meisterwerk ironischer und satirischer Romanliteratur ist aber das »Xiyou ji« des Wu Chengen (16. Jh.), in dem die berühmte Reise des Mönches Xuanzang nach Indien durch die komische Brille betrachtet wird. Das wird sofort klar, wenn man erfährt, daß nicht eigentlich der große Mönch die Hauptrolle spielt, sondern der freche und mit magischen Kräften versehene Affenkönig Sun Wukong. Das Thema wurde auch in gleichzeitigen und späteren Theaterstücken immer wieder aufgegriffen.

Eine weitere Romangattung ist die erotische, die in manchen Fällen nur recht vor-

Seidenstickerei aus der Han-Zeit

dergründig mit einem konfuzian. Rahmen versehen wurde, um dem Bannstrahl der Zensur zu entgehen. Ein hervorragendes Beispiel dieser Gattung ist das »Jimping mei«. Im *Qing-Roman,* zumal dem immens bedeutenden »Honglou meng« (»Traum der Roten Kammer«) des Cao Xueqin (18. Jh.), wird die Charakterisierung der Figuren und ihrer Beziehungen vertieft. Die Charakterstudien bei Cao Xueqin zeugen von großem psychologischem Scharfblick und von Feinfühligkeit. Auch wird die Handlung gestrafft, und Einzelmotive werden konsequenter durchgezogen. Gedichte, die Handlung kommentieren oder in lyrische Bilder umsetzen, sind häufig. Trotz der strengen Zensurbestimmungen der Qing entwickelt sich der *satirische Roman* weiter, ja setzt sich sogar wesentlich eindeutiger mit zeitgenössischen Problemen wie z. B. Korruption und Vetternwirtschaft unter den Beamten auseinander. Zu nennen sind hier »Rulin waihsi«, »Guanchang xianxing ji« und das »Lao Can youji«, eine Satire, die in Form eines Reiseberichtes verfaßt ist, sich aber völlig vom you ji unterscheidet. Im Zuge der Revolutionierung der Gesellschaft Anfang dieses Jahrhunderts treten die Autoren immer häufiger für die Einführung der Umgangssprache in die Literatur ein. Auch in den Qing-Romanen, und sogar früher, war oft eine Mischform zwischen klassischer und Umgangssprache gewählt worden. Dieser Stil wird zunächst weiterentwickelt (Lu Xun). Später aber geht man dazu über, ganz umgangssprachlich zu schreiben. Die Thematik wandelt sich auch vollständig: Das Leben in den Städten, das Leid der ausgebeuteten Fabrikarbeiter und Bauern steht oft im Mittelpunkt. Einige der wichtigsten Autoren sind: *Lu Xun, Bajin, Mao Dun, Shen Congwen, Lao She, Yü Dafu.* Einige Werke liegen neuerdings auch in deutscher Übersetzung vor.

Literatur: Übersetzungen von Franz Kuhn: *Die Räuber vom Liang Shan Moor,* Frankfurt 1975; *Der Traum der Roten Kammer,* Frankfurt 1977; *Wen Kang: Die Schwarze*

Go-Spielerinnen, Seidenmalerei der Tang-Zeit

Reiterin, Frankfurt 1980 (weitere Romanübersetzungen von Kuhn erschienen im gleichen Verlag und sind nicht sehr zuverlässig, dafür aber amüsant). Moderne Autoren: z.B. Ba Jin: *Die Familie*, Berlin 1980; *Kalte Nächte*, Frankfurt 1981; *Shading*, Frankfurt 1981. Lao She: *Die Stadt der Katzen*, Frankfurt 1985. Mao Dun: *Shanghai im Zwielicht*, Frankfurt 1983; Shen Longwen: *Grenzstadt*, Frankfurt 1984; Zhang Jie: *Schwere Flügel*, München 1987; Wolfgang Kubin (Hrsg.): *Moderne chinesische Literatur*, Frankfurt 1985.

Seide

Daß Seide bereits im *Neolithikum* verwendet wurde, zeigt sich am Fund eines Seidenkokons in einem Grab. Es ist aber nicht sicher, ob die Seidenraupen damals schon systematisch ausgebeutet wurden, oder ob man Naturseide nutzte. Von *Shang-zeitlichen* Seiden haben sich nur Abdrücke auf Bronzen und Keramik erhalten. In der *Zhou-Zeit* war die Seidenweberei schon auf einem hohen Niveau, Stoffe auch mit komplizierten Mustern wurden gewebt. Vereinzelt haben sich auch schon Seidenbilder und Manuskripte aus der späten Zhou-Zeit erhalten. Durch Neuerungen in der Webtechnik (Zugwebstuhl) wurden seit der *Han-Zeit* auch die schwierigsten Gewebe möglich. Eine große Zahl schöner Kleidungsstücke haben sich in den Gräbern von Mawang dui bei Changsha (siehe dort) erhalten, ebenso im Wüstensand von Xinjiang. Seit der *späten Zhou-Zeit* wurde Seide auch exportiert und in Zentralasien zum begehrtesten Handelsobjekt. Auch im Römischen Reich wurde es üblich, sich in Seide zu kleiden. Manche dere Randvölker, z.B. die Xiongnu, erpreßten von den Han-zeitlichen Chinesen riesige Seidenlieferungen, die sie bei ihren Nachbarn mit großem Gewinn absetzen konnten. Teile des Beamtensalärs und Belohnungen wurden in Seide vergeben, ebenso die Gastgeschenke für Tributgesandtschaften.

Seidenstraßen

Die großen Karawanenstraßen begannen beim Yumen-Paß in der Nähe von Dunhuang und führten s und n des Tarimbekkens und der Taklamakan-Wüste nach W. Eine weitere wichtige Handelsroute verlief durch Yunnan nach Tibet und Indien. Um diese Handelswege stritten sich China, die Randvölker, wie Xiongnu, Tujue und Uighuren ständig, da ihre Kontrolle das Monopol für den Handel mit W-Asien bedeutete. In Zeiten außenpolitischer Stärke war es dennoch für die chines. Kaiser ein Problem, die weiten Gebiete in Xinjiang unter Kontrolle zu halten, da nicht nur die eben erwähnten, meist nomadischen Stämme, sondern auch die Kleinstaaten, die sich um Oasen gebildet hatten, sich um Unabhängigkeit und einen eigenen Anteil am Fernhandel bemühten. Immer wieder wurde der Einfluß der Chinesen auch von w Großmächten in Frage gestellt, so von den Parthern und Sassaniden und seit dem 7.Jh. in hohem Maße von den Arabern, die seit dem 9.Jh. eine Hinwendung der chines. Wirtschaft zum Seehandel auslösten. Für die Wirtschaft Zentralasiens blieb die Bedeutung der Straßen aber bis ins 20.Jh. ungeschmälert.

Literatur: Hayashi Ryoichi: *The Silk Road*

and the Shosoin, New York/Tokyo 1975; Edward G. Shafer: *The Golden Peaches of Samarkand*. A Study of Tang Exotics, Repr. Berkeley 1985.

Taoismus

Taoist. Tempel in Funktion kann man heute noch in Hongkong und Taiwan und auch überall dort sehen, wo große Gruppen von Chinesen leben. In der heutigen Form hat der religiöse Taoismus nur noch wenig mit seinen philosophischen Ursprüngen zu tun. Die Grundlagen der taoist. Philosophie wurden wahrscheinlich im 4. Jh. v. Chr. in zwei bedeutenden Werken zusammengefaßt, die aber mit Sicherheit auf wesentlich älteres Gedankengut zurückgehen: »Daodejing«, das einem wahrscheinlich nicht historischen Lao zi (Lao Dan) zugeschrieben wurde, und »Zhuang zi«. Die beiden Texte sind von sehr unterschiedlichem Charakter. Das »Daodejing« besteht aus etwas über 80 kurzen Abschnitten. Sie sind in einer oft sehr komprimierten und wohl absichtsvoll zweideutigen Sprache abgefaßt, entwickeln kein einheitliches System, sind aber von der Intention doch eindeutig. Neue Textfunde in Mawang dui haben gezeigt, daß der Text in seiner heutigen Form wahrscheinlich nicht der vor-Han-zeitlichen Version entspricht. Das »Zhuang zi« ist ganz anderer Natur. Es gilt als eines der auch literarisch besten Werke Chinas. Im Gegensatz zum »Daodejing«, in dem die im Grunde unmögliche Definition des Dao (siehe unten) im Zentrum steht, befaßt sich »Zhuang zi« intensiver mit den Menschen, ihrem Verhalten gemäß oder ungemäß dem Dao. Ein ironisch distanzierter, witziger Ton herrscht vor, besonders dann, wenn es um die Verunglimpfung der Hauptgegner der taoist. Richtung, der Konfuzianer, geht.

Die Lehre der Taoisten geht von einem Urprinzip, dem *Dao* aus, das allen Dingen innewohnt, sich aber jeder Definition durch den menschlichen Geist entzieht. Sehr vergröbert könnte man es als das natürliche Wesen aller Dinge bezeichnen. Aus dieser Kraft entstanden die beiden Wirkkräfte in der Natur, das Yin (das weibliche, dunkle, negative und kalte Prinzip) und das Yang (das männliche, positive, helle Prinzip). Negativ und positiv dürfen in diesem Fall nicht wertend verstanden werden, denn die chines. Philosophie geht davon aus, daß sich beide Kräfte ständig in ihrer Wirkung ablösen. Aus diesem Wechsel entstehen alle Dinge. Die Taoisten gehen davon aus, daß alle Dinge, wie sie von Natur aus sind, richtig seien, daß aber alle Handlungen, die sich gegen das naturhafte Wesen richten, von Übel sind. Daraus resultiert eine Gesellschaftsfeindlichkeit, die den Vorstellungen der Konfuzianer diametral entgegengesetzt war.

Die Aktivitäten der Menschen und besonders die »Errungenschaften« der Zivilisation müssen für die Taoisten als Degeneration erscheinen, da durch die Tätigkeit der Menschen die Natürlichkeit der Dinge gefährdet ist. Ein charakteristisches Beispiel ist das des »Zhuang zi« von der Gewalt, die einem Holz angetan wird, das zu einem Rad gekrümmt wird.

Aufgrund des Strebens nach einer Welt ohne die Eingriffe der Menschen, in der der Mensch nicht handelt (wu wei), ist auch der Unterschied zwischen Leben und Tod bedeutungslos. Tod bedeutet vielmehr nur einen Übergang von einem natürlichen Zustand in den anderen. Nur so ist bei »Zhuang zi« der Begriff Unsterblichkeit zu verstehen als Interessenlosigkeit gegenüber dem Tod.

Das Werk »Lie zi«, das in oder kurz nach der Han-Zeit entstand, hat dem nichts Wesentliches hinzuzufügen. Allerdings wird das Spektrum des taoist. Denkens durch die Komponente eines absoluten Egoismus und Hedonismus in den Kapiteln erweitert, die dem Philosophen Yang Zhu zugeschrieben werden. Er begreift das Dao als individuellen Charakter, den es zu verwirklichen gilt.

In der *Han-Zeit* kamen neue Aspekte hinzu, die sich schon in der späten Zhanguo-Zeit ansatzweise zeigten: das Streben nach körperlicher Unsterblichkeit und die Suche nach Mitteln, diese zu erreichen. Damit im Verein treten Schilderungen von Ländern oder Inseln der Unsterblichen auf, Paradiesinseln im O-Meer und das Paradies der Xiwang mu im W.

Die Suche nach diesen Gefilden und nach Techniken, die Unsterblichkeit zu erlangen, nehmen die Gedanken vieler Menschen gefangen. Die Kaiser umgaben sich mit taoist. Magiern, die behaupteten, Unsterblichkeitsdrogen produzieren zu können. Es wurden aber auch körperliche Techniken erprobt, die zur Verlängerung des Lebens führen sollten. Zweifellos haben die Untersuchungen über die Wirkungen bestimmter Mittel auf den menschlichen Körper und die gymnastischen Übungen, die den Unsterblichkeitssuchern verschrieben wurden, auch die Entwicklung der chines. Medizin vorangetrieben, die immer sehr stark mit taoist. Vorstellungen verbunden war. Nicht immer ist der Übergang in die Unsterblichkeit einheitlich geschildert: Manche sollen am hellichten Tage und in ihrer menschlichen Form gen Himmel gestiegen sein. Es wurde aber auch in taoist. Texten von Transformationen, von einem Abstreifen der sterblichen Hülle gesprochen. Es gibt Geschichten von Taoisten, die zwar starben, deren Körper aber nach der Bestattung auf wunderbare Weise aus dem Grab verschwand. Die Auseinandersetzung mit dem Buddhismus seit dem Ende der *Han-Zeit* führte zu einer fruchtbaren Erneuerungsbewegung innerhalb der Philosophie. Nach außen hin wurde die neue Religion zwar bekämpft. In den philosophischen Traktaten der *Sanguo-* und *Jin-Zeit* ist aber ganz eindeutig zu erkennen, daß buddhist. Ideen in den Taoismus aufgenommen wurden. Das wird im Kommentar zum Orakelbuch »Yijing« des Wang Bi ebenso deutlich wie im »Zhuangzi-Kommentar« des Guo Xiang. Besonders in der neuen Definition des Dao wird eine Rezeption des Buddhismus deutlich.

In die gleiche Zeit fällt aber auch eine andere Entwicklung innerhalb des Taoismus, die von der Philosophie vollkommen abgekoppelt war: die Bildung einer *taoist. Volksreligion* mit einem Klosterwesen nach buddhist. Vorbild. Das Pantheon wurde mit einer Unzahl von Göttern bevölkert, die z.T. Wesen aus dem Volksglauben, z.T. aber auch vergöttlichte Philosophen sind. So wird beispielsweise Lao zi zum Tai shang Laojun, einem der höchsten taoist. Götter. Das Pantheon, an dessen Spitze ebenfalls göttliche Kaiser standen, wird einer strengen Hierarchie unterworfen, die dem chines. Beamtenstaat angeglichen war.

Der Volkstaoismus hat eine riesige Literatur produziert, die z.T. aus religiösen Texten, z.T. aus Sammlungen von medizinischen Anweisungen und alchimistischen Traktaten bestand.

Literatur: Max Kaltenmark: *Lao tzu und der Taoismus,* Frankfurt 1981.

Tempel

Sowohl die buddhist. als auch die taoist. Tempel sind meist streng axial aufgebaut.

Buddhist. Tempel: Das Haupttor wird oft als Shanmen (Bergtor) bezeichnet.

Tianwangdian: Halle der Himmelskönige. Hier wird ein fester Satz von Wächterfiguren aufbewahrt, der aus den 4 Himmelskönigen (Tianwang, Lokapala) besteht, in Rüstungen gekleidet Gestalten mit furchterregendem Gesichtsausdruck, die als Beschützer der Lehre gelten. Späte Figuren können zuweilen karikaturhafte Züge annehmen. In den meisten Fällen wird diese Gruppe noch durch einen weiteren, stehenden Wächter, genannt Weituo, ergänzt. In späten Tempeln kommt noch eine weitere Figur hinzu, Maytreya, der zukünftige Buddha in seiner späten Form als dickbäuchiger, lachender Mönch.

Daxiong baodian: Die Haupthalle einer Tempelanlage wird meist als Halle des großen Helden bezeichnet. In ihr wird die Figur, dem die Hauptverehrung im Tempel gilt, aufbewahrt, umgeben von Schülern oder Bodhisattvas. Es kommen auch 3 Buddhas vor, die Buddhas der 3 Weltalter. Ergänzt wird die Ausstattung manchmal durch unterschiedliche Zahlen von Luohan, Schülern Buddhas, die aber auch in einer eigenen Halle stehen können.

Cangjing lou (Halle zur Aufbewahrung der Sutren): Hier wurde die Bibliothek untergebracht. Weitere Figuren des Pantheons oder berühmte Mönche werden in *kleineren Hallen* verehrt. *Wohn- und Verwaltungsräume* der Klosterinsassen lagen in Seitentrakten. Am Schluß der Hauptachse stehen oft *Pagoden.*

Taoist. Tempel

Im Aufbau lassen sich oft keine wesentlichen Unterschiede erkennen, wohl aber im Figurenschmuck und natürlich in der Bezeichnung der Hallen. So wird z.B. die Haupthalle meist als *Shanshengdian* (Halle der drei Vollkommenen) bezeichnet und birgt dann Figuren der Hauptgottheiten.

Ahnentempel (Ci): Der Begriff muß sehr weit gefaßt werden, da unter ihn nicht nur

reine Ahnentempel fallen, sondern auch Heiligtümer für Kulturheroen, wie den Flutenbändiger Yu. Erste Formen der Ahnentempel waren in der *Han-Zeit* kleine Familien-Schreine, die zu Ehren besonders verdienter Mitglieder manchmal auch aus Mitteln der Kreisverwaltung errichtet wurden. Die späten Gedächtnistempel haben meist palastartigen Charakter. An den Tagen der Ahnenopfer wurden vor den Ahnentafeln Weihrauch verbrannt und Opfergaben niedergelegt. Das beste Beispiel für diese Tempelform ist der Konfuzius-Tempel in Qufu (siehe dort).
Literatur: Ernst Boerschmann: *Die Baukunst und religiöse Kultur der Chinesen II: Gedächtnistempel,* Berlin 1914.

Teppiche
China
Auf Matten zu sitzen oder zu schlafen war in China wahrscheinlich seit frühester Zeit üblich. An Han-zeitlichen Darstellungen von Menschen, die auf Matten ruhen, ist aber nicht zu erkennen, ob es sich um geflochtene oder gewebte Stücke handelte. Jedenfalls seit der Tang-Zeit sind Bilder von kleinen, meist runden Teppichen bekannt. Man saß nicht nur auf ihnen, sondern benutzte sie auch als Unterlage für bestimmte ausländische Tänze. Obwohl aus schriftlichen Quellen zu entnehmen ist, daß zu dieser Zeit in China selbst bereits Teppiche gewebt oder geknüpft wurden, ist anzunehmen, daß besonders die zum Tanz verwendeten aus Zentral- oder Westasien eingeführt waren. Allerdings sind einige Filzteppiche aus China im Schatzhaus des Tempels Todaiji in Nara, Japan, erhalten, auf die florale Ornamente in typisch chinesischem Stil aufgenäht sind. (Man muß allerdings hinzufügen, daß Filzprodukte auch in China Importe waren.)
Auf einigen Song- und Yuan-zeitlichen Gemälden sind Teppiche zu erkennen, deren Stil ebenfalls darauf hinweist, daß viele Knüpferzeugnisse wahrscheinlich auch zu dieser Zeit noch aus Zentralasien und dem Iran eingeführt wurden. Chinesische Ornamentik spielte aber in der Mongolenzeit auch im Iran auf vielen Gebieten der Kunst eine Rolle. Fernöstliche Elemente sind auch in den Ornamentschatz westasiat. Teppichknüpfer eingegangen.
Die Tradition, die auch heute noch für die chinesischen Teppiche prägend ist, hat sich erst in den letzten Jahrhunderten ausgebildet. Charakteristisch ist, daß trotz einer manchmal überladenen Ornamentfülle die Grundfarbe dominierend ist. Meist ist der Fond blau in verschiedenen Intensitätsgraden. Die meisten Stücke sind von einer geometrischen oder aus stark stilisierten gegenständlichen Motiven bestehenden Ornamentkante umgeben. Die Kanten sind oft von immer wiederkehrenden Elementen in Abschnitte gegliedert. Stilisierte Blüten, Mäander, aber auch stark vereinfachte Berge und Wellen kommen vor.
Die Gestaltung des Mittelfeldes kann sehr vielfältig sein. Ein Feld oder mehrere Ornamentmedaillons, figürliche Motive, die einzeln vor dem Grund stehen oder zu einem dichten Muster verwoben wurden, sind mit großer technischer Perfektion eingeknüpft. Auch bei den Dekorelementen gibt es eine sehr große Variationsbreite. Glückverheißende Schriftzeichen, wie das für hohes Alter oder Reichtum, können zu komplizierten Ornamenten umgestaltet im Mittelfeld, aber auch in den Kanten auftreten. Neben den Schriftzeichen waren symbolische Bilder, oft auch als Glückwünsche zu verstehen, beliebt. Als Ornament verbreitet sind Drachen, Phoenix, aber auch Utensilien des Literaten, wie Pinsel, Schriftrolle u.ä. Bei manchen Teppichen ist das Mittelfeld mit komplizierten Landschaftsmotiven oder Szenen aus Romanen und der Mythologie geschmückt.
Eine weitere Form der chinesischen Teppiche, die sich stark von den eben beschriebenen unterscheiden, weist dichten geometrischen Dekor auf. Die Kante ist in Felder gegliedert, wobei die älteren Stücke meist daran zu erkennen sind, daß jedes Feld mit einem anderen Ornament verziert ist. Der Mittelteil ist mit einem dichten geometrischen Ornamentgitter überzogen.
Vereinzelt stellte man schon früh Stücke ohne Kante her. Hatte das z.T. mit ihrer Funktion als Säulenverkleidung zu tun, so gibt es auch Teppiche, bei denen die Kante fortgelassen wurde, um das Hauptmotiv besonders hervorzuheben. In neuerer Zeit wurde es üblich, Wandbehänge mit besonders fein geknüpften Bildern herzustellen, die von großer Farbigkeit sind.
Seit der Mitte des letzten Jahrhunderts wurden chin. Tapisserien vermehrt für den

Export hergestellt. Dabei richteten sich die Knüpfer oft ganz nach dem Geschmack der Auftraggeber. So entstanden auch Teppiche europ. Stils in vielen Varianten.

Chinesische Teppiche kommen als Brücken und Läufer von rechteckiger, ovaler oder kreisrunder Form vor. Die Ornamentmotive sind oft sehr klar gearbeitet, die Umrißlinien in manchen Fällen durch Wegschneiden von Flor noch hervorgehoben. Der Flor ist ziemlich hoch und die Farben leuchtend. Neben dem Grundton Blau kommt auch Beige oder Gelb vor.

Xinjiang

Die Teppiche aus Xinjiang sind weitgehend an zentralasiatischen und iranischen Vorbildern orientiert. In den dichten und oft abstrakt-geometrischen Mustern ist besonders der Einfluß der Teppichproduktion von Samarkand fühlbar. Aber auch chinesische Motive wurden durchaus übernommen oder abgewandelt. Neben den geometrischen Mustern wurden auch florale und theriomorphe Ornamente eingearbeitet. Die meistgeknüpften Formen sind lange Brücken, die Grundfarbe ist oft Rot.

Tibet

An tibetischen Teppichen sind Einflüsse aus drei Bereichen zu spüren. Am deutlichsten sind die Anleihen bei der chinesischen Teppichkunst erkennbar. Teppiche mit einfarbigem Grund und geometrischen, floralen oder figürlichen Ornamenten herrschen vor. Meist sind auch die tibetischen Stücke von einer Kante abgeschlossen. Aber auch frei auf den Grund komponierter Tierdekor ist zu sehen.

Deutliche Anklänge an den zentralasiatischen Knüpfstil sind an vielen der Knüpferzeugnisse Tibets zu finden. Eine weitere Ornamentgruppe zeigt die Bedeutung der Religion: Lamaistische Symbole, wie Donnerkeil, Swastika, oder Bannformeln knüpfte man in Teppiche.

Literatur: P. Denwood: The Tibetan Carpet, Warminster 1974 – H. A. Lorentz: Chinesische Teppiche aus dem 17.–20. Jh., München 1978.

Theater

Erste Ansätze zu Theatervorführungen sind vielleicht in *Prozessionen* zu sehen, die in der *Han-Zeit* am Neujahrstag stattfanden und schon von Musik begleitet waren. Dabei traten Akrobaten auf, die sich als mythische Wesen verkleidet (z. B. Unsterbliche) hatten. Beschreibungen dieser Prozessionen sind in dem »Fu« des Zhang Heng über die w Hauptstadt zu lesen.

Mit dem starken w Einfluß in der *Nanbeichao-* und *Tang-Zeit* kamen neue Formen musikalischer Unterhaltung nach China, die z. T. vielleicht auch schon mit Pantomimen oder kurzen Theaterstücken verbunden waren.

Eine erste Blüte erlebte das Theater aber unter den *Song* und *Yuan*. Musikbegleitung war auch bei diesen Formen obligatorisch, und manche Texte wurden wohl auch gesungen. Die Musik dieser Zeit zu rekonstruieren, ist schwierig. Es sind aber in der Sammlung »Yuan qu xuan« fast 160 der Yuan-Dramen erhalten, so daß man sich jedenfalls inhaltlich ein Bild über das Theater dieser Zeit machen kann. Wie auch in der *Ming-* und *Qing-Zeit* werden historische Themen bevorzugt. Beliebt sind die Geschichte des Tang-Kaisers Xuanzong und seiner Konkubine Yang Guifei oder Stücke aus der Roman- und Novellenliteratur. Auch Episoden aus den Geschichtswerken werden im Drama verarbeitet. Im Mittelpunkt einer weiteren Gruppe stehen immer noch konfuzian. Themen, wie pietätvolle Kinder und tugendhafte Frauen etc. Besonders im s Theater bildeten sich bald stark voneinander unterschiedene Lokalstile heraus.

Die heutige Form der »Oper« ist relativ jung und entwickelte sich in den letzten 100 Jahren. Die Thematik hat sich gegenüber früheren Stücken kaum verändert. Gewandelt haben sich jedoch die Darstellungsmittel. Die Kostüme sind, besonders in der Jingju, der Beijing-Oper, ungeheuer aufwendig, mit hohen Federn und Kopfputzen, weiten Gewändern und Kothurnen. Die Gesichter sind bei vielen Figuren hinter konventionalisierten Schminkmasken verborgen, die Charaktermerkmale der dargestellten Persönlichkeit wiedergeben sollen. Manche Lokalstile, z. B. die von Sichuan, kommen mit wesentlich schlichteren Kostümen aus, und die Spielweise ist auch nicht so streng wie in der n Form. Unterschiede lassen sich auch in der Instrumentierung erkennen. In der Beijing-Oper dominiert das Schlagwerk, während die s Musik melodischer ist. Das Schlagwerk wird besonders stark in spannenden

Momenten oder als Tempomacher in den akrobatischen Teilen eingesetzt. Der Text wird niemals einfach gesprochen, sondern die Töne der Worte werden sehr stark hervorgehoben, so daß ein Sprechgesang entsteht. Davon abgesehen gibt es aber auch Arien, die von Melodieinstrumenten begleitet sind. Theater in unserem Sinne wurde seit den literarischen Erneuerungsbewegungen ebenfalls produziert. Wichtige Stücke wurden u.a. von Lao She verfaßt (»Teehaus«), (Übersetzung Frankfurt 1980).

Literatur: »Ich werde deinen Schatten essen«. Das Theater des Fernen Ostens. Katalog der Akademie der Schönen Künste, Berlin 1985. Gerd Schönfelder: *Die Musik der Peking-Oper,* Leipzig 1972; Shih Chung-wen: *The Golden Age of Chinese Drama: Yüan Tsa-chü,* Princeton 1976.

Die Geschichte Chinas im Überblick

Paläolithikum

ca. 1 Mio.-750 000: Lantian-Mensch; ca. *700 000-200 000:* sog. Sinanthropus Pekinensis von Zhoukoudian: erste sehr grobe Steinwerkzeuge, Wohnungen in Höhlen, Jagd auf Großwild.

Neolithikum

ca. 7000-3000: Yangshao-Stufe. Rote Keramik schwarz bemalt, graue grobe Waren mit Kordel- und Matteneindrücken. Steinwerkzeuge: Beile, Pfeilspitzen, Messer, Ahlen. Anfänge des Ackerbaus und der Seidenraupenzucht (oder Nutzung der Naturseide; Fund eines halben Kokons in einem Grab).

In manchen Gebieten fand sich parallel, in anderen später, die *Longshan-Kultur,* gekennzeichnet durch sehr feine schwarze Keramik, die in manchen Fällen auf der Scheibe gedreht wurde. Es gab auch zahlreiche Mischformen zwischen beiden Kulturgruppen.

ca. 5000-3000:

Hongshan- und *Liangzhu-Kulturen.* Deutliche Anzeichen sozialer Strukturierung treten auf. Unterscheidung zwischen Reichen und Armen zeigt sich in Grabbeigaben. *Hongshan-Kultur:* Altäre, Plastik in Menschenform. *Liangzhu-Kultur:* Sehr feine Jaden, z.T. mit Tiergesichtern verziert. Besonders charakteristisch sind die *zong,* Röhren mit quadratischem Querschnitt und runder Öffnung, mit Tiergesichtsverzierungen.

Shang-Zeit

seit ca. 17. Jh. v. Chr.: Eine genauere Chronologie wird möglich aufgrund der ersten *historischen Quellen* (Orakel- und Bronzeinschriften) und durch Funde in mehreren *Shang-Hauptstädten.* Entwicklung einer *Bronzekultur* im Yangzi-Bogen. Charakteristika: stark strukturierte Gesellschaft. Palastanlagen, während die Wohnungen der übrigen Bevölkerung noch denen des Neolithikums ähneln (siehe auch Anyang, Zhengzhou). Bronzeguß im Teilgußverfahren. Die Könige werden im Wechsel aus zwei Linien einer Familie ausgewählt. Wichtigen Ereignissen gehen Orakelbefragungen voraus. Inschriften auf Orakelknochen und Ritualbronzen sind stark piktographisch und sehr kurz.

Zhou-Zeit

Ende 11. Jh. v. Chr.: Übernahme der Herrschaft durch die *Zhou,* einem angeblich bis dahin halb »barbarischen« Volk, das kulturell zunächst stark von den Shang abhängig ist.

Seit dem 8. Jh. v. Chr.: Deutliche und in historischen Quellen vermerkte Spannungen zwischen den Zhou und n und w Randvölkern. Herausbildung zunächst eines Föderalismus unter der Führung der Zhou, dann einzelner Staaten, die die Einflußnahme des Herrscherhauses auf ein Minimum begrenzen.

6.-3. Jh. v. Chr.: Versuch einzelner Staaten, mit wechselnden Mehrheiten die Hegemonie an sich zu reißen. Wandernde Berater und Philosophen, die den Staatsmännern ihre Dienste anbieten. Erste Annalenwerke (»Chunqiu«, die Chronik des Staates Lu und Kommentar »Zuozhuan«, Shangshu). Gedichtsammlungen, die später im Shijing zusammengefaßt wurden. Erste Bauten von Mauern im N. Eisenwerkzeuge und die Verbesserung von Bewässerungssystemen steigern die Erträge der Landwirtschaft. Die Schrift verliert ihren piktographischen Charakter, ist aber noch wesentlich komplizierter als heute.

Qin-Zeit (221-209 v.Chr.)
221: Der König Zheng von Qin kann seine Herrschaft über das ganze Zentralgebiet ausdehnen. Es kommt erstmals zur Vereinigung des Gesamtreiches. *Zheng wang* besteigt als *Qin Shihuang di* den Kaiserthron. Er versucht, den Staat durch ein besonders strenges Rechtssystem, das durch seinen Kanzler Li Si ausgearbeitet wurde, nach den Prinzipien der Legalisten zu einigen. Vereinheitlichung der Maße und Gewichte, der Straßen- und Wagenbreiten sowie der Schrift. Versuch, die anderen philosophischen Schulen durch Indizierung ihrer Werke und Verbrennung auszurotten. Riesige Stadt-Palastbauten bei Xianyang, Große Mauer und Kanalarbeiten, Kämpfe gegen die Xiongnu, ein n Randvolk, erzeugen starken Widerstand. Nach dem Tod des ersten Kaisers zerbricht die Einheit. Erste Aufstandsbewegungen unter Chen She werden schnell niedergeschlagen. Es kommt zum Kampf zwischen dem ehem. Qin-General Xiang Yü und Liu Bang.

Han-Dynastie (206 v.Chr.-220 n.Chr.)
206 v.Chr.: Liu Bang (posthum Han Gaozu), gründet die Han-Dynastie. Noch während des Streites zwischen Liu Bang und Xiang Yu Aufbau eines Xiongnu-Großreiches in N-Asien. Nach der Beseitigung des inneren Hauptgegners stellen sich 2 Aufgaben:

1. Die endgültige Auflösung der alten Feudalstrukturen durch ein Berufsbeamtensystem und die Umsiedlung der Adelsfamilien. Zunächst werden die drakonischen Gesetze der Qin beibehalten.
2. Sicherung der Grenzen gegen die mächtigen Xiongnu, die unter dem bedeutenden Führer Maodun geeint waren.

200 v.Chr.: Verlagerung der Hauptstadt nach Changan in das alte Machtzentrum in Shaanxi.
seit 195 v.Chr.: Die ersten Nachfolger Gaozus erweisen sich als schwach gegenüber den Xiongnu, die immer wieder Einfälle nach N-China machen. Sie verdrängen die Yuezhi, ein weiteres Volk an den NW-Grenzen Chinas, nach N-Indien, werden jedoch durch Tributzahlungen der Chinesen und die Heirat chines. Prinzessinnen mit Xiongnu-Fürsten zeitweise befriedet.
141 v.Chr.: *Han Wudi* schickt Zhang Qian zum ersten Mal zu den Yuezhi nach N-Indien, um sie zu einer Allianz gegen die Xiongnu zu bewegen.
nach 120 v.Chr.: Dem General He Qubing gelingt es, die Xiongnu entscheidend zu schlagen. Es kommt zur Ausdehnung des Reichs nach N- und Zentralasien. Feldzüge in den S finden statt, die n Mauersysteme werden ausgebaut. Stärkung des *Konfuzianismus,* der durch kosmologische Elemente erweitert wurde (Hauptvertreter Dong Zhongshu, 179-104). Erster Höhepunkt der Geschichtsschreibung durch Sima Qian (erste Dynastiegeschichte »Shiji«).
87 v.Chr.: Der *Tod des Han Wudi* führt zum Erstarken der N-Völker. Mit den Wusun besteht zeitweise eine Allianz zur Bekämpfung der Hunnen. Die Wuhuan treten erstmals als Machtfaktor in Liaoning auf.
seit 1 v.Chr.: Durch eine Kaiserin aus der Familie Wang kommt *Wang Mang* zu Einfluß. Nach dem Tod des Pingdi versucht er eine neue Dynastie einzuführen (Xin) und das bestehende System umzustellen, wobei er sich auf die Riten der Zhou bezieht. Er läßt Ämter umbenennen, neue Daten für die Feste einführen und das Wirtschaftssystem reformieren. Starke innere Spannungen und Druck von außen (Wiedererstarken der Xiongnu) führen jedoch zu baldiger Schwächung: Es kommt zu Volksaufständen. Die religiöse Hauptbewegung heißt nach dem Hauptmerkmal ihrer Mitglieder »Rote Augenbrauen«.
25 n.Chr.: *Liu Xiu* (posthum Han Guangwu di) etabliert eine neue Hauptstadt in Luoyang. Es folgt eine kurze Zeit wirtschaftlicher Prosperität, die Außenpolitik ist aggressiv.
35-48 n.Chr.: Die Qiang werden im W bekämpft. Die Macht der Xiongnu wird geteilt, wobei die S-Gruppen der chines. Herrschaft unterstellt werden.

ab 41 n. Chr.: Bedrohung der NO-Grenze durch Wuhuan und Xianbi.
73–102 n. Chr.: Gesandte erreichen den Persischen Golf. Seit Erneuerung des Protektorats Xinjiang bestehen intensive wirtschaftliche Verbindungen mit W-Asien. Danach wechseln Xiongnu, Xianbei und andere Völker als Machthaber über Xinjiang. Im Innern entwickelt sich ein ständig wachsender Antagonismus zwischen Palastbeamten und Eunuchen. Die Eunuchen versuchen auf alle wesentlichen Gebiete des Staates Einfluß zu nehmen. Bauernaufstände und Naturkatastrophen führen zum weitgehenden Zusammenbruch der Han-Macht.
seit 190 n. Chr.: Cao Cao übernimmt die Regentschaft für den minderjährigen Kaiser und faktisch die Macht im Staat. Es kommt zur Auflösung des Reiches.
220 n. Chr.: Beseitigung des letzten Thronfolgers der Han durch den Sohn des Cao Cao, Cao Pi. Gründung von 3 unabhängigen Reichen, die in ständigem Streit lagen. *(Shu-Han 221–263; Wei [Cao Pi] 220–264; Wu 222–277.)* Besonders in den Randgebieten des alten Han-Reiches bildet sich eine neue Elite von Großgrundbesitzern.

Jin-Zeit (265–421 n. Chr.)
265 n. Chr.: Sima, einer Beamtenfamilie der Cao, gelingt es, eine neue Dynastie, *Jin* (bis 313) zu gründen. Es kommt zunächst zu einer kurzzeitigen Wiedervereinigung, aber auch zum Erstarken von Randvölkern, die ständig in die n Randgebiete einfallen.
317 Gründung der O-Jin. Es wechseln chines. und nicht-chines. Kleinreiche im NW (Zeit der 16 Staaten, Shiliuguo).

Nanbeichao-Zeit
seit 386: Trennung zwischen Norden und Süden. Im *Süden* herrschen: Liu-Song 420–477; Qi 479–501; Liang 502–556; Chen 557–587. Im *Norden* herrschen: N-Wei 386–532; W-Wei 535–554; O-Wei 534–543; N-Qi 550–577; N-Zhou 557–581.
386: Gründung der ersten großen Fremddynastie, der N-Wei, unter der Führung der Tuoba, eines Xianbei-Stammes, der ganz N-China einnimmt. Die meisten der Wei-Herrscher sind Buddhisten, unterstützen die Gründung von Klöstern und lassen buddhist. Höhlen schlagen. Die Stammesstrukturen werden zunächst beibehalten, die Verwaltung wird jedoch nach chines. Muster organisiert. Im 5. Jh. kommt es zum Verbot der Tuoba-Sprache in der Oberschicht und zur Einführung chines. Namen.
493: Verlegung der Hauptstadt von Pingcheng (Datong) nach Luoyang. Künstlerischer Austausch zwischen Norden und Süden. Reger Verkehr zwischen China und Indien zu Wasser und zu Lande. Indische Mönche übersetzen Sutren, es entwickelt sich eine Philologie.
seit ca. 535: Aufstände lähmen das Wei-Reich. Es kommt zur Aufteilung in ein O-Wei-Reich mit Sitz in Luoyang und ein W-Wei-Reich mit der Hauptstadt Changan. Im NW erstarken die türkischen Tujue zur Großmacht.
550: Ablösung der letzten Nachkommen der Wei durch Gao Yang, der die *Qi-Dynastie* gründet. Gewaltige Anstrengungen zum Ausbau der Mauern im N werden unternommen. Zur gleichen Zeit kommt es unter Liang und Chen zur Erweiterung des Kanalsystems, das den Warentransport entscheidend erleichtert. Bedeutende indische Übersetzer wirken am Liang-Hof. Im N findet ein reger Austausch von Gesandten zwischen chines. Staaten und zentralasiatischen Städten statt. Mehrere sassanidische Gesandtschaften kommen ins Land.

Sui-Zeit (581–618)
581: Yang Jian begründet seine Macht in Changan und schaltet nach und nach die Kleinstaaten aus, um das Reich zu einen. Er benutzt den bereits gut entwickelten Buddhismus als Mittel der Einigung und überzieht das ganze Land mit Reliquienheiligtümern und Klöstern. Zugleich unternimmt er gewaltige außenpolitische Anstrengungen: Feldzüge gegen die Türken und koreanischen Reiche. Riesige Kanalbauten entstehen. Die finanziellen und menschlichen Kräfte werden überfordert.

Tang-Zeit (618–907)
617: Li Yuan verbündet sich mit Tujue und begründet nach der Ermordung Sui Yangdis, des Nachfolgers des Yang Jian, in Changan die Tang-Dynastie.
nach 620: Wirtschaftliche Reformen entlasten zunächst die Bauern und sichern eine gerechtere Landverteilung.

635: Die Araber und der Islam treten als politische Kraft auf.
ab 644: Wiederholte Einfälle der Tang in Korea enden zunächst als Desaster. Es kommt aber zu Erfolgen im N und W, zu Verbindungen mit zentralasiatischen Staaten, zur Ausschaltung der O-Türken sowie Heiratsallianzen mit dem tibet. Königreich. Nach zögerlichen Anfängen (der Taoismus wird zunächst gefördert) findet eine weitere Förderung des Buddhismus statt. Die Finanzmacht der Klöster wird durch staatliche und private Schenkungen gestärkt. Hilfegesuche der letzten Sassanidenherrscher in Iran gegen Araber werden abgelehnt.
um 660: Brechung des Widerstands des Gaogouli-Reiches in Korea und des Einflusses von Japan.
674: Der letzte Sassaniden-Herrscher flieht nach Changan. Weitere kulturelle Impulse. Im Laufe des 7. Jh. fassen mehrere w Religionen (Manichäismus, Nestorianismus) in China Fuß.
2. Hälfte des 7. Jh.: Die Kaiserin Wu Cetian gewinnt immer mehr Einfluß auf die Politik, da Gaozong schwer krank ist.
690: Wu Cetian macht sich selbst zur Kaiserin einer neuen Dynastie und versucht, alle potentiellen Rivalen aus der Kaiserfamilie zu beseitigen. Dennoch ist dies eine Zeit religiösen inneren Friedens. Der Buddhismus wird weiter gefördert, und man betreibt eine zurückhaltende Außenpolitik.
705: Renaissance der Tang.
712: Xuanzong wird inthronisiert. Nach einer Zeit großer Prosperität kommt es besonders während der Regentschaft des skrupellosen Kanzlers Li Linfu zu ständig wachsenden inneren Spannungen zwischen Adel, Beamten und Eunuchen. Durch die Schaffung von weitgehend selbständigen Protektoraten in den Randprovinzen entwickeln sich starke zentrifugale Kräfte.
751: Vernichtende Niederlage chines. Armeen am Talas im Kampf gegen die Araber. Rebellion des kaiserlichen Günstlings An Lushan. Die weit um sich greifende Aufstandsbewegung wird mit Hilfe der türkischen Uighuren schließlich niedergeschlagen.
ca. 780: Reduzierung des uighur. Einflusses. Die Türken aber weiterhin von Bedeutung, um äußere Gegner zu unterdrücken. Von den inneren Gegensätzen nichts bereinigt, Konflikt Zentrale-Peripherie eher verschärft. Höhepunkt der Tang-Dichtung.
9. Jh.: Erstarken der Gegner der fremden Einflüsse auf die chines. Kultur. Der Beginn der neokonfuzian. Bewegung äußert sich literarisch in einer Verknappung des Stils und dem Rückgriff auf Vor-Tang-Formen (Han Yu und Liu Zongyuan). In der Dichtung kommt es zu einer Verklärung der Zeit vor der großen Revolte.
845: Größte Verfolgung ausländischer Religionen. Der Buddhismus ist dabei besonders schwer betroffen. Es kommt zur Säkularisierung und Zerstörung der Klöster. Im folgenden Jahr ebbt die Verfolgung ab, viele der Verwüstungen können aber nicht mehr bereinigt werden. Einfälle des Nanzhao-Reiches in S-China.
ab 874: Aufstand des Huang Chao. Verwüstung weiter Teile Mittel- und S-Chinas. Ermordung der Ausländer in Guangzhou.
ab 903: 5 kurzlebige Staaten (Hou-Liang 907–921; Hou-Tang 923–934; Hou-Jin 936–944; Hou Han 936–948; Hou-Zhou 951–960). Erneute Teilung zwischen Norden und Süden.
947: Gründung des Liao-Reiches der Khitan in N-China.

Song-Zeit (960–1271)
960: Gründung der Song-Dynastie. Umsiedlung großer Bevölkerungsteile in die verwüsteten S-Provinzen. Versuch, die alten Machtstrukturen in den Randgebieten durch die Trennung zwischen Militär- und Zivilverwaltung aufzulösen, Kaifeng wird Hauptstadt.
80er Jahre: Letzte Widerstandszentren werden geräumt, das Verhältnis zu den Khitan bleibt gespannt, sie können ihren Einfluß im NO sogar verstärken. Intensivierung des Handels und Bildung eines reichen städtischen Bürgertums. Auflösung der alten Stadtstrukturen, z. B. durch Niederreißen der Mauern, die die Viertel trennten. Entwicklung des Theaters. Erneute Blüte der Dichtung und erster Höhepunkt der Landschaftsmalerei.
1004: Die Song versuchen, die N-Grenzen durch einen Vertrag mit den Khitan zu entlasten. Es kommt zu großen Seidenlieferungen an die Liao.
ab ca. 1050: Reformversuche durch Wang Anshi und Fan Zhongyan, wie z. B. die

Kamel mit Treiber, Plastik der Tang-Zeit

Straffung des Beamtenapparats, Neuverteilung des Landbesitzes, lassen sich nur teilweise verwirklichen. Die Weiterentwicklung des neokonfuzian. Denkens wirkt sich auf Reformideen aus.

ab 1101: *Song Huizong*. Der Herrscher zeigt wenig Interesse an der Tagespolitik. Dafür erleben Malerei und Dichtung eine Hochblüte. Es bildet sich eine streng gegliederte Akademie mit Ansätzen zu einem wissenschaftlichen Apparat. Es entstehen Kataloge der kaiserlichen Sammlungen.

ab 1120: Bündnis der Song mit den Jurcen, die die Dynastie Jin eingerichtet haben, gegen Khitan. Nach der Beseitigung der Khitan fallen die Jin in N-China ein und nehmen Huizong gefangen.

1137: Verlagerung des Zentrums des Song-Reiches nach S-China mit der Hauptstadt Hangzhou. Abwechselnd Versuche, mit den Jin zu kooperieren und den N wieder zu erobern.

1206: Vereinigung der Mongolengruppen unter der Führung des Djinghis-Khan. Gemeinsames Vorgehen nach Osten und Westen.

ab 1210: Gemeinsames Bestreben der Song und der Mongolen, die Jin auszuschalten. Die Mongolen übernehmen Teile des chines. Verwaltungssystems und führen das Papiergeld ein.

1260: Kublai wird Großkhan und eint China unter seiner Führung. Der innere Aufbau des chines. Reiches wird beibehalten. Die Mongolen versuchen aber, sich deutlich von den Beherrschten abzusetzen. Das Bannersystem wird beibehalten.

1264: Das heutige Beijing (Khanbalik), die Hauptstadt der Jin, wird auch Reichshauptstadt.

Yuan-Zeit (1271–1386)

1271: Die Yuan-Dynastie wird gegründet. Kublai Khan versucht mehrmals, Japan zu nehmen. Der Lamaismus wird zur bevorzugten Religion. Es besteht jedoch Toleranz gegenüber den anderen Religionen. Nestorianer, Christen und Mönche w Orden können sich ziemlich frei betätigen.

Rasche Entwicklung von Theater und Roman.

Anfang des 14.Jh.: Durch Naturkatastrophen und Hungersnöte wird Widerstand geschürt. Zhu Yuanzhang, der Anführer einer der Widerstandsbewegungen, bringt weite Teile S-Chinas unter seine Kontrolle.

Ming-Zeit (1368–1636)

1368: Unter der Devise Hongwu wird von Zhu Yuanzhang die Ming-Dynastie proklamiert. Der Westen und Süden werden erobert, Nanking (Nanjing) wird Hauptstadt.

ab 1380: Aufbau einer Handels- und Kriegsmarine, zugleich weiterer Ausbau der Mauer sowie Instandsetzung des großen Kanals und der Bewässerungsanlagen.

seit 1403: Devise Yongle. See-Expeditionen nach S- und W-Asien und Afrika finden meist unter der Leitung des Eunuchen Zhenghe und anderer Seefahrer statt. Man versucht das Piratenunwesen einzudämmen, China im W als Seemacht zu etablieren. Aufschwung der Geographie. Danach Sieg der orthodoxen Konfuzianer, die den Standpunkt vertraten, man solle sich möglichst nicht mit den »Barbaren« befassen.

Ende des 15.Jh.: Weiterentwicklung des Neokonfuzianismus, zu der es Ansätze schon in der Song-Zeit gegeben hatte. Wang Yangming verbindet Elemente des Konfuzianismus und Chan-Buddhismus.

Anfang des 16.Jh.: Erneute Bedrohung N-Chinas durch die Mongolen und der Küsten durch Piraten, die sich immer wieder auf die unübersichtlichen Inseln vor der Küste S-Chinas zurückziehen.

ab 1601: Systematische Versuche des Jesuiten Matteo Ricci, durch Anpassung an chines. Literaten und wissenschaftliche Brillanz die Oberschicht zu beeinflussen und zum Christentum zu bekehren, stoßen auf den Widerstand der anderen Orden.

ab 1606: Beginn des Aufstiegs der Manju in NO-China.

1621: Einnahme Shenyangs in Liaoning durch die Manju. Die Ausweitung ihrer Macht wird durch innerchines. Unruhen erleichtert.

Qing- (Manju-Zeit (1636–1912)

1636: Etablierung der neuen Dynastie Qing. Einnahme sämtlicher N-Provinzen bis 1639. Peking (Beijing) wird wieder Hauptstadt. Vertreter der Ming können sich noch einige Zeit im S halten, werden dann aber aufgerieben. Ausbreitung des Reiches im N bis zum Amur. Die militärische Banner-Organisation wird beibehalten, ansonsten ist die Trennung der Institutionen nicht scharf. Die chines. Verwaltung wird weitgehend übernommen. Die Herrscher bemühen sich, die chines. Intellektuellen durch betontes konfuzian. Wohlverhalten zu gewinnen. Sobald eine politische Notwendigkeit besteht, zeigen sie sich jedoch auch religionsfeindlich oder aber, z. B. gegenüber den Muslimen im NW und dem Lamaismus der Mongolen und in Tibet, durchaus auch tolerant und flexibel.

1662: Shengzu besteigt unter der Devise Kangxi den Thron. Gesandtschaften der Portugiesen und des Zarenhofes erscheinen vor dem Kaiser. Industrialisierung der Porzellanherstellung werden vorangetrieben. Es gibt größere Differenzen zwischen Akademiemalern und Exzentrikern. Der Roman erlebt eine Blütezeit.

ab 1705: Die Qing versuchen, Einfluß auf Tibet zu bekommen, da sie im N und W von Mongolen und Zungaren bedroht sind und sich die Unterstützung durch die geistl. Führer Tibets sichern wollen. Textkritische Methoden bei der Beurteilung von klassischen Texten entwickeln sich. Große Enzyklopädien (z. B. »Tushu jicheng«) werden 1728 unter Yongzheng zusammengestellt.

1736: Beginn der *Ära des Qianlong-Kaisers* (1711–1799). Unter seiner Herrschaft festigt sich der chines. Einfluß in Tibet, und überall im Reich entstehen große lamaistische Klosteranlagen (siehe auch Chengde). Es kommt zur Absicherung gegen die Zungaren und zur Eroberung des Tarimbeckens. In den 80er Jahren erreicht China seine größte territoriale Ausdehnung.

ab 1774: Religiös geprägte Aufstandsbewegungen (Weißer Lotos, Tianlijiao) operieren, Piraten überfallen wiederholt die Küstenregionen und Taiwan.

Anfang des 19.Jh.: Intensive Einflußnahme w Länder auf ökonomischem und militärischem Gebiet.

1839: Kaiser Tao Kuang erläßt ein totales *Opiumverbot* für sein Reich. Die Droge war

in China zunächst nur zu medizinischen Zwecken benutzt worden, wurde aber nun in wachsenden Mengen von den Engländern auf den Markt geworfen. Dadurch entstand nicht nur ein erhöhtes Risiko für die Volksgesundheit, auch die chines. Außenhandelsbilanz verschlechterte sich rapide, da man keine gleichwertigen Waren exportieren konnte.
1840: (erster) *Opiumkrieg:* Das kaiserliche Opiumverbot und die Konfiszierung des gesamten in Kanton (Guangzhou gelagerten Bestandes durch Lin Zexu ziehen bewaffnete Auseinandersetzungen mit den Briten nach sich. Es werden mehrere Häfen bombardiert, und die Chinesen müssen sich der waffentechnischen Überlegenheit der Europäer beugen.
1842: *Vertrag von Nanjing.* China muß eine Kriegsentschädigung zahlen, weitere Häfen öffnen und Hongkong an die Briten abtreten.
1856: *Lorcha-Konflikt* (sog. zweiter Opiumkrieg), in den auch Frankreich eingreift.
1860: Einmarsch ausländischer Truppen in Beijing. Plünderung und Zerstörung des Sommerpalastes. In den *Verträgen von Tianjin* muß China weitere Zugeständnisse machen: Etablierung ausländischer Gesandtschaften in der Hauptstadt, Öffnung weiterer Häfen und Handelswege im Inland, weitgehende Freizügigkeit für ausländische Händler und Missionare. Die Gebiete n des Amur und ö des Ussuri fallen an Rußland.
1850–1864: *Taiping-Revolte.* »Taiping« bezeichnet einen Idealzustand, in dem die Kräfte des Universums und aller gesellschaftlichen Schichten vollendet zusammenwirken. Der Aufstand war von diffusen religiösen und sozialistischen Ideen geleitet und wurde nicht zuletzt durch das anmaßende Auftreten der Ausländer und die chines. Aversion gegen eine Fremdherrschaft geschürt. Er breitete sich rasch über Guangxi, Hunan und Jiangsu aus und hatte teilweise verheerende Verwüstungen zur Folge, bevor er mit Hilfe ausländischer Truppen niedergeschlagen werden konnte.
1875: Cixi, die Konkubine des Tongzhi-Kaisers, übernimmt für den minderjährigen Guangxu die Regierung. In manchen Gebieten setzt eine langsame Industrialisierung ein. Als Guangxu nach seinem Regierungsantritt unter dem Einfluß des Philosophen Kang Youwei Sozialreformen durchzusetzen sucht, läßt Cixi ihn gefangensetzen und übernimmt erneut die Regierung.
1894/95: *Chines.-Japanischer Krieg* um Korea. Als Folge seiner Niederlage muß China u.a. Taiwan an Japan abtreten.
1900/01: *Boxer-Aufstand.* Die Mitglieder des christen- und fremdenfeindlichen Geheimbundes der Boxer belagern das Gesandtschaftsviertel von Beijing. Die von der chinesischen Regierung unterstützte Revolte wird durch ein aus Deutschen, Franzosen, Briten, Japanern und Amerikanern bestehendes Expeditionscorps niedergeschlagen. Das *Boxerprotokoll* verlangt u.a. von China hohe Reparationen.
Die Schicht der chines. Intellektuellen zeigt sich jedoch immer offener für w Gedankengut, man strebt eine Kombination traditionell chines. Ideen mit der w Philosophie an. Man übt Kritik am traditionellen Geschichtsbild und erstellt textkritische Aufarbeitungen der chines. Klassiker.
1911: Erste Aufstandsbewegungen einer republikanischen Gruppe, die sich seit den 90er Jahren des 18.Jh. unter Führung von Sun Yatsen (1866–1925) formiert hatte.

Republik China (1912–1949)
1912: Am 1.1. wird in Nanjing die Republik ausgerufen, am 12.2. dankt Puyi, der letzte Qing-(Manju-)Kaiser ab. Sun Yatsen gründet die *Guomindang* (Nationalpartei) und wird erstes Staatsoberhaupt. Noch im Februar übernimmt jedoch General Yuan Shikai die Macht. Er strebt die Gründung einer neuen Dynastie unter seiner Führung an. Er schaltet skrupellos innenpolitische Gegner aus und holt sich im April 1913 die Unterstützung der w Banken in Form eines sog. »Reorganisationskredits«, der eine beträchtliche Summe umfaßt. Er wird 1916 ermordet, das Land steckt aber in einer tiefen inneren Krise, und es kommt zu andauernden Kämpfen regionaler Militärführer, denen die Regierung in der Hauptstadt nichts entgegenzusetzen hat.
1919: Durch die Bestimmungen des Versailler Vertrages, der die deutschen Gebiete in China den Japanern zuspricht, wird Unmut vor allem in den Kreisen der Intellektuellen laut (Bewegung des 4. Mai). Die Solidarität mit den Arbeitern ist jedoch nur von kurzer Dauer.

1921: Mao Zedong gründet am 1.6. in Shanghai die Kommunistische Partei Chinas.

1926: Jiang Kaishek (1887-1975), nach dem Tod Sun Yatsens führender Politiker und General der Komindangregierung von Kanton (Guangzhou), baut seine Stellung als Diktator aus.

1927: Jiang Kaishek bricht mit den Kommunisten und bekämpft sie brutal. Es kommt zur Bildung einer nationalistischen Regierung in Nanjing. Mao Zedong und Zhou Enlai beginnen in den Bergen von Jinggang shan mit dem Aufbau der Roten Armee.

1931/32: Japan besetzt die Manjurei, geht mit brutaler Härte gegen die Einwohner vor und gründet den *Staat Mandschukuo* (bis 1945). An der Spitze der Marionettenregierung steht Puyi, der letzte Manju-Kaiser. Mao Zedong wird Vorsitzender einer Sowjetrepublik in Jiangxi.

1934: Im Oktober beginnt der sog. *»Lange Marsch«* (bis Oktober 1935), der strategische Rückzug der Kommunisten über fast 13 000 km nach Yanan.

1937: Beginn des chines.-japan. Krieges (bis 1945), in dem letztmals Nationalisten und Kommunisten Seite an Seite standen.

1938: Die Japaner protegieren die Guomindang-Regierung in Nanjing und unterstützen sie bis 1944 im Kampf gegen die Kommunisten.

1945: Ende des 2. Weltkriegs, bedingungslose Kapitulation Japans (August) und Beginn der letzten Auseinandersetzung zwischen Kommunisten und Nationalisten auf dem Festland.

1948: Nordchina steht unter kommunistischer Führung.

Volksrepublik China

1949: Am 1.10. wird die kommunistische Volksrepublik China mit der Hauptstadt Beijing proklamiert. Jiang Kaishek flieht mit seinen letzten Getreuen nach Taiwan. Auf dem Festland beginnt die Kollektivierung.

1950: Am 1.3. proklamiert Jiang Kaishek in Taipei die Nationale Republik China. In der Volksrepublik treiben die Kommunisten die Verteilung des Landes an die Bauern, die Kollektivierung, die Umerziehung des Volkes sowie vor allem die Industrialisierung voran.

1951: Tibet wird im Vertrag von Beijing unter Zusicherung regionaler Autonomie Teil der Volksrepublik.

1956: »Hundert-Blumen-Bewegung«.

1958: Der »große Sprung nach vorne« als Höhepunkt der Industrialisierungs- und Modernisierungskampagne.
Politische Fehler, zu radikales Vorgehen bei der Kollektivierung, und Naturkatastrophen führen jedoch in der Folgezeit zu ganz erheblichen Rückschlägen.

1959: Der 14. Dalai-Lama flieht nach der Niederschlagung eines Aufstands in Tibet durch chines. Truppen nach Indien und etabliert eine Exilregierung. Mao zieht sich nach dem Scheitern des »großen Sprungs« aus den Staatsämtern zurück. Liu Shaoqi wird Staatspräsident.

1962: China bricht mit der Sowjetunion.

1964: China wird Atommacht. Es kommt zu einer langsamen Revision der Fehler in der Landwirtschaftspolitik.

1966-ca.1972: *Kulturrevolution.* Maos »Rote Garden« wüten überall im Land gegen alles, was ihnen als »bürgerlich« erscheint, was zu einer systematischen Zerstörung des kulturellen Erbes ausartet. Die Volksbefreiungsarmee wird zum bestimmenden Faktor im Staat. Nach der Einsetzung eines neuen Zentralkomitees und der Bestätigung von Maos Führungsrolle kehren allmählich Ruhe und Ordnung wieder ein.

1971: Maos »Kronprinz« Lin Biao versucht zu putschen, fällt in Ungnade und stirbt bei einem Flugzeugabsturz. Am 25.10. wird die Volksrepublik in die UN aufgenommen, was den Ausschluß von Taiwan nach sich zieht. In den folgenden Jahren brechen immer mehr Länder ihre Beziehungen zu Taiwan ab und nehmen Beziehungen zur Volksrepublik auf.

1972: Richard Nixon, Präsident der USA, und Kakue Tanaka, Premierminister von Japan, bestätigen durch Besuche die Annäherung ihrer Länder an China.

1973: Lin Biao und Deng Xiaoping werden rehabilitiert. Maos Frau Jiang Qing und ihre Vertrauten greifen Premierminister Zhou Enlai an. Es kommt zur »Anti-Konfuzius-Kampagne«, und man versucht, die von Zhou und Deng angestrebte wirtschaftliche Restauration zu unterminieren.

1975: Festschreibung von Maos Ideen als offizielle Ideologie.
1976: Am 8.1. stirbt Zhou Enlai, der langjährige Weggefährte Maos und bedeutende Außenpolitiker der Republik. Am 9.9. stirbt Mao Zedong. Es folgt die Ausschaltung der sog. »Viererbande«, der radikalen Fraktion um Maos Witwe Jiang Qing. Hua Guofeng wird mit Unterstützung der Armee Maos Nachfolger als Vorsitzender des Zentralkomitees und der Partei.
1977: Rehabilitierung von Deng Xiaoping und Wiedereinsetzung als erster stellvertretender Vorsitzender des Zentralkomitees und der Partei. In der Folgezeit bemüht man sich verstärkt um eine Kooperation mit dem Westen auf dem Weg zu einem modernen sozialistischen Industriestaat. Es kommt zu einer zunehmenden Förderung des individuellen Leistungsprinzips und auch zu einer kritischen Auseinandersetzung mit dem Ideengut Maos.
1978: Friedens- und Freundschaftsvertrag mit Japan. Diplomatische Anerkennung der Volksrepublik durch die USA, die die diplomatischen Beziehungen zu Taiwan abbrechen.
1979: Einmarsch chines. Truppen in Vietnam, dem jedoch rasch ein Friedensvertrag folgt.
1980: Hua Guofeng und Deng Xiaoping scheiden aus ihren Ämtern aus, neuer Ministerpräsident wird Zhao Ziyang.
1981: Todesurteile im Prozeß gegen die »Viererbande«, die später in lebenslange Haftstrafen umgewandelt werden.
1984: Am 19.12. Unterzeichnung eines Vertrages über die britische Kronkolonie Hongkong (Xianggang).
1987: Zhao Ziyang wird Parteichef; Deng Xiaoping verzichtet auf eine Wiederwahl ins Zentralkomitee. Es folgt eine Verjüngung des Parteikaders.
1988: Yang Shangkun wird Vorsitzender der Volksrepublik, Li Peng Ministerpräsident. Es kommt zu schweren Unruhen in Tibet, zu Demonstrationen chines. Studenten in verschiedenen Städten für mehr Liberalisierung sowie zu einer erneuten Annäherung an die UdSSR.
1989: Mitte Mai reist der sowjetische Staats- und Parteichef Michail Gorbatschow nach Beijing und besiegelt so eine Annäherung der beiden Völker. – *17. April:* Hunderte von Studenten gedenken in Beijing des verstorbenen Politikers Hu Yoabang. – *13. Mai:* Tausende von Studenten beginnen auf dem Platz des Himmlischen Friedens mit einem Hungerstreik, um ihre Forderungen nach mehr Demokratie durchzusetzen. – *19. Mai:* Militär kommt nach Beijing. – *20. Mai:* Ausnahmezustand in mehreren Stadtbezirken. Bei Demonstrationen, an denen sich auch Arbeiter und andere Bürger beteiligen, kommt es zu ersten Konfrontationen. – *1. Juni:* Militär kontrolliert Schlüsseleinrichtungen in Beijing. – *3. Juni:* Militär geht mit Waffengewalt gegen Studenten vor. – *4. Juni:* Blutbad des Militärs unter der Zivilbevölkerung Beijings und blutige Unruhen in anderen großen Städten. In der Folgezeit wird der gemäßigte Politiker Zhao Ziyang endgültig entmachtet. Es setzt eine Säuberungswelle in der Partei ein, die von Verhaftungen und Todesurteilen gegen angebliche Aufrührer begleitet ist.

Literatur: Wolfram Eberhard: *Chinas Geschichte,* repr. Stuttgart 1971; Herbert Franke/Rolf Trauzettel: *Das chinesische Kaiserreich* (Fischer Weltgeschichte, Bd. 19), Frankfurt 1968; Otto Franke: *Geschichte des chinesischen Reiches,* Berlin 1930–1952.

Regenten und Staatsoberhäupter

Die Einteilung und Zuordnung der Dynastien erfolgt durch das farbliche Unterlegen des entsprechenden Textes.

Shang	
Cheng Tang	1751–1738 v.Chr.
Tai jia	1738–1726 v.Chr.
Wuding	1726–1697 v.Chr.
Taigeng	1697–1672 v.Chr.
Xiaojia	1672–1655 v.Chr.
Yongji	1655–1643 v.Chr.
Taiwu	1643–1568 v.Chr.
Zhongding	1568–1557 v.Chr.
Wairen	1557–1533 v.Chr.
Hetan	
Zuyi	1533–1513 v.Chr.
Zuxin	1513–1472 v.Chr.
Wojia	
Zuding	1472–1440 v.Chr.
Nangeng	1440–1398 v.Chr.
Yangjia	
Pangeng	1398–1370 v.Chr.
Xiaoxin	1370–1349 v.Chr.
Xiaoyi	1349–1339 v.Chr.
Wuding	1339–1280 v.Chr.
Zugeng	1280–1273 v.Chr.
Zujia	1273–1240 v.Chr.
Linxin	1240–1226 v.Chr.
Gengding	
Wuyi	1226–1209 v.Chr.
Taiding	
Di Yi	1209–ca.1154 v.Chr.
Zhouxin	ca. 1154 v.Chr.

Zhou	
Wu wang	1066–1063 v.Chr.
Cheng wang	1063–1026 v.Chr.
Kang wang	1026–1000 v.Chr.
Zhao wang	1000–976 v.Chr.
Mu wang	976–921 v.Chr.
Gong wang	921–909 v.Chr.
Yi wang	909–884 v.Chr.
Xiao wang	884–869 v.Chr.
Yi wang	869–857 v.Chr.
Li wang	857–827 v.Chr.
Xuan wang	827–781 v.Chr.
You wang	781–770 v.Chr.
Ping wang	770–719 v.Chr.
Huan wang	719–696 v.Chr.
Zhuang wang	696–681 v.Chr.
Li wang	681–676 v.Chr.
Hui wang	676–651 v.Chr.
Huai wang	651–618 v.Chr.
Qing wang	618–612 v.Chr.
Kuang wang	612–606 v.Chr.
Ding wang	606–585 v.Chr.
Ling wang	585–544 v.Chr.
Jing wang	544–519 v.Chr.
Jing wang	519–475 v.Chr.
Yuan wang	475–468 v.Chr.
Zhengding wang	468–441 v.Chr.
Kao wang	440–425 v.Chr.
Weilie wang	425–403 v.Chr.
An wang	401–375 v.Chr.
Lie wang	375–368 v.Chr.
Xian wang	368–320 v.Chr.
Shenjing wang	320–314 v.Chr.
Nan wang	314–249 v.Chr.

Qin	
Qin shihuang di	221–209 v.Chr.
Er shihuang di	209–206 v.Chr.

Han	
Gao di (Gao zu)	202–194 v.Chr.
Hui di	194–187 v.Chr.
Lü hou	187–180 v.Chr.
Wen di	179–156 v.Chr.
Jing di	156–140 v.Chr.
Wu di	140–86 v.Chr.
Zhao di	86–73 v.Chr.
Xuan di	73–48 v.Chr.
Yuan di	48–32 v.Chr.
Chang di	32–6 v.Chr.

Ai di	6-1 v.Chr.
Ping di	1-6 n.Chr.

Xin

Wang Mang	9-23 n.Chr.

Hou-Han

Guangwu di	25-58 n.Chr.
Ming di	58-76 n.Chr.
Chang di	76-89 n.Chr.
He di	89-106 n.Chr.
Shang di	106-107 n.Chr.
An di	107-126 n.Chr.
Shun di	126-145 n.Chr.
Zhong di	145-146 n.Chr.
Zhi di	146-147 n.Chr.
Huan di	147-168 n.Chr.
Ling di	168-189 n.Chr.
Shao di	189 n.Chr.
Xian di	189-220 n.Chr.

Wei (Norden)

Wen di	220-227 n.Chr.
Ming di	227-240 n.Chr.
Qi wang	240-254 n.Chr.
Fürst von Gaoguixi	254-260 n.Chr.
Wei wang	260-265 n.Chr.

Shu-Han (Süden)

Zhaolie di	221-223 n.Chr.
Liu houzhu	223-263 n.Chr.

Wu (Süden)

Da di	222-252 n.Chr.
Wu zhu	252-258 n.Chr.
Jing di	258-264 n.Chr.
Wei di	264-280 n.Chr.

Jin

Wu di	265-290 n.Chr.
Hui Di	290-307 n.Chr.
Huai di	307-313 n.Chr.
Min di	313-316 n.Chr.

Ost-Jin

Yuan di	317-323 n.Chr.
Ming di	323-326 n.Chr.
Cheng di	326-343 n.Chr.
Kang di	434-345 n.Chr.
Mu di	345-362 n.Chr.
Ai di	362-366 n.Chr.
Fei di	366-371 n.Chr.
Jianwen di	371-373 n.Chr.
Xiaowu di	373-397 n.Chr.
An di	397-419 n.Chr.
Hong di	419-420 n.Chr.

Liu-Song (Süden)

Wu di	420-423 n.Chr.
Shao di	423-424 n.Chr.
Wen di	424-454 n.Chr.
Xiaowu di	454-465 n.Chr.
Fei di	465 n.Chr.
Ming di	465-473 n.Chr.
Fei di	473-477 n.Chr.
Shun di	477-479 n.Chr.

Qi (Süden)

Gao di	479-483 n.Chr.
Wu di	483-494 n.Chr.
Ming di	494-499 n.Chr.
Dongkun hou	499-501 n.Chr.
He di	501-502 n.Chr.

Bei-Wei (Norden)

Daowu di	386-409 n.Chr.
Mingyuan di	409-424 n.Chr.
Taiwu di	424-452 n.Chr.
Wencheng di	452-466 n.Chr.
Xianwen di	466-471 n.Chr.
Xiaowen di	471-500 n.Chr.
Xuanwu di	500-516 n.Chr.
Xiaoming di	516-528 n.Chr.
Xiaozhuang di	528-530 n.Chr.

Donghai wang	530–531 n.Chr.
Jiamin di	531–532 n.Chr.
Xiaowu di	532 n.Chr.
Xiaojing di	534–550 n.Chr.

Xi-Wei (Norden)

Wen di	535–552 n.Chr.
Hong di	554–556 n.Chr.

Liang

Wu di	502–550 n.Chr.
Jianwen di	550–551 n.Chr.
Yüchang wang	551–552 n.Chr.
Yuan di	552–555 n.Chr.
Jing di	555–557 n.Chr.

Bei- Zhou (Norden)

Min di	557 n.Chr.
Ming di	557–561 n.Chr.
Wu di	561–579 n.Chr.
Xuan di	579–581 n.Chr.

Bei-Qi (Norden)

Wenxuan di	550–560 n.Chr.
Wucheng di	561–577 n.Chr.

Chen (Süden)

Wu di	557–560 n.Chr.
Wen di	560–567 n.Chr.
Xuan di	567–583 n.Chr.

Sui

Wen di	581–605 n.Chr.
Yang di	605–618 n.Chr.

Tang

Gao zu	618–627 n.Chr.
Tai zong	627–650 n.Chr.
Gao zong	650–684 n.Chr.
Zhong zong	684 n.Chr.
Jui zong	684 n.Chr.
Lü hou	684–705 n.Chr.
Zhong zong	705–710 n.Chr.
Jui zong	710–712 n.Chr.
Xuan zong	712–756 n.Chr.
Su zong	756–763 n.Chr.
Tai zong	763–780 n.Chr.
De zong	780–805 n.Chr.
Shun zong	805–806 n.Chr.
Xian zong	806–821 n.Chr.
Mu zong	821–825 n.Chr.
Jing zong	825–827 n.Chr.
Wen zong	827–841 n.Chr.
Wu zong	841–847 n.Chr.
Xuan zong	847–860 n.Chr.
Yi zong	860–874 n.Chr.
Xi zong	874–889 n.Chr.
Zhao zong	889–905 n.Chr.

WU-DAI-ZEIT

Hou-Liang (Norden)

Tai zu	907–915 n.Chr.
Mo zu	915–922 n.Chr.

Hou-Tang (Norden)

Zhuang zong	923–926 n.Chr.
Ming zong	926–934 n.Chr.
Min zong	934 n.Chr.
Fei di	934–936 n.Chr.

Hou-Jin (Norden)

Gao zu	936–943 n.Chr.
Qi wang	943–946 n.Chr.

Hou-Han (Süden)

Gao zu	947–948 n.Chr.
Yin di	948–951 n.Chr.

Hou-Zhou (Norden)	
Tai zu	951-954 n. Chr.
Shi zong	954-960 n. Chr.
Hong di	960 n. Chr.

Bei-Song	
Tai zu	960-976 n. Chr.
Tai zong	976-998 n. Chr.
Zhen zong	998-1023 n. Chr.
Ren zong	1023-1064 n. Chr.
Ying zong	1064-1068 n. Chr.
Shen zong	1068-1086 n. Chr.
Zhe zong	1086-1101 n. Chr.
Hui zong	1101-1126 n. Chr.
Qin zong	1126 n. Chr.

Nan-Song	
Gao zong	1127-1163 n. Chr.
Xiao zong	1163-1190 n. Chr.
Guang zong	1190-1195 n. Chr.
Ning zong	1195-1225 n. Chr.
Li zong	1225-1265 n. Chr.
Du zong	1265-1275 n. Chr.
Hong di	1275-1276 n. Chr.
Duan zong	1276-1278 n. Chr.

Liao (Norden)	
Tai zu	907-927 n. Chr.
Tai zong	927-947 n. Chr.
Shi zong	947-951 n. Chr.
Mu zong	951-968 n. Chr.
Jing zong	968-983 n. Chr.
Sheng zong	983-1031 n. Chr.
Xing zong	1031-1055 n. Chr.
Dao zong	1055-1101 n. Chr.
Tian zuo	1101-1124 n. Chr.

Xi-Liao (Norden)	
De zong	1125-1136 n. Chr.
Gantian hou	1136-1142 n. Chr.
Ren zong	1142-1154 n. Chr.
Cheng tian	1154-1168 n. Chr.
Mo zhu	1168 n. Chr.

Jin (Norden)	
Tai zu	1115-1123 n. Chr.
Tai zong	1123-1135 n. Chr.
Xi zong	1135-1149 n. Chr.
Hailing wang	1149-1161 n. Chr.
Shi zong	1161-1190 n. Chr.
Zhang zong	1190-1209 n. Chr.
Weizhao wang	1209-1213 n. Chr.
Xuan zong	1213-1224 n. Chr.
Ai Zong	1224-1234 n. Chr.
Mo di	1234 n. Chr.

Yuan	
Tai zu	1206-1229 n. Chr.
Tai zong	1229-1246 n. Chr.
Ding zong	1246-1251 n. Chr.
Hui zong	1251-1260 n. Chr.
Shi zong	1260-1295 n. Chr.
Cheng zong	1295-1308 n. Chr.
Wu zong	1308-1312 n. Chr.
Ren zong	1312-1321 n. Chr.
Ying zong	1321-1324 n. Chr.
Taiding	1324-1329 n. Chr.
Ming zong	1329-1330 n. Chr.
Wen di	1330-1333 n. Chr.
Shun di	1333- n. Chr.

Ming	
Tai zu (Hongwu)	1368-1398
Hui di (Jianwen)	1399-1402
Cheng zu (Yongle)	1403-1424
Ren zong (Hongxi)	1425-1426
Xuan zong (Xuande)	1426-1435
Ying zong (Zhengtong)	1436-1449
Dai zong	
Jing di (Jingtai)	1450-1457
Ying zong (Tianshun)	1457-1464
Hui zong (Chenghua)	1465-1487
Xiao zong (Hongzhi)	1488-1505
Wu zong (Zhengde)	1506-1521
Shi zong (Jiajing)	1522-1566
Mu zong (Longqing)	1567-1572
Shen zong (Wan li)	1573-1619
Guang zong (Taichang)	1620
Xi zong (Tianqi)	1621-1627
Zhuanlie di (Chongzheng)	1628-1643

Qing	
Shi zu (Shunzhi)	1644-1661
Sheng zu (Kangxi)	1662-1722
Shi zong (Yongzheng)	1723-1735
Gao zong (Qianlong)	1736-1795
Ren zong (Jiaqing)	1796-1820
Xuan zong (Daoguang)	1821-1850
Wen zong (Xianfeng)	1851-1861
Mu zong (Tongzhi)	1862-1874
De zong (Guangxu) unter Regentschaft der Cixi	1875-1908
Puyi (Xuantong)	1908-1911

Verzeichnis aller behandelten Orte

A
B
C
1
2
3
4
75°
85°
95°
45° Nord
35°
25°
95° Ost
UdSSR
MONGOLISCHE
Balchaschsee
Ürümqi
Kuqa/
Guizi
Turfan/
Turpan
Kashgar/
Kashi
Tarim He
XINJIANG UYGUR ZIZHIQU
Dunhuang
Jiayuguan
Jiuquan
GANSU
Niya/
Minfeng
PAKISTAN
Xining
Lanzh
QINGHAI
Labra
Xia
XIZANG ZIZHIQU/
TIBET
VOLKSREPUBLIK
SICHUA
Neu-Delhi
Chengdu
Lhasa
NEPAL
Xigazê/
Zhigatse
Gyantzê/
Jiangzi
Les
3099
Emei shan
Katmandu
Ganga
Thimphu
BHUTAN
INDIEN
(Ganges)
Brahmaputra
Nördlicher Wendekreis
Dali
Kunming
BANGLADESH
Dhaka
YUNNAN
Saluën
Mekong
Legende
im Text beschriebener
Hauptort
Große Mauer
Staatsgrenze
BIRMA
LAOS
Irawadi
THAILAND
Golf von Bengalen
Vientiane
(Viangcha
Rangun
Maßstab 1: 25 Mill.
0
500
1000km

D
E
F
115°
125°
135°
1
2
3
4
Baikalsee
UdSSR
Amur
Heilong He
Ulan-Bator
VOLKSREPUBLIK
HEILONGJIANG
45°
Harbin/
Haerbin
Jilin/
Kirin
JILIN
NEI MONGGOL ZIZHIQU/
INNERE MONGOLEI
Shenyang/
Mukden
Liaoyang
LIAONING
Chengde/
Jehol
Huehot/
Hohhot
Baotou
BEIJING/
PEKING
TIANJIN
Datong
Wutai shan
3058
HEBEI
Zhengding
Taiyuan
NINGXIA
HUIZU
ZIZHIQU
SHANXI
Zhao Xian
Jinan
SHANDONG
Qingdao
Handan
Tai'an
Anyang
Qufu
Huang He
NORD-
KOREA
SÜD-
P'yŏngyang
Seoul
Japanisches Meer
Gelbes Meer
JAPAN
35°
Ruicheng
Kaifeng
Lianyungang
1997
Xi'an
Luoyang
Zhengzhou
Xuzhou
Hua shan
SHAANXI
HENAN
ANHUI
JIANGSU
CHINA
Nanyang
Yangzhou
Hefei
Nanjing
Suzhou
SHANGHAI
Chang Jiang
(Jangtsekiang)
HUBEI
Wuhan
Huang
shan
Hangzhou
Shaoxing
Lu shan
1474
Jingdezhen
Nanchang
ZHEJIANG
Ostchinesisches
Meer
Changsha
JIANGXI
HUNAN
GUIZHOU
25°
Fuzhou
FUJIAN
Guilin
Taipeh
Quanzhou
Nördlicher Wendekreis
TAIWAN
GUANGXI
ZHUANGZU
ZIZHIQU
Xi Jiang
GUANGDONG
Foshan
Guangzhou/
Kanton
Nanning
PAZIFISCHER OZEAN
MACAO
(port.)
HONGKONG (brit.)
(Xianggang)
VIETNAM
Südchinesisches Meer
HAINAN
PHILIPPINEN

Abkürzungen

amerik.	amerikanisch	Jtd.	Jahrtausend	r	rechts
asiat.	asiatisch	kath.	katholisch	restaur.	restauriert
archäolog.	archäologisch	kaiserl.	kaiserlich	S	Süden, Süd-
bes.	besonders	kgl.	königlich	s	südlich
buddhist.	buddhistisch	km	Kilometer	shintoist.	shintoistisch
christl.	christlich	konfuzian.	konfuzianisch	sog.	sogenannt
chin.	chinesisch	korean.	koreanisch	städt.	städtisch
d.h.	das heißt	l	links	Std.	Stunde(n)
d.i.	das ist	m	Meter	u.a.	unter anderem, und andere
ehem.	ehemalig	ma	mittelalterlich		
eigtl.	eigentlich	MA	Mittelalter	u.ä.	und ähnliche
europ.	europäisch	Min.	Minute(n)	urspr.	ursprünglich
evtl.	eventuell	Mio.	Million	usw., etc.	und so weiter
gegr.	gegründet	N	Norden, Nord-	v.	von
got.	gotisch	n	nördlich	vgl.	vergleiche
hl.	heilig	O	Osten, Ost-	W	Westen, West-
ind.	indisch	ö	östlich	w	westlich
jap.	japanisch	qkm	Quadratkilometer	z.B.	zum Beispiel
Jh.	Jahrhundert	qm	Quadratmeter	z.T.	zum Teil

Verzeichnis der Fachausdrücke

Bowuguan/Bowuyuan, Museum.
Cangjinglou, Bibliothek (Kloster).
Cheng, Stadt/Mauer.
Ci, Gedächntnistempel.
Di, Kaiser.
Dian, Halle.
Fu, Regierungssitz.
Ge, Pavillon.
Gong, Palast.
Gongyuan, Park.
Guan, Tempel (taost.).
Gulou, Trommelturm.
He, Fluß.
Jie, Straße.
Jing, Klassiker.
Ling, Kaisergrab.
Lou, Turm.
Lu, Straße.
Men, Tor.
Miao, Ahnentempel.
Mu, Grab.
Pailou, Ehrentor.
Qiao, Brücke.
Que, Ehrenturm.
Shan, Berg.
Shendao, Geisterweg.
Si, Tempel (buddhist., islam.).
Ta, Pagode.
Tai, Terrasse.
Tan, Altar.
Tang, Halle.
Ting, Pavillon.
Wang, König.
Xian, Kreis.
Yuan, Park/Garten.
Zhonglou, Trommelturm.
Zhou, Provinz.

Knaurs
Kulturführer
in Farbe
Athen
und Attika

Knaurs
Kulturführer
in Farbe
Griechische
Inseln

Knaurs
Kulturführer
in Farbe
Großbritannien
und Irland

Knaurs
Kulturführer
in Farbe
London
und Umgebung
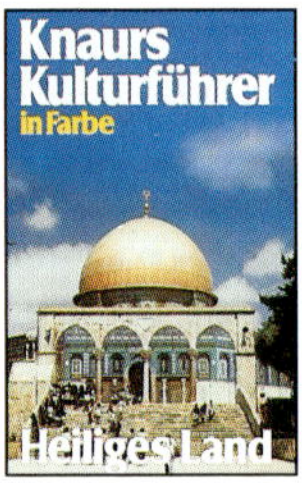
Knaurs
Kulturführer
in Farbe
Heiliges Land

Knaurs
Kulturführer
in Farbe
Holland

Knaurs
Kulturführer
in Farbe
Italien
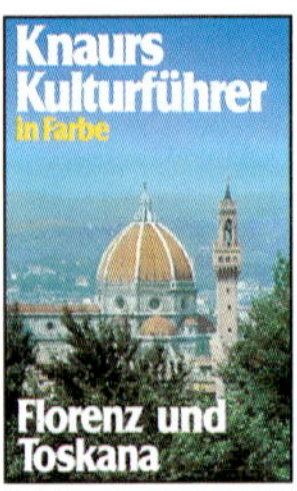
Knaurs
Kulturführer
in Farbe
Florenz und
Toskana

Knaurs
Kulturführer
in Farbe
Rom
und Latium

Knaurs
Kulturführer
in Farbe
Sizilien

Knaurs
Kulturführer
in Farbe
Südtirol

Knaurs
Kulturführer
in Farbe
Venedig
und Venetien

Knaurs
Kulturführer
in Farbe
Japan

Knaurs
Kulturführer
in Farbe
Jugoslawien